헌법에서 현대사를 읽다

대한민국
현대사 1

대한민국 현대사 1

헌법에서 현대사를 읽다

2024년 5월 15일 초판 발행
2024년 5월 15일 1판 1쇄

지은이 | 주철희
펴낸이 | 이현정
편 집 | 이현정
디자인 | 주혜령
펴낸곳 | 더읽다
등 록 | 2024년 4월 23일(제25100-2024-000003호)
주 소 | 전남 여수시 대치1길 100
전 화 | 010-9642-1306

이메일 | theread2024@naver.com
블로그 | blog.naver.com/the-read

© 주철희, 2024

ISBN 979-11-987622-0-7 03910

값 24,000원

헌법에서 현대사를 읽다

대한민국 현대사 1

REPUBLIC OF KOREA

주철희

대한민국 헌법 제·개정에는
현대사의 진실이 고스란히 담겨 있다

더읽다

3부 제3공화국 박정희의 시대

제4·5·6공화국은
『대한민국 현대사 2』에서 계속됩니다.

헌법은 대한민국 역사책이다

1.

이 책은 헌법의 제정과 개정 과정에 담긴 대한민국의 역사를 재해석해 보려는 시도다. 그래서 먼저 '역사란 무엇인가?'란 근원적인 질문을 던져본다. 그리고 역사를 배우는 이유가 무엇인지에 관한 질문도 덧붙여 본다. 역사를 배우거나 알고자 하는 것은 지식 습득의 차원을 넘어 살아가는 통찰과 지혜와 용기(실천과 행동)를 체득하기 위함이다. 그런데 역사란 대부분 우리가 태어나기 전에 있었던 사건이나 일이다. 우리가 직접 보지 않았던 역사는 어떤 게 진실일까? 역사란 쉬운 것 같으면서도 어렵다.

역사歷史, history의 사전적 정의는 "① 인류 사회의 변천과 흥망의 과정 또는 그 기록, ② 어떠한 사물이나 사실이 존재해 온 연혁, ③ 자연 현상이 변하여 온 자취" 등으로 설명하고 있다. 역사에서 '역歷'은 '지내다', '지내가다', '뛰어넘다', '지내온 일', '겪은 일' 등의 의미이다. '사史'는 '역사', '기록된 문서' 등의 뜻이다. 역사歷史는 '지내 온 일의 기록'이다. 한편, 영어의 history는 '찾아서 안다'라는 그리스어 historia에서 연유하였다. 단순히 지내 온 일을 넘어 찾아내어 전해진 게 역사라는 것이다.

이러한 사전적 의미와 단어의 뜻을 종합하여, 필자는 '인간에게 큰 영향을 미쳤거나, 그 인간이 사는 공동체에 크게 영향을 미친 것이 역사'라고 정의한다. 역사의 중심에는 '사람'이 존재한다. 어떤 일이나 사물 현상 과정의 역사도 있지만, 우리가 접하는 역사는 대체로 우리라는 '사람'과 관련되어 있다.

또 한 가지, 역사의 사전적 의미에서 '인류 사회의 변천과 흥망의 과정 또는 그 기록'이라고 하였다. 인간에게 크게 영향을 미친 게 꼭 인류 사회의 발전만을 의미하지는 않는다. 인류 사회의 발전에 역행하는 역사도 적지 않다. 제1차, 제2차 세계대전이 그렇다. 역사란 인간에게 영향을 미치는 과정에서 명明과 암暗이 존재한다.

인간에게 또는 그 공동체에 중요하게 영향을 미친 역사는 현재보다 훨씬 전에 일어났다. 현재를 살아가는 사람이 태어나기 전에 있었다. 그렇다면 태어나기도 전에 있었던 역사를 역사가 또는 역사학자(연구자)는 무엇으로 연구하는가? 고고학의 경우 유적과 유물을 통하여 연구하지만, 대체로 역사학에서는 그 누군가가 남겨 놓은 기록을 통해 연구한다. 그 기록을 사료史料라고 한다. 기록은 '과거의 일이나 사건에 대한 사실事實'을 한 점 의구심 없이 있는 그대로만 써서 후대에 전해진 것이라고 할 수 있을까. 필자는 아니라고 단언한다. 기록은 사실을 쓰는 과정에서 작자의 관점이 투영될 수밖에 없다. 작자의 관점에 따라서 사실을 드러내는 용어와 단어가 선택되고 문장으로 표현된다. 기록 속에서 드러나는 단어와 문장은 작자가 내재하고 있는 관점의 산물이므로, 역사는 결코 사실만을 기록했다고 볼 수 없다.

역사란 무엇인가를 서두에서 서술한 이유는 역사책을 읽는 마음가짐을 갖자는 의도였다. 『대한민국 현대사 : 헌법에서 현대사를 읽다』는 헌법을 통해 대한민국 현대사를 조명한 책이다. 현대사는 과거에 있던 일 또는 사건 중에서 가장 최근의 역사이다. 현대사는 그 목격자 또는 직·간접적 경험자가 많은 역사이다. 그리고 1945년 이후 대한민국은 철저하게 이념투쟁의 역사로 점철되었기에 그 이념에 따라 역사를 보는 인식과 방향성의 차이가 크다. 특히 한국전쟁을 겪으면서 대한민국 현대사는 과도하게 한쪽으로 치우쳐 균형감각을 상실한 채 허공에 떠 있다. 이 책은 과도하게 편향된 대한민국 현대사의 균형추를 맞추기 위한 시도의 일환이다.

2.

'대한민국은 민주공화국이다', '대한민국의 주권은 국민에게 있고, 모든 권력은 국민으로부터 나온다'는 헌법 제1조이다. 헌법 제1조는 대한민국의 가치와 이념 그리고 국체와 정체 등을 포괄적으로 담고 있다. 국민 대부분이 알고 있는 헌법 제1조이지만, 그 속뜻까지 명확하게 파악하고 있지는 않을 것이다. 헌법 제1조도 다섯 차례 개정(문구 수정 또는 합치)을 거쳐 현행 제6공화국으로 이어지고 있다.

대한민국의 민주공화국 체제는 1948년 7월 12일 헌법 제정과 7월 17일 헌법 공포로부터 시작되었다. 7월 17일 제헌절은 대한민국의 출발점을 알리는 날이다. 물론 헌법 〈전문〉에 "유구한 역사와 전통에 빛나는 우리들 대한국민은 기미 삼일운동으로 대한민국을 건립하여 세계에 선포한 위대한 독립정신을 계승하여 이제 민주독립국가를 재건함"에 있어서라고 명시하였기에 대한민국의 건국은 1919년 4월 11일이다. 1919년 4월 대한민국 임시정부의 임시헌장 제1조 '대한민국은 민주공화제로 함', 제2조 '대한민국은 임시정부가 임시의정원의 결의에 의하여 차를 통치함'이라 규정하였다. 1919년 4월의 건국이지만, 정부를 임시정부라고 하였기에 헌법 또한 '대한민국 임시헌장'이고, 국회도 '임시의정원'이라고 했다. 이러한 '대한민국 임시정부'의 독립투쟁으로 1948년 8월 15일 대한민국 정부가 공식적으로 수립되었다. 이를 제헌헌법에서는 '민주독립국가 재건'이라고 하였다.

1945년 8월 15일 일제로부터 해방이 되었다. 해방정국은 어수선하였다. 9월 9일부터 미합중국 육군 제24군단이 남쪽을 점령하여 3년 정도를 통치하였다. '재조선 미국 육군사령부 군정청'의 시대로의 돌입이다. 미국의 군인이 통치하였다고 하여 '미군정'이라고 일컫는다. 미군정은 일제강점기 조선총독부로부터 우리의 땅에서 행했던 행정권·치안권 등을 이어받아 38도선 이남지역을 통치하였다. 초대 미군정 사령관은 제24군단장 존 리드 하지John Rheed Hodge 중장으로, 1945년 9월 9일부터 1947년 2월 5일까지 재임하였다.

미군정은 포고령 1호, 2호 등을 선포하면서 남한 통치에 나섰다. 미군정은 일본인 관료는 축출하였지만, 식민지통치기구를 부활하여 조선인 관료는 그대로 존속시켰다. 해방되자 조선인 경찰 80~90%가 직장에서 이탈하였다. 민중의 보복이 두려웠던 탓이다. 1945년 10월 21일 미군정이 경무국을 창설하면서 이들은 대부분 복귀한다. 미군정은 당시 민중의 염원이었던 반민족행위자(일명 친일파)의 처벌보다는 안정적인 통치를 내세워 반민족행위자를 우대하였다.

1945년 12월 28일 남한은 혼란의 도가니 속으로 빠져든다. 모스크바삼상회의의 결정을 두고 '신탁통치 반대운동'과 '삼상회의 지지'가 격렬하게 대립한다. 당시 갈라진 갈등과 대립은 지금도 여전히 유효하다. 삼상회의 결정서는 "① 조선을 독립국가로 만들기 위하여 민주주의 임시정부를 수립한다. ② 미·소 군정의 대표자들이 모여 미소공동위원회를 개최한다. ③ 신탁통치 기간은 최대 5년으로 한다." 등이다. 미소공동위원회가 설치되고 미국과 소련은 제1차·제2차 공동위원회를 열었다. 1947년 10월 21일 끝내 결렬되면서 미국은 조선의 문제를 국제연합에 상정하였다. 국제연합은 1947년 총회에서 소련이 불참한 가운데 찬반 투표를 진행하여 전 조선에서 인구비례에 따른 총선거를 결정하였고, 조선임시위원단 UNTCOK, UN Temporary Commission on Korea 파견을 결의하였다. 소련이 조선임시위원단의 38선 이북지역 입국을 거부함으로써 유엔 총회가 결의한 전 조선에서 선거는 무산되었다. 이후 UN 소총회에서 선거가 가능한 지역에서라도 총선거를 실시한다는 결정이 내려졌다. 1948년 5월 10일 남한만의 총선거가 시행되었다.

5·10총선거의 선거권은 만 21세 이상의 모든 국민에게 주어졌

으며, 피선거권은 만 25세 이상으로 하였다. 총선거를 위한 선거법에는 반민족행위자의 배제 조항이 있었다. 일본으로부터 작위를 받았거나, 일본 제국의회 의원은 선거권을 주지 않았다. 그리고 일제강점기 판임관 이상의 경찰관 및 헌병보 또는 고등경찰직에 있었던 자 및 그 밀정행위를 한 자, 일제강점기 중추원의 부의장 고문 또는 참의가 되었던 자, 일제강점기 부附 또는 도道의 자문 혹은 결의기관의 의원이 되었던 자, 일제강점기 고등관으로서 3등급 이상의 지위에 있던 자 또는 훈 7등 이상을 받은 자(기술관 및 교육자는 제외) 등으로 피선거권을 제한하였다.

전국 200개 선거구에서 소선거구제 방식으로 200명의 제헌의원 선출을 위한 선거 결과 198명이 당선되었다. 북제주군 갑·을 2개 선거구는 과반수 미달로 선거 무효가 되었다. 1948년 5월 31일 오후 2시 제헌의회 개원식이 국회의사당에서 열렸다. 제헌의회란 헌법이 제정되기 전에 설치되는 의회를 말한다. 제헌의회는 헌법과 정부조직법 제정에 착수하였다. 그리고 1948년 7월 12일 헌법을 제정하고 7월 17일 헌법을 공포하였다.

3.

헌법을 제정한 이유는 무엇인가. 대한민국 현대사 또는 정치사를 공부하다 보면, '헌정사상', '헌정사상 최초로' 등의 단어를 자주 접한다. '헌정憲政'이란 입헌정치의 준말이다. 즉, 헌법 제정을 입헌주의라고 하고, 그 입헌주의에 따른 정치를 입헌정치라고 한다. 입헌주의, 헌법을 제정한 이유가 무엇인지에 대한 적확한 인식이 필요하다. 입헌주의 시작은 절대권력의 제한이다. 입헌의 일차적이고 보편적 의미는 '권력의 제한'이다. 그리고 국가의 통치를 받는 사람(피치자)의 최소한의 자유와 권리를 보장하려는 일환에서 헌법을 제정하였다. 대한민국의 헌법개정은 '헌정' 의미를 퇴색한 채 권력의 강화로 악용되었다. 아니 헌정질서를 문란케 하거나 파괴하며 헌법개정이 이루어졌다.

『대한민국 현대사 : 헌법에서 현대사를 읽다』는 1948년 8월 15일 대한민국 정부수립의 근간이 되었던 1948년 5·10총선거와 7월 17일 대한민국 헌법의 제정에서부터 시작한다. 대한민국 헌법은 1919년 3월 기미독립선언(일반적으로 3·1운동이라고 불림)을 기점으로 탄생한 대한민국 임시정부의 '대한민국 임시헌장'과 독일의 '바이마르 헌법' 등을 참고하여 제정·공포되었다. 제헌헌법의 공포는 대한민국 제1공화국의 탄생을 의미한다. 제1공화국이라고 누가 처음 제창했는지는 알 수 없지만, 이제까지 역사적으로 가져온 여러 헌법에 번호를 붙여 제1공화국 헌법, 제2공화국 헌법……제6공화국 헌법이라고 한다.

1948년 8월 15일 제헌헌법을 기초로 하여 대한민국 정부가 수립되었다. 제헌헌법은 대한민국의 민주주의 발전과정과 현대사를 이해하는 데 매우 중요한 함의를 지니고 있다. 따라서 제헌헌법의 제정과정과 제헌헌법에 담긴 특징과 의미가 무엇인지에 대한 적확한 이해가 필요하다. 거기에 제헌헌법을 토대로 그 이후 헌법을 개정한 이유와 개정된 내용을 살펴본다면 대한민국의 민주주의 발전과정과 대한민국 현대사를 한눈에 파악할 수 있을 것이다.

또한, 헌법에는 우리가 미처 몰랐던 여러 형태의 현대사 함의가 담겨 있다. 예컨대 '대한민국'이란 국호는, '한반도'란 단어는 어떻게 탄생했을까? '민주공화국'이란 무엇일까? '대통령'이란 명칭은 언제 어떻게 유입되었던 것일까? 권력구조를 대통령제와 내각책임제 채택을 두고 논쟁이 있었지만, 결과적으로 대통령제를 채택한 이유는 무엇이었을까? 그리고 내각책임제로 전환되었다가 다시 대통령제로 바뀌어서 현재에 이르고 있다. 이처럼 헌법은 또 다른 현대사의 이야기책이다.

헌법은 국가의 근본 성격과 정치적 이상과 가치를 담고 있다. 시대의 반영이다. 대한민국 헌법은 1948년 7월 17일 제정 이래 그동안 9차례 개정이 이루어졌다. 이 중에 정부의 형태나 권력구조가 바뀌는 등 정치제도에 큰 변혁을 가져온 개헌은 제3·5·7·8·9차이다. 우리가 주목해야 할 점은 헌법을 개정한 사유가 무엇이냐는 것이다. 대체로 헌법개정의 사유는 첫째, 사회의 변화이다. 둘째, 시민의 의식 향상이다. 셋째, 국가의 방향성(미래) 재설정이다. 여기에서 가장 중요한 것은 주권자인 국민의 뜻이다. 9차례 개정 중에서 주권자인 국민의 뜻에 따라 개정된 사례는 극히 드물다. '대한민국은 민주공화국이다', '대한민국의 주권은 국민에게 있고, 모든 권력을 국민으로부터 나온다'는 주권재민의 규범이 지켜지지 않고 헌법이 개정된 사례가 훨씬 많다.

공화국	개헌	제·개정 공포일	주요내용 (권력구조)	대통령
1 공화국	헌법제정	'48.07.17	대통령제와 단원제 국회	이승만
	1차 개헌 발췌개헌	'52.07.07	정부통령 직접선거, 국회의 양원제, 국무원 책임제	이승만

	2차 개헌 사사오입	'54.11.27	국민투표제, 초대 대통령의 중임제한 철폐, 국무위원의 개별적 불신임제, 국무총리제 및 국무위원 연대책임 폐지	이승만
2 공화국	3차 개헌	'60.06.15	내각책임제, 헌법재판소 신설, 대법관의 선 거제, 중앙선관위의 헌법상기관화	윤보선 /장면
	4차 개헌	'60.11.29	반민주행위자처벌을 위한 특별법제	윤보선 /장면
3 공화국	5차 개헌	'62.12.16	대통령중심제, 대법원의 정당해산권, 기본 권 규정의 상세화, 법원의 위헌법률심사권	박정희
	6차 개헌 3선 개헌	'69.10.21	국회의원 정수의 증가, 국회의원의 국무총 리 및 국무위원의 겸임 허용, 대통령의 3 기 계속 재임의 허용	박정희
4 공화국	7차 개헌 유신헌법	'72.12.27	통일주체국민회의 설치, 대통령의 권한 강 화와 국회의 권한 약화, 헌법개정절차의 이원화	박정희 최규하 전두환
5 공화국	8차 개헌	'80.10.27	대통령 간선제, 7년 단임제, 국회의 권한 회복	전두환
6 공화국	9차 개헌	'87.10.29	대통령직선제, 대통령의 비상조치권 및 국 회해산권 폐지, 국회의 국정감사권 부활, 헌법재판소 신설	노태우 김영삼 김대중 :

　　헌법개정을 보면, 크게 두 형태로 구분할 수 있다. 하나는 권력자에 의한 헌법개정이고, 다른 하나는 국민의 뜻에 따른 헌법개정이다. 권력자에 의한 헌법개정을 보면, 1·2차는 이승만의 권력욕에서 비롯된 개정이다. 5·6차는 박정희의 군사정권 탄생과 정권 연장을 위한 개정이며, 7차는 박정희의 종신집권을 위한 유신헌법으로 개정이다. 8차는 신군부가 권력을 쟁취한 후 개정되었다. 아홉 차

례 개헌 중에서 무려 여섯 차례가 권력자의 의중에 따라 헌법이
개정되었다.

국민의 뜻에 따른 헌법개정은 1960년 3차와 1987년 9차 정도
이다. 국민의 뜻에 따라 개헌은 이루어졌지만, 그조차도 개정과정
에 주권자는 없었다. 4·19혁명으로 제2공화국이 탄생했지만, 이듬
해 5·16쿠데타로 민주주의는 다시 압살되었다. 박정희 18년 군사
독재는 박정희가 부하의 손에 피살되면서 끝났다. 그리고 서울의
봄이 왔으나 국민은 온전하게 봄을 누리지 못하였다. 광주민주항쟁
을 총과 칼로 윽박지르며 제5공화국이 탄생하였고, '겨울공화국'은
계속되었다. 1987년 6월에는 노도와 같은 민중의 힘으로 대통령
직선제를 쟁취하였다. 9차 개헌으로 제6공화국이 탄생하였고 지금
까지 이어지고 있다.

4.

『대한민국 현대사 : 헌법에서 현대사를 읽다』의 핵심어는 헌법,
민주주의(민주공화국), 역사(현대사)다. 필자가 연구하는 분야는 역사이
며, 그중에서 현대사이다. 현대사란 일반적으로 1945년 8월 15일
을 기점으로 현재까지를 일컫는 시대의 역사이다. 현대사를 공부하
는 과정에서 자주 마주치는 단어가 있었다. 바로 '민주주의'이다.
민주주의는 철학적 개념, 정치학계 논쟁, 언어학적 의미, 역사적
변천 등을 따져보면 쉽게 설명할 수 있는 용어는 아니다. 그런데
도 민주주의란 단어를 우리는 쉽게 쓰고 있다. 우리는 민주주의
체제(민주공화국)에 살고 있다. 아니, 민주주의를 누리고 있다. 민주주

의를 누리게 된 배경에는 '대한민국은 민주공화국이다'란 대명제가 있었다.

대한민국에서 헌법은 순탄하지만 않았다. 주권자인 국민이 민주주의에 대한 열망과 염원이 가득했을 때, 민주주의는 한 단계 진전을 이루었다. 반면 민주주의를 방관하고 방임할 때는 독재, 권위주의 통치가 이루어졌다. 그 아래서 주권자는 억압에 허덕였고 헌법은 유린당하였다.

이 책은 1948년 7월 17일 헌법 제정에서부터 시작하여 9차 헌법개정으로 현행 제6공화국 헌법이 자리하기까지 과정에서 담긴 대한민국 현대사를 담고 있다. 즉, 헌법개정은 법률만의 문제가 아니라 대한민국 현대사 그 자체로서 이해하고 인식하면서 출발하였다. 그리고 왜 헌법을 개정하는지를 곰곰이 생각해 봤다. 헌법개정의 이유는 당시의 시대적 가치와 정치 상황의 변화 그리고 새로운 미래를 준비하기 위함이었다. 고로 헌법개정은 역사였다.

대한민국 현대사는 민주주의의 다른 말이다. 헌법에서 드러난 대한민국 현대사와 민주주의를 쉽게 읽을 수 있도록 쓰려고 노력하였다. 헌법 제1조 '대한민국은 민주공화국이다.', '대한민국의 주권은 국민에게 있고, 모든 권력은 국민으로부터 나온다.'를 대한민국 헌법의 조문으로만 이해·인식하는 것이 아니라, 주권자로서 가져야 할 자세와 역할은 물론 대한민국이 나갈 방향까지 함께 찾아보고자 이 책을 썼다. 일독을 권한다.

1부

대한민국 제1공화국

불란서 혁명이라든가 미국이 독립시대로부터 민주주의의 근원이 되여 온 모든 사람의 자유와 평등과 권리를 위하고 존중하는 동시에 경제 균등을 실현해 볼려고 하는 것이 이 헌법의 기본정신이라고 말할 수 있습니다.

제1대 국회 제1회 제17차 국회 본회의 회의록
(1948.6.23.) 유진오 발언 중

1장
헌법 제정을 위한 총선거

1945년 8월 15일 해방 이후 조선인은 자주독립국가 건설에 대한 열망이 드높았다. 하지만 미국군과 소련군이 각각 남과 북을 점령하면서 조선인의 염원과는 다른 방향으로 흘러갔다. 해방이 외세에 의해 결정된 것과 마찬가지로 자주독립국가를 위한 절차도 연합국 힘의 논리가 작동되었다. 연합국은 모스크바삼상회의와 미소공동위원회를 통해 조선에 민주주의 임시정부 수립 및 신탁통치안에 대하여 협상을 진행하였다. 그러나 조선을 점령한 미국과 소련은 자국에 우호적인 정권의 수립을 지향하면서 협상은 결렬되었다.

여기에 '냉전cold war'이라는 새로운 국제정세와 모스크바삼상회의 결과를 두고(이른바 '신탁통치안') 좌·우 간의 극렬한 대립으로 통합적 대표기구인 '임시정부' 수립은 실패하였다.[1] 협상이 실패하자 미국 주도 아래 조선의 문제가 UN(국제연합)에 이관되었다.[2] 결국 1947년 11월 14일 유엔 총회는 소련의 불참 속에 '조선 독립 문제'에 관해 '인구 비례에 의한 총선거'를 결의하였다.

1948년 1월 8일 '유엔조선임시위원단UNTCOK:United National

Temporary Commission On Korea'이 김포공항을 통해 입국하였다. 유엔조선임시위원단(이하 임시위원단)은 호주·캐나다·중국·엘살바도르·프랑스·인도·필리핀·시리아 등 8개국 대표로 구성되었다. 임시위원단은 24시간 미군의 경호를 받았으며, 물질적인 부분도 미군정의 지원을 받았다. 임시위원단의 위원들은 조선에 관한 백지상태였고, 필요한 정보는 미군정에 의존할 수밖에 없었다. 임시위원단은 1월 12일 첫 전체 회의를 시작으로 3개 분과를 구성하고 본격적인 활동에 돌입하였다.

하지만 소련군이 38도선 이북지역 입국을 거부하면서 임시위원단의 활동은 난관에 부딪힌다. 임시위원단은 선거가 가능한 남한지역에만 선거를 시행할 것인지 논의했지만 의견이 나뉘었다. 중국·필리핀·엘살바도르·프랑스는 남한만의 선거에 찬성했고 호주·캐나다·인도·시리아 대표는 반대하였다.

1948년 2월 26일 유엔 소총회는 임시위원단의 인도 대표 메논 Krishna Menon으로부터 보고를 청취한 후 격론 끝에 조선의 문제를 표결에 부쳤다. 소련 등 11개국이 불참하고 11개국이 기권한 상태에서, 31개국의 찬성으로 임시위원단은 선거가 가능한 지역에서만이라도 선거를 감시하라는 미국 안이 가결되었다. 이에 따라 미군 점령지역에서만 임시위원단의 감시하에 총선거를 시행하게 이르렀다.[3]

1. 남한만의 총선거를 위한 준비

1948년 5월 10일[4] 국회의원 총선거를 시행한다는 것은 '선거에 관한 법률'이 존재했다는 것을 의미한다. 5·10총선거와 선거법을 이

해하기 위해 미군정의 상황을 간
략하게 살펴보겠다. 미군정은 모스
크바삼상회의에 따른 제1차 미소
공동위원회가 1946년 3월 20일부
터 개최되었다. 미국과 소련은 '조
선 임시 정부수립'에 참가할 단체
를 두고 극심하게 대립하다가 무
기한 휴회 상태에 빠졌다. 역사 교
과서에서 배운 제1차(1946년 3월~5월)
미소공동위원회의 결렬이다.

유엔조선임시위원단 환영 포스터
1948년 1월 중앙청 공보부에서 '조선
화보朝鮮画報 No.24'로 발행했다.
출처 : 대한민국역사박물관

　　이승만은 미소공동위원회의 결
렬을 기다렸다는 듯이 "이제 우리는 무기 휴회 된 공위가 재개될 기
색도 보이지 않으며, 통일 정부를 고대하나 여의케 되지 않으니, 우
리는 남방만이라도 임시정부, 혹은 위원회 같은 것을 조직하여 38이
북에서 소련이 철퇴하도록 세계 공론에 호소하여야 될 것이니 여러
분도 결심하여야 될 것이다"5)는 중대한 발언을 하였다. 이른바 이승
만의 정읍발언(1946년 6월 3일)이다. 그러고는 서울에 올라가서 '통일 기
관'을 설립할 것이니 각 지방에서도 중앙의 지시에 순응하고 조직으
로 활동해 줄 것을 강조하였다.

　　또한 이승만은 제2차 미소공동위원회(1947년 5월~10월)가 한창 진행
중이던, 1947년 8월 10일 조선신문기자협회 결성식에서 남조선만의
총선거를 주장한다. 이승만의 발언을 보면,6)

　① 우리는 국권을 회복하고 정부를 세워야 한다. 우리가 우리의 뜻대로
　　 만드는 것이 우리의 정부이지 미소공위나 만국회의에서 만드는 것은

우리의 정부가 아니다.

② 내가 주장하는 것은 우리의 민의대로 총선거를 시행하자는 것이다.

③ 38이북[7)]은 그만두고 경상도 하나만이라도 독립하고 UN에 가입하여 국제적으로 말할 수 있게 되면 우리는 우리를 점령하고 있는 외국 사람들에게 물을 것이 많다.

④ 미국사람이나 소련사람들은 우리를 위하여 싸운 것이 아니고 대세에 의하여 싸운 것이다.

⑤ 그러므로 우리는 하루바삐 총선거를 시행하여 입법부를 구성하고 통일정부를 세워서 독립해야 한다.

이승만은 미소공동위원회와 유엔에 우리의 문제를 제기하는 것에 대한 강한 불만을 표시하였다. 그러면서 38도선 이북을 제외하고 가능한 곳에서 총선거를 시행하여 통일 정부를 세우자고 역설하였다. 이승만은 일제강점기 강경한 무력투쟁보다는 외교를 통한 독립운동의 전개를 역설하였다. 당시 누구보다 국제정세와 국제간의 관계를 잘 알고 있는 사람이 이승만이다. 그런데 미소공동위원회나 유엔을 무시하고 남한만의 총선거를 통한 독립을 주장하고 있다. 어떻게 해석해야 할까.

이승만은 꾸준하게 3·8도선 이남 지역만의 총선거를 주장하였다. 정읍발언은 미국이 조선의 문제를 다시금 생각할 틈을 주었다. 결과적으로 줄기찬 이승만의 남한만의 총선거 주장은 자주통일 국가가 아닌, 남·북에 각기 다른 정부가 수립되는데 일조했음은 부인할 수 없다.

미소공동위원회의 무기한 휴회 상태에서 미군정은 1946년 8월 24일 법령 제118호 '남조선 과도입법의원의 창설'을 발표하였다.[8)] 이에 따라서 10월 21일부터 10월 31일까지 남한 전역에서 입법의원 선출을 위한 선거를 진행하였다. 즉, 해방 이후 처음 시행한 선거를 5·10 총선거로 일반적으로 알고 있으나, 그 이전에 '입법의원' 선출을 위한 선거가 있었다.

남조선 과도입법의원(이하 입법의원)[9]은 90명으로 구성되었다. 이 중에 45명은 선거를 통해 선출한 민선이고, 45명은 미군정 사령관이 지목한 관선이었다. 여기에는 좌익 성향의 지도자를 배제하고, 온건 좌익(여운형 등)을 우익 세력에 통합하여 새로운 정치연합체를 구성함으로써 소련과의 협상에서 우위를 차지하려는 미군정의 노림수가 있었다.

'입법의원'을 선출하기 위한 '입법의원 의원선거법'이 1947년 9월 3일 군정법률 제5호로 제정되었다. 입법의원의 선거권은 만 23세 이상 국민에게, 피선거권은 만 25세 이상 국민에게 부여하였다. 다만, "① 일제시대에 중추원 부의장 고문 또는 참의가 되었던 자. ② 일제시대에 부 또는 도의 자문 혹은 결의기관의 의원이 되었던 자. ③ 일제시대에 고등관으로서 3등급 이상의 지위에 있던 자 또는 훈7등 이상을 받은 자(단, 기술관 및 교육자는 제외함). ④ 일제시대에 판임관 이상의 경찰관 및 헌병, 헌병보 또는 고등경찰의 직에 있던 자 및 그 밀정행위를 한 자"에 대해서는 입법의원의 피선거권을 박탈하였다.

1948년 3월 1일 주한미군사령관 하지John Reed Hodge는 '조선인민대표의 선거에 관한 포고'를 발표하고, '입법의원 의원선거법'의 일부를 개정하여 총선거 시행을 공식화하였다.

'조선인민대표의 선거에 관한 포고'
조선인민에게 고함
유엔 총회는 유엔임시조선위원단을 설치하였으며 조선인민의 자유와 독립의 즉시 달성에 관하야 동 위원단이 협의할 대표 즉 국회를 구성하여 조선국가 정부를 수립할 대표를 택하는 선거의 실시를 건의하였으므로, 또 유엔임시조선위원단은 유엔 소총회와 상의하였으며, 동 소총회는, 총회의 결의에 규정한 프로그램을 동 위원단에게 가능한 부분의 조선에서 수행함이 유엔임시조선위원단의 의무라는 견해를 표명하였으므로, 또 유엔임시조선위원단은, 동 위원단에게 가능한 부분의 조선에서, 이와 같이 선거를 감시하기로 결정하였으며, 미국 육군이 점령한 지역은, 동 위원단에게 가능한 지역이므로,

이제 본관은 재조선미국육군사령관으로서 부여된 권한에 의하여 자에 좌와 같이 포고함.

(1) 조선인민 대표의 선거는, 유엔임시조선위원단의 감시하에 본 사령부관 내 지역에서 1948년 5월 9일 이를 거행함.

(2) 이처럼 선거는, 유엔임시조선위원단과 상의 후 필요하다고 인정하는 개정을 가한 입법의원 의원선거법(1947년 3월 3일부 법률 제5호)의 조건과 규정에 의하여 이를 행함.

이 영은 공포 후 10일을 경과한 날부터 시행한다.

임시위원단은 유엔 소총회와 합의하여 가능한 지역에서만 선거를 감시한다고 하였다. 여기에서 가능한 지역은 미국 육군이 점령한 지역이라고 덧붙였다. 고로 남한만의 총선거가 시행됨을 공식화하였다.[10) 아울러 5·10총선거는 입법의원선거법(군정 법률 제5호, 1947년 9월 3일 제정)의 조건과 규정으로 시행한다고 밝혔다. 그러나 입법의원 선거 방식을 국회의원 총선거에 적용하는 것은 무리였다.

미군정은 1948년 3월 17일 5·10총선거에 관한 국회의원 선거법으로 군정법령 제175호(국회의원선거법)를 선포하였다.[11) 국회의원선거법은 제1장 총칙부터 제9장 벌칙까지로 구성되었다. 제1조에는 선거권과 피선거권자를 규정하였는데 선거권과 피선거권 모두 성별·재산·교육·

종교 등을 구별하지 않았다. '입법의원'의 선거권 연령은 만 23세와 피선거권 연령은 만 25세로 규정하였다. '입법의원'의 선거권·피선거권의 나이와 비교할 때 피선거권의 나이는 유지되었으나 선거권의 나이는 낮아져서 참정권의 폭이 확대되었다.

제2조는 선거권 제한, 제3조는 피선거권 제한에 관한 규정이었다. 제3조 피선거권의 제한은,

① 본법 제2조에 의하여 선거권이 없는 자. 단, 동조 제3조에 해당하는 자 중 정치범은 제외함.
② 1년 이상의 자유형의 선고를 받았던 자로서 그 집행을 종료하거나 시행을 받지 않기로 확정된 후 3년을 경과하지 아니한 자. 단, 정치범을 제외함.
③ 일제시대에 판임관 이상의 경찰관 및 헌병, 헌병보, 또는 고등경찰의 직에 있던 자 및 기 밀정행위를 한 자.
④ 일제시대에 중추원의 부의장, 고문 또는 참의가 되었던 자.
⑤ 일제시대에 부, 또는 도의 자문 혹은 결의기관의 의원이 되었던 자.
⑥ 일제시대의 고등관으로서 3등급 이상의 지위에 있던 자 또는 훈勳 7등 이상을 받은 자. 단, 기술관 및 교육자는 예외 함.

제8조는 선거구별 1인의 국회의원을 선출하는 규정이다. 즉, 소선거구제를 채택하였다. 제9조~제14조는 선거구와 관련된 조항이다. 제15조~제17조는 선거인명부, 제18조~제26조 선거위원회, 제27조~제29조 후보자 선거운동, 제30조~제46조 선거 방법 및 당선인, 제47조~제49조 국회의원 임기 및 보궐선거, 제50조~제52조 선거에 관한 소송, 제53조~제55조 벌칙에 관한 규정이다. 그리고 세칙 제정과 공포, 시행에 관한 2개 조의 부칙으로 이루어졌다.

국회의원 임기는 2년(제47조)이며, 유효투표 중 최다 득표자를 당선인(제43조)으로 정하였다. 투표방식은 '직접 이름을 기록한' 자서自署 방식에서 기표旗標 방식으로 변경하였다. 문맹에 따른 선거 참여 배제를 최소화하기 위한 결정이었다. 김구·김규식 등과 좌익 정당이 선거를 반대하는 상황에서 투표율이 저조할 경우 남한만의 단독선거에 대한 후폭풍도 고려하여, 누구든 손쉽게 투표할 수 있도록 기표 방식을 채택했던 것으로도 보인다.

국회의원 총선거의 중요한 문제 중 하나가 선거인 등록이었다. 선거인(유권자 중 선거에 참여하겠다는 의사를 표시한 사람)은 자진 등록해야만 권리를 행사할 수 있었다. 즉, 자진신고 등록제였다. 선거인 등록은 3월 30일부터 시작하여 4월 9일 마감되었다. 등록 결과 총유권자 877만 1,126명 중 805만5,295명이 선거인으로 등록함으로써 91.8%라는 등록률을 기록하였다.[12] 미군정 사령관 하지는 성명을 발표하여 90% 이상의 높은 등록률을 기록한 것에 대해서 "조선 정부를 형성함에 있어서 조선 국민을 진정으로 대표할 수 있는 자기들의 대표자를 선출하는 민주주의적 선거에 투표하고자 하는 전 조선 국민의 압도적 표시"[13]라고 경하하였다.

다만, 이 수치는 약간 과장되었다는 주장이 제기된다. 선거 당시 정확한 인구수를 알 수 없는 상황에서, 1946년 8월 25일 인구수를 기준으로 총유권자를 산출했기 때문이다. 즉, 그 이후 인구증가분(해외 동포 및 북에서 이입한 인구와 자연증가 분)이 반영되지 않았다는 것이다. 이를 고려하면 79.7% 정도 등록률로 추산한다.

게다가 당시에는 선거인 등록 및 투표 참여에 대한 강요와 협박이 일상화되어 있었다. 한국여론협회가 4월 12일 서울 충무로와 종로에서 행인 1,262명을 대상으로 조사한 결과를 보면,[14]

질문1 : 귀하는 등록하였습니까? 안 하였습니까?

　　　가. 등록했다 934명(74%)　　나. 등록 안 했다 328명(26%)

질문2 : 자발적으로 하였습니까? 강요당하였습니까?

　　　가. 자발적 등록 84명(9%)　　나. 강요당했다 850명(91%)

질문3 : 누구에게 강요당하였습니까?

　　　가. 청년단체 혹은 반장에게 강요당하였오 468명(55%)

　　　나. 기타에 강요당하였오 152명(18%)

　　　다. 불명 229명(27%)

　여론조사 결과는 매우 충격적이었다. 선거인으로 등록한 사람 중 '강요당했다'라고 응답한 비율이 무려 91%에 달하였다. 마지막 설문인 "누구에게 강요당하였습니까?"란 질문에 '청년단체 혹은 반장'에게 강요당했다는 응답이 55%였고, 기타 사람들에게 강요당했다고 18%가 응답하였다. 이 여론조사는 서울시 두 곳에서 조사한 결과이다. 당시 선거 분위기에 대한 시민의 정서를 보면,[15)]

문 : 이번 등록은 자유분위기 속에서 진행되었다고 보십니까?

유교연맹 이상석 : 자유분위기라니 가소로운 일이다. 등록거부자는 매국노니 기회주의자니 하야 ○○(판독불가)로 구타 등으로 인민의 의사를 억압하야 등록한 것이 대다수라고 보는 데 이는 일반 여론이 잘 증명하는 바다.

학생 : 나는 이 문제를 대답하기 이전에 한국여론조사협회의 가두 여론조사 비율을 제시하고 싶다. 자진 9%, 강요 91%

사민당 중앙위원 이범영 : 자유스러운 분위기 속에서 되었다고 본다. 강요와 협박의 자유분위기 속에서.

서울시 동회장 연합 용산구 회장 이상은 : 글쎄요. 전 말하기가 곤란하오. 동회장이 공무원이냐 아니냐는 문제까지 난 정도이니까 자유로운 분위기에도 한계가 있겠지요.

대동청년단장 김진 : 대체로 자유로운 분위기였다고 본다. 그러나 절대적은 아니다.

서울의 선거 분위기가 이러했다면, 지방도시 특히 군郡 단위에서는 어떠했을까? 당시 미군정에서 가장 강력한 조직은 경찰이었다. 그리고 우익 청년단체의 완력은 경찰 못지않았다. 당시 한 언론의 등록 강요의 기사를 보면 "이른바 '등록 강요'란 말로 알려진 현상이니 어떤 동리에는 청년단원과 경찰관까지 통하여 등록을 권고하되 '등록 안하니 유령(?)식구가 아닌가'하고 짜증을 부린다는 등 심지어 어떤 동에서는 등록할 때까지 보류한다고 쌀 표를 가져갔다는 등 불만을 가진 시민 적지 않다"[16]고 보도하였다.

선거인 등록을 하지 않으면 쌀 배급을 중지한다고 위협하거나, 등록하지 않은 사람을 '빨갱이'로 규정하였다.[17] 선거 등록률을 높이기 위해 경찰을 비롯한 공공기관과 우익 청년단체를 동원한 강요와 협박이 일상화되었다는 것을 알 수 있다. 그런데도 미군정의 공보부는 여론조사 결과에 관해 발끈하고 나섰다. 공보부는 "공안상 이를 방임할 수 없음은 물론 대중을 상대로 하면서 공증성 없는 행동은 언론자유의 한계 이외에 있음을 경고한다"[18]며 강력히 반박하였다.

피선거인(선거에 '참여할 입후보자)은 선거인 등록이 시작된 일자부터 선거일 전 15일 사이에 선거구 선거위원회에 등록해야 하였다. 피선거인 등록에는 선거인 2백 명 이상이 서명한 추천장이 필요하였다. 즉, 당시 정당이 존재했지만, 정당 공천제와는 무관하게 모든 입후보자는 2백 명 이상의 추천장을 받아야만 선거에 출마할 수 있었다. 현행 선거법에서 무소속으로 국회의원 출마하면 선거인으로부터 300~500인의 추천을 받게 하는 제도와 비슷한 맥락이다.

제헌의회를 구성하기 위한 국회의원 선거법은 선거 시행 지역이 미군이 점령한 38도선 이남지역으로 한정되었기는 하지만, 모든 국민의 참정권을 자의적으로 차별하지 않고 최대한 보장하였다는 점에서 일견 정당해 보인다. 그러나 법적 차원의 정당성과는 별개로 현실적 차원에서는 정당하다고 보기 어렵다. 이는 분단을 우려하는 당시 한반도의 상황을 고려하지 않았기 때문이다. 그 결과 우익단체 등에 의한 선거인 등록 강요로 선거의 자율성이 훼손되었고, 주요한 정치 세력들이 피선거인 등록을 거부하여 다양한 정치 집단의 참여가 제한되었다. 또한 선거법 제정과 선거 실시는 모두 미군정 및 유엔의 감시 아래 치러짐으로써 민족의 주체성을 충분히 발휘하지 못했다는 점도 아쉽다.

2. 제헌의회의 사람들

5·10총선거는 분단과 남한 반공체제와 우익 세력의 정권 장악이 이미 기정사실로 굳어진 조건 아래에서 실시되었다. 반공체제 아래에서 좌익은 사실상 불법이었으며, 좌익세력 스스로도 5·10총선거를 무력으로 저지하려고 하였다. 더욱이 단독정부 수립에 반대한 김구 및 김규식 등이 선거에 불참함으로써 이승만과 한민당에 필적할만한 정치 세력이 존재하지 않았다.

미군정과 국회선거위원회는 처음 치르는 보통선거에 익숙지 않은 국민을 위해 대대적으로 선거 홍보를 시작하였다. 선거 포스터를 제작하고, 선거인 등록과 투표 방법을 그림으로 자세히 설명하는 책자와 팸플릿을 배포하였다. 산간벽지에는 미군 비행기가 날아다니며 전단을 살포하기도 하였다. 선거 표어도 모집했는데, '나는 집 보고 어머니는 투표장', '너도 한 표 나도 한 표 나라가 서는 한 표', '흩어진 우리 민족 투표로 뭉치자' 등이 뽑혔다. 또한, 선거일 전날부터 당일까지 시위는 물론 술 판매까지 금지하였다.[19]

5·10총선거 포스터

아마도 술을 마신 상태에서 투표하지 말고 또렷한 정신으로 투표하자는 의미였을 것이다. 참고로 태국이나 브라질은 현재도 선거일에 술 판매를 금지하고 있다고 한다.

1) 제헌의회의 구성

국회의원 입후보자 등록은 4월 16일에 마감되었다. 그 결과 200개 선거구에 총 948명의 후보자가 입후보하였다. 정당·단체별로 보면,[20]

정당·단체별 후보자 수 및 비율

정당 및 단체	인원	비율	정당 및 단체	인원	비율
무소속	417	44.0	조선민주당	5	0.5
대한독립촉성국민회	235	24.9	대한청년단	4	0.4
한국민주당	91	9.6	조선불교교무원	4	0.4

대동청년단	87	9.2	한국독립정부수립대책회	3	0.3
조선민족청년단	20	2.1	대한독립청년단	3	0.3
대한노동총연맹	12	1.3	조선예수교장로회	3	0.3
대한독촉농민총연맹	10	1.1	대한부인회	3	0.3
대한독촉애국부인회	7	0.7	한국독립당	3	0.3
이외 기타	41	4.3			
합 계	948명				

　이외 기타로는 교육협회·조선여자국민당 등 8개 단체에서 각 2명 씩, 대성회·민중당·청우당 등 25개 단체에서 각 1명씩 입후보하였다. 무소속을 제외하면 48개 정당 및 단체에서 후보자를 냈다. 이처럼 정당 및 단체가 난립하게 된 것은 정당 추천제가 아니라 입후보자의 선거구에서 200명 이상의 선거인으로부터 추천장을 받으면 정당이나 단체와 상관없이 입후보할 수 있었기 때문이다. 정당 및 단체별 후보자 수에서 보듯이 입후보자의 주류는 이승만의 대한독립촉성회와 한민당, 대동청년단 등의 우익 정당·단체였다. 무소속 후보의 다수도 역시 우익세력이었다. 입후보자 등록 결과, 평균 경쟁률은 4.7대 1이었고, 서울시 중구는 13명이 입후보하여 13대 1이라는 최고 경쟁률을 보였다. 이후 선거일이 임박하면서 여러 이유로 사퇴한 사람이 늘어나 실제 경쟁률은 4.4대 1이 되었다.

　이승만은 서울시 동대문갑구에 입후보하였다. 이승만의 인지도가 워낙 높았기 때문에 누구도 함부로 동대문 갑구에 입후보할 엄두를 내지 못하였다. 그리하여 이승만의 무투표 당선이 기정사실화되었다. 이때 경무부 수사국장을 역임했던 최능진[21]이 이승만의 당선을 막겠다고 동대문갑구에 입후보하였다. 그러자 '감히 국부와 맞서려 한다'

고 생각한 이승만 추종 세력은 이승만의 무투표 당선을 위해 경찰을 동원하였다. 경찰은 최능진이 입후보를 위해 추천한 200명 중 56명의 추천인 서명이 조작되었다면서 선거위원회에 등록 취소를 요청하였고, 선거위원회는 최능진의 입후보 등록을 취소하였다. 결과적으로 이승만은 5·10총선거에서 무투표 당선으로 제헌의회에 입성하였다.

1948년 5월 10일 오전 7시부터 오후 7시까지 투표가 시행되었다. 선거는 전체적으로 삼엄한 분위기 속에서 진행되었다. 선거인 등록자 중 90% 이상이 투표에 참여하였다.[22] 선거 결과 전국 200개의 선거구 중에서, 제주4·3항쟁으로 인해 무효로 선언된 북제주군 2개 선거구를 제외한 198개 선거구에서 198명의 국회의원이 선출되었다. 1949년 5월 실시된 북제주군 당선자를 포함한 200명의 소속 정당별 당선자를 보면,[23]

5·10총선거 당일 투표장을 찾은 시민
출처 : 중앙선거관리위원회

정당·단체별 당선자 수 및 비율

정당 및 단체	당선자수	비율	정당 및 단체	당선자수	비율
무소속	85	42.5	대한독립촉성농민총연맹	2	1.0
대한독립촉성국민회	55	27.5	대한노동총연맹	1	0.5
한국민주당	29	14.5	한국독립당	1	0.5
대동청년단	12	6.0	조선민주당	1	0.5

조선민족청년단	6	3.0	기타		8	4.0

85명에 이르는 무소속의원을 다시 정파별로 분류하여 국회선거위원회가 발표하였다. 이를 기준으로 당선자들의 정파별 분포를 보면 다음 표와 같다.[24]

정파별 당선자 수 및 비율

	한민당 [25]	독촉	한독당	대동청년단	민족청년단	중도계	기타
당선자	76	61	17	16	10	10	10
비율	38.0	30.5	8.5	8.0	5.0	5.0	5.0

김구의 한국독립당과 남북협상파는 선거에 불참하였다. 그런데도 17명이 당선되었다. 이들은 누구일까? 한국독립당의 당적을 공식적으로 내걸고 입후보하여 당선된 사람은 오택관(경기도 옹진군갑구)이 유일하다. 김익노(무소속, 경북), 손재학(독촉, 충남), 신성균(무소속, 전북), 이남규(무소속, 전남), 원용한(대동청년단, 경기도) 등은 당적과 관계없이 당선되었다.

한국독립당 소속은 아니지만, 대한민국 임시정부와 관련된 인물로는 지청천, 신익희, 라용균 등이 있다. 지청천은 대한민국 임시정부 산하 한국광복군 총사령관을 역임한 인물로 대동청년단 소속으로 서울시 성동구에 출마하여 최고 득표율(75.2%)로 당선되었다. 임시정부 내무부장을 역임한 신익희는 대한독립촉성국민회 소속으로 경기도 광주군에 출마하여 무투표 당선되었다. 임시정부의 의정원 의원을 지낸 라용균은 한국민주당 소속으로 전북 정읍갑에서 무투표 당선되었다.

이외에도 이시영은 총선거에 출마하지 않았지만, 7월 20일 부통령선거에서 당선되었고, 이범석은 초대 국무총리 겸 국방장관을 맡았다.

2) 초대 국회의원들의 면모

헌정사상 최초의 여성 국회의원은 누구일까? 국회의원에 당선된 200명은 모두 남성이었다. 여성으로 5·10총선거에 입후보한 사람은 서울시 종로갑구 박순천과 서대문구 김활란 등 19명이다. 이름이 널리 알려진 박순천과 김활란 같은 인물이 낙선한 것으로 보아, 견고한 남성중심주의 사회를 실감할 수 있다. 그렇다면 우리나라 헌정사상 최초의 여성 국회의원은 누구이고 언제 탄생했을까?

우리나라 최초 여성 국회의원은 임영신이다. 5·10총선거 때 경상북도 안동을 선거구에서 당선된 정현모가 초대 관선 경상북도 도지사로 임명되면서 국회의원직을 사임하였다. 따라서 1949년 1월 13일 안동을 보궐선거가 시행되었다.[26] 임영신은 안동을 보궐선거에 조선여자국민당 후보로 입후보하여 초대 외무부 장관을 역임한 무소속 장택상 후보를 누르고 당선되었다.

5·10총선거의 최연소 당선자는 경북 봉화군에서 대동청년단 소속으로 출마한 배종혁이다. 그는 1922년생으로 당시 26살이었다. 최고령 당선자는 이승만으로 1875년생(73세)이다. 중앙선거관리위원회의 당선자 통계에 따른 연령분포를 보면, 30대 미만 당선자는 3명(1.0%), 30세 이상~40세 미만 당선자는 41명(20.5%), 40세 이상~50세 미만 당선자는 78명(39.5%), 50세 이상~60세 미만 당선자는 58명(28.0%), 60세 이상 20명(11.5%) 등으로 나타났다.

제헌의원 200명을 일제강점기에 어떤 활동을 했는지에 따라 두 부류로 나누어 살펴보고자 한다.[27] 첫째가 독립운동에 관여한 자이며, 둘째가 일제하의 관리, 판검사, 금융조합 직원 등 일제 지배체제에 편입되어 봉사한 자로 구분하였다.

일제강점기 민족해방을 위하여 싸우며 헌신했던 활동은 크게 신간회, 임시정부, 조선공산당 등 세 가지로 분류할 수 있다. 첫째, 민족주의 계열과 사회주의 계열의 연합체 성격인 신간회에서 활동한 인물로는 곽상훈, 김명동, 김영기, 김장렬, 김철, 손재학, 서정희, 이항발, 전진한, 정균식, 조헌영, 최윤동 등 12명이 있다. 둘째, 임시정부 활동 인물로는 라용균, 신익희, 연병호, 이범교, 이승만, 장기영, 정광호, 지청천, 진헌식 등 9명이 있다. 셋째, 조선공산당 관련 인물로는 김약수, 김준연, 문시환, 서정희, 이항발, 정해준, 조국현, 조봉암 등 8명이 있다. 이외에도 조선어학회사건으로 옥고를 치른 김도연, 신현모, 이인 등을 이 부류로 볼 수 있다. 모두 합치면 32명이나 서정희와 이항발이 중복되어 있다. 따라서 일제강점기 민족해방운동에 힘쓴 인물은 총 30명이다. 자주적인 독립국가 건설을 위해 5·10총선거를 치렀다. 그런데 200명의 제헌의원 중 30명만이 일제에 저항한 인물이다.

반면, 일제강점기 일제에 협력한 인물을 살펴보면 민족해방운동에 관여한 인물보다 훨씬 많다. 우선 적극적으로 앞장섰던 인물을 보면, 김동원(서울 용산구), 김동준(충남 서산을), 백관수(전북 고창을), 윤치영(서울 중구), 이윤영(서울 종로갑), 이종인(충남 서산갑), 장면(서울 종로을) 등이 있다. 이들 대부분이 국민정신총동원연맹 또는 조선임전보국단의 발기인으로 참여하였다. 부문별로 보면, 행정관료, 판검사 또는 변호사, 금융조합 등에서 일제의 식민정책에 협력한 사람이 55명에 이른다. 이외에도 교육계 48명, 언론계 29명 등이 반민족(일명 친일파) 활동을 하였다.

새로운 나라가 건설되었음에도 일제에 빌붙은 반민족행위자가 더 많았다는 것을 어떻게 해석해야 할까? 미군정은 5·10총선거를 앞두고 군정법령 제175호(국회의원선거법)를 선포하였다. '국회의원선거법'에는 분명 피선거권 박탈(제3조) 규정이 있다. 그런데도 반민족행위자가 민족해방운동을 했던 사람들보다 더 많이 당선되었다. 이런 이유는 미군정기에 '국회의원선거법' 제정에 앞장섰던 인물 대부분이 일제에 협력했던 자였기 때문이다. 미군정은 일제강점기의 경력자를 무조건을 받아들였고, 이들은 적절하게 빠져나갈 구멍을 만들어 새로운 나라 건설에 동참하였다.

5·10총선거를 치른 지 보름이 지난 5월 25일 주조선미군주둔사령관 하지는 '국회에 관한 포고'를 발포하였다. 하지는 포고에서 국회소집과 관련한 권한을 국회선거위원회 위원장에게 부여한다고 밝혔다. 이에 따라 같은 날 국회선거위원회 위원장 노진설은 다음과 같이 공고하였다.[28]

> 단기 4281년 5월 10일에 선거된 국회의원의 최초 집회를 단기 4281년 5월 31일 오전 10시에 국회의사당에서 행하기로 결정하였으므로 자兹 차 此를 공고함.
> 단기 4181년 5월 25일
> 국회선거위원장 노진설

국회선거위원장 노진설은 국회 소집과 함께 임시의장은 최고령자로 지정하였다. 이는 주조선미군주둔사령관 하지의 의중을 반영한 것이다. 제헌의회 소집과 함께 미군정의 민주의원은 해체되었다.

2장
제헌의회, 헌법 제정

1. 국회 개원식

1948년 5월 31일 제헌의회가 개원하였다. 개원식은 31일 오후 2시였다. 그에 앞서 오전 10시에 198명의 국회의원이 출석한 가운데 제1차 본회의를 개의하였다. 5월 25일 하지 사령관은 '국회에 관한 포고'로 국회선거위원회 위원장에게 국회 소집 권한 등을 부여하면서 임시의장에는 최고령자를 지명하라는 조건을 달았다. 이에 따라 이승만이 임시의장이 되었다. 임시의장 이승만의 취임 인사말을 보면,

대한민국 독립민주국 제1차 회의를 여기서 열게 된 것을 우리가 하나님에게 감사해야 할 것입니다. 종교 사상 무엇을 가지고 있든지 누구나 오늘을 당해 가지고 사람의 힘으로만 된 것이라고 우리가 자랑할 수 없을 것입니다. 그러므로 하나님에게 감사를 드리지 않을 수 없습니다. 나는 먼저 우리가 다 성심으로 일어서서 하나님에게 우리가 감사를 드릴 터인데 이윤영 의원 나오셔서 간단한 말씀으로 하나님에게 기도를 올려 주시기를 바랍니다.[29]

제헌의회 첫 인사말치고는 개인의 특정 종교관과 신념이 너무 뚜렷하게 드러났다. 게다가 이승만은 이제 모든 것을 정해 가야 하는 첫 회의에서 멋대로 국호를 '대한민국'이라고 지칭하였다. 하물며, 오늘에 이르게 된 것을 '하나님'에게 감사드린다더니, 식순에도 없던 하나님에게 기도드리기를 제안하였다. 기도는 월남한 목사 출신 이윤영 의원이 맡았다. 이윤영 의원은 이승만이 대통령에 당선된 이후 첫 내각 구성 당시 초대 국무총리로 지명되었으나, 국회 승인을 받지 못했다.

제1차 본회의에서 오후 2시에 거행될 개원식의 장소를 국회의사당으로 정하고, 개원식 식순을 의결하였다. 이윽고 의장과 부의장 선거에 돌입하였다. 이승만 188표, 이청천 4표, 김약수·신익희·이윤영 각각 2표, 무효 1표로 이승만이 초대 국회의장에 당선되었다. 부의장 선거에서는 대한독립촉성국민회의 신익희와 한민당의 김동원을 각각 선출하였다.

5월 31일 오후 2시 국회의사당에서 제헌의회 개원식이 열렸다. 국회 개원식은 국회의원의 선서문[30] 낭독으로 시작하였다.[31]

선서문

본의원은 조국재건과 자주독립을 완수하기 위하여 헌법을 제정하고 국민정부를 수립하여 남북통일의 대업을 완성하여 국가 만년의 기초를 확정하고 국리민복을 도모하여 국제친선과 세계평화에 최대의 충성과 노력을 다할 것을 이에 하나님과 순국선열과 삼천만 동포에 삼가 선서함.

선서문에는 '국호'를 연상할 수 있는 단어가 없었다. 다만 '하나님과 순국선열과 삼천만 동포에 삼가 선서'하고 있다. 이승만의 종교관이 선서문에까지 영향을 미친 것으로 짐작한다. 이승만은 개회식에서 "국회는 기미 3월 1일 선포하였던 대한민국임시정부의 계승이오. 그 부활임을 선포한다"고 하였다. 이승만이 대한민국임시정부를 계승했다고 언명한 것과 관련하여 김구는 "현재 국회의 형태로서는 대한민국 임시정부 법통을 계승할 아무런 조건도 없다"[32]고 일침을 가하며 불편한 기색을 내보였다.

제헌의회 개원식(1948년 5월 31일)
초대 의장으로 선출된 이승만이 단상에 서 있고, 그 아래 미군 사령관인 하지 중장, 미군정청 장관인 딘 소장 등이 앉아있다.
출처 : 『시련과 영광의 민족사』, 1975

5월 31일 개원식을 마친 국회는 6월 1일부터 본격적으로 헌법 제정에 돌입한다. 6월 1일 제2회 국회 본회의에서는 '헌법 및 정부조직법 기초위원' 30명과 국회법 및 규칙 기초위원 15명을 선출하기 위한 전형위원 10인을 도별로 선출하였다.[33] 당시 서울은 경기도에 속했지만, 서울을 별도의 자치지구로 인정하여 선출하였다. 6월 2일 제3차 본회의에서 '헌법 및 정부조직법 기초위원' 30명을 선출하였다.[34]

'헌법 및 정부조직법 기초위원회'는 6월 3일 회의를 개최하고 위원장에 서상일(한민당), 부위원장에 이윤영(조선민주당)을 선출하고 전문위원 10명을 임명하였다.[35] 이때 주요 토의 주제로 ① 국호문제, ② 정부조직 문제(대통령책임제 또는 내각책임제), ③ 국회·정부·사법 권력분리의 한계 및 각 부분의 구성 등을 전문위원의 토의를 통해 결정한 후 국회에서 축조토의를 예정하였다.[36]

6월 4일 드디어 유진오가 초안한 헌법안이 발표되었다. 일명 '유진오 헌법초안'이다.[37] 유진오 헌법초안을 바탕으로 헌법기초위원회가 작성한 헌법안이 국회에 제출되었다. 6월 23일 제17차 본회의에 헌법안이 상정되었고, 조헌영 의원이 헌법안 전체를 낭독하였다. 헌법기초위원회 서상일 위원장이 헌법안과 관련하여 간략하게 설명하고, 유진오 전문위원의 자세한 설명이 이어졌다.

1948년 6월 26일 제18차 본회의부터 헌법안 제1독회가 시작되었다. 제1독회는 6월 26일~30일(제18차~21차)까지, 제2독회는 7월 1일~7일(제22차~27차)까지, 제3독회는 7월 7일~12일(제27차~28차)까지 심의가 이루어졌다. 헌법안의 심의과정은 제1독회 질의응답과 대체토론, 제2독회 축조 심의, 제3독회 전체적인 법체계 정비와 자구 수정 등으로 진행되었다.[38]

제헌의회에서 이승만의 지위는 특별하였다. 이승만은 제헌의회 임시의장으로 제헌의회 개원식을 주도했고, 정식 의장선거에서도 압도적으로 선출되었다. 그래서 제헌의회에서 의원들은 발언 중 이승만을 지칭할 때 '이승만 선생님' 또는 '의장 선생님'이라고 깍듯하게 예우하였다. 이승만은 이러한 지위를 이용하여 헌법안에 직접적인 영향력을 행사하였다. 따라서 제헌의회 헌법 독회 과정에서도 그의 발언은 단순 국회의원 한 사람의 발언이 아니었다. 이러한 배경을 이해하고 제헌헌법 제정과정을 살펴야 할 것이다.

2. 헌법 전문前文

헌법 〈전문〉은 헌법의 본문이 시작되기 전에 헌법의 정체성을 보여주는 헌법 제·개정의 동기나 목적 및 이념, 헌법 제·개정의 주체나 절차에 관하여 밝히고 있는 부분이다. 부록과 더불어 본문에 부속적인 부분이어서 성문헌법의 필수요소라고 볼 수는 없으나 대개의 성문헌법은 전문을 두고 있다. 다만 개별국가의 헌정사가 가지는 특수성에 따라 〈전문〉의 내용과 형식은 차이를 보이므로 일률적으로 헌법 〈전문〉의 의의를 단정할 수 없다. 심지어 헌법 〈전문〉의 법적 효력에 대하여 보편적 원칙은 없고 개별국가의 헌법해석과 관행에 따라 다르다.[39] 제헌헌법 〈전문〉을 보면,

> 유구한 역사와 전통에 빛나는 우리들 대한국민은 기미 삼일운동으로 대한민국을 건립하여 세계에 선포한 위대한 독립정신을 계승하여 이제 민주독립국가를 재건함에 있어서 정의인도와 동포애로써 민족의 단결을 공고히 하며 모든 사회적 폐습을 타파하고 민주주의제 제도를 수립하여 정치, 경제, 사회, 문화의 모든 영역에 있어서 각인의 기회를 균

등히 하고 능력을 최고도로 발휘케 하며 각인의 책임과 의
무를 완수케하여 안으로는 국민생활의 균등한 향상을 기하
고 밖으로는 항구적인 국제평화의 유지에 노력하여 우리들
과 우리들의 자손의 안전과 자유와 행복을 영원히 확보할
것을 결의하고 우리들의 정당 또 자유로이 선거된 대표로
서 구성된 국회에서 단기 4281년 7월 12일 이 헌법을 제
정한다.

대한민국 헌법은 〈전문〉에서 우리 헌법 정신적 기초가 무엇인지를
선언하고 있다.[40] 첫째, "대한국민은 기미 삼일운동으로 대한민국을
건립하여…… 민주독립국가를 재건"한다고 규정하였다. 국호를 '대한민
국'으로 하고 민주주의 체제에 입각한 독립국가의 형태를 그 목적으
로 하고 있다. 즉, 헌법의 정체성이 국민주권주의에 기초한 민주공화
국에 있음을 본질적으로 확인하고 있다.

둘째, 헌법제정의 기초로 역사적 사실인 '기미삼일운동'을 제시하
였다. 식민 지배에 대하여 민족자결주의에 입각하여 주체적인 노력으
로 해방을 맞고 '민주독립국가'를 '재건'한 것임을 밝힘으로써 역사적
사실에 기초한 자주독립성이라는 헌법적 정당성의 기초를 확인하고
있다.

셋째, "민주주의제 제도를 수립하여 정치, 경제, 사회, 문화의 모든
영역에 있어서 각인의 기회를 균등히 하고 능력을 최고로 발휘하게"
한다고 규정함으로써, 개인의 자유주의와 평등주의를 선언하여 사회
국가적 원리에 입각하고 있음을 표방하였다. 인류 보편적 가치와 더

불어 민주공화체제의 이념적 성격을 분명히 한 것이다.

넷째, "항구적인 국제평화의 유지에 노력하여"라고 규정하여 국제평화주의를 밝혔다.

다섯째, "우리들의 정당 또 자유로이 선거된 대표로서 구성된 국회에서… 헌법을 제정한다"라고 규정함으로써, 우리 헌법제정권이 국민에게 있고 이 헌법이 민주적인 절차에 의해 제정되었음을 강조하였다.

이와 같은 의미를 담고 있는 제헌헌법의 〈전문〉이 이후 헌법개정 과정에서 어떻게 개정되었는지를 살펴보는 것은 당시 시대 상황과 사회의 가치(시대정신)가 어떻게 변화했는지를 파악하는 데 도움이 된다.

3. 국호, '대한민국'

제1조
대한민국은 민주공화국이다.

국호는 나라에 대한 하나의 고유한 호칭이다. 한 국가가 스스로 평가하는 역사적 위상과 민족의 정체성을 함축하고 있다.[41] 국호가 '대한민국'으로 정해지는 과정은 순탄했을까? 그 과정을 살펴보자.

1945년 9월 6일 여운형과 박헌영이 주도한 제1회 전국인민대표자회의에서 '조선인민공화국' 수립을 선포하였다. 하지만 '임정 국가대표론'을 주장한 오세창, 김성수, 백남운, 조만식 등은 '대한민국 임시정부'가 최고이며 또 유일한 존재라고 맞받아쳤다.

해방 이후 첫 국호는 '조선인민공화국'이라고 하였다. 그러나 조선인민공화국은 미군정이 점령하면서 대체로 사라진 이름이다. 해방 정국에서 좌익은 '조선'을, 우익은 '대한'을 선호하였다. 당시 영어로 우리나라를 지칭하는 이름은 'KOREA'였다. 좌익과 우익은 이를 자기중심적으로 해석하였다. 이는 지금도 마찬가지이다. 남북한은 영문 국호 표기에 'KOREA'를 공유하고 있지만, 한국어 표기에서 남쪽은 '대한민국' 북쪽은 '조선'으로 각각 명기한다.

'조선'이란 국호는 오랜 역사성을 갖고 있기에 쉽게 이해할 수 있지만, '대한'은 어떤 경로로 등장하였을까? 19세기 말 조선은 서구 제국주의와 일본, 러시아 등 열강의 침탈에 시달렸다. 여기에 조선은 5백 년 동안 자주성을 상실한 국가로서 '사대' 예의를 갖춰 중국을 숭배하고 섬겼다. 조선 제26대 국왕 고종(1863~1907)은 1897년 10월 연호를 '광무光武'로 정하고 국호를 '대한제국'으로 선포 후 스스로 황제에 올랐다. 중국을 숭배하고 섬기는 제후국에서 중국과 동등한 위치의 '황제국'으로의 선언이다. '조선'이 자주독립 국가임을 밝히는 의미로 고종은 '대한'이란 국호를 선택하였다.

우리나라는 곧 삼한三韓의 땅인데, 국초國初에 천명을 받고 하나의 나라로 통합되었다. 지금 국호를 '대한大韓'이라고 정한다고 해서 안 될 것이 없다. 또한 매번 각국의 문자를 보면 조선이라고 하지 않고 한韓이라 하였다. 이는 아마 미리 징표를 보이고 오늘이 있기를 기다린 것이니, 세상에 공표하지 않아도 세상이 모두 다 '대한'이라는 칭호를 알고 있을 것이다.[42]

고종은 원구단에서 황제임을 알리는 첫 고유제를 앞두고 대신들과 국호를 논의하였다. 위 인용문은 이 자리에서 고종이 했던 말이다. 하지만 대한제국은 13년 만에 국권을 상실하였다.

1910년 8월 29일 일제는 '한일병합'을 공식 발표하면서 "한국의 국호는 이를 고쳐 이제 조선이라 칭한다"[43]고 칙령을 공포하였다. 1920년 조선총독부가 펴낸 『조선어사전』에는 한국韓國을 '병합 전의 조선'이라고 하고, 대한大韓을 '광무원년 조선을 개칭한 다른 국호'라고 설명하고 있다. 일제는 '한국'과 '대한'이란 단어를 대신하여 조선으로 칭하였다.

그런데 일제가 우리나라의 이름을 '조선'이라고 칭했던 데에는 자주독립국가가 아니라 일본제국의 일개 지역이라는 의미가 담겨 있다. 일제가 설립한 '조선총독부'를 비롯하여 '조선 태형령', '조선공업화정책' 등 일본이 시행한 시책 등에 나라의 이름을 '조선'이라고 칭함으로써 국격을 격하시키려는 의도가 있었던 것이다. 이후 민족주의자들은 '조선'을 중국에 사대하던 봉건 왕조의 명칭이자 일제강점기의 격하된 지역 지칭으로 인식하였기에 선호하지 않았다. 반면 '대한'은 자주독립국의 명칭이므로 광복으로 되찾아야 한다는 의미를 부여하였다.

대한제국의 존립기간이 워낙 짧았기 때문에 '대한'이란 국호는 민중에게 낯설었다. 그에 비해 조선은 500여 년간 국호로 쓰이고 수천 년 동안 고유 칭호로 쓰였기에 친숙하였다. 그런데도 대한제국에 참여했거나 대한제국의 국권 회복에 관심 있던 지식인들은 '대한', '한국'이란 칭호에 민족적 자긍심이 있다고 봤다.

대한민국 임시정부 수립 등의 과정에서도 '대한'과 '조선'은 혼용되었지만, 우익 민족주의자는 '대한'을 선호했고 사회주의자는 '조선'을 선호하였다. 우선 사회주의자들은 국권을 빼앗긴 '대한제국'과 같은 구시대의 유산을 계승할 필요를 느끼지 못하였다. 또한 인민대중의 국가를 지향하는 사회주의자들에게는 인민대중에게 친숙한 칭호, 즉, '조선'말고 다른 대안이 선뜻 떠오르지 않았다.[44] 우익 민족주의자는 민족국가의 영속성을 신봉하였고, 좌익 사회주의자는 국가를 평등한 사회로 가는 과도기적 단계로 인식하며 인민과의 교감에 치중하였다.

모스크바삼상회의의 결과에 따른 미소공동위원회는 '임시정부 수립'과 관련하여 국호, 국체, 정체, 임시정부 수립 방법, 토지정책 등을 정당·사회단체에 자문을 요청하였다.[45] 399개 단체가 답신한 결과, 한민당을 중심으로 142개 우익단체는 '대한민국'을, 민주주의민족전선 등 70개의 좌익단체는 '조선인민공화국'을, 근로인민당 등 중간지대는 '고려공화국'을 제시하였다.

정당이나 정파의 생각과 민중은 달랐다. 조선신문기자회는 1947년 7월 3일 오후 5시부터 1시간 동안 서울시내 중요지점 10개소에서 5개 항목에 대해 설문을 조사하였다. 이 여론조사에 응한 사람은 2,495명이다.[46] 국호와 정권의 형태를 묻는 항목에 대한 조사 결과를 보면,

    3) 국호는?
        A. 대한민국 : 604표(24%強)
        B. 조선인민공화국 : 1,708표(70%弱)
        C. 기타 : 8표(1%弱)
        D. 기권 : 139표(4%弱)
    4) 정권형태?
        A. 종래제도 : 327표(14%強)
        B. 인민위원회 : 1,757표(71%強)
        C. 기타 : 262표(10%強)
        D. 기권 : 113표(5%弱)

국호는 '조선인민공화국'이라고 답변한 비율이 약 70%, '대한민국'이 24%였다. 정권의 형태도 '인민위원회'가 71%로 월등하게 높은 지지를 받았다. 당시 민중의 의중을 엿볼 수 있다. 일제강점기와 해방 이후 사회주의 계열이 보여준 정치적 태도와 실천이 민중에게 더 큰 신뢰를 받고 있다는 것을 짐작할 수 있다. 그러나 미군정의 뒷배로 분단 정권이 수립되는 과정에서 '조선'과 '인민공화국'은 이념적·대결적으로만 인식하는 수준으로 전락하고 말았다.

5월 31일 오전 10시 개원식 이전에 제헌의회 제1차 회의가 열렸다. 임시의장으로 선임된 이승만은 "대한민국 독립민주국 제1차 회의를 여기서 열게 된 것을 우리가 하나님에게 감사해야 할 것이다"면서 국호가 아직 정해지지 않은 상황에서 '대한민국''이라고 칭했다. 이날 이승만의 발언은 국호가 '대한민국'으로 정해지는 데 매우 큰 영향을 미쳤다. 반면 이날 기도를 주도했던 이윤영 의원은 '조선'이라고 호칭하였다.[47]

유진오 헌법초안에서는 국호를 '조선'으로 표기하고 '인민'이라고 지칭하였다. 헌법기초위원회에서는 6월 8일 국호와 관련하여 격론이 있었다. 결국 투표를 실시하였다. 그 결과 대한민국 17표, 고려공화국 7표, 조선공화국 2표, 한국이 1표 획득하여 '대한민국'이 국호로 결정되었다.[48] 헌법기초위원 중 이청천을 비롯한 독촉계열은 이승만이 선호한 '대한민국'을 지지하였고, 한민당은 '고려공화국'을 지지하였다.[49] 국호를 대한민국으로 주장한 측의 중요한 이유는 "일본으로부터 배상을 받아 오려면 과거의 대한국이라는 국호라야만 청구할 수 있다"는 논리를 폈다.[50]

헌법기초위원회의 투표 결과를 반영하여 본회의 헌법안에는 국호를 '대한민국'으로 칭하였다. 제18차(6월 26일) 본회의부터 국호 문제가 대두되어 논쟁이 시작되었다. 곽상훈 의원이 헌법 초안 제1조에 '국호를 대한이라고 정한 의의와 근거가 무엇이냐'고 물었다. 헌법기초위원회 위원장인 서상일 위원은 답변에서 한일합병으로 말미암아 '대한'이라고 하는 글자는 없어지면서 우리나라에 일정한 국호가 없었다면서 "3·1혁명 이후에 우리나라에서도 해외에 가서 임시정부를 조직해서 그때도 대한이라고 이름을 부쳐 내려온 것이다"고 설명하였다.

① 또 이 국회가 처음 열릴 때에 의장 선생님으로부터 여러분에게 식사를 말씀하시는 끝에도 **대한민국 36년**(밑줄 인용자)이라는 연호를 쓴 관계로서 이 헌법 초안에도 아주 누가 이렇게 국호를 정해라 저렇게 해라 정할 수가 없어서 대한이라고 그대로 인용해서 실용한 것으로 생각하는 바입니다.[51]

② 국호는 국가의 대외적 표현이므로 이에 대한 논의가 분분함은 당연한 사실입니다. **대한민국**은 3·1혁명 투쟁을 통하여 조성된 국호이며 이 역사적 광영을 가진 국호야말로 대내적으로는 민족통일의 기초가 되고, 대외적으로는 민족투쟁의 긍지가 될 것으로 믿습니다. 국호는 **대한민국**으로 해야 됩니다.[52]

①인용문은 서상일 의원이 제헌의회 개원식에서 이승만 의장이 언급했던 내용을 다시 상기시키면서 한 발언이다. ②인용문은 대한국민당 진헌식 의원의 발언이다. 대체로 3·1혁명 투쟁을 통하여 조성된 '대한민국'이란 국호에 동의하였다. 그런데도 여러 의원이 국호 문제를 언급하였다.

이병국 의원은 "'대한'에서 '대大'자는 크다는 것을 의미하는 것으로 '대정大正'이나 '대명大明'이나[53] '대한'이라 그렇게 되는 것이다"라면서, "'대'자가 크다고 할 것 같으면 역시 클 태太자, 즉, 의미가 태양이지마는 그것도 역시 크니까 '대'자를 '태'자로 바꾸자"라고는 주장하였다. 이렇게 국호 문제와 관련하여 백가쟁명식으로 자신의 의견을 피력하였다.

여하튼 대다수 의원은 이승만이 국회 개원식에서 발언했던 '대한민국 독립민주국'을 크게 의식하였다. 그래서 '대한민국'을 국호로 정하는 것에 대부분 의원은 동의하고 찬성하였다. 그런데도 국호 문제는 계속 언급되었다. '대한'이란 국호에 부정적 의견들이 표출되었다. 하지만 이승만은 다른 국호를 언급하는 것을 원천적으로 방지하려는 의도를 드러냈다. 이승만의 7월 1일 제22차 전체 회의에서 발언을 보면,

> 그 다음은 국호 개정 문제인데 국호 개정이 잘 되었다고 독립이 잘 되고, 국명이 나쁘다고 독립이 잘 안될 것은 아니고 그런 것은 문제가 안 됩니다. 그래서 이 국호 개정이 제일 시간이 많이 걸리기 때문에 나는 1분 동안이라도 빨리 우리 헌법 통과시켜야 될 것이니까 그것 잘 아시도록 내가 부탁하는 겁니다. 그러니까 국호는 차차 국정이 정돈되어 가지고 거기에 민간의 의사를 들어가지고 대다수의 결정에 의하여 그때 법으로 작정하는 것이 좋으리라고 생각합니다. 그러니까 국호 문제에 있어서는 다시 문제 일으키시지를 말기를 또 부탁하는 것입니다.

헌법 제정이 시급하다는 것을 먼저 언급한 이승만은 국호의 결정까지는 시간이 많이 소요된다는 것이다. 빨리 헌법부터 통과시켜 국정이 안정되면 국호는 국민의 의사를 수용하여 결정해도 된다는 주

장이다. 이윽고 그는 헌법 〈전문〉이 중요하다면서, 〈전문〉에는 '국시'와 '국체'를 어떻게 표현하느냐가 우리의 정신과 맞물린다고 했다. 이승만이 정한 '국시'와 '국체'는 '민주주의', '민주국'이라고 주장하면서, 〈전문〉에 반영할 것을 의원들에게 요청하고 부탁하였다.

이승만의 주장에 조봉암 의원이 반발하였다. 조봉암 의원은 '국호'를 정하지 않는 것에 문제를 제기하였다. 이에 이승만은 "지금까지 써오던 국호를 그대로 쓰고, 새로 국호를 고칠 필요가 있다면 다음에 하자는 의도"라고 설명하였다. 그러면서 기존에 쓰던 국호가 정리되지 않은 상황에서 이승만은 자신이 칭한 '대한민국'이 기존에 쓴 정식 국호라는 견해를 드러냈다. 누구도 이승만의 애착과 고집을 꺾을 수가 없었다. 이견은 노출되었으나 표결 없이 이승만이 국회 1차 본회의에서 발언한 '대한민국'으로 국호가 정해졌다. 이후 이승만의 제1공화국에서부터 시작하여 지금까지 더 이상 '국호 논의'가 이루어진 적은 없다. 국민의 여론을 조사한 적도 없다.

국호가 정해지면서, 드디어 대한민국 헌법 제1조 '대한민국은 민주공화국이다'는 규범이 표결에 부쳐졌다. 이에 앞서 김병희 의원은 '대한민국은 공화국이다'라고 수정 제안했지만, 수정안은 부결되었다. 제1조 '대한민국은 민주공화국이다'의 표결 결과, 재석의원 188인 중 찬성 163명, 반대 2명으로 가결되었다.[54]

앞서 국호의 논쟁에서 논쟁의 핵심은 '대한'이란 명칭이었다. '민국'에 대해서는 언급이 없었다. '민국'은 1911년 신해혁명으로 아시아에서 가장 먼저 공화제를 선포한 '중화민국'에서 본뜬 것이다.[55] 그런데 국호 '대한민국'을 영문으로 하면, 'KOREA'가 아니다. 'KOREA'는 '대한'에 해당한다. 북한에서 'KOREA'는 조선이다. 그럼, 대한민국에서 '민국'은 어떤 의미가 내포된 단어냐는 것이다. 이를 이해하기 위해서는 '대한민국'의 영문 표기를 보면 된다. 유엔의 대한민국 영문 표기는 'Republic Of Korea'(ROK)이다. 'Republic'이 '민국'에 해당함을 알 수 있다. '민국'은 공화국의 중국 한자식 표현이다. '대한민국'이란 국호에는 '공화국'이란 의미가 담겨 있다.

4. '3·1절'과 '3·1혁명'

기미독립선언을 기념하는 100주년이 되던 2019년 현재 일반적으로 통용하고 있는 '3·1운동'을 3·1혁명으로 바꿔 불러야 한다는 목소리가 있었다. 그 이유인즉, '기미독립선언을 계기로 반만년 우리 역사에서 처음으로 인민이 주인인 나라인 민주공화국 대한민국임시정부가 건립되었다'라는 주장이다. '3·1혁명'이라는 용어는 '유진오 헌법초안'에 담겨 있다. 즉, 헌법 제정 당시에는 '3·1혁명'이란 용어를 사용하였다. 그런데 어떤 과정을 통해 '3·1혁명'이란 용어는 사라지고, '3·1운동', '3·1절'이란 용어로 불리게 되었을까?

국호가 '대한민국'으로 결정되고, 헌법 제1조가 정해지면서, 〈전문〉과 제1장 총강의 내용이 수정되었다. 〈전문〉의 경우 '유진오 헌법초안'56)에 비해 훨씬 간결하게 작성되었다. 헌법 전문은 대한민국의 역사, 이념, 가치관 및 국가의 기본적인 지향점을 담고 있다. 앞서 제시한 제1공화국의 〈전문〉을 꼼꼼히 읽어보았으면 한다.

유진오 초안의 '3·1혁명'이란 용어는 헌법 〈전문〉을 축조·심의하는 과정에서 주요한 논의 거리로 대두되었다. 최운교 의원이 "3·1혁명의 위대한 독립정신을 계승"에 대해서 이승만이 개원식에서 "대한민국

임시정부 계승한다"는 말과 일치하는지를 물었고, 이에 대해 헌법기초위원장 서상일 의원은 "그렇게 생각하고 나가는 것"이라고 설명하였다.[57]

그런데 제헌헌법 〈전문〉을 보면, '3·1혁명'의 독립정신을 강조했던 부분이 '기미 삼일운동으로' 용어도 바뀌었고, 표현도 간략하게 서술되었다. '혁명'이란 용어에 대해서는 7월 7일 제27차 제2독회(축조심의)에서 조국현 의원이 문제를 제기하였다.

> 우리가 3·1민족운동이라는 것이 일본 정부의 유인정권 밑에서 제도를 고치자는 혁명은 아닙니다. 대한이 일본에게서 뺏겼든 그놈을 광고하자는 운동인 만큼 혁명은 아닙니다. '항쟁'이라고 할지언정 혁명은 아니요. 혁명은 국내적 일이라는 게 혁명입니다.
> 다시 말하면 이태조가 고려왕조를 전복시킨 것이 혁명이고 갑오의 운동이 혁명운동이고 우리 조선이 일본하고 항쟁하는 것은 혁명이라는 것은 아닙니다. 만일 여기다가 '혁명'을 쓴다면 무식을 폭로하는 것이라고 내가 생각하기 때문에 이 '혁명' 글자를 변경해서 '항쟁'이라고 했으면 좋겠다고 생각합니다.

조국현 의원은 기미독립선언은 나라를 찾기 위한 항쟁인 만큼 혁명이 될 수 없다고 하였다. '혁명'은 국제간의 문제가 아니라 국내적 제도에 부여한 용어라는 것이다. 혁명이라는 용어를 쓴다는 것은 일본 지배의 정통성을 인정하는 일이 되므로 절대 쓸 수 없다면서, 혁명을 대신하여 '항쟁'으로 표기해야 한다고 강력하게 주장하였다.

이러한 주장을 거들고 나온 의원이 이승만이다. 이승만은 '혁명'이란 용어는 절대로 옳은 문구가 아니라면서 "혁명이라면 우리나라 정부를 전복하자는 것인데 원수의 나라에 와서 있는 것을 뒤집어놓는 것은 혁명이라는 게 그릇된 말인데 '항쟁'이라는 말은 좋으나 거기다 좀 더 노골적으로 '독립운동'이라고 그러면 어떻니까?"라면서 '독립운동'으로 정할 것을 피력하였다.

혁명이 아닌 항쟁이라는 이승만의 발언은 앞서 했던 발언과 전혀 다르다. 7월 1일 제22차 제2독회에서 이승만은 의장이 아닌 의원으로서 "우리는 우리의 정신을 우리 헌법에 작정할 생각이 있어야 한다"면서 〈전문〉에 다음과 같은 문구를 넣을 것을 제의하였다. "우리들 대한민국은 유구한 역사와 전통에 빛나는 민족으로서 기미년 3·1혁명에 궐기하여 처음으로 대한민국 정부를 세계에 선포하였으므로 그 위대한 독립정신을 계승하여 자주독립의 조국 재건을 하기로 함"58)이라고 말했다. 이승만은 이후에도 몇 차례 '3·1혁명'이라고 표현하였다.

그동안 헌법 독회에서 대한민국의 정통성을 3·1혁명에 기원한다고 여러 의원이 주장하였다. 그런데 이승만의 '혁명'이란 용어는 절대로 옳은 문구가 아니라는 한마디에 바뀌었다. 혁명을 대체할 용어를 두고 '운동', '항쟁', '광복' 등 백가쟁명식으로 의견이 표출되었다. 국회는 백관수, 김준연, 이종린, 최국현, 윤치영 5인의 의원을 지정하여 〈전문〉 성안을 위임하였다.59) 이들은 '3·1혁명'을 '기미 삼일운동'으로 명시하였다. 이에 대해 다섯 명의 의원이 어떤 논의를 했는지는 알려지지 않았다.

이로써 '삼일절', '3·1운동'은 정식적, 공식적 용어로 자리하게 되었다. 여기서 '3·1'과 '운동'이라는 명칭이 실제 사건의 역사적 의미를 얼마나 어떻게 대변하고 있는지 생각해 볼 일이다.

1) 국경일의 유래와 의미

해방공간은 일제 식민지로부터의 '완전한 해방'과 새로운 민족국가 건설이라는 두 가지 의제에 대한 논의가 분출하면서 대립하였다. 이 가운데 명칭이나 용어 등에서도 좌우익은 치열하게 경쟁하였다. 그중에 하나가 1919년 3월 1일에 대한 명칭이다. 즉, '기미독립선언기념일'과 '3·1절'이다.

당시 '분열된 기념식'에 대한 인식은 『중앙신문』에 게재된 김용환[60]의 '시사만평'을 통해 확인할 수 있다. 왼편의 기미기념을 주장하는 사람들은 자동차를 타고 한쪽으로 나아가고 있다. 자동차의 앞좌석에는 정자관을 쓴 사람과 갓을 쓰고

국민 '아이구 사람 살려주오!'
출처 : 『중앙신문』 1946년 2월 26일

곰방대를 문 양반이 지루한 표정으로 앉아있으며, 뒤쪽에는 트럼펫·북 등의 악기를 연주하는 사람들이 탑승해 있다. 반대편의 삼일기념을 주장한 사람들은 무언가를 외치면서 반대편으로 나아가고 있다. 그들은 자동차나 악기 없이 서로 어깨동무를 하고 주먹을 치켜세우고 있다. 그 가운데에서 '국민'은 '살려주오!'를 외치는 상황이다.[61]

1946년 들어서면서 3월 1일을 국경일로 지정해 줄 것을 미군정에 요청하였다. 1946년 2월 14일 '남조선대한민국민주의원'(이하 민주의원) 첫 회의가 열렸다. 이 자리에서 3월 1일을 국경일 제정하는 것을 토의하였고 '3·1절'을 국경일로 채택하였다.[62] 미군정 하지 사령관에 제정을 건의하고 2월 20일 선포되었다.[63] 1946년 3월 1일 오전 11시부터 서울운동장에서 열린 행사의 명칭이 '3·1절'과는 다르다. 이날 순

국선열추도대회의 명칭은 '기미독립선언기념전국대회'였다. 그리고 러취Archer L. Lerch 군정장관(1946.1.4.~1947.9.11. 재임)이 2월 18일 발표한 제2호의 내용을 보면,[64]

재남조선대한민국대표민주의원의 추천으로 1946년 3월 1일을 '경축일'로 정함이 경축일은 일본의 압박과 지배를 기쁘게 벗어나 대한독립을 최초로 선언한 후 제27회의 기념일이다. 이날은 대한독립의 대의를 순사殉死한 애국열사를 기념하기 위하여 봉정된 것이다. 이날에 대한민족의 꽃과 같은 영광을 누릴 자유와 민권의 신대한新大韓을 세운 순국열사 제위를 선조와 함께 전 대한민중은 감사의 뜻을 표할 것이다.

러취 군정장관의 발표를 보도한 신문은 '3월 1일 독립선언기념일'을 국경일로 정했다고 하였다. 3월 1일을 국경일로 정했지만, 그 명칭에 대해서는 명확하게 정하지 않았다. 그러다 보니, 좌우익은 명칭을 두고 각각 사용하였고 경쟁하였다.

국경일부터 살펴보겠다. 현재 대한민국의 국경일은 삼일절(3월 1일), 제헌절(7월 17일), 광복절(8월 15일), 개천절(10월 3일), 한글날(10월 9일) 등이 있다. '한글날'을 제외하고는 '절'로 끝난다. '국경일에 관한 법률'이 제정된 것은 1949년 10월 1일(법률 제53호)로 당시 '한글날'은 국경일에 포함되지 않았다.

그런데 '국경일에 관한 법률'을 정부가 제출한 원안에는 몇몇 국경일의 명칭이 지금과는 사뭇 달랐다. 3월 1일은 3·1절, 7월 17일은 헌법공포기념일, 8월 15일은 독립기념일, 10월 3일은 개천절이었다. 법제사법위원회는 이 원안을 수정해 헌법공포기념일을 제헌절, 독립기념일을 광복절로 명칭을 수정하였다.

'절節'이라는 단어를 쓰는 의미에 대해서 문제를 제기한 의원이 있었다. 김우식 의원은 "우리나라의 역사에는 '절'자를 특별히 이런 절차에 쓴 일이 적다"면서 "일본 천황의 천장절 그 '절'자를 아마 모방해 왔다"고 생각되고, '절'은 "의미가 우리에게 잘 통해지지 않는" 글자이므로 '일' 자를 쓰자고 주장하였다. 반면 조국현 의원은 '절'이 일본의 '천장절'이 아니라 중국 당 태종이 자기 생일날을 만수절로 표기했었다면서 '절'이 중국으로부터 유래되어 쓰기 시작한 것이지 일본을 모방한 것이 아니라고 반박하였다.[65] 이후 별다른 논전은 이루어지지 않았고, 수정안을 표결에 부친 결과 가결되어 국경일의 명칭이 오늘에 이르게 되었다.

2) 3·1운동은 무엇인가

본론으로 돌아와 '3·1'과 '운동'이라는 명칭이 적절한지 따져보겠다. '3·1운동'하면 가장 먼저 떠오른 인물은 누구인가. 아마도 유관순 열사일 것이다. 유관순 열사가 병천 아우내장터에서 만세를 불렀다는 것은 국민 대부분이 알고 있다. 그럼, 유관순 열사가 만세를 부른 날은 언제일까? 3월 1일인가? 아니다. 유관순 열사가 만세를 불렀던 날은 4월 1일이다.

3월 1일은 만세가 시작된 날로 이날 서울 파고다 공원에서 만세를 부른 이후 전국 곳곳에서 만세가 일어났다. 3월 1일 하루만 독립만세를 외쳤던 게 아니다. 만세를 부른 날은 지역마다 달랐다. 병천 아우내장터에서는 유관순 열사 등이 4월 1일에 만세를 외쳤고, 3월 31일과 4월 3일에는 경기도 수원군 제암리(현 화성시 제암리)에서 만세 시위가 있었다. 이후 일본 헌병대는 1919년 4월 15일 교민을 포함한 29명의 제암리 주민을 학살하였다. 전남 여수에서는 12월 20일 여수 장날을 이용해 독립 만세 시위를 하기로 계획했으나 19일 주모자들이 체포되고 말았다. 당시 『매일신보』는 이 사건을 「여수학생망동」이라는 제목으로 보도하였고,[66] 이듬해(1920년) 2월 5일 자 상해 『독립신문』도 「여수청년의 분기」라는 표제를 달아 기사화하였다.

이처럼 독립만세는 1919년 3월 이후 기미년 내내 전국 곳곳에서 있었다. 그러나 기미년 만세를 '3·1운동', '3·1절'이라고 부르는 순간 독립만세가 3월 1일 하루 동안의 일로 느껴진다. 또 한 가지, 1919년 3월 1일 전국에 배포된 선언서가 '3·1독립선언서'인가 '기미독립선언서'인가.

> 오등吾等은 자兹에 아我 조선의 독립국임과 조선인의 자주민임을 선언하노라. 차此로써 세계만방에 고하야 인류 평등의 대의를 극명하며 차로써 자손만대에 고하야 민족 자존의 정권을 영유케 하노라. 〈이하 생략〉

국어 교과서나 역사 교과서에서 엄연히 '기미독립선언서'라고 배웠다. 배운 것도 부족하여 외우기까지 하였다. 그렇다면 조선인은 1919년 기미독립선언이 낭독된 날을 어떻게 기억하고 있을까? 1920년 대한민국 임시정부 수립 후 처음으로 맞이한 독립선언기념과 관련하여 상해의 『독립신문』은 이날의 풍경을 상세히 소개하고 있다.

제목이 '상해의 3·1절'이다. 기사

상해의 삼일절 기사
출처 : 『독립신문』 1920년 3월 4일

는 "이른 아침부터 시내에 동포들이 가가호호 태극기를 달았고, 국무원과 의정원의 축하식이 있었으며, 민단 주최로 대극장에서 성대하고 장엄한 대축하연을 열었고, 그 후에는 자동차 시위운동이 있었다. 열성과 뜨거운 눈물로 지킨 첫 번째 국경일에 동포의 결심은 더욱 굳어졌다"는 내용이다. 이어지는 3월 1일을 찬양하는 글을 보면,

3월 1일 우리나라의 독립과 민족의 자유를 선언한 3월 1일. 2천만 대한인은 간 곳마다 있는 곳마다 10년 후 만년후까지 자자손손히 열성과 환희로써 지켜 축하할 3월 1일. 상해에 있는(在) 대한의 자녀들은 어떻게 이날을 지켰는가.

이날 독립선언 기념 축하식은 오전 10시 의정원 건물에서 열렸다. 국무총리 이동휘 이하 정부 각료와 직원들, 그리고 의정원 의원들과 학생들, 총 80여 명이 참석하였다. 기념식은 애국가 합창, 국기에 대한 경례, 이동휘의 식사, 의정원 의장 손정도의 축사, 독립군가 '나가 나가 싸우러 나가' 합창, 대한민국 만세 삼창 순서로 진행되었다.

뒤이어진 보도를 보면,[67] "3월 1일 오전 6시경부터 상해 시내 한인의 집에는 태극기가 게양되었다, 한인이 많이 거주하는 법계의 명덕리, 보강리, 하비로 일대는 태극기가 날린다. 상해시내에 이렇게 대한의 국기가 날린 것은 이번이 처음이다. 동포들은 아이들까지도 수일전부터 신성한 국경일 준비를 하였다. 천만대에 기념할 우리 민족의 부활일인 오늘 하루를 무한히 기쁘게 축하하자. 놀자."라면서 당시 상해의 한인은 나라의 독립과 민족의 자유를 선언한 감격스러운 날을 기억하고자 3월 1일을 국경일로 정했고, 그 명칭을 3·1절로 하였다.

1921년 3월 1일에도 상해에서 기미독립선언 2주년을 기념하는 행

사가 있었다. 이날 독립신문 1면에는 '독립기념 선언서'와 '공약 3장'이 실렸다. 2면에서부터 4면까지 '3·1절 유감', '3·1절 소감', '3·1절 산물' 등의 제목으로 기미독립선언 기념행사를 보도하였다. 아래 사진을 보면 화면 정중앙에 '독립기념선언'이란 단어가 가로로 배치되어 있고, 세로로 '대한민국'이란 국호가 배치되었다. '3·1절'이라고 부르거나 썼지만, 임시정부도 이날을 '독립선언기념'으로 정하고 축하연을 열었다.

상해 정안사로 올림픽극장에서 열린 독립선언기념식
1921년 3월 1일

상해임시정부는 3월 1일을 국경일로 정했고, 그 명칭을 '3·1절'이라고 하였다. 왜 '3·1절'이라고 하였을까? 중국은 국경일에 '○○절'로 표기하는 사례가 많다. 청나라 시절에는 황제의 생일을 기념하는 만수절이 있었고, 현재 중국인민공화국의 정부수립을 국경절(10월 1일)이라고 한다. 그 외 단오절端午節·춘절春節·중추절仲秋節 등의 국경일에도 '절'을 붙여 부른다.

우리나라 문화 중에는 중국의 영향을 받은 것이 상당하다. 24절기가 대표적인 사례이다. 게다가 임시정부는 중국 상해에 있었다. 이러한 상황에 미루어 중국이 국경일에 관습적으로 '절節'을 사용한 사례에 영향을 받아 '3·1절'로 칭하지 않았을까 짐작한다.

일제나 조선총독부 관점에서 조선인의 기미년 독립선언은 어떠했을까? 당시는 일제강점기로 조선은 조선총독부가 통치하고 있었다. 조선총독부는 일왕의 직속기관으로 5부 9국 체제를 갖추어 실질적으로는 또 하나의 정부와 다름없었다. 따라서 조선의 입법, 사법, 행정의 모든 정무를 총괄하는 통수권자인 총독의 권한은 막강하였다. 그런데 1919년 3월 1일을 시작으로 전국에서 독립을 주장하며 만세 시위가 끊임없이 벌어졌다. 당연히 총독부나 총독 관점에서는 좋은 일이 아니다.

1919년 3월 7일 『매일신보』가 처음으로 기미 독립만세 시위와 관련하여 보도하였다. 제목은 '각지 소요사건'이었다. 3월 7일 신문을 자세히 보면(다음 사진 참조) 시위를 주도한 손병희 사진이 게재되었다. 그 밑에는 '선언서에 비두飛頭(일 또는 편지나 문서의 첫머리)로 기명한 천도교 교주 손병희'라고 설명을 붙였다.

그리고 경기도 경성·개성을 비롯하여 평안남도 평양·진남포·안주·강서·성천, 평안북도 선천·의주, 황해도 황주·곡산·수안·사리원, 함경남도 원산·함흥 등의 시위 상황을 보도하였다. 시간이 점차 흐르면서 전라북도, 충청북도, 경상북도, 전라남도, 경상남도 등으로 확대되었다. 3월 7일 이후도 매일신보는 '소요사건의 후보後報'란 제목으로 후속보도를 이어갔다.

기미독립만세 시위에 대한 '각지 소요사건'
출처 : 『매일신보』 1919년 3월 7일

1년이 지난 1920년 3월 1일 일제의 경무당국에서는 '3월 1일의 독립소요사건'에 우선 계엄을 실시한다고 발표하였다.[68] 일제는 지난 해(1919년) 있었던 3월 1일을 '옳지 못한 행동'이라고 폄하하고, 삼엄한 경비에 나섰다. 일제는 독립만세 시위를 줄기차게 '소요' 또는 '소요사건', '소요사태' 등으로 불렀다.

국립국어원의 표준국어대사전에 따르면 '소요騷擾'란 일반적 의미로는 "여럿이 떠들썩하게 들고일어남. 또는 그런 술렁거림과 소란"이다. 그러나 법률적 의미로는 "여러 사람이 모여 폭행이나 협박 또는 파괴행위를 함으로써 공공질서를 문란하게 함"이다. 일제의 관점에서 독립만세 시위는 공공질서를 파괴하고 문란한 행위였을 것이다. 일제는 기미독립만세를 축소하기 위해 언론보도를 통해 '소요사건'이라고 하고, 시간적으로도 3월 1일 하루만의 일로 한정하려는 의도에서 경무국 당국자의 발표를 통해 '3월 1일의 독립소요사건'이라고 칭했을 것임을 짐작할 수 있다. 이러한 일제의 의도를 굳이 우리가 따라서 할 필요가 있겠는가?

기미독립만세는 조선인에게 빼앗긴 주권을 되찾고자 분연히 일어난 용기 있는 행동이었다. 상해 임시정부가 3·1절이라고 불렀다고 하여 꼭 그렇게 불러야만 하는가? 상해임시정부는 당시 처한 상황에서 최선을 다했다. 하지만 현재는 대한민국 정부를 수립한 지 70여 년이 지났다. '기미독립선언'을 올곧게 계승할 수 있는 대한민국 체제이다.

제헌의회는 '3·1혁명'에서 '혁명'이란 단어에 민감하게 반응하였다. 조국현 의원은 '혁명'은 국제간의 문제가 아니라 국내적 일에 부여한 용어라면서, 혁명을 쓰면 일본 정권의 정통성을 인정한 것이라고 하였다. 이승만은 혁명은 우리나라 정부를 전복하는 것이라면서, 혁명을 대신하는 용어로 '독립운동'을 쓸 것을 주장하였다.

조국현과 이승만의 주장처럼 '혁명'은 국내의 문제에만 사용될 수 있는 것일까? 표준국어대사전에서는 '혁명'을 세 가지로 정의하고 있다. ① 헌법의 범위를 벗어나 국가 기초, 사회 제도, 경제 제도, 조직 따위를 근본적으로 고치는 일, ② 이전의 왕통을 뒤집고 다른 왕통이 대신하여 통치하는 일, ③ 이전의 관습이나 제도, 방식 따위를 단번에 깨뜨리고 질적으로 새로운 것을 급격하게 세우는 일.

조국현의 '혁명'은 ①의 의미에 해당할 것이다. 이승만의 주장 속 '혁명'은 ①에 해당할 수도 있고, 왕통을 뒤집는 행위로 보면 ②에 해당한다고 볼 수 있다. 조국현과 이승만의 주장은 혁명의 정의 ①과 ②에 근거한 것이다. 그러나 정의 ③도 국내 문제에만 한정해서 적용해야 할까? 일제가 이 땅을 강점하고 있던 당시 상황에서 식민지 지배 체제를 일거에 무너뜨리고 빼앗긴 주권을 찾아 새로운 독립 국가를 세우고자 한 기미독립선언은 혁명적이다. 게다가 "우리는 오늘 조선이 독립한 나라이며, 조선인이 이 나라의 주인임을 선언"하며 기존 조선의 체제와도 전혀 다른 독립국가를 건설하고자 하였다. 단군 이래 이어온 관습이나 제도, 방식 따위와는 전혀 다른 새로운 질서로의 전환이다. 이는 정의 ③의 혁명 개념에 부합한다.

제헌헌법 〈전문〉에서 "유구한 역사와 전통에 빛나는 우리들 대한국민은 기미 삼일운동으로 대한민국을 건립하여 세계에 선포한 위대한 독립정신을 계승하여 이제 민주독립국가를 재건"한다고 했다. 제헌헌법을 제정한 지 75년이 흘렀다. 지금 우리는 민주독립국가를 재건했는가? 그리고 일제 잔재를 청산했는가……

이러한 여러 상황을 고려하면 기미독립선언이 갖는 역사적 의미를 담고, 당시 민중들의 기개를 드러내는 새로운 명칭이 필요하다고 본다. 기미년 전국 곳곳에서 독립을 쟁취하기 위해 분연히 일어났던 그 정신을 올곧게 담을 수 있는 명칭을 사용하는 것이 후손으로서 도리가 아닐까 한다. 여기서 실제 만세가 이루어진 기간을 잘 반영하는 '기미', 그리고 독립만세의 의미를 보다 잘 반영하는 '독립혁명' 혹은 '독립선언', 우리나라의 언어 습관상 보다 자연스러운 '일' 등의 단어를 조합한 '기미독립혁명일' 또는 '기미독립선언기념일'이라는 용어를 제안한다.

5. 대한민국의 국체와 정체, '민주공화국'

제1조

　　대한민국은 민주공화국이다.

제2조

　　대한민국의 주권은 국민에게 있고
　　모든 권력은 국민으로부터 발한다.

그 다음에는 민주공화국과 공화국이라고 하는 차별이 어디 있느냐, 이것은 박해정 의원이 물으신 말씀이올시다. 대개 나라에 있어서는 국체와 정체가 있는 것이올시다. 국체라고 하는 것은 군주국이냐 민주국이냐고 하는 것이 국체를 말하는 것이올시다. 그 다음으로 정체라고 하는 것은 공화국이냐 군주국이냐 전제국이냐 또 입헌국이냐 하는 등등 규정하는 것은 정체를 구분하는 바입니다.[69]

　위 인용문은 헌법안 제1독회에서 헌법기초위원회 서상일 위원장의 발언이다. 그는 박해정 의원이 서면으로 질의한 '민주공화국'과 '공화국' 차이를 설명하며 국체와 정체를 의미로 답하였다. 그는 국체는 군주국이냐 민주국이냐로 구분되고, 정체는 공화국, 군주국, 전제국, 입헌국 등으로 구분한다면서, "주권은 국민에게 있다"라고 규정했기에 국체는 민주국이며, 정체는 공화국이라고 답하였다. 이처럼 헌법안 제1독회부터 국호와 국체 및 정체 문제는 주요하게 거론되었다.

　이승만이 생각한 '국시' 또는 '국체'는 '민주국 공화제'이다.[70] 그는 국회의장에 당선되어 첫 인사말에서도 "대한민국 독립민주국"이라고 했다. 이승만은 소련 등의 공산주의와 대별되는 체제가 되어야 하고, 그 체제를 '민주국'이라고 생각하였다. 그렇다면 헌법초안을 작성한 유진오는 대한민국의 국체와 정체를 어떻게 정의했을까?

제1조 대한민국은 민주공화국이다. 본조는 대한민국의 국호와 국체와 정체를 규정하였는데, 보통 공화국이라 하면 세습군주를 가지고 있지 않은 국가를 말하고, 또 20세기 초기에 이르기까지는 공화국과 민주국은 동의어로 사용하였으며, 각 민주국가는 공화국의 명칭만을 사용하는 것이 보통이었다. 그러나 근시에 이르러서는 공화국 중에도 권력분립을 기본으로 하는 민주정체를 채택하는 국가도 있고, 의회제도와 사법권의 독립을 폐지 혹은 유명무실하게 하는 독재정체를 채택하는 국가도 있고, 또 소련과 같이 삼권귀일을 기본으로 한 쏘비에트제도를 채택하고 있는 국가도 있어 공화국의 정치형태가 동일하지 않음으로, 본조에 있어서 우리나라는 공화국이라는 명칭만을 사용하지 않고 권력분립을 기본으로 하는 공화국임을 명시하기 위하여 특히 민주공화국이라는 명칭을 사용하고 있다. 이상을 요약하면 대한민국의 국체는 '공화국'이며 정체는 '민주국'인데 그를 합하여 '민주공화국'이라 한 것이다.[71]

유진오는 군주제 지배를 청산하고 독립국가를 건설함에 있어서 상해임시정부가 민주공화제를 채택한 정신을 계승하려고 하였다. 당시의 시대 조류에 비추어 전제 군주제를 청산하고 민주공화국을 수립하기를 원하였다. 유진오는 공화국이라는 국체보다는, 공화국이라는 단어를 통해 '민주', 즉, '민주주의'라는 정체에 더 관심이 있었던 것으로 보인다.

결국 이승만과 유진오가 생각하는 국체와 정체는 크게 차이가 없다. 하지만, 이승만은 소련 등의 공산주의와 대비되는 체제로서 '민주국'에 초점을 맞추었고, 유진오는 군주제를 탈피한 '공화국'을 통해 민주주의를 실현하고자 하였다.

'대한민국'의 국체와 정체를 살피기 위해서는 국체와 정체의 개념부터 확인할 필요가 있다. 표준국어대사전에 따르면 국체國體란 "주권이 누구에게 있느냐에 따라 나누는 나라의 형태"이며, "군주국, 공화국 따위로 나눈다"고 정의되어 있다. 정체政體에는 두 가지 뜻풀이가 있다. ① 국가의 통치 형태. 군주제, 귀족제, 민주제, 공화제 따위가 있다. ② 통치권의 행사 방법에 따라 구별하는 정치형태. 입헌 정체와 전제 정체가 있다. 표준국어대사전에 따라 대한민국의 국체를 따져보면, 주권이 국민에게 있기에 공화국이다. 정체는 국가의 통치 형태로 보면 민주국이고, 통치권의 행사 방법에 따르면 입헌제이다.

같은 것 같지만, 차이가 있다. 그렇다고 그 차이가 또 뚜렷하지도 않다. 따라서 국체와 정체는 따로 구분하기보다는 하나의 개념으로 봐도 무방할 것이다. 이후 이 글에서 쓰인 '국체'라는 단어는 정체의 의미까지도 포괄하고 있다는 점을 밝힌다.

제헌헌법 제1조와 제2조는 대한민국의 국체를 담고 있다. 대한민국은 주권이 국민에게 있는 '민주공화국'이 대한민국의 국체이다. 대한민국은 '민주공화국'의 이념에 따라 조직·운영·재생산된다는 의미이다. 대한민국의 국체인 '민주공화국'은 두 가지 헌법적 가치가 담겨 있다. '민주주의'와 '공화제'이다.

1) 외국의 사례를 통해 본 국가의 형태

민주주의와 공화제의 가치를 다루기 전에, 세계 여러 나라의 헌법 제1조는 어떤 내용을 담고 있는지 살펴보고자 한다. 각 나라의 헌법 제1조는 그 나라의 국체 또는 그 나라의 역사 및 가치와 지향점이 담겨 있기 때문이다. 그리고 각 나라의 국호를 영문으로 어떻게 표기하고 있는지도 살펴보겠다.[72]

독일	The Federal Republic of Germany ① 인간의 존엄은 침해되지 아니한다. 모든 국가권력은 이를 존중하고 보호할 의무를 진다. ② 그러므로 독일 국민은 이 불가침·불가양의 인권을 세계의 모든 인류공동체, 평화 및 정의의 기초로 인정한다. ③ 다음에 열거하는 기본권은 직접적인 효력을 갖는 권리로서 입법권·행정권·사법권을 구속한다.
프랑스	The French Republic ① 프랑스는 불가분적, 비종교적, 민주적, 사회적 공화국이다. 프랑스는 출신, 인종 또는 종교에 따른 차별 없이 모든 시민이 법 앞에서 평등함을 보장한다. 프랑스는 모든 신념을 존중한다. 프랑스는 지방분권화된 조직을 갖는다. ② 법률은 남성과 여성이 선출직 및 그 임기 그리고 직업적, 사회적 책무에 동등하게 접근하도록 한다.
이탈리아	The Italian Republic 이탈리아 공화국은 노동에 기초를 두는 민주공화국이다.
스페인	Kingdom of Spain ① 스페인은 사회적·민주적 법치국가이며, 법질서의 최고의 가치는 자유, 정의, 평등 및 정치적 다원주의이다. ② 주권은 스페인 국민에게 있고 국가의 모든 권력은 국민으로부터 나온다. ③ 스페인 국가의 정부형태는 의회군주제로 한다.
미국	The United States Of America 이 헌법에 의하여 부여되는 모든 입법권은 합중국의회에 속하며, 합중국의회는 상원과 하원으로 구성한다.
러시아	Russia ① 러시아연방, 즉 러시아는 공화국 통치형태를 가진 민주 연방 법치국가이다. ② 러시아연방과 러시아라는 명칭은 동일하게 사용된다
일본	Japan 천황은 일본국의 상징이며 일본 국민 통합의 상징으로서 그 지위는

	주권을 가진 일본국민의 총의로부터 나온다.
북한	The Democratic People´s Republic Of Korea 조선민주주의인민공화국은 전체 조선 인민의 이익을 대표하는 자주적인 사회주의 국가이다.
중국	The People's Republic of China 중화인민공화국은 노동자 계급이 지도하고 노동자·농민 연맹을 기초로 하여 인민 민주 전제정치를 하는 사회주의 국가이다. 사회주의 제도는 중화인민공화국의 근본 제도이다. 중국 공산당의 영도는 중국특색 사회주의의 가장 본질적인 특징이다. 어떠한 조직이든지 또는 어떠한 개인이든지 사회주의 제도를 파괴하는 것은 금지된다.
베트남	Socialist Republic Of Vietnam 베트남 사회주의공화국은 육지·부속도서·영해·영공을 포함하는 완전한 영토를 가진 독립·주권·통일국가이다.
태국	Kingdom of Thailand 태국은 분할할 수 없는 오직 하나의 왕국이다.
필리핀	Republic of the Philippines 필리핀은 민주공화국이다. 주권은 국민에게 있으며 모든 정부권력은 국민으로부터 나온다.
이라크	Republic of Iraq 이라크 공화국은 완전한 주권을 지닌 단일·독립·연방 국가이다. 이라크 정부는 공화·대의·내각·민주제이다. 본 헌법은 그 통합의 보증이다
카타르	State Of Qatar 카타르는 독립주권 아랍 국가이다. 그 종교는 이슬람으로 샤리아법이 입법의 주요한 원천이 된다. 정치제도는 민주주의로 하며 아랍어를 공식언어로 한다. 카타르 국민은 아랍세계의 일원이다
케냐	Republic of Kenya ① 모든 주권은 케냐 국민에게 귀속되며 이의 행사는 본 헌법에 부합해야 한다. ② 국민은 직접 또는 민주적으로 선출된 대표를 통해 주권을 행사

	할 수 있다.
아르헨티나	Argentine Republic 아르헨티나는 이 헌법의 제정에 의해 연방 공화 대의제 정부를 채택한다.
멕시코	United Mexican States 모든 멕시코 국민은 이 헌법과 멕시코가 가입한 국제조약에서 승인한 인권을 향유하고 그 권리의 보호가 보장되며, 여기서 정해진 상황과 조건에 따르는 경우를 제외하고는 권리의 행사가 제한되거나 중지되지 아니한다.

헌법 제1조에 담긴 의미에 따라 크게 네 가지로 나누어 볼 수 있다. 첫째, 국체를 담고 있는 나라이다. 대한민국·프랑스·이탈리아·러시아·일본·중국·베트남·필리핀·태국·이라크·아르헨티나 등이 그러하다. 국체를 담고 있는 나라 중에서도 공화국을 표방하는 나라와 군주제를 선택한 나라로 구분할 수 있다. 대한민국·프랑스·이탈리아 등이 공화제를 채택했으며, 일본·태국 등은 군주제를 선택하면서 입헌군주제를 시행하고 있다. 아랍국가도 대체로 군주제를 선택했으며 나아가 '이슬람'이란 종교 국가를 표방하고 있다.

둘째, 추구하는 가치를 담고 있는 나라로 독일·스페인·멕시코 등이 있다. 독일은 국체와 정체보다는 가치를 주요하게 담고 있는 나라이다. 독일은 '인간의 존엄' 즉, '인권'을 가장 추구하는 가치로 내세웠다. 세계2차대전에서 독일은 인류사에 씻을 수 없는 치욕스러운 역사를 남겼다. 히틀러의 나치에 의해 자행된 인권유린이다. 이러한 배경으로 인해 독일은 인간의 존엄성을 가장 소중한 가치로 여겼다.

셋째, 국체를 드러내면서 추구하는 가치를 담은 나라이다. 프랑스는 민주적·사회적 공화제를 채택하면서 '평등'의 가치를 내걸고 있다.

이탈리아도 민주공화국을 채택했지만, '노동'을 최우선의 가치로 삼았다. 사회주의 국가 이념에 입각한 이탈리아 헌법에는 사유재산권의 사회적 기능을 포함한 수많은 사회권이 포함되어 있다. 반면, 북한·중국·베트남은 '사회주의 공화국'을 표방하면서 '가치'보다 '이념'을 내세웠다.

넷째, 역사성을 담고 있는 나라이다. 미국은 연방국가로 성립된 역사를 반영해 헌법 제1조에 합중국의회의 입법권을 담고 있다. 다만 수정헌법 제1조는 "연방의회는 국교를 정하거나 또는 자유로운 신앙 행위를 금지하는 법률을 제정할 수 없다. 또한, 언론 출판의 자유나 국민이 평화로이 집회할 권리 및 고충의 구제를 위하여 정부에 청원할 수 있는 국민의 권리를 제한하는 법률을 제정할 수 없다"라고 규정하고 있다. 수정헌법 제1조에 담긴 중요한 가치는 표현의 자유와 종교의 자유이다. 수정헌법은 '자유'가 미국이 추구하는 중요한 가치임을 보여준다.

각 나라의 영문 표기 국호를 보면, 우리나라에서 간략하게 표기하거나 부르고 있는 것과 차이가 있다. 대체로 많은 나라의 국호에는 'Republic'이 포함되어 있다. 현재 사용한 국호와 같은 나라는 일본 Japan, 러시아Russia 정도이다. 헌법 제1조에 담긴 의미만큼이나 국호에도 국체와 정체가 담겨 있음을 알 수 있다.

2) '민주주의'는 무엇이고 '공화제'는 무엇인가?

다시 대한민국의 국체 이야기를 이어보자. '민주공화국'이라는 국체는 '민주주의'와 '공화제'의 가치가 공존한다. 그런데 대체로 우리 사회는 대한민국을 '민주주의의 가치'에만 초점을 둔 반쪽짜리 체제로 이해하는 경향이 있다. 그럴 만도 하였다. 그동안 '민주주의의 가치'가 훼손되고 변질되면서 '민주주의'를 회복하기 위해 끊임없이 투쟁해야 했기 때문이다. 반면 '공화국'이란 용어는 대한민국에서 금기시된 단어였다. 남북 분단의 이데올로기에서 '공화국'은 북쪽을 연상하거나 의미하는 것으로 인식했기 때문이다. 이러한 역사적, 사회적 상황 때문에 우리 사회는 헌법에서 제시한 '공화제'라는 가치를 돌아볼 여력이 없었다. 헌법 제1조의 참된 민주공화국은 '공화제 가치'가 실현되었을 때 대한민국의 국체가 발현된다고 할 수 있다.

민주주의Democracy의 어원을 살펴보면, Demos(인민, 민중)와 Cratia(권력, 지배)의 두 낱말로 구성된 합성어이다. 한 국가의 주권을 특정 개인이나 집단이 아닌 국가에 속한 모든 국민에게 있고, 개개인의 권력을 기반으로 스스로 권리를 행사하는 사상 또는 정치체제로서 다수에 의한 지배로 이해하면 될 것이다. 그 근원은 고대 그리스이다. 그리스의 폴리스라고 하는 도시국가에서 시민계급 이상이 대표자를 선출하여 일정한 권한을 부여하는 방식으로 시민이 정치에 참여하는 제도나 이념을 가리켜 민주주의라고 규정하였다. 그러나 엄밀히 말하면 민주주의democracy는 이념ism이나 사상이 아니라, 군주제monarchy, 과두제oligarchy 등과 같은 통치체제에서 비롯되었다. 민주주의가 권위주의, 전체주의, 군국주의의 등의 이념에 대한 반대 개념은 아니다.

이제 우리의 민주주의를 생각해 보자. 민주주의는 성실함과 염치를 중하게 여기는 개개인들의 공공성에 바탕을 둔다. 공동체의 연대의식 속에서만 싹튼다. 그런데 현재 우리의 민주주의는 국회의원이나 대통령을 선출하면 다 되었다는 식의 단순 논리가 지배하고 있다.[73] '민주주의적 가치'를 제대로 실현하기 위해서는 최소한 세 가지를 이룩해야 한다. 자유와 평등 그리고 연대이다. 이는 세계인권선언이 표

방한 가치와 같다. 굴종을 넘어 자기 결정권을 행사할 수 있는 자유
야말로 민주주의의 핵심이다. 평등은 자유의 또 다른 이름이다. 단순
히 법 앞의 평등뿐만 아니라 인격적 평등으로써 인간 자체에 대해 고
귀함을 이룰 수 있어야 한다. 그러한 평등에서 비로소 연대도 가능해
진다. 세상살이는 즐거움만으로 이루어지지 않았지만 힘들어도 서로
손잡으며 이겨낼 수 있다는 것을, 그렇게 사는 것이 연대라는 것을
입증할 수 있어야 한다.[74]

민주주의는 사람이 함께 살 수 있는 인간의 존엄성을 실현하는 정
치제도임이 분명하다. 그러나 잘못 인식하거나 수용된 민주주의는 독
재나 전제보다 더 무서운 선동적 중우정치 또는 우민화 정책으로 전
락할 위험성이 크다는 점도 간과해서는 안 된다. 그러므로 다수의 주
장이 반드시 옳은 것도 아니며, 상황에 따라 민주주의는 끊임없이 타
락할 수 있다는 경계가 필요하다.

공화국에 해당하는 영어 단어는 'Republic'이다. 'Republic'은 라틴
어인 '레스 블리카Res Publica'에서 유래하였다. 'res'는 일, 업무, 사안,
사물을 뜻하는 라틴어 여성명사이고, 'publica'는 공공公共, 공중公衆이
라는 여성형 형용사이다. 로마는 왕이 다스린 '왕의 나라'였다. 왕이
폭정과 폭압으로 나라를 다스리자 민중이 왕을 쫓아내고 우리 '모두
의 나라'라는 의미로 'Respublica'라고 하였다. 19세기 일본 학자들이
republic의 번역어로 공화제를 선택하였다. 그리하여 'Respublica'를
현재의 Republic(공화국)으로 지칭하게 되었다.

한자 '共和공화'라는 뜻도 생각해 볼 필요가 있다. 표준국어대사전
에는 "여러 사람이 공동으로 일을 함", "두 사람 이상이 공동 화합하
여 정무政務를 시행하는 일"이라고 정의하였다. 공화의 어원은 중국
춘추시대의 역사서인 『사기史記』 「주본기周本紀」에서 나온다. 주나라

려왕勵王시대에 왕의 폭정을 못 이긴 신하들이 왕을 내쫓고 제후와 재상들이 협의하여 다스린 정치를 '공화共和'라고 하였다.[75] 공화국의 정치·역사적 변천 과정은 각국의 상황에 따라 다르게 흘러왔지만, 그 어원을 보면 그 핵심을 비교적 쉽게 이해할 수 있다.

공화주의의 핵심은 권력이 한 곳에 집중되어서는 안 된다는 것으로서, 시민의 자발적인 정치참여와 시민적 덕성을 요구하는 정치체제를 의미한다. 이런 의미에서 헌법초안을 작성한 유진오는 '공화국'에 방점을 찍었던 것으로 보인다.

정리해보자. 민주주의는 주권재민에 기초하여 시민 개개인의 권리에 초점을 맞추고 공공성을 강조한 측면이 있다고 한다면, 공화주의란 공동체의 합의, 공동선共同善에 기초한 연대적 가치에 초점을 맞추고 있다. 오늘날 정치학자들은 민주주의는 공화정에 의해 보완되어야 한다고 강조하고 있다. 그 이유는 영국, 프랑스 등 유럽 여러 국가가 정치변화 과정에서 공동합의 체제를 지향했기 때문이다. 이는 혹시 개인주의, 일당주의, 중우정치에 치달을 수도 있는 민주주의의 한계를 공동선과 연대의 정치로 극복해야 한다는 의미이다.

'대한민국은 민주공화국이다'라는 헌법 제1조에 대해 우리는 그동안 '민주'만을 강조한 측면이 있다. 이제는 소홀히 했던 공화의 가치를 깨닫고 보완해야 한다. 개인의 권익과 함께 공동선을 지향하는 것이 '민주공화국'을 대한민국의 국체로 정한 이유이기 때문이다.

그런데 우리 사회는 '공화국'이란 단어에 대해 이상하리만큼 히스테리를 보인다. 아마도 북한에서 공화국이란 단어를 일반화시킨 것에 대한 반감으로 보인다. 예컨대 북한 헌법 문구인 "위대한 수령 김일성 동지를 우리 공화국의 영원한 주석으로 높이 모시며", "우리 공화국이 전체 조선 인민의 이익을 대표하는 자주적인 사회주의 국가" 등의 표현이 널리 알려지다 보니 공화국이 마치 북한을 지칭하는 것처럼 인식하는 경향이 있다. 그러나 '공화국'이라는 단어는 북한의 전유물이 아니다.

대한민국에서 '대한'은 앞서 살펴본 대로 국호로서의 의미라면, '민국'은 공화국의 다른 표현이다. 대한민국의 영문 표기는 'Republic Of Korea'(ROK)이다. 북한의 정식 국호는 조선민주주의인민공화국이다. 영문으로 표기하면 'Democratic People's Republic Of Korea'(DPRK)이다. Republic은 남북한이 각자 공화국을 지향한다는 의미이지, 특별히 북한에만 적용된 개념이 아니다. 언젠가부터 '공화국', '동무', '인민' 등 우리의 언어에까지 낡은 이념이 포섭되어 있다. 대한민국은 반공이데올로기의 잣대에서 벗어나, 보편적이고 상식적 가치로 '민주공화국'이라는 국체를 인식하고 발전시켜 나가야 할 것이다.

6. '인민'과 '국민'

제2장 국민의 권리의무
　제8조
　　　　모든 국민은 법률 앞에 평등이며 성별, 신앙 또는
　　　　사회적 신분에 의하여 정치적, 경제적, 사회적 생활의
　　　　모든 영역에 있어서 차별을 받지 아니한다.
　　　　사회적 특수계급의 제도는 일절 인정되지 아니하며
　　　　여하한 형태로도 이를 창설하지 못한다.

훈장과 기타 영전의 수여는 오로지 그 받은 자의
영예에 한한 것이며 여하한 특권도 창설되지 아니한다.

1945년 8월 해방 이후, 주민 집단 또는 그 출신을 호칭하는 용어는 인민, 국민, 백성, 민족, 겨레, 동포, 민중, 대중 등 다양하였다. 일제강점기 또는 해방 직후에 인민이라는 용어는 특별히 어떤 편향된 정치색을 지닌 용어가 아니다. 예를 들어, 대한민국 임시정부는 1919년에 발표한 '임시헌장'에서 대한민국의 구성원을 '인민'으로 호칭하였다. 제3조에 "대한민국의 인민은 남녀 귀천 및 빈부의 계급이 없고 일체 평등함"을 밝히는 등 인민의 권리와 의무를 명시하고 있다.

그러나 해방 이후 좌익과 우익으로 구분되는 정당·단체가 출현하자 인민과 국민의 호칭에 정치색채가 투영되었다, 예컨대 중도 우파를 포함하여 우익이 신국가 건설과 운영의 주체를 '국민'으로 호칭하는 경향이 두드러진다. 좌익은 '인민'이라는 용어를 널리 사용하기 시작하였다. 좌·우익이 각각 '인민'과 '국민'을 분점하여 사용한 데에는 사고방식의 차이가 컸다. '인민'을 표방하는 좌익은 인민주권의 관점에서 민民 중심의 사고를 하였다. 반면, '국민'을 주창하는 우익은 국가 중시의 관점에서 국가주의적 사고를 내세웠다.[76]

좌·우익의 사고방식의 차이 속에서 인민과 국민은 혼용되었다. 그러나 미군정이 남한을 점령하면서 좌익은 탄압의 대상이 된다. 자연스럽게 '인민'이란 용어보다는 '국민'이라는 단어가 우세하였다. 특히, 국가건설의 관점에서 국가주의가 팽배하면서 '국민'이란 단어가 익숙한 'People'을 의미하는 것처럼 자리매김하였다.

유진오안에서는 '인민'이라고 지칭하였다. 제2장의 경우 '인민의 권리와 의무'로 제안하였다. 그러나 기초위원회의 토론으로 국회에 상정된 헌법안에는 '국민의 권리와 의무'로 수정되었다. 헌법기초위원회에서도 두 단어를 두고 토론이 있었다.[77] 그러나 왜 '국민'이란 용어를 채택했는지에 관해서는 설명이 없다.

1948년 7월 1일 국회 제2독회에서 제2장의 '국민'이란 단어에 대해 문제 제기가 있었다. 앞서 조봉암 의원은 국회속기록에 등재한 미발언 원고에서 헌법초안이 "인민의 요구와 기대에 어긋난 불구의 헌법안이며 또 어떠한 부분에 있어서는 일부의 독재를 재래할 위험성이 다분히 있는 위험한 안"[78]이라고 비판하였다. 이어서 "주권이 국민에 있고 모든 권력은 국민으로부터 발한다"는 조항은 세계공통의 '인민'이라는 말을 기피한 것이라고 지적하였다.

아울러 어휘의 선정에 이데올로기적으로 대응하는 것에 대한 비판도 이어갔다. "최근에 공산당측에서 인민이란 문구를 잘 쓴다고 해서 일부러 인민이란 정당히 써야 될 문구를 쓰기를 기피하는 것은 대단히 섭섭하다"면서 "이 헌법안의 불비와 보수성은 이러한 불필요한 완고하고 그 고루한 생각에서 빚어 나오기 때문이니 소위 입법자의 태도로는 용납할 수 없는 편견"이라고 비판하였다.

또한, 진헌식 의원(독촉)을 비롯한 44명이 제2장에서는 "'국민'이라는 용어를 '인민'으로 수정함이 용어상 가장 적절한 표현"이라면서 수정안을 제출하였다.[79] 진헌식 의원의 발언을 정리하면,

> 국민이라고 하면 국가의 구성문제로서 국가와 이해관계가 일치되는 면에서 보는 호칭같이 생각됩니다. 그러나 제2장에서는 국가라는 개체가 각 개인에게 대하여 권리의무를 보장한다는 말하자면 국가와 개인의 면에서 입각해서 규정된 것이라고 하겠습니다. 그러므로 제2장의 국민은 인민이라고

수정하면 적절하다고 하겠습니다. 중화민국 헌법에도 다른 점에는 전부 국민이라고 했지만 제2장 각 조에 있어서는 전부 인민이라고 하였습니다.

의원 간 '국민'과 '인민' 중 어떤 어휘를 선택할 것인지에 대한 논박이 난무하였다. 이에 헌법초안을 작성한 유진오 전문위원과 권승렬 전문위원의 의견을 청취하였다. 유진오는 "국민은 국가의 구성원 된 자격으로서 모든 사람을 생각할 때 국민이라고 부른다"면서 "국민은 국적을 가진 사람에 국한된다"라고 설명하였다. 아울러 '인민'은 인권과 시민권의 성질로 내국인 외국인 모든 사람에게 인정되는 의미라고 하였다. 부연하여 '국민'이란 표현은 인권은 상실되고 시민권만을 의미한다고 하였다.

반면 권승렬은 "헌법은 어느 나라 법이나 그 나라의 법이다"면서 '국민'이든 '인민'이든 외국인에게 적용되는 것이 아니라는 점을 간과해서는 안 된다고 발언하였다. 맞다. 헌법은 그 나라의 기본법이다. 그런데 나라 안에는 국민만 사는 것이 아니다. 다양한 국가의 사람들이 여러 이유로 대한민국에 살고 있다. 이들은 대한민국의 보호 대상이 아닌가. 이들은 인권을 보장받을 권리가 없는가.

People(인민, 人民)은 '국가를 구성하는 자연인'을 가리켰다. 존 로크 John Locke의 『통치론』에서 자연인(사람)은 인권을 보장받기 위하여 사회를 구성한다면서 모든 인간은 태어날 때부터 가지고 있는 권리를 국가나 다른 개인의 침해로부터 보호받아야 한다고 했다. 국민(國民, nation)은 '국가를 구성하는 사람'을 가리키며, 국내법이 정하는 바에 따라 그 지위가 주어지는 법적 개념이다. 국민은 국가의 인적 요소로서 그 신분을 국적國籍이라 한다. 현재 대한민국에는 국적이 대한민국인 사람만 존재하는가? 장 자크 루소Jean-Jacques Rousseau의 『사회계약론

』에서 등장하는 'People'은 국민을 의미하는 것일까? 아니면 인민을 의미하는 것일까?

윤치영 의원은 노골적으로 '인민'을 사용하는 것에 대한 반감을 드러냈다. 윤치영의 발언을 보면,

> 그러니까 우리 헌법을 제정하는 데에 있어서 외국 사람의 관계를 이용해 가지고 '국민'이라는 것을 '인민'이라고 하는 것은 나는 절대로 반대합니다. 북조선인민위원회 운운만 하드라도 나는 지긋지긋하게 들립니다. 나는 '인민'이라고 쓰는 데에는 절대 반대합니다. 우리는 국민인데 무슨 의미로서 전문위원은 인민이 좋다고 해석을 하는지, 국민이라는 문자와 인민이라는 문자에는 전문적 술어에 있어서 아모 차별이 없는 것입니다. 그러면 여기서 구태여 인민으로 규정짓는 데에는 전적으로 반대합니다.[80]

윤치영 의원은 '인민'이란 단어가 북한에서 쓰인다는 이유로 절대적으로 반대하였다. 앞서 조봉암 의원이 이러한 인식에 대해 지적했지만, 윤치영 의원의 반공적 논리는 다른 국회의원에게 상당한 영향을 미쳤다. 당시 국회속기록을 들여다보면, 대체로 '인민'을 선호하고 있었다. 그런데 윤치영 의원의 발언이 끝난 이후 '인민'과 '국민'에 대한 토론은 사라졌다. 이후 진헌식 의원 외 44명이 제출한 수정안은 투표에 부쳐졌다. 수정안은 재석의원 167인 중 찬성 32명, 반대 87명으로 부결되었다. 곧바로 원안대로 '국민'이란 용어도 표결에 부쳐졌다. 재적의원 167명 중 찬성 89명, 반대 12명으로 가결되었다.

윤치영 의원의 말대로 '인민'은 북한만이 사용하는 독점적인 용어일까? 북한은 용어를 '인민'과 '공민'으로 구별하였다. '인민'이라는 개념은 국가에 규정되기 이전의 보편적 인간을 전제로 하였기에 제2조

에서 "조선민주주의인민공화국의 주권은 인민에게 있다"고 규정하였다. 반면 국가에서 규정한 법의 적용을 실제로 받는 개념으로는 '공민'을 사용하였다. '제2장 공민의 기본적 권리 및 의무'라고 규정했고, 제11조 "조선민주주의인민공화국의 일체 공민은 성별·민족별·신앙·기술·재산·지식 정도의 여하를 불문하고 국가·정치·경제·사회·문화생활의 모든 부문에 있어서 동등한 권리를 가진다"고 규정하였다. 즉, 북한 체제를 옹호하거나 그 법의 적용을 받는 대상은 '공민'이지 '인민'이 아니다. 북한에서 사용한 단어 '인민'은 오히려 자연인(People) 그 자체이다.

헌법초안에 관여한 유진오는 훗날 자유와 권리의 주체를 표현하기에 적합한 '인민'이라는 용어가 사라진 점을 못내 아쉬워하였다.

> 인민人民이라는 말은 구대한제국 절대군주제하에서도 사용되던 말이고, 미국 헌법에 있어서도 인민人民 people, person은 국가의 구성원으로서의 시민citizen과는 구별되고 있다. '국민'은 국가의 구성원으로서의 인민人民을 의미하므로, 국가 우월의 냄새를 풍기어, 국가라 할지라도 함부로 침범할 수 없는 자유와 권리의 주체로서의 사람을 표현하기에는 반드시 적절하지 못하다. 결국 우리는 좋은 단어 하나를 공산주의자에게서 빼앗긴 셈이다.[81]

유진오의 아쉬움은 단지 '단어 하나'를 빼앗긴 데 그치는 문제가 아닐 것이다. 인민이란 용어가 금기시된 것보다 더 근본적인 문제는 실제로도 '자유와 권리의 주체'로서의 민民에 대한 인식이 약화되고 오직 국가에 의해 일체감이 부여되는 '국민'으로서만 살아갈 것을 강요받은 당시 현실 그 자체였다.

7. 대한민국의 영토

제4조

대한민국의 영토는 한반도와
그 부속도서로 한다.

대한민국 제헌헌법 제4조는 영토조항이다. 그러나 중국을 제외하고는 헌법에 영토조항을 둔 나라는 거의 없다. 중국은 헌법 전문에 "대만은 중화인민공화국의 신성한 영토의 일부분이다"라고 명시하였다.[82] 그리고는 이를 바탕으로 현재 대만의 독립을 극렬하게 반대하고 있다. 즉, 영토조항을 둔 경우는 어떤 특수한 정치적 상황 속에서 제정되었기 때문이라고 볼 수 있다.

1948년 5월 10일 남한만의 총선거는 유엔의 결의로 시행되었다. 유엔은 처음에는 남북한 인구 비례에 의한 총선거를 원했으나, 소련의 반대로 무산되고 결국, 남한만의 총선거가 시행되었다. 따라서 대한민국 정부를 수립하는 과정에 대한민국 주권의 범위가 어디까지인가를 정하는 게 필요하다고 인식했을 것이다.

그런데 제헌헌법 영토조항에 설정된 공간의 명칭인 '한반도'는 세계적으로 통용된 영토, 지명, 지역의 명칭일까? 예컨대 대서양 _Atlantic Ocean, 아라비아반도 _Arabian Peninsula, 시나이반도 _Sinai Peninsula, 카리브해 _Caribbean Sea처럼 말이다. 그렇지 않다. 한반도는 우리만이 사용하는 영토의 명칭이다. 그렇다면 왜 한반도인가?

일반적으로 한반도의 범위는 중화인민공화국과 압록강 및 두만강을 경계로 1,416km를 말한다. 러시아와는 두만강 하류를 경계로

19km의 국경을 공유하고 있다. 우리나라의 영토와 동일시한 명칭이 한반도이다. 그리하여 한반도의 면적을 22만 3348km²로 북한 12만 km², 남한 10만km² 정도이다.[83] 현재 한반도의 설정범위는 간도間島를 우리의 역사에서 배제하고 있다는 점에서 심각한 문제를 안고 있다.

　'한반도'란 명칭이 우리 역사에서 언제부터 사용했는지 정확하게 알 수 없다. 다만, 청일전쟁 이후 일본이 조선과 중국(支那)을 침략해 나가고 있을 때 당시 언론에서 우리의 영토를 가리키는 '한반도'를 사용한 예가 보인다. 첫 등장은 1900년 8월 9일 『황성신문』에 '한청위기 _韓淸危機'란 제목의 논설이다. "日은 我韓半島가 大陸이 相接ᄒ고 壓力이 切逼ᄒ야 十分危機가 緊在目前ᄒ니"이다. 직역하면, "일본은 우리 한반도韓半島가 대륙이 서로 접하고 압력이 간절하게 닥쳐 매우 위태로운 기미가 긴박하게 눈앞에 있으니"란 내용이다. 이후에도 간혹 우리 땅이란 의미로 '한반도'란 명칭이 신문에 나온다.

　'한반도'란 명칭이 널리 알려진 데는 우리나라 최초 월간 소년 잡지 『소년한반도』가 기여했을 것으로 짐작된다. 대한제국 광무 10년 (1906) 11월에 창간한 『소년한반도』는 15전에 판매되었다.[84] 당시 『대한매일신보』, 『황성신문』 등은 『소년한반도』가 폐간되었던 1907년 4월(통권 6호)까지 내용 및 광고를 실었다. 1908년에 창간되었던 우리나라 최초의 계몽잡지인 『少年』에는 '반도'와 더불어 '대한반도'라는 용어도 등장하였다.

　일본에서 우리를 반도라고 최초로 지칭한 자료는 『東洋歷史』(依田雄甫, 1800)인데 제6장 제1절의 제목이 「朝鮮半島の 諸國」이다.[85] 이때는 '조선반도'라고 표기하였다. 한반도가 널리 알려지게 된 책으로는 일본 외무성 관리 시노부 준페이信夫淳平가 1901년에 발간한 『韓半

島』이다. 그는 박학한 지식을 바탕으로 조선에 대하여 다양한 기록을 이 책에 서술하였다. 그는 섬을 기준으로 삼아 일본을 전도全島라고 표기했고 조선을 반쪽자리 섬이라는 뜻에서 '반도半島'라고 불렀다고 한다. '반도'의 사전적 의미는 '삼면이 바다로 둘러싸이고 한 면은 육지에 연결된 땅'을 일컫는 것과 다른 해석이다.

한편, 1919년 9월 11일 공포한 대한민국 임시정부의 헌법에도 영토조항이 있다. 이 헌법의 제3조에서 "대한민국의 강토는 구한국의 판도로 함"이라고 규정하였다. '구한국의 판도版圖'란 대한제국의 영토를 의미하며, 간도를 비롯한 북방영토를 제외하지 않았다. 대한민국임시정부 헌법에서는 '한반도'란 명칭을 사용하지 않았다.

1946년 2월에 설립한 '재남조선대한국민대표민주의원'에서는 '대한민국임시헌법'을 제정한다.[86] 그리고 '대한민국임시헌법' 제4조에 "대한민국의 강토는 경기도, 충청북도, 충청남도, 전라북도, 전라남도, 경상북도, 경상남도, 황해도, 평안남도, 평안북도, 강원도, 함경남도, 함경북도의 13도로 함"이라고 영토를 규정하였다. '대한민국의 강토'를 한 단어로 표현한 게 아니라 전국 13개 도道를 열거하였다.

1945년 해방 이후 '조선반도'와 '한반도'가 병용되었으나, '조선반도'가 더 널리 사용되었다. 헌법 제정 이후 대한민국은 영토조항의 공간을 '한반도韓半島'로 확정하였다. 한반도는 한韓 + 반도半島가 합쳐진 고유명사가 되었다. 그러나 일본, 중화인민공화국, 조선민주주의인민공화국은 이를 '조선반도朝鮮半島'로 명명하였다. 미국과 유엔에서는 이 공간을 '코리아Korea' 또는 '코리아반도Korean Peninsula'로 일컬었다. '한반도'가 국제적으로 통용된 명칭은 아니라는 것을 알 수 있다.

1948년 제헌의회 헌법기초위원회가 작성한 '헌법초안'에는 영토조항이 포함되었다. 국호가 정해지면서 '대한민국의 영토는 한반도와 그 부속도서로 한다'는 규정을 두고 국회의원 간에 논전이 벌어졌다. 김교현 의원은 "우리가 기성 국가라고 할 것 같으면 고유한 영토가 있는데 새삼스럽게 우리가 영토를 무엇이라고 표기할 필요가 없다"고 말하며, 영토를 제한하는 것은 타당하지 않다고 주장하였다. 영토란 확장 가능성이 있는데 이를 제한했다는 의미이다. 답변에 나선 유진오 전문위원은[87]

영토에 관한 것은 안 널 수도 있겠습니다. 아까 말씀드린 것과 같이 우리는 연방국가가 아니고 단일국가이니까 안 널 수도 있습니다. 그러나 이 헌법의 적용된 범위가 38선 이남뿐만 아니라 우리 조선 고유의 영토 전체를 영토로 삼어가지고 성립되는 국가의 형태를 표시한 것입니다.

유진오가 바라본 대한민국은 38선 이남만이 아니었다. 조선의 역사에서 고유하게 간직한 영토가 모두 대한민국이라는 인식이다. 유진오가 인식한 '한반도'는 조선의 강토이다. 영토조항에서 국회의원 개개인별 인식의 차이는 컸다.

이구수 의원 외 11인은 영토조항의 '한반도' 표현을 삭제해 "대한민국의 영토는 고유한 판도로서 한다"로 서면 수정안을 제시하였다. 이구수 의원은 "반만년 역사에서 우리의 영토를 '반도'라고 쓴 사람은 없었다"면서, "왜적이 이 땅에 들어와서 우리 민족을 모욕하고 우리의 영토를 자기 나라 영토로서 반도로 불렀다"는 것이다.[88] 그는 "우리 조선사람을 사랑하고 우리 민족을 사랑하는 사람은 반도라는 말을 쓴 사람은 없다"면서 "반도를 주장한 사람은 일본의 혜택을 받은 사람, 일본의 덕을 받은 사람이다"라고 단정하였다. 이구수 의원의 주장은 '반도半島는 일제의 잔재라는 것이다.

이구수 의원의 수정 동의안에 찬성한 박기운 의원은 "저 만주의 북간도 등에서 사는 민족의 분투감으로 보드라도 또 역사상으로 보드라도 모든 그 지방의 권리를 우리 민족이 가지고 있다"고 주장하였다. 역사와 민족적 구성의 관점에서 영토가 정해져야 한다는 주장이다.

이에 김경배 의원은 "한반도와 그의 부속도서로 하는 것이 지당하다"고 주장하였다. 그는 "고려시대 지도를 볼 때 지금 대마도가 우리 조선의 영토로 분명히 있다"면서 "장래에 이를 찾기 위해서 부속도서로 정한다"고 명백하게 해야 한다고 주장하였다. 장차 영토가 확장될 가능성을 대비하자는 의미이다. 그런데 영토는 대마도로만 확장할 게 아니다. 만주와 간도지역도 우리의 영토라는 점은 고려하지 않은 주장이다.[89]

이구수 의원 외 11인의 수정 제시안은 표결에 부쳐졌다. 재적의원 171인 중 찬성 17인, 반대 106인으로 부결되었다. 그러면서 "대한민국의 영토는 한반도와 그의 부속도서로 한다"고 정해졌다. 이 조항의 의미는 대한민국이 38선 이남과 이북지역을 포함한 유엔의 유일한 합법정부라는 인식과 함께 이북지역에도 하루빨리 대한민국의 주권이 미치는 영토가 되기를 희망함이 반영되었다. 그러나 이 공간에는 서로 다른 국제적 관계구조가 뒷받침되는 두 개의 국가가 수립되었다. 그리고 각자 유엔의 유일한 합법정부라고 주장하였다. 그리고 이승만은 이 조항을 들어 북진통일을 끊임없이 주장하였다.

대한민국 헌법 영토조항은 국제사회로부터 효력을 인정받지 못했다. 물론, 대한민국 정부수립 시기 미국과 유엔이 대한민국을 한반도에서 유일한 합법정부로 승인한다는 입장을 표명한 것은 사실이다. 반면, 국제사회는 대한민국의 국경선을 3년에 걸친 혈전이 정지된 군사분계선으로 간주하였다. 그 결과 국제사회의 인식은 한반도의 공간에서 '서로 다른' 관념에 기초한 '서로 다른' 두 국가의 존재를 인정하는 방식으로 수렴하였다. 나아가 대한민국은 군사분계선 이북의 실체를 인정하지 않는다는 입장을 고수하였으나, 실제로 양자의 관계에는 국가 간 관계의 형식이 존재한다.[90]

대한민국과 조선민주주의인민공화국은 국제사회로부터 상이한 민족국가로 인식된다. 대한민국 영토조항은 하나의 민족공동체를 지향하지만, 국제사회의 관점에서 보면 모순되는 측면을 내포하고 있다. 대한민국 헌법 영토조항은 조선민주주의인민공화국의 존재가 사실상 국제사회로부터 인정됨으로써 국제법적 효력이 발생하지 않는다. 그러나 제헌헌법 제정 이후 9차례 헌법을 개정하였지만, 영토조항은 대한민국 헌법에 굳건하게 자리하고 있다. 특히 우리 강토를 의미하는 '한반도'란 단어가 당연하다는 듯 일상화되었다.

그렇다면 1948년 9월 8일 공포된 조선민주주의인민공화국의 헌법에는 영토조항을 어떻게 명기했을까? 북한(조선민주주의인민공화국)의 헌법에는 영토조항이 없다. 다만, 대한민국의 헌법에 없는 수부首府, 수도에 관한 규정이 있다. 북한 헌법 제103조는 "조선민주주의인민공화국의 수부는 서울시다"라고 규정하고 있다. 북한의 수도가 서울시라는 것이다. 다만, 북한의 제헌헌법(인민민주주의 헌법)은 1972년 12월 27일 조선민주주의인민공화국 사회주의헌법'으로 전면 개정되었다. 북한의 사회주의헌법에는 "조선민주주의인민공화국의 수부는 평양이다"(제166조)라고 되어 있다.

영토조항은 현행 제6공화국 헌법에도 그대로 담고 있다. 영토조항에서 '한반도'는 남과 북을 통틀어 일컫는 영역의 표현이다. 따라서 북한은 대한민국의 헌법질서를 거부하고 함부로 국토 일부를 점령한 불법 집단에 불과하다. 즉, 북한은 '국가보안법' 제2조 제1항에서[91] 명시한 국가가 아니라 '반국가단체'일 뿐이다. 하지만 북한은 '조선민주주의인민공화국'이란 국호로 헌법과 국가기구를 갖추고 있으며, 유엔에 가입하여 국제적으로 독립국가로 인정받고 있다.[92]

우리나라 최초의 국어사전인 문세영의 『조선어사전』(1938년 7월 발간)에는 '한반도' 단어가 등재되지 않았다. 아울러 1920년 조선총독부가 펴낸 『조선어사전』에도 '한반도'란 단어가 없다. 용어가 일반적이지 않았거나 정확한 명칭(용어)이 아니라고 판단했을 것으로 보인다. 우리나라의 국토 영역을 표현하는 말의 '반도半島'는 역사왜곡의 의도로 일제에 의해 만들어진 이름이라고 김기진은 강하게 질타하였다.[93]

8. 대통령제와 내각제, 그리고 대통령 이승만

제51조

대통령은 행정권의 수반이며 외국에 대하여
국가를 대표한다.

1948년 5·10총선거를 통해 그해 5월 31일 국회가 구성되었다. 초대 국회의장에 이승만이 부의장에는 신익희, 김동원 의원이 선출되었다. 헌법기초위원회는 유진오 헌법초안을 토대로 권력구조를 의원내각제로 정하였다. 당시 국회의장이었던 이승만은 헌법기초위원에게 대통령제를 제시하였으나, 헌법기초위원은 이승만의 뜻과는 달랐다. 이승만이 대통령제를 주장한 이유를 보면,

나 개인으로는 미국식 삼권분립 대통령 책임 의원내각제를 찬성한다. 지금 영국이나 일본의 제도가 책임내각제라 할 것인데, 영국이나 일본에서는 군주정체로 뿌리가 박혀서 갑자기 군주제를 없앨 수 없는 관계로… 〈중략〉 우리나라에서는 40년 전에 민주정부 수립할 것을 세계에 공포한 이상 우리는 민주정체로서 민주정치를 실현해야 할 것이다. 대통령을 군주같이 신성 불가침하게 앉혀놓고 수상이 다 책임진다는 것은 비민주제이다. 이러면 히틀러나 무솔리니, 스탈린 같은 독재정치가 될 우려가 있으므로 나는 찬성하지 않는 것이다. 민중이 대통령을 선출한 이상 모든 일을 잘 하든지 못하든지 대통령이 책임을 지고 일을 해 나가야 할 것이지 그렇지 않다면 사리에 맞는 일이라고 할 수 없다.[94]

이승만은 의원내각제는 '군주국에 알맞은 제도'이며, '독재화의 길을 터주는 비민주적인 제도'라고 인식하였다. 그는 이러한 제도가 채택되면 '정당끼리 싸우느라' 국가 운영이 혼란에 빠질 것이며, 아무도 책임질 사람이 없다고 주장하였다. 그런데도 헌법기초위원회에서는 의원내각제를 고수하였다. 이승만은 1948년 6월 21일 헌법기초위원회에 참석하여 의원내각제가 채택된다면 신생 정부에 참여하지 않겠다는 강경한 견해를 밝혔다.[95]

이에 당황한 헌법기초위원 허정, 김준연과 전문위원 유진오, 권승렬, 윤길중 등이 황급히 이화장을 방문하였다. 이승만의 마음을 돌이켜 보려는 의도였다. 그 자리에서 이승만은 김준연에게 "우리 역사를 보면 고려 고종 때 무관들이 정방政房이란 것을 만들어 임금을 한낱 허수아비로 만들어 놓고 최씨 일파가 마음대로 조정을 좌지우지하였다. 그런 정방 정치의 말로가 어떠했는가. 어쨌든지 임금은 임금으로서 실권을 행사해야 하고 대통령은 대통령으로서의 실권을 가져야 한다"면서[96] 다시 한번 대통령제를 강조하였다.

당시 정치인들은 국정 전반을 국무총리가 수행하고 대통령은 형식상 국가원수로 존재하는 헌법 제정을 선호하였다. 이 흐름을 선호하는 쪽에서는 김구를 국무총리로, 김규식을 부통령으로, 이승만을 대통령으로 정하려고 추진하고 있었다. 반면, 책임내각제를 선호했던 한민당은 한발 물러서서 대통령제를 수용하고, 대신 국무총리를 두는 것으로 변신하였다. 한민당은 국가원수의 권한은 이승만이 맡고, 내각은 한민당이 장악하려는 의도가 있었다.

이승만의 고집 또는 우격다짐으로 권력구조는 대통령책임제로 결정되었다. 헌법기초위원회의 서상일 위원장과 헌법 초안자 유진오가 국회 본회의에서 권력구조를 대통령제로 채택한 이유를 보면,

서상일 위원장 : 현하 조선 정치정세에 비추어, 모든 장래를 전망해서 정치적 안정 노력을 확보하는 의미에 있어 가지고는 우리들이 여기서 대통령중심제로 채용하게 된 것입니다.

유진오 전문위원 : 건국 초기에 있어서 무엇보다도 정부의 안정성, 정치의 강력성을 도모할 필요가 있다고 해서 이 초안은 보시는 바와 같은 대통령제를 채택하게 된 것입니다.

우리 헌법이 채택한 권력구조는 미국식 온전한 대통령제가 아니었다. 즉, 이승만이 원하는 방향으로 된 것이 아니다. 권력구조는 대통령제로 하고 부통령을 두었다. 그리고 내각을 국무총리가 맡았고 제헌헌법 제68조~제72조에 따라 국무원(현 국무회의)을 두었다. 미국식 대

통령제는 국무원이란 합의기구가 없다. 국무원은 "대통령과 국무총리 기타의 국무위원으로 조직되는 합의체로서 대통령의 권한에 속한 중요 국책을 심의·의결"하였다.

또한, 미국식 대통령제는 행정 각부 장관이 국회에 반드시 출석할 권한이 없으며 동시에 국회에 출석할 의무도 없다. 반면, 우리 헌법에서 국무위원은 국회에 출석해서 발언할 수 있고 또 국회의 요구가 있으면 출석하여 발언해야 할 의무를 진다. 대한민국의 대통령제는 '대통령제'라고 하지만 의원내각제 요소를 가미한 새로운 권력구조를 탄생시켰다.

권력구조와 국회 양원제 문제를 두고 헌법기초위원회는 난항을 거듭하였다. 한민당 김성수 의원은 계속 국회를 공전시킬 수는 없어 김성수와 한민당 간부, 당 소속 헌법기초위원은 논의 끝에 권력구조를 대통령제로 수정하였다. 대통령이 실질적 권한을 가지고 국무총리와 국무위원을 임명하고 국정 전반을 심의·의결하는 국무원을 두었다. 대통령 선출방식도 새로운 정부수립의 급박성을 고려하여 국회에서 국회의원이 선출하는 것으로 결정되었다. 난항을 거듭했던 문제가 풀리면서 1948년 7월 17일 헌법이 제정되고 공포되었다. 바로 이날을 기념하는 것이 제헌절이다.

헌법이 제정·공포되면서 국민의 관심은 누가 초대 대통령이 되느냐로 쏠렸다. 1948년 6월 23일 조선여론협회는 서울시내 5개소에서 "초대 대통령은 누구를 원하오?"라는 질문에 대한 여론을 조사하였다. 조사 결과, △이승만 1,024표 △김구 568표 △서재필 118표 △김규식 89표 △박헌영 62표 △김일성 33표 △허헌 30표 △이청천 26표 △조봉암 18표 △신익희 12표 △이외 23명 45표 △무효 475표 등으로[97] 나타났다.

역사상 첫 대통령·부통령선거는 7월 20일 국회에서 국회의원의 간접선거로 치러졌다. 헌법 제53조 "대통령과 부통령은 국회에서 무기명투표로써 각각 선거한다"는 규정에 따랐다. 당시 대통령·부통령은 특별히 입후보자가 있는 게 아니다. 국회의원 198명이 자신이 지지한 사람의 이름을 명기하고, 출석의원 3분지 2의 찬성으로 당선을 결정하였다. 만약 3분지 2의 득표자가 없는 경우 2차 투표를 하고, 2차 투표에도 3분지 2의 득표자가 없는 경우 최다 득표자 2인에 대하여 결선투표를 행하여 다수득표자가 당선되는 방식이었다.

오전 10시 15분에 투표를 시작하여 11시 5분에 종료되었고 곧바로 개표가 시작되었다. 별도 입후보자가 없기에 기명된 사람을 일일이 호명하고 거기에 따른 표수를 알려주는 방식으로 개표가 진행되었다. 개표 도중 논란이 일었다. 논란의 중심은 '서재필'이었다. 윤치영 의원이 서재필은 국적이 외국(미국)이기 때문에 서재필 표는 무효표로 간주해야 한다는 주장을 제기하고 나섰다. 논란 끝에 서재필의 표는 무효 처리하기로 결정되었다. 투표 결과, 재적의원 196명이 투표하여 이승만 180표, 김구 13표, 안재홍 2표, 무효 1표가 나왔다. 이승만은 1차 투표에서 3분지 2 이상의 찬성표를 얻어 초대 대통령에 당선되었다. 초대 부통령에는 이시영이 당선되었다.

그리하여 7월 24일 초대 대통령 및 부통령 취임식이 있었다. 이승만은 대통령에 취임과 동시에 곧바로 국무총리를 비롯한 내각 구성에 착수하였다. 그런데 이승만의 대통령 당선에 헌신적으로 나섰던 한민당과 이승만 사이에 생각의 차이가 드러났다. 내각을 통괄하는 국무총리를 누구로 선임하느냐 문제였다. 한민당은 국무총리는 국회가 지지하는 인물이 선출되어야 한다고 주장하였다. 반면에 이승만은 국무총리 선임에서 유력한 정당 대표를 배제하고자 하였다. 그 이유는 국무총리 선임 문제가 자칫 정당 간의 분쟁으로 이어질 것을 우려했기 때문이라고 하였다. 이승만은 7월 24일 대통령 취임사에서 국무총리 선임에 대한 기준을 다음과 같이 제시하였다.

국무총리와 국무위원 조직에 대해서 그간 여러 가지로 낭설이 유포되었으나 이는 다 추측적 언론에 불과하여 며칠 안으로 결정 공포될 때에는 여론상 추측과는 크게 같지 않을 것이니 부언낭설浮言浪說을 많이 주의注意하지 않기를 바랍니다. 우리가 정부를 조직하는데 제일 중대히 주의할 바는 두 가지입니다. 첫째는 일 할 수 있는 기관을 만들 것입니다. 둘째는 이 기관이 견고히 서서 흔들리지 아니해야 될 것입니다. 그러므로 개인의 사회상 명망이나 정당, 단체의 세력이나 또 개인 사정상 관계로 나를 다 초월하고 오직 기능 있는 일꾼들이 함께 모여앉아서 국회에서 정하는 법률을 민의대로 수행해 나갈 그 사람끼리 모여서 한 기관이 되어야 할 것이니 우리는 그분들을 물색하는 중입니다.[98]

이승만 대통령은 취임사에서 특정 정당이나 특정 세력 배제라는 국무총리 선임 기준을 제시하였다. 이승만의 고집으로 권력구조를 대통령책임제로 정했지만, 여기에는 한민당의 양보가 있었기에 가능하였다. 국무총리는 한민당 사람으로 한다는 무언의 약속이 되었다고 한민당은 받아들였다. 그런데 이승만은 국무총리의 선임 기준으로 각 정파를 초월한 인물을 국무총리로 선임하겠다는 것이다. 이승만은 초대 국무총리에 북한에서 내려온 조선민주당의 이윤영 의원을 지명하였다. 김성수를 지명할 것이라는[99] 한민당의 한 가닥 희망은 헛된 꿈이 되었다.[100]

이승만 대통령이 이윤영 의원을 국무총리로 임명한 이유는 무엇일까. 이승만은 7월 27일 국회에 출석하여 "가장 국무총리 책임으로 중망重望을 가지신 분이 세 분이 있다"면서 김성수, 신익희, 조소앙을 언급하였다. 그러면서 "정당의 선도자로 지목받은 이가 피임되면 다소간 난편難便한 사정이 있을 것을 염려하므로 아무쪼록 피하고자 한다"고 밝혔다. 그러면서 이윤영 의원을 국무총리로 임명하였다. 이유로는 국회의원에서 선택은 민의를 존중하는 것이며 이북 대표를 선택한 것은 남북통일과 이북 동포의 합심을 얻기 위함이라고[101] 밝혔다.

이윤영 의원의 국무총리 임명은 논란 끝에 표결에 부쳐졌다.[102] 표결 결과 재적의원 193명 중 찬성 59명, 반대 132명, 기권 2명으로 이윤영의 총리 임명은 국회에서 승인이 부결되었다. 이승만 대통령과 국회 간의 줄다리기 속에서 한민당은 김성수를 추천하였고, 무소속 구락부는 조소앙을 추천하였다. 8월 2일 이승만은 국회에 출석하여 이범석을 국무총리로 임명하고, 승인해 달라고 요청하였다. 국회 표결 결과 재적의원 197명 중 찬성 110명, 반대 84명, 무효 3명으로 가결되었다.[103] 초대 국무총리의 탄생이다.

9. 대통령의 어원

대통령大統領, President은 어떤 의미의 단어이고 어원은 어떻게 되는 것일까? 1700년대 후반(1776년~1789년) 미국이 연방국가 건설을 계획하는 회의를 열었다. 회의를 주재할 의장격의 대표를 선출하면서 이 사람을 프레지던트President라고 불렀다. 회의를 진행한다는 프리자이드

preside에서 만들어낸 말이다. 당시 미국이 이 용어를 사용한 까닭은 권위적이고 민중 위에 군림하는 성격을 지닌 '황제'나 '왕'이라는 용어 대신 민주적인 성격을 강조하기 위함이었다고 한다.

이처럼 대통령의 어원은 영어 '프레지던트President'를 의역한 조어造語이고 그 출처는 일본이라는 게 정설이다. 『일본국어대사전』에는 '대통령'이란 단어가 1852년에 출간된 『막부 외국관계 문서지일文書之一』에서 처음 출현했다고 기록하고 있다. 당시 일본에서 '통령'은 여러 형태로 사용한 단어이다. '통령'은 군사적 용어로 '통솔하는 우두머리'를 의미한다. 대통령은 '大' + '統領'의 합성어이다. 사실 '통령統領'은 중국에서 오랫동안 사용된 관리의 직책이다. 통령이란 어떤 직책일까?

임진왜란 당시 명나라 제독 이여송 휘하의 장수 명칭을 보면, 통령요동조병원임부총병도독동지統領遼東調兵原任副摠兵都督同知 이평호, 통령남북조병원임부총병統領南北調兵原任副摠兵 사대수, 통령요동원임부총병統領遼東原任副摠兵 왕유익, 통령보정계진조병원임부총병統領保定薊鎭調兵原任副摠兵 왕유정, 통령창평우영병참장統領昌平右營兵參將 조지목, 통령계진준화참장統領薊鎭遵化參將 이방춘 등으로 앞에 '통령'이 명기되어 있다. 이여송을 '제독'으로 표기했던 것과는 다름을 알 수 있다.

또한, 중국 청나라의 무관 정2품에는 좌우익전봉통령左右翼前鋒統領104), 팔기호군통령八旗護軍統領105), 제독구문순포오영보군통령提督九門巡捕五營步軍統領106) 등이 있다. 이러한 사례로 고종 26년(1889년) "중국 제독 정여창과 통령 오조유를 접견했다"는 기사가 있다.107) 통령은 '제독' 아래 직책으로 1천여 명의 병력을 지휘·관리하는 우두머리를 일컫는 것임을 알 수 있다. 조선시대에도 조운선 10척을 거느리는 관직을 '통령'이라고 불렀다.108) 전통시대에 '통령'이란 무관에게 부여한 직책이었다.

　일본이나 중국에서 '통령'은 군대 또는 군사와 관련된 무관의 직책 중 하나였다. 19세기 제국주의가 득세하면서 대영제국(대+영제국), 대일본제국(대+일본제국) 등과 같이 '통령'에 접두어로 '대'를 덧붙여 '대통령大統領'이란 새로운 단어가 일본에서 탄생한 것이다. 대만은 '프레지던트'를 총통으로 사용한다.

　조선 정부에서 대통령의 어원인 영어 '프레지던트President'를 처음 사용한 시기는 언제일까? 고종 19년(1882년) 4월 6일 자 『고종실록』에서 그 연원을 확인할 수 있다.

　朝·美條約成。　朝·美條約: 大朝鮮國與大亞美理駕合衆國, 切欲敦崇和好, 惠顧彼此人民。是以大朝鮮國君主, 特派(全權大官申櫶·全權副官金宏集), 大美國伯理璽天德, 特派全權大臣水師總兵薛斐爾, 各將所奉全權字據, 互相較閱, 俱屬妥善, 訂立條款, 臚列於左

　조미 조약이 체결되었다.
　대조선국과 대아메리카 합중국은 우호관계를 두터이 하여 피차 인민들을 돌보기를 간절히 바란다. 이러므로 대조선국 군주는 특별히 전권 특사를 파견하고, 대미국 백리새천덕은 특별히 전권대신 해군 총병 슈펠트(薛斐爾 : Shufeldt, R.W.)를 파견하여 각각 받들고 온 전권 위임 신임장을 상호 검열하고 모두 타당하기에 조관을 작성하여 아래에 열거한다.

　『고종실록』에 따르면, 1882년 5월 22일 제물포에서 '조미수호통상조약'이 체결되었다. 조선 국왕은 전권대신 신헌·부관 김홍집을, 미국의 대통령은 전권대신 슈펠트를 내세워 조약을 체결하였다. 이때 프레지던트를 중국식 음차형 '백리새천덕伯理璽天德'이라고 칭하였다. 이후 1886년 5월 조선은 프랑스와 조약을 체결한다(조불수호조약). 조불수호조약을 체결할 당시에도 프랑스의 대통령을 '백리새천덕'으로 명기하였다.[109]

그런데 1882년 5월 이전에 '프레지던트'를 '대통령'으로 소개한 기록이 있다. 1881년 신사유람단으로 일본을 다녀온 이헌영은 당시 수신사로 조사하고 견문한 것을 기록한 『일사집략日槎集略』을 펴낸다. 이 책에는 "新聞紙見 米國大統領 卽國王之稱 被銃見害云(신문을 보니 미국 대통령, 즉 국왕이 총에 맞아 해를 입었다고 한다)"이라고 기록하고 있다. 1881년 7월 2일 미국 대통령 가필드James A. Garfield가 총격을 당한 사건을 일본 신문을 통해서 봤다는 것이다. 앞서 본, 『고종실록』의 '백리새천덕伯理璽天德'과는 다르게 '대통령'으로 표기하였다.

당시 언론에서는 어떤 호칭으로 보도했을까? 『한성순보』 1883년 11월 20일 자에는 미국과 벨기에의 조약, 그리고 아메리카주를 소개하는 기사가 실렸다. 내용을 보면, "이 19개국은 모두 공화정치를 하여 세습하는 예를 세우지 않는다. 그래서 국민 가운데서 중망을 받은 자가 바꾸어가면서 정부를 주재하는데, 이름을 대통령이라 한다"는 보도이다. 즉, 프레지던트를 '대통령'으로 명기하였다. 당시 언론에서는 대체로 '대통령'이란 호칭을 사용하였다. 하지만 '백리새천덕'이란 호칭도 9차례 보도되었고, 마지막 사용은 『대한매일신보』의 1905년 8월 29일 자이다.

그렇다면 조선 정부를 대표한 국왕이 처음으로 '대통령'이라고 호칭을 언급한 시기는 언제일까? 『승정원일기』 고종21년(1884) 5월 9일 자에서 확인할 수 있다. 1883년 9월 한미수호통상조약 체결을 기념하여 조선사절단이 동년 11월에 미국으로 건너갔다. 이를 '보빙사'라 한다. 민영익은 보빙사의 전권대신으로 임명되어 전권부대신 홍영식, 종사관 서광범과 함께 미국을 시찰하고 1884년 5월 조선으로 돌아왔다. 조선에 돌아온 민영익 등이 국왕을 알현한다. 이 자리에서 고종이 민영익에게 "上曰, 美國大統領, 幾次見之乎?(미국 대통령을 몇 차례 만났느냐?)", "上曰, 大統領見於何處乎?(대통령을 어디에서 만났느냐?)" 등을 묻는 기사가 『승정원일기』 5월 9일 자에 실렸다.

민영익과 보빙사로 미국과 유럽을 방문한 홍영식은 귀국 후 고종에게 복명한 기록인 『복명문답기復命問答記』를 남겼다.[110] 『복명문답기』는 최초의 미국과 유럽의 견문록인 셈이다. 『복명문답기』를 보면, 고종은 "대통령을 만나보았는가?"라고 묻고, 홍영식은 "처음 그곳에 도착해서 뉴요크紐約 호텔㝢樓로 찾아가서 국서를 제정提呈했고 귀국할 때에는 워싱턴華盛頓 대통령관(백악관)을 예방하여 사퇴인사를 하였습니다"[111]라고 답하였다. 대체로 이때부터 조선에서도 대통령이란 단어가 자연스럽게 사용된 것으로 짐작된다.

우리나라가 '대통령'이라는 용어를 본격적으로 사용하게 된 것은 상해임시정부와 관련이 있다. 1919년 3월 이후 노령蘆嶺의 '대한국민의회정부', 상해의 '임시정부', 기호지방의 '대한민간정부', 평안도의 '신한민간정부', 서울의 '한성임시정부' 등이 조직되어 제각각 임시정부를 구성하고 활동하였다. 국내외 5개의 임시정부를 통합하여 새로운 조직체가 탄생한 게 '상해임시정부'이다. 상해임시정부는 전제군주제로부터 근대적인 민주공화제의 헌법을 채택하였고, 정부 형태를 '대통령제'로 정하였다. 초대 대통령에 이승만이 선출되었다. 우리나라 국민이 '대통령제'에 익숙하거나 선호하는 근원에는 일제강점기 독립운동과도 밀접한 관련이 있기에 그러할 것이다.

대통령이란 단어가 사전에 처음 등재된 것은 1938년 7월에 발간한 문세영文世榮의 『조선어사전』112)이다. 『조선어사전』에서 대통령 뜻은 명사名詞로 '공화국의 원수元首'라고 해석을 달았다.

10. 헌법의 정치와 종교 분리

제12조
　모든 국민은 신앙과 양심의 자유를 가진다.
　국교는 존재하지 아니하며
　종교는 정치로부터 분리된다.113)

헌법 제12조는 국교를 인정하지 않으면서, 정교분리 원칙을 담은 조항이다. 국교란 국가가 특정한 종교를 지정하여 온 국민으로 하여금 믿도록 하거나 특혜를 부여하는 경우, 그 종교를 국교라 한다.114) 정교분리의 원칙은 기독교라는 공통된 문화적·정신적 토대를 가지고 있는 서구의 국가들이 정교유착으로 인한 오래된 폐해에 대한 반성으로 근대에 들어서면서 채택한 원칙이다.115) 우리나라도 고려의 불교, 조선의 유교 등 종교가 정치와 분리되지 않으면서 폐해를 경험하였다. 헌법을 제정하는 과정에서 '국교부인과 정교분리의 원칙'에 대한 논란이 있었다. 오택관 의원은 "'국교는 존재하지 않으며 종교는 정치로부터 분리된다.' 이것은 무슨 의미의 내용으로 삽입했는지"에 대한 설명을 요청하였다. 이에 권승렬 전문위원은 "이 조항은 실로 현재에서는 연문입니다"면서 특별한 의미를 갖지 않고 있다고 답변하였다.116) 권승렬의 답변 중 '연문'이란 표현이 나온다. 연문衍文이란 '글

가운데에 쓸데없이 들어간 군더더기 글귀'란 의미이다. 정말 그럴까.

해당 조항의 수정안은 기독교계 의원들을 중심으로 제출되었다. 기독교인 의원들은 국교부인과 정교분리 원칙의 도입이 종교의 자유를 제압하고자 하는 의도가 있다는 의구심을 표명하면서 동 조항 삭제를 요청하고 더 나아가 국가가 종교를 보호하고 장려하는 조항을 삽입하자는 수정안을 제출하였다. 반면, 원안을 지지하는 의원들의 의견도 상당하여 결과적으로 수정안들은 부결되고 원안이 그대로 가결되었다.[117]

원안이 가결된 이유는 종교가 국교란 이름으로 정치에 이용된 역사적 경험이 있었고, 이로 인하여 자유 인민에게 피해를 끼친 일이 적지 않았다. 또한, 6대 종교가 교리를 설파하며 활동하고 있는데 특정 종교만을 지정하여 보호하거나 믿도록 하는 것은 불가능하였다.[118] 그리하여 제헌헌법에서 정교분리를 규정하였고, 지금까지 이어지고 있다.

그런데도 개신교 교회는 단독정부 수립에 찬성하며 현실 정치에 개입하였다. 개신교는 '반공'을 매개로 이승만과 같은 길을 걸었다. 제1공화국 헌법의 정교분리 원칙에도 불구하고 이승만이 대통령이 되면서 개신교와 이승만 정권과의 유착관계는 더욱 심해졌다.[119] 초대 내각 구성원 중 기독교인은 대통령 이승만, 내무부장관 윤치영, 재무부장관 김도연, 상공부장관 임영신, 보건부장관 구영숙, 체신부장관 윤석구, 무임소장관 이윤영, 총무처장 김병연, 공보처장 김동성, 고시위원회 배은희 등 전체 내각 23명 중 10명을 차지하였다. 또한, 이승만은 대통령이 된 후 OSS 출신 개신교 인맥을 은밀한 공작정치에도 활용하였다. 반공을 기반으로 개신교의 목소리는 더욱 커졌다.

다음 쪽에 사진은 1956년 제3대 대통령 및 제4대 부통령선거에서

기독교중앙위원회의 홍보물이다. 대통령 후보 '장노 리승만 박사'와
부통령 후보 '권사 리기붕 선생'을 '백
만기독교도는 두분을 세우자'고 선전
하고 있다. 종교인도 국민의 한 사람
으로서 주권을 행사할 수 있다. 개인
적으로 선출직 선거에 출마하고, 누구
를 지지하는 것은 자유이다. 하지만
이처럼 기독교라는 종교집단의 선거
개입은 정교분리의 헌법정신과는 결이
다르다.

기독교도중앙위원회 홍보물

개신교와 권력과의 관계는 1961년
5·16쿠데타 이후에도 도드라진다. 기
독교계 내의 소위 보수진영은 정권의 반공이념에 적극적으로 공감하
고 유신체제의 정당화에 앞장서기 시작하였다. 그 결과 정부의 적극
적인 협조로 교세의 급속적인 증가 등의 반대급부를 얻어 내었다.[120]

해방정국 그리고 제1공화국에서 권력과 일부 개신교의 유착관계는
지금도 계속되고 있다. 개신교는 뿌리 깊은 반공주의를 표방하면서
다양한 정치적 활동을 하고 있다. 노무현 정부 시기에는 전시작전통
제권 환수 반대, 사립학교법 개정 반대, 주한미군 철수 반대운동 등을
하면서 보수단체들과 공동으로 대규모 집회를 개최하였다. 이명박 정
부와 박근혜 정부 이래로 구국기도회, 태극기 집회 등 대규모 집회를
지속해서 열고 있다. 동시에 2004년부터는 기독교 정당을 만들어 제
도권 정치영역으로의 진입을 계속적으로 시도하고 있다.[121] 종교지도
자가 정치지도자로 거듭나고자 하는 행위는 헌법의 '정교분리원칙'에
위배됨에도 불구하고 말이다.[122]

대한민국은 헌법상 종교의 자유를 인정하고 있다. 그 종교의 자유는 종교인의 헌법상 기본권이 아니라 국민의 기본권이다. 따라서 종교인의 정치적 의사표현의 자유도 일반 국민과 마찬가지로 인정되고 침해받지 않아야 한다. 그런 점에서 종교의 자유, 종교인의 정치적 의사표현의 자유는 다른 자유와 마찬가지로 공동체의 질서와 평화를 침해하지 않는 범위에서 인정되어야 한다. 종교는 보편적이고 불변적인 진리를 추구한다. 그런데 헌정 이후 대한민국 개신교회가 걸어왔던 길은 어떠한지 자문이 필요하다.

11. 경제체제, '사회경제 민주주의'

제84조 대한민국의 경제질서는 모든 국민에게 생활의 기본적
　　　 수요를 충족할 수 있게 하는 사회정의의 실현과
　　　 균형있는 국민경제의 발전을 기함을 기본으로 삼는다.
　　　 각인의 경제상 자유는 이 한계 내에서 보장된다.
제85조 광물 기타 중요한 지하자원, 수산자원, 수력과
　　　 경제상 이용할 수 있는 자연력은 국유로 한다.
　　　 공공필요에 의하여 일정한 기간 그 개발 또는
　　　 이용을 특허하거나 또는 특허를 취소함은 법률의
　　　 정하는 바에 의하여 행한다.
제86조 농지는 농민에게 분배하며 그 분배의 방법,
　　　 소유의 한도, 소유권의 내용과 한계는 법률로써 정한다.
제87조 중요한 운수, 통신, 금융, 보험, 전기, 수리, 수도,

가스 및 공공성을 가진 기업은 국영 또는
공영으로 한다.
공공필요에 의하여 사영을 특허하거나 또는
그 특허를 취소함은 법률의 정하는 바에 의하여
행한다. 대외무역은 국가의 통제 하에 둔다.
제88조 국방상 또는 국민생활상 긴절한 필요에 의하여
사영기업을 국유 또는 공유로 이전하거나 또는
그 경영을 통제, 관리함은 법률이 정하는 바에
의하여 행한다.

1) 우리나라만의 독특한 헌법 〈경제〉

대한민국 헌법의 특징 중 하나가 〈경제〉편이다. 다른 나라에는
〈경제〉편이 없는 경우가 많다. 제헌헌법 제15조는 "재산권은 보장된
다. 그 내용과 한계는 법률로써 정한다. 재산권의 행사는 공공복리에
적합하도록 하여야 한다. 공공필요에 의하여 국민의 재산권을 수용,
사용 또는 제한함은 법률의 정하는 바에 의하여 상당한 보상을 지급
함으로써 행한다"고 규정하였다. 재산권 보장은 헌법에서 사유재산제
를 경제질서의 기본적 성격으로 두고 있다는 것이다.

그런데 대한민국 제헌헌법이 다른 나라의 헌법과 큰 차이를 보이
는 것은 제6장 경제(제84조~제89조) 관련 규정이다.[123] 이는 바이마르
헌법의 영향으로 사회주의 국가 헌법을 제외하고는 보기 드문 사례이
다.

국민의 경제활동에 중요한 재산권이나 직업의 자유 등을 제헌헌법

에서는 국민의 기본 권리로서 보장하고 있다. 이로 미루어 자본주의적 경제질서라고 해도 무방할 것이다. 그런데 경제에 관한 독립된 장(제6장 경제)을 별도 구성하고, 그에 따라 상세하게 규범을 정한 이유는 무엇일까? 신체의 자유, 양심의 자유, 직업선택의 자유, 재산권 등을 국민의 기본 권리로서 보장하는 정치적 자유에 그치지 않고, 경제적 자유와 평등을 실현하고자 하는 의지를 헌법적 가치로 보인 것이다.124) 국민의 정치적 자유만큼이나 경제적 자유와 평등이 중요하다는 의미가 제헌헌법 〈제6장 경제〉에 담겨 있다.

또 한 가지, 이러한 경제이념을 헌법에 규정한 나라는 대체로 사회주의 국가이다. 그런데 우리 헌법에서 경제이념을 담고 있다. 우리나라의 경제체제를 일반적으로 개인의 경제활동과 재산권의 보장 등을 근거로 '자본주의 체제'라고 단언한 경향이 있다. 하지만 실제로 우리 경제체제는 자유시장 경제와 시장에 대한 국가의 통제를 적절히 조화시키고 있다. 즉, 우리 경제질서는 사회적 시장경제 또는 사회적 자본주의 체제라고 할 수 있다. 이는 해방 이후 민의의 일정한 흐름에서 비롯되었다. 민중은 정치적으로 민주주의, 경제적으로 계획경제를 지지하였다.

일제강점기 산업의 90% 이상이 일제의 권력기관과 일본인의 소유였다. 경제의 근간이 되는 물적자원과 인적자원이 시장경제보다는 계획경제에 적합한 형태에서 해방을 맞이하였다. 이러한 실태는 조선인민공화국의 방침에 잘 나타나 있다. 조선인민공화국은 "三. 일본제국주의와 민족반역자의 광산, 공장, 철도, 항만, 선박, 통신기관 금융기관 기타 일절 시설을 몰수하여 국유로 함. 四. 민족적 상공업은 국가 지도하에 자유 경영함"으로 기본 방침을 정하였다.

1945년 9월 11일 미군정 사령관 하지 중장은 미군정의 시정방침을 발표하였다. 조선 내 일본인 재산 처리 문제를 두고 하지는 "조선의 독립은 경제적 독립이 없이는 성립될 수 없다. 조선이 독립되면 조선 안의 재산은 조선의 것이다. 카이로회담에서도 조선 내에서 일본의 세력과 모든 권리를 제거하도록 하였고 나도 앞으로 더욱 이 방면에 대하여 연구하겠다"면서[125] 그리하기 위해 미군정은 산업을 비롯한 적산 등 일제강점기의 유산을 국유화하는 경제정책을 우선적으로 시행하였다.

국민의 정치적 자유만큼이나 경제적 자유가 중요하다는 의미를 담은 경제원칙의 규범이 어떤 심의과정을 거쳐 제헌헌법에 담겼는지 살펴보도록 하겠다. 헌법기초위원회는 통제경제와 자유경제를 병행한 헌법안을 본회의에 상정하였다. 6월 23일 본회의에서 전체 헌법안이 낭독되고, 서상일 헌법기초위원회 위원장의 간략한 설명이 있었다. 서상일 위원장은 경제에 대해서 "만민균등 경제원칙을 확연히 확립하는 안"이라고 설명하였다. 유진오 전문위원의 설명을 보면,

이 경제문제에 관한 우리나라의 기본원칙을 게양한 것입니다. 모든 사람의 경제상 자유를 인정하지마는 그 경제상 자유는 사회정의의 실현과 균형있는 국민경제의 발전이라는 그 두 가지 원칙 하에서 인정되는 것입니다.

제84조부터[126] 제시된 경제규정의 기본은 자유경제를 원칙으로 한다. 그러나 사회정의 실현과 균형있는 국민경제를 위해 국가가 경제에 간섭하고 개입하는 국가통제를 통한 균등 경제가 헌법에서 제시한 경제의 기본정신이라고 했다. 〈제6장 경제〉에 대해서도 심의과정에서 열띤 논전이 벌어졌다. 그 핵심은 통제경제냐 자유경제냐는 문제였다. 대체로 통제경제를 선호하였다.

김용재 의원의 미발언 원고를 보면, "해방 이후 생산과 소비에 불균형인 관계로 남한 경제의 최고 혼란이 있었다. 이는 무역업자의 전횡으로 국민경제 일대 타격이 심각한 것을 경험하였다. 생산이 소비를 감당하지 못하는 현실에서 자유로 기업하게 되면 국민경제 대혼란을 초래할 터이다. 그래서 무역을 전적으로 국가 관리하여 국민경제의 조절과 국가 통제경제 확립되어야 한다"고 주장하였다.[127] 노일환 의원도 "외국 무역은 국가에서 독점해서 국제적 또 국민경제의 재건에 있어서 계획성에 추진하기 위해 마땅히 나라에서 독점해야 한다"고 주장하였다.[128] 반면 서순영 의원은 경제의 평등을 구체적으로 실현시킬 방도가 있느냐고 따졌다.[129] 이청천 의원은 경제원칙은 자유경제라고 주장하였다. 다수가 경제질서에 있어서는 통제경제를 통한 시장경제에 찬성하였다.

　　제헌헌법의 〈제6장 경제〉는 사유재산제도와 시장경제의 원리를 근간으로 사회정의 실현을 위해 경제에 대한 국가의 통제를 인정하는 사회적 시장경제의 국가건설을 의미한다. 그리고 제헌헌법의 〈경제〉편 관련 규정은 현재 제6공화국 헌법까지 이어지고 있다. 이같이 대한민국 헌법에서 〈경제〉편이 지속적으로 유지되어 온 이유를 인식할 필요가 있다.

2) 노동자의 이익균점권

제18조
　　근로자의 단결, 단체교섭과 단체행동의 자유는
　　법률의 범위 내에서 보장된다.

> 영리를 목적으로 하는 사기업에 있어서는 근로자는
> 법률의 정하는 바에 의하여
> 이익의 분배에 균점할 권리가 있다.

제헌헌법에 담고 있는 경제체제를 이해하기 위해서는 경제조항만큼이나 중요하게 다루어야 할 규정이 노동조항이다. 제헌헌법에는 제17조(근로의 권리), 제18조(근로3권), 제19조(근로능력상실자의 생활보호)의 3개 조항에 걸쳐 노동기본권이 규정되었다. 이 가운데 제헌헌법에 특유하게 규정된 제18조의[130] '근로자의 이익균점권'은 제헌헌법의 경제체제를 이해하는 데 매우 중요하다. 그리고 이 조항은 독일의 바이마르 헌법 영향을 받았다.

노동조항의 심의과정에서도 역시 백가쟁명식 의견이 도출되었다. 김동준 의원은 "국가가 국민에게 직장을 부여할 의무를 가진다"는 조항을 추가할 것을 주장하였다. 문시환 의원은 노동자의 경영참가와 이익균점 모두를 헌법에 규정하자는 수정안을 제출하였다. 반면 조병한 의원은 토지를 농민에게 분배하는 것과 마찬가지 관점에서 기업이익을 노동자에게 분배하는 수정안을 제출하였다. 문시환 의원의 수정안은 부결되었고, 조병한 의원 수정안이 통과되면서 노동자의 이익균점권이 헌법에 담기게 되었다.

다만, 토의 과정에서 노동자의 이익균점권을 사기업으로 한정했고, 이를 위해서 법률 제정이 필요하도록 규정하였다. 아쉽게도 제1공화국에서 이익분배에 관한 법률이 제정되지 않으면서 헌법에만 명시되는 한계를 드러냈다. 그런데도 노동자의 이익균점권을 주목해야 하는 이유는 헌법상 자유경제의 이익을 노동자 권리로 인정했다는 것이다.

또한 이는 노동자의 권리 한계를 넘어 사회보장제도 전반에 걸쳐서 헌법상의 근거가 되었다. 노동자의 이익균점권은 경제적 자유보다 경제적 균등의 실현을 추구하고자 했던 제헌헌법 당시의 시대상을 적확하게 표출한 규정이 아니었는가 한다.

제헌헌법에서 개인의 경제적 자유를 보장하고 있다. 이에 따라 대체로 우리나라의 경제체제를 자본주의라고 단언하는 경우가 많다. 그러나 국가 산업에 중요하게 영향을 미치는 기간산업에 대해서는 국유화한다고 규정하였다. 아울러 노동자에게는 이익균점권까지 보장하였다. 따라서 제헌헌법의 경제이념은 '경제적·사회적 민주주의'[131) 사상이다. '경제적·사회적 민주주의'란 정치적 민주주의 외에 경제적 사회적인 면에서도 균등한 기회와 기본적인 생존을 보장하는 민주주의를 말한다.

따라서 생산수단의 주요한 요소가 되는 광물 등 자원과 생산수단을 운용하는 운수, 통신, 금융, 보험, 전기, 수리, 수도, 가스 등을 공공재로 정하고 국가가 관리하는 사회경제 체제를 규정하였다. 제헌헌법은 균등한 기회와 기본적인 생존보장을 전제로 하여 각 개인에게 경제상 자유를 보장하였다. 무조건적인 자본주의 또는 개인의 무한한 경제적 자유를 보장하는 것이 아니었다. 이 정신은 현행 헌법까지도 대체로 유지되고 있다.

3장
국가보안법 탄생

제13조

　　모든 국민은 법률에 의하지 아니하고는 언론, 출판
집회, 결사의 자유를 제한받지 아니한다.

---

1. 대한민국 최초, 계엄령 선포

　우리 헌법은 생명권, 평등권, 자유권, 참정권, 청구권을 국민의 기
본 권리로 정하고 있다. 헌법 제13조 자유권의 일부이다. 자유권은
잘 지켜지고 있을까.

　1948년 12월 1일 국가보안법이 법률 제10호로 제정·공포되었다.
당시 언론에 보도된 국가보안법의 제정에 문제를 제기한 칼럼을 보
면,

　지난 1일부터 공포 시행키로 된 국가보안법은 법문상에 명백히 나타나 있
지는 않지마는 주로 정치 사상주의자의 활동과 테러 행위에 대하여 대한

민국의 국권수호와 국가질서의 유지를 목적으로 입법 제정된 법률이다. 본 법의 입법 이유가 금반 전남반란사건을 직접 계기로 대한민국의 존립을 위태케 하는 일체의 사태를 미연에 방지하고 불온사상단체 외 악질 테러 단체를 근본적으로 탕멸蕩滅할 필요에 의해서 그 출현을 보게된 법률이라고 보겠으나 헌법 제13조와 관련해서 고찰할 때 국민의 기본권리인 언론·집회·출판 및 결사의 자유권을 심히 제한하는 것으로 본법이 국민생활에 끼치는 바 영향은 실로 경시치 못할 바가 있다.[132]

이 칼럼의 글쓴이는 민병훈 변호사이다. 민병훈은 해방 이후 제1회 변호사시험에 합격하였으며, 변우회를 조직한 인물이다.[133] 그는 국가보안법이 대한민국의 국권 수호와 국가 질서의 유지를 목적으로 제정된 법률이라고는 하지만, 헌법 제13조의 '언론, 집회, 출판 및 결사의 자유'를 심히 제한하여 국민 생활에 끼치는 영향이 매우 크다는 지적이다. 그는 국가보안법 각 조항의 문제점을 자세하게 지적하면서, "민족과 국가의 영원한 발전을 위해서 진정한 애국적 정치사상가, 양심 있는 학자 그리고 일반국민의 보다 더 나은 사상적 창의와 건설적 실천이 요청되는 이 시대성에 비추어 신중한 태도로 이 법을 운용해야 한다"고 강조하였다.[134]

위 인용문을 보면, 국가보안법이 제정된 직접적인 계기는 '전남반란사건' 즉, 여순항쟁이다. 1948년 10월 19일, 여수에 주둔한 국군 제14연대 일부 군인들은 국가의 제주4·3항쟁 진압 명령을 거부하고 봉기하였다. 정치·경제·사회적 불만이 컸던 민중들은 국군의 봉기를 기화로 항쟁의 횃불을 올렸다. 이를 '여순항쟁'이라고 한다. 정부는 반군토벌전투사령부(사령관 송호성)를 설치하고 토벌에 나섰다. 10월 23일 순천을 점령한 국군 토벌부대는 27일 여수를 점령하였다. 이윽고 일명

'부역혐의자' 색출이란 미명으로 수많은 민간인을 학살하였다. 그리고 여순항쟁을 계기로 하여 '국가보안법'을 제정하고 공포하였다.

여순항쟁 당시 군경의 진압과정에서 계엄령이 선포되었다. 김백일 제5여단 여단장 명의의 계엄령은 10월 22일 여수와 순천지역에 국한되었다. 정부는 사후 조치로 10월 25일 국무회의에서 계엄령을 의결하였다. 그런데 10월 22일 김백일 중령 명의의 계엄령에 대해서는 '김백일은 계엄령을 선포하지 않았다', '김백일 독단으로 선포하였다'라는 등 이견이 많다. 1948년 10월 22일 이승만 대통령은 '전남지방의 국군반란사건에 관하여' 다음과 같이 말했다.

> 여수는 오늘 아침 복구되었고 다른 곳도 불원 복구될 것이다. 계엄령을 내렸다고 외국에서 전보가 들어오고 있는데, 사령관이 내린 것은 해당지구에만 내린 것이다. 그리고 다른 지방에서 지하공작을 준비하고 있다는 말도 있는데, 정부와 나라를 파괴하려는 자는 이 나라에서 살지 못할 것이다.[135]

대통령이 이미 해당지구(여수와 순천)에 계엄령이 내려진 것을 알고 있다. 그리고 계엄령을 해당지구 사령관이 내렸다는 것이다. 그런데 계엄령을 현지 사령관이 독단적으로 선포할 수 있는 것일까? 이승만은 현지 사령관이 독단적으로 선포한 것처럼 말하였지만, 10월 25일 국무회의 의결을 거쳐 대통령령 제13호로 공포하였다.[136]

여순항쟁은 대한민국 정부수립 이후에 발생한 사건이다. 제헌헌법 제57조는 "내우, 외환, 천재, 지변 또는 중대한 재정, 경제상의 위기에 제하여 공공의 안녕질서를 유지하기 위하여 긴급한 조치를 할 필요가 있는 때에는 대통령은 국회의 집회를 기다릴 여유가 없는 경우에 한하여 법률의 효력을 가진 명령을 발하거나 또는 재정상 필요한 처분을 할 수 있다. 전항의 명령 또는 처분은 지체없이 국회에 보고하여 승인을 얻어야 한다"는 긴급조치에 관한 규범이다.

공공의 안녕질서를 유지하기 위하여 긴급한 조치가 필요할 때 대통령은 계엄을 선포할 수 있다. 다시 말하면, 계엄령은 대통령의 고유 권한이다. 일개 여단장이 임의로 계엄령을 선포했다는 건 말이 안된다. 헌법 제64조에 따르면 '대통령은 법률의 정하는 바에 의하여 계엄을 선포한다'고 규정되어 있다. 그런데 헌법 조항을 뒷받침할 하위 법령인 '계엄법'이 제정되지 않은 상태에서 계엄령이 선포되었다.

대통령령 제13호로 여수군 및 순천군에 계엄선포
출처 : 『관보』 1948년 10월 25일

헌법에는 계엄령에 관한 국회의 승인 규정은 없다. 다만 제57조 긴급한 조치를 적용하면 달라진다. 긴급한 조치에서 국회의 집회를 기다릴 여유가 없는 경우에는 선조치를 할 수 있다. 그렇다면 당시 국회가 열리지 못할 상황이었는가. 아니면, 국회의 사후 승인이라도 받았던가. 국회는 계엄령을 승인한 적이 없다. 이를 두고 국회에서는 "이 계엄령은 일본 천황의 계엄령이나 진배없다"는 비판이 있었

다.[137]

계엄령에는 계엄의 시작 일시, 계엄지역의 범위, 계엄지역의 사령관, 계엄지역의 제한 조치 등을 명시해야 한다. 그런데 계엄지역만 여수군과 순천군으로 명시했을 뿐, 언제부터 시작되고, 사령관이 누구인지, 계엄령으로 인한 제한 조치가 무엇인지도 밝히지 않았다. 또한 누군지 모르는 계엄사령관에게 모든 것을 일임하였다. 합법적이지 않은 계엄령은 국군과 경찰에게 무자비한 학살을 자행하는 도구가 되었다.

미군정기에도 제어되지 않던 반공청년단의 폭력은 여순항쟁 기간에 더욱 두드러졌다. 정부는 여순항쟁 직후, 국군을 믿지 못하겠다며 반공청년단을 키워 치안에 이바지하자는 의견을 제시하였다. 이에 장홍염 의원은 그간 반공청년단이 애국운동을 전개했음에도 불구하고 정부로부터 제대로 대접받지 못했다면서, 이제껏 반공청년단들이 "'파쇼'하고 싶어도 권력없는 '파쇼' 강행했다"며 청년단 지원을 역설하였다.[138] 반면, 국회의원에게 우익테러 단체의 협박이 일상화되었다. 국회에서 낭독된 내용을 보면,[139]

단기 4281년 11월 8일
애국암살단단장
이정래에게
사형통고서
군君이여 반정부 반건설의 언행을 즉각 정지하라. 이 나라를 완전 보위하며 많은 동족을 행복스럽게 하고자 군의 해골을 우리 제단에 부르노라.
집행시일 : 수시
집행장소 : 서울
집 행 자 : 암살단원

이정래 의원에게 보낸 '사형통고서'는 11월 12일에 김준연 의원에게도 보내졌다. 형식과 내용은 이정래 의원에게 보낸 것과 동일하다. 아울러 김준연 의원에게는 사형통고서 이외에 삐라 한 장이 배달되었다. 그 내용을 보면,[140]

김준연 보아라. 이 되다만 새끼 준연아! 갈갈 와 같이 왔다 갔다 하는 화냥년아, 레닌의 손주새끼 노릇을 하던 때가 어제가 아니냐. 금욕 물욕에 한민韓民의 광구狂狗 노릇도 그만하면 시들하지. 이번엔 염마대왕閻魔大王 댁에 시집갈 테냐. 송진우 장덕수 만나게 해주마. 이 새끼 정신 차려. 주둥이 닥치고 냄새 그만 피워라. 인젠 대신大臣 자리 눈독이 들었느냐. 한민당 정권 잡고 너 대신 생각나지. 어림없다. 네 목이 먼저 달아난다. 정식 통지를 동봉하니 네 마누라 네 새끼들에게 일러 대대손손 가훈 삼아라. - 단기 4281년 11월 애국암살단

노일환, 윤재욱, 조헌영 의원에게도 사형통고서가 전달되었다. 국회의원들은 정부가 이것을 알고도 모르는 체하고 있다며 질책하였다. 이 시기에는 국회의원이 군경이나 청년단에게 폭행당하는 일이 비일비재하게 일어났다. 윤재욱 의원은 국회의원 신분증을 내놓아도 그것을 믿지 않고 헌병에게 구타당할 뻔한 일을 언급하였다. 국민계몽회의 집회에서 류성갑 의원 등이 '빨갱이 국회의원'으로 몰려 심하게 구타당하기도 하였다. 국회의원들은 정부를 비판하며 대책을 요구했지만, 정부는 오히려 우익반공 청년단체에 힘을 실어주는 모양새였다. 자기의 생각과 다른 이들에게 행해지는 폭력은 일상화되었다. 국가는 이를 방조하였다. 오히려 탄압·섬멸할 법적·제도적 장치를 정비하였다.

2. 국가보안법의 제정

제헌헌법은 국민의 기본권 보장 등 정치적 민주주의에 초점을 맞췄다. 대한민국 정부수립 이후 제정된 후속 법령 중 국민의 기본권에 가장 밀접한 영향을 미친 법령을 들자면 단연 '국가보안법'을 들 수 있다. 대한민국 정부수립과 여순항쟁의 시기까지만 해도 사회 곳곳에는 좌익세력의 영향이 적지 않았다. 정부는 여순항쟁을 계기로 잔존한 좌익세력을 전면적으로 탄압·섬멸할 법적 장치로 국가보안법 제정에 나섰다. 그리하여 1948년 12월 1일 법률 제10호로 국가보안법이 제정·공포되었다. 그리고 2023년 현재까지도 그 위력은 대단하다. 법률 제10호 국가보안법의 내용을 보면,

국가보안법(1948.12.1, 법률 제10호)
제1조 국헌을 위배하여 정부를 참칭하거나 그에 부수하여 국가를 변란할 목적으로 결사 또는 집단을 구성한 자는 좌에 의하여 처벌한다.
　　1. 수괴와 간부는 무기, 3년 이상의 징역 또는 금고에 처한다.
　　2. 지도적 임무에 종사한 자는 1년 이상 10년 이하의 징역 또는 금고에 처한다.
　　3. 그 정을 알고, 결사 또는 집단에 가입한 자는 3년 이하의 징역에 처한다.
제2조 살인, 방화 또는 운수, 통신 기관 건조물 기타 중요시설의 파괴 등의 범죄행위를 목적으로 하는 결사나 집단을 조직한 자나 그 간부의 직에 있는 자는 10년 이하의 징역에 처하고 그에 가입한 자는 3년 이하의 징역에 처한다.
　　범죄행위를 목적으로 하는 결사나 집단이 아니라도 그 간부의 지령

또는 승인하에 집단적 행동으로 살인, 방화, 파괴 등의 범죄행위를 감행한 때에는 대통령은 그 결사나 집단의 해산을 명한다.

제3조 전2조의 목적 또는 그 결사, 집단의 지령으로서 그 목적한 사항의 실행을 협의 선동 또는 선전을 한 자는 10년 이하의 징역에 처한다.

제4조 본법의 죄를 범하게 하거나 그 정을 알고 총포, 탄약, 도검 또는 금품을 공급, 약속 기타의 방법으로 자진방조한 자는 7년 이하의 징역에 처한다.

제5조 본법의 죄를 범한 자가 자수를 한 때에는 그 형을 경감 또는 면제할 수 있다.

제6조 타인을 모함할 목적으로 본법에 규정한 범죄에 관하여 허위의 고발 위증 또는 직권을 남용하여 범죄사실을 날조한 자는 해당 내용에 해당한 범죄 규정으로 처벌한다.

부칙 이 법은 공포한 날로부터 시행한다.

법률 제10호 국가보안법은 일제강점기 치안유지법의 주요 조항, 조문을 그대로 옮겨왔다. 일제강점기 치안유지법은 일본 내의 공산주의자 처벌을 위해서 제정된 법률이다.[141] 즉, 치안유지법은 일본 본토에서만 통용되는 법률이었는데, 조선총독부의 총독이 자의적으로 일본 법령을 국내에 적용하였다. 이에 따라 해방 전까지 독립운동 관련자들이 치안유지법 위반으로 처벌되었다.

일제로부터 해방된 지 3년밖에 되지 않았기에 산적한 과제를 다루어야 하는 고충은 이해할 수 있으나, 제헌헌법 제101조 "이 헌법을 제정한 국회는 단기 4278년(1945년) 8월 15일 이전의 악질적인 반민족 행위를 처벌하는 특별법을 제정할 수 있다"는 규정과 정면으로 배치된 행위를 대한민국 정부와 국회가 앞장섰다.

이를 어떻게 해석해야 할까? 대한민국 헌법은 '반민족행위'에 해당하는 사람뿐만 아니라 그 제도를 철폐하는 것을 헌법정신에 두었다. 그런데 대한민국 정부와 국회는 헌법정신을 무시하고 일제강점기 치안유지법을 골격으로 하여 국가보안법을 제정해 국민을 압제하고 통제하였다.

국가보안법 제정 당시 상황을 살펴보자. 국가보안법은 정부가 발의한 법이 아니다. 국회가 발의한 법이다. 이 법의 제안자는 제헌의회의 법제사법위원장인 백관수(한국민주당) 의원이다. 제안 이유는 "국내외적으로 주목의 대상이 되는 중요한 법안이니만치 각계의 의견을 참작하여 그 명칭을 국가보안법으로 하였는바 이 법안은 국헌에 위배하여 정부를 참칭하거나 그에 부수하여 국가를 변란할 목적으로 결사 또는 집단을 구성한 자를 처벌하기 위한 것"이라고 밝혔다. 법제사법위원장의 제안을 민주국민당 김인식 의원 외 32인이 동의하여 '내란행위방지법안'을 제출하였다. 이때가 1948년 9월 3일이다. 여순항쟁이 발발하기 전에 국회에 '내란행위방지법안'이 제출된 것이다. 그리고 9월 29일 제77차 본회의에서 법제사법위원회로 이송하여 법안 기초작업을 의뢰하였다.

'내란행위방지법안'의 중점은 내란행위의 처벌이다. 내란 유사의 목적을 가진 결사·집단 구성과 가입은 법안의 대상이 아니었다. '내란행위방지법안'은 국회의 휴회로 기초작업이 중단되었다. 여순항쟁이 발발하고 국회는 수습대책을 논의하고자 10월 27일 제89차 회의를 열었다. 정광호 의원은 '내란법'이 법제사법위원회에서 기한없이 끌고 있다면서 "법제사법위원회는 사흘 안에 '내란법'을 기초해서 국회에 제출해 줄 것"을 동의안으로 제출하였다. 이는 표결에 부쳐서 재석의원 105인 중 찬성 81인으로 통과되었다.

1948년 11월 9일 국가보안법 초안이 본회의에 제출되었다. 제1독회에서 백관수 법제사법위원장은 법사위에서 8차례 토의와 정부 측의 법제실장, 법무부 장관, 재판소 측 대법원장, 검찰총장 등과의 토의를 거쳐 법안 이름은 '국가보안법'으로 하고 전문 5조로 법안을 구성했다고 설명하였다. 실제로 제정된 국가보안법은 전문 6조로 구성되어, 초안과 차이가 있음을 알 수 있다. 이 초안에 대해서 많은 국회의원이 문제를 제기하였다. 법무부 장관과 검찰총장도 국회에 출석하여 법률적 문제와 다른 법과의 충돌을 지적하였다. 논란 끝에 "국가보안법을 법제사법위원회에 회부하여 법무부 장관, 검찰총장과 협의하여 11일 목요일까지 새로운 안을 기초하여 보고할 것"[142]을 가결하였다.

11월 16일 김옥주 외 47인의 국회의원은 국가보안법 폐기에 관한 긴급동의안을 제출하였다. 이에 대해 신익희 국회의장은 "국가보안법안은 정부에서 제출한 안이 아니고 우리 의원들이 제출한 법안"이며, 국회가 제출한 법안을 국회가 폐기한다고 하는 것은 사리에 맞지 않는다고 비판하였다. 여하튼 국가보안법이 최대 악법이라면서 이 법이 통과되면 "신생 대한민국에 천추의 오명을 남길 것"이라는 폐기론에 맞서 "38선으로 대한민국이 양단되고 우리는 시시각각으로 공산당의 위협을 받는 상황"에서 "본의 아니게 공산당 좌익들의 춤을 추는 것"이라는 제정론 사이의 찬반 토론이 거셌다. 논박 끝에 '국가보안법 폐기에 관한 긴급동의안'이 표결에 부쳐졌다. 재적의원 122명 중 폐기 찬성은 37명, 폐기 반대 69명으로 긴급동의안은 부결되었다.[143]

11월 19일 속개된 제108차 회의에서 제2독회(축조심의)가 이루어졌다. 백관수 의원의 국가보안법 초안 낭독이 있고 축조심의가 들어가자 신성균 이외 20명은 '국가보안법 제1조 전문 삭제'하는 수정동의안을 제출하였다. 국가보안법 폐기동의안 심의 때와 마찬가지로 격렬한 토의 끝에 '제1조 전문 삭제'의 수정동의안이 표결에 들어갔다. 재석의원 122인 중 삭제 찬성 20인, 삭제 반대 74인으로 수정동의안은 부결되었다. 제1조가 원안대로 통과되면서 나머지 조항은 일사천리로 축조심의를 마쳤다. 11월 20일 제109차 회의에서 자구 수정된 국가보안법이 이의 없이 접수되었다. 이윽고 정부는 1948년 12월 1일 국가보안법을 법률 제10호로 제정하고 공포하였다.

국가보안법은 심의 당시에도 법조문의 모호성, 사상 사법의 가능성, 집회·결사·양심의 자유를 명기한 헌법 조항과의 충돌, 과거 치안유지법과의 유사성 문제가 지적되었다. 그러나 국회의원에까지 협박장이 날아오는 등 치안 상황이 불안정하다는 논리를 국가보안법 제정의 이유로 들었다. 치안 상황 불안정은 좌익 행위가 아니라 우익 청년단체의 협박이었다. 국가보안법은 반헌법적인 규정이 담겨 있음에도 불구하고 조작된 치안 불안정이라는 특수상황을 앞세워 제정되었다.

1948년 12월 1일 국가보안법 제정·공포 이후 대한민국 내 좌익세력은 급속도로 위축되었다. 국가보안법 첫 구속자는 법이 공포된 이후 3일 만에 나왔다. 12월 4일 경찰은 전평철도노조의 책임자인 전형모(25세) 외 18명을 국가보안법 위반 혐의로 서울지검에 송청하였다.[144] 같은 해 12월 27일까지 국가보안법 위반혐의로 서울지방법원에서 발부한 구속영장 건수는 1,694건이다.[145] 이는 전체 영장 발부 2,420건 중 무려 70%에 해당한다. 국가보안법의 위력이 얼마나 강력했는지를 실감할 수 있다.

국가보안법 위반 피의자에 대한 첫 공판은 12월 29일에 있었다. 최선기(25세)는 형무소 간수로 근무하다가 경찰관 시험에 합격했으나 사상이 불온하다고 하여 합격이 취소되었다. 그는 1947년 6월 민애청에 가입했다는 이유로 체포되어 국가보안법 위반혐의로 재판받았다.

이날 검찰(오제도 검사)은 '지정가입죄'로 최선기에게 징역 1년을 구형했고, 재판부(김의준 판사)는 국가보안법 제1조 3항을 적용하여 검찰의 구형대로 징역 1년을 선고하였다.[146] 국가보안법이 제정되기 전에 민애청에 가입했음에도 국가보안법을 적용하였다. '코에 걸면 코걸이, 귀에 걸면 귀걸이'가 되는 무소불위의 법 적용이었다.

1949년 한 해에만 국가보안법에 의해 검거·투옥된 사람이 118,621명에 달하였다. 대한민국 인구의 1.5%에 해당한다. 그리고 9~10월 사이에 132개의 정당·사회단체가 해산되었다. 당시 대한민국의 모든 형무소는 국가보안법을 위반했다는 죄목으로 수감된 사람들로 넘쳤다. 전체 수감자 중 80%가 국가보안법 위반 수감자였다.

대한민국 정부수립 이후 사형수 집행자는 기록마다 차이가 있다.[147] 외국 기록에 의하면 1,596명이다. 이승만 정권(1948~1960) 1,105명, 박정희 정권(1962~1979) 325명, 전두환 정권(1980~1987) 70명, 노태우 정권(1988~1992) 70명, 김영삼 정권(1993~1997) 70명 등이다. 우리나라의 마지막 사형집행이 있었던 김영삼 정권의 1997년 12월 30일 이후 법무부는 사법연감을 통하여 1950년 이후 1997년까지의 사형집행 현황을 1,310명으로 집계하여 제시한 바 있다. 하지만 『한겨레21』 제751호(2009.3.13.)에는 920명이라고 하고, 법무부 국정감사(2009.12.17.)에 따르면 916명 등이 사형이 집행된 사형수라고 한다.

한편 한국사형폐지운동협의회의 기록에 의하면, 1948년부터 1997년까지 사형이 집행된 인원수를 총 902명으로 집계하였다. 사형 집행된 총인원 중 국가보안법 등 공안사범으로 집행된 사형수가 304명이고, 살인죄가 320명, 강도살인죄가 280명, 기타 순이다.[148]

이처럼 사형집행에 대한 기록이 다른 이유는 국가보안법이 1948년 12월 1일 제정되었지만, 제주4·3항쟁, 여순항쟁, 한국전쟁 등이 있

었던 1950년대 중반까지 국가보안법에 의해 사형이 집행된 사람을
확인하기가 난망하기 때문이다. 하지만 1950년대 진보당 사건으로 조
봉암 등이 국가보안법에 의해 사형을 선고받았으며, 사형이 집행되었
다는 사실은 분명하다. 여하튼 형법의 연구자들도 대체로 1960년대
초반부터 사형이 집행된 사람을 범죄형태로 구분하고 있다. 이덕인은
세 시기로 나누어 사형집행을 분석하였다.[149]

사형집행 범죄 형태(1961~1997)

년도	살인죄·존속	강도살인	공안사범	합계
1961~1963	31	20	35	86
1964~1979	75	125	91	291
1980~1997	87	68	11	166
합 계	193	213	137	543

1961~1963년 대표적인 공안사건으로는 민족일보 조용수 사건을
들 수 있다. 1961년 12월 21일 국가재건최고회의 의장 박정희는 조
용수 사형을 확정하고 당일 서둘러 형을 집행하였다. 1964년~1979년
까지 형사재판(제1심)의 주요 죄명별 인원을 보면, 살인죄가 4,876명,
강도살인·치사죄 799명, 국가보안법 위반 1,547명, 반공법 위반 3,945
명이다. 이 중에 사형이 집행된 사형수는 291명이었으며, 여기에는
국가보안법 등을 위반한 공안사범 91명이 포함된다. 이후 1980년대에
들어서면서 공안사범에 대한 사형집행이 현저하게 줄어든다. 그렇지
만 형사사건으로 사형이 집행된 경우는 줄어들지 않았다.

현행 국가보안법은 14차례 개정 반복하고, 반공법[150] 등과 통폐합
된 법률이다.[151]

국가보안법 제·개정 현황(1948~2017)

번호	법률		
	호수	시행일	구성 및 비고
1	법률 제10호	1948.12.1	제1조~제7조 제정
2	법률 제85호	1950.1.9	제1조~제18조 전부개정
3	법률 제128호	1950.5.12	제11조의2 신설 등 일부개정
4	법률 제500호	1959.1.16	부칙으로 법 폐지 규정
5	법률 제549호	1960.6.10	제1조~제16조 전부개정
6	법률 제1151호	1962.10.25	제10조의2 재범자의 특수가중 조항 신설 등 일부개정
7	법률 제3318호	1980.12.31	반공법 폐지에 따른 전부개정(제1조~제25조)
8	법률 제3993호	1988.2.25	타법(군사법원법) 개정
9	법률 제4373호	1991.5.31	법의 목적과 정의 일부개정
10	법률 제4704호	1994.7.1	타법(노동쟁의조정법) 개정
11	법률 제5291호	1997.7.14	타법(국가유공자등예우및지원에관한법률) 개정
12	법률 제5454호	1998.1.1	타법(정부부처명칭등의변경에따른건축법등의정비에관한법률) 개정
13	법률 제11042호	2012.7.1	타법(보훈보상대상자지원에관한법률) 개정
14	법률 제13722호	2017.7.7	타법(군사법원법) 개정

1987년 6월민주항쟁 이후 국가보안법에 대한 폐지론이 각계에서 대두되었지만, 여전히 존속하고 있다. 국가보안법은 무려 여덟 개나 되는 족쇄를 가진 악법이다. 그 족쇄들은 반국가단체 구성 및 가입죄,

목적수행죄, 자진지원 및 금품수수죄, 잠입·탈출죄, 찬양·고무죄, 회합·통신죄, 편의제공죄, 불고지죄이다.

무엇보다도 대한민국은 '민주주의' 정치체제이다. 특히 '자유'를 매우 강조한다. 그런데 국가보안법은 '민주주의' 가치 중 '자유'를 부정해야 하는 역설적인 사태를 초래하였다. 국가정체성과 체제 정체성이 충돌한 것으로, 이는 대한민국 민주주의 역사에서 장구한 논쟁을 야기하였다.

국가보안법의 존재가 더욱 우려스러운 것은 헌법보다 더 상위의 권능을 가진 법이라는 것이다. 헌법과 국가보안법 간에 상반되거나 상호모순되는 경우가 종종 발생하였다. 이럴 때마다 대한민국 사법부는 헌법의 기본권보다 국가보안법의 조항을 따랐다. 다시 말하면, 국가보안법은 사실상 초헌법적 권능을 발휘하면서 '민주공화국'이란 대한민국의 국체와 정체를 훼손한 것이다. 국가보안법은 악법 중에서도 악법임에도 불구하고 여전히 그 존재의 위력은 대단하다. 이는 대한민국과 국민에게 매우 불행한 일이 아닐 수 없다.

3. 임시우편단속법

1948년 12월 1일, 국가보안법이 공포된 날이다. 이때 또 하나의 악법이 공포되었다. '임시우편단속법'이다. '임시'라는 단어가 들어가 있었음에도 불구하고 무려 45년 동안 이 법에 근거하여 국민의 우편물(통신)을 감시하고 통제하였다. 이 법은 1993년 12월 27일 법률 제4650호 '통신비밀보호법'이 제정되면서 폐지되었다.

이 법률에 '임시'가 들어간 이유는 법률의 초안에는 "제9조 본법은 1959년 12월 31일까지 유효한다"로 기한을 두었기 때문이다. 하지만 국회 입법과정에서 제9조 "본법의 세칙은 대통령령으로 정한다"로 수정되면서, 법률의 유효기간이 삭제되어 '임시'란 단어가 무의미하게 무려 45년이나 유지된 것이다.

이승만 정부는 여순항쟁 이후 국민의 일상을 속속들이 감시하고 통제하는 체제로 전환을 꾀하였다. 주요 검열의 대상으로 꼽은 것이 우편물(통신)이었다. 이 법률은 정부에서 제안하였다. 제안이유는 "여수·순천반란사건 등 불순분자의 음모난동이 격화되어 사회의 혼란을 야기하고 있어 전신·전화·우편 등 단속의 필요성이 적실히 요구되고 있으나 헌법 제11조의 모든 국민은 법률에 의하지 아니하고는 통신의 비밀을 침해받지 않게 되어 있으므로 우편물의 단속을 내용으로 하는 이 법을 제정하려는 것임"으로 설명하고 있다.

제헌헌법 제11조는 "모든 국민은 법률에 의하지 아니하고는 통신의 비밀을 침해받지 아니한다"고 규정하고 있다. 그런데도 정부는 국가보안법에 이어 또 하나의 헌법보다 상위 권능을 가진 법을 제정하였다. 제안이유에서 통신의 비밀은 침해받지 않는다고 했으나, 당시 우편물과 통신을 담당한 체신부는 이 법을 악용하여 국민을 감시하고 통제하였다.

1960년 4·19혁명으로 대통령제를 의원내각제로 전환하는 헌법이 같은 해 6월 15일 개정된다. 이른바 '제2공화국 헌법'이다. 이 헌법개정에서 제11조(통신의 자유)의 규정이 대폭 개정된다. 개정된 제11조는 "모든 국민은 통신의 비밀을 침해받지 아니한다"고 규정되었다. 제1공화국에서는 법률로 통신의 자유를 제한할 수 있었지만, 그럴 수 없게 헌법을 개정하였다. 1960년 제2공화국에서 '통신의 자유'를 보장하는 헌법으로 개정이 되었지만, '임시우편물단속법'은 폐지되지 않았다.

이후 5·16쿠데타를 일으킨 박정희는 영구집권을 위한 제4공화국 헌법(1972년 10월 17일 개정), 이른바 유신헌법에서 "제15조 모든 국민은 법률에 의하지 아니하고는 통신의 비밀을 침해받지 아니한다"로 개정하였다. 유신헌법은 '통신의 자유'뿐만 아니라 '거주이전의 자유', '직업선택의 자유', '언론·출판·집회 결사의 자유' 등 국민의 기본권을 광범위하게 법률로 제한하는 가장 비민주적인 헌법이다.

전두환의 신군부 집권 이후 1980년 10월 27일 제5공화국 헌법에서는 제2공화국과 동일하게 제17조 "모든 국민은 통신의 비밀을 침해받지 아니한다"로 개정하였다. 하지만 임시우편물단속법은 여전히 존속되어 국민의 통신비밀의 자유를 침해하였다. 현행 제6공화국 헌법에서도 통신의 자유를 보장하고 있다. 그리고 1993년 12월 27일 '통신비밀보호법'이 제정되면서, 국민의 기본권을 심대하게 제약해 온 '임시우편단속법'은 폐지되었다. '임시우편단속법'의 '임시'라는 단어에도 불구하고 무려 '45년' 동안 국민을 통제하는 데 활용되었다.

4장
헌법을 왜 바꾸지

1. 개헌, 실패하다

제98조

    헌법개정의 제안은 대통령 또는 국회의 재적의원
3분지 1 이상의 찬성으로써 한다.
헌법개정의 제의는 대통령이 이를 공고하여야 한다.
전항의 공고 기간은 30일 이상으로 한다.
헌법개정의 의결은 국회에서 재적의원
3분지 2 이상의 찬성으로써 한다.
헌법개정이 의결된 때에는 대통령은 즉시 공포한다.

    헌법개정 발의에 대해서는 제헌헌법 제98조에 규정되었다.[152] 헌법개정의 의결은 "국회에서 재적의원 3분지 2이상의 찬성으로써 한다"고 규정되었다. 1948년 7월 17일 제헌헌법이 제정된 이후 최초의

헌법개정 발의일은 1950년 1월 27일[153]이다. 제헌의회 임기를 얼마 두지 않은 시점이었다.[154] 야당인 민주국민당의[155] 서상일 의원을 비롯한 79인이 발의한 개헌안의 핵심은 '의원내각제'로 권력구조를 개편하겠다는 것이다. 무소불위의 대통령 권한으로 독재정치가 이루어지고 있으며, 정부 부처 관료가 무능과 부패함에도 책임지지 않는 것을 대통령제의 폐해로 지적하였다.

> 대통령 직위, 더구나 우리 대한민국의 대통령의 직위, 우리의 정신적인 존 앙尊仰의 집결하에다가 권력의 집결을 가했습니다. 이것으로 말미암아 현실 면이 어떻게 나타났느냐 하면 대통령제는 결국 군주제에 가까운 제도가 출현하지 않았나, 이런 면을 봤습니다. <중략> 이러한 특권계급을 조성케 된 그것이 원인이 되어서 소위 대단히 말씀드리기가 퍽 거북합니다마는, 표면에 나타나 있는 방식이 독재로 가까운 형태로 나타나고 있는 것은 사실입니다.[156]

김수선 의원은 현행 대통령제 폐해를 지적하였다. 그는 프랑스 루이 14세가 '짐은 국가이요, 짐의 말은 곧 법률이다'고 했던 말을 상기하며 이승만 대통령을 비꼬았다. 그는 대통령이 특권계급 즉, '군주제'를 재현할 우려가 있다면서, 이는 독재정치라고 평가하였다. 아울러 이상돈 의원은 각 부처의 장관이 처리해야 할 업무마저도 대통령 담화로 발표하는 게 타당한지를 따지면서, 각 부 장관의 역할 부재와 무능력을 지적하였다.

야당의 개헌을 통한 통치구조 개편에 대해서 이승만도 즉각 반응을 보였다. 1월 27일 중앙청에서 기자회견을 가진 이승만은 "대통령은 의원 임기연장 문제는 여론에 추종한다고 말한 바 있고, 내각책임

제는 반대한다는 의사를 표명하고 있으니 그 이유"를 묻는 기자에게 다음과 같이 답변하였다.[157]

내각책임제는 국가정책에 큰 관련성이 있으며 현행 헌법이 제정된 이상 우리는 이것을 고수하여야 한다. 국가기본법인 헌법이 조변석개朝變夕改되어 정부도 이렇게 된다면 절대 안 될 말이다. 정객 몇 사람이 내각책임제를 기도하고 있다는 것은 천만부당한 일이다. 만일 국회에서 의원 전부가 내각책임제를 찬성하여 헌법을 개정한다 하더라도 나는 대통령의 지위를 포기하고서라도 민중과 같이 국권을 공고히 하기 위하여 내각책임제 반대투쟁을 전개할 것이다. 진정한 애국 동포는 헌법을 보호하여야 할 것이며, 이러한 애국자는 오는 선거에 많은 투표를 획득할 것이다.

이승만은 국가기본법인 헌법이 조변석개朝變夕改되는 것에 대해서 불만을 표출하였다. 그는 내각책임제의 헌법개정안이 국회의원 전부 찬성으로 통과되더라도 이를 인정하지 않겠다고 선언하였다. 그러면서 이승만은 국민에게 내각책임제 반대투쟁에 나설 것을 주문하였고, 대통령제를 지지하는 사람을 애국자라고 하였다.

이승만의 '내각책임제 반대' 선동은 곧바로 약효를 드러냈다. 대한청년단·노총·대한부인회 등 애국단체연합회가 '개헌반대총궐기국민대회'를 2월 19일 서울운동장에서 거행하였다. 이들은 "국민 대다수가 원치 않고 있으며 또한 시의에 알맞지도 않은 개헌안을 반대하는 국민적 결의를 피력하기 위하여 궐기대회를 갖게 되었다"면서 이승만 대통령과 신익희 국회의장에게 공개서한을 보냈다. 개헌반대국민대회는 서울을 필두로 전국에서 개최되었다. 이들은 헌법개정안을 발의한 국회의원을 '매국노'로 간주하는가 하면, 한 발 더 나가 '공산당(남로당)

지령', '공산당 프락치' 등으로 언급하면서 개정안을 발의한 의원을 압박하고 공포심을 유발하였다.[158]

반대론자의 논거는 첫째, 시기상조론이다. 둘째, 정변이 빈발하고 혼란을 야기한다. 셋째, 정권 야욕으로 조선시대의 붕당정치 폐해가 발생한다. 넷째, 일당독재를 염려한다. 다섯째, 제헌의원으로서 그 임기 중에 개헌은 부당하다는 등이었다. 이승만이 줄기차게 주장했던 바와 다를 것이 없다.

권력구조 개편 개헌안에 대한 토의는 1950년 3월 9일 국회 제48차 회의에서부터 시작했고, 3월 14일 제52차 회의에서 표결이 있었다. 표결 결과 개헌 찬성 79, 개헌 반대 33, 기권 66, 무효 1로 개헌안은 부결되었다. 1950년 1차 개헌 논의는 이승만의 선동이 주효하였다. 그를 추종하는 세력은 무조건 반대표를 던졌다. 중우정치의 표본이다.

개정안이 무산되었음에도 권력구조 개편을 두고 이승만과 야당의 마찰은 계속되었다. 국회에서 열세를 면치 못하자 이승만은 아예 대통령을 국민이 직접 선출할 수 있는 기회가 필요하다고 주장하였다, 야당이 주장한 권력구조(대통령제→내각책임제) 개편이 아니라 대통령의 선출권을 국민에게 돌려줘야 한다는 역공세에 나선 것이다. 이승만은 국정운영에 국회가 사사건건 참견하는 것이 못마땅하였다. 그래서 국회의 권한을 최소화하거나 박탈하고자 나선 것이다. 이러한 주장의 배경에는 국민의 절대다수가 자기를 지지한다는 확고한 신념이 있었다.

이승만은 1951년 11월 허정 국무총리서리를 불러 대통령 직선제 개헌안을 마련하여 최대한 빨리 국회에 제출할 것을 지시하였다.[159] 이승만의 '대통령 직선제' 개헌은 제2대 국회의원 의석의 분포와 맞물려 있다. 1950년 5월 30일 치러진 제2대 국회의원 총선거에서 총 210석 중 무소속이 126석(60%)을 얻어 무소속 강세였다. 이승만의 지지 세력이 대거 낙선했다는 의미이다. 이러한 제2대 국회 상황에서 이승만은 국회의 간선제로는 재선이 어렵다고 판단하였다. 사족을 덧붙이면, 당시 제2대 국회가 출범하면서 이승만의 탄핵설까지도 대두되었으나, 한국전쟁이 발발하면서 위기를 모면하였다.

앞서 1950년 1월 27일 야당이 발의한 내각제 개헌에 대해 이승만은 "국가기본법인 헌법이 조변석개되어서는 안 된다"면서 노골적으로 야당을 비난하였다. 그리고 국민에게는 개헌반대 투쟁에 나서라고 선동하였다. 그런데 본인은 전쟁 중, 자신의 재선을 위해 헌법개정안을 제출하였다.

1951년 11월 28일 이승만은 대통령 직선제와 국회 양원제(민의원과 참의원)를 골격으로 하는 개헌안을 국회에 제출하였다.[160] 이승만이 국회 양원제를 채택한 이유는 국회의 권한을 약화시키려는 의도였다. 야당은 대통령 직선제와 관련하여 국민의 생명과 재산이 파괴된 전쟁 중에 그 부작용이 크다는 이유로 반대하였다. 1952년 1월 18일 정부가 제출한 대통령 직선제 개헌안이 표결에 부쳐졌다. 재적의원 163인 중 찬성 19표, 반대 143표, 기권 1표라는 압도적인 표 차로 부결되었다.[161] 이는 야당인 민국당이 반대한 결과로서 국회 권력을 야당 세력이 장악하고 있음을 확인할 수 있다. '국부'를 자처한 이승만에게는 큰 충격이고, 분노가 치밀어 오르는 일이었을 것이다.

2. 발췌개헌(1차 개헌), 민주주의의 위기

이승만 대통령의 '대통령 직선제' 개헌 실패는 정치적 위기를 자초하였다. 야당의 반격이 시작되었다. 정부 측의 개헌안을 부결시킨 야당은 다시 내각책임제 개헌을 꺼내 들었다. 1952년 4월 17일 민국당을 중심으로 한 반反이승만 세력은 곽상훈 의원 외 122명의 연서로 의원내각제 개헌안을 국회에 제출하였다. 의원내각제 개헌안의 핵심은 국무총리의 지위와 권한의 강화였다. 앞서 1차 개헌(1951년 3월 14일)에서 부결되었던 '권력구조' 개편을 다시 제출했다는 것은 그만큼 각오도 남달랐다고 할 수 있다.

당시 이승만 대통령이 이에 대응하여 선택한 묘수가 발췌개헌이다. 대한민국 정부수립 이후 첫 번째 헌법개정을 이른바 '발췌개헌'이라고 한다. 발췌拔萃란 "책, 글 따위에서 필요하거나 중요한 부분을 가려 뽑아냄"이라고 표준국어대사전에 명시되어 있다. 발췌개헌은 한국전쟁이 한창인 1952년 7월 2일 임시수도 부산의 피난 국회에서 통과되었다. '발췌개헌'은 대한민국 헌정사상 첫 번째 친위 쿠데타라고 할 수 있다. 국가권력이 민주주의를 짓밟은 잘못된 행위의 표상이다.

야당이 1952년 4월 17일 '내각책임제' 개헌안을 국회에 제출하자, 이승만도 그에 대응하는 행동을 취하였다. 그 첫 번째가 1952년 4월 20일 장면 국무총리의 사표를 처리하고, 국회 21명의 세력을 가진 장택상 의원을 국무총리로 임명하였다. 또한, 4월 19일부터 24일 사이에 일어난 격렬한 데모를 막지 못한 책임을 물어 내무부 장관마저 조병옥에서 이범석으로 교체하였다.

내각책임제를 추구하는 야당과 대통령 직선제를 관철시키려는 이승만의 그 대립은 전면전 양상을 띠었다. 1952년 4월 17일 야당의 '내각책임제' 개헌에 맞선 이승만은 5월 14일 다시 '대통령 직선제'를 국회에 제출하였다. 아울러 국민회·조선민족청년단·대한청년단·노총 등

어용단체의 관제 데모와 백골단·땃벌떼·민족자결단 등을 동원하여 '대통령 직선제'를 반대하는 야당 의원을 위협하고 비난하는 벽보를 곳곳에 붙이며 공포 분위기를 조성하였다. 또한, '데모대'는 신익희 국회의장에게 14명의 의원을 제명할 것을 요구하였다. 이에 응하지 않을 때는 국회의원 전부를 반민족행위자로 간주하고 국회를 해산할 것이라고 협박하였다.[162] 이승만의 여론몰이 습성이 이번에도 드러났다.

이승만은 거기서 더 나아가 초강경대책을 내났다. 5월 25일 0시를 기하여 부산을 중심으로 한 후방지역 23개 시·군에 비상계엄령(사령관 이종찬 육군 중장)을 선포하였다. 계엄령 선포의 이유는 후방지역(경상남도와 전라남·북도)에 존재한 공비를 완전히 소탕하여 치안을 유지하

국회 통근버스를 검문하는 헌병
출처 : 『대한민국국회 50년사』

기 위함이라고 하였다.[163] 하지만, 실질적인 이유는 의원내각제 개헌을 추진하는 국회의원들에게 압박을 가하면서 대통령 직선제 개헌을 추진하려는 의도였다. 야당 국회의원들은 즉각 반발하였다. 이승만은 국회 해산까지도 강행하겠다는 엄포를 놓았다. 영남지구계엄사령관으로 원용덕 소장이 임명되었다.

계엄령을 선포한 다음 날인 5월 26일, 국회에 등원하던 야당 의원 47명이 탄 버스를 의사당 정문에서 연행하여 헌병대로 끌고 갔다.[164] 그리고 이 중에 10명의 국회의원을 국제공산당과 관계되었다며 구속하였다. 제1공화국 법에는 국회의원의 불체포특권이 명시되어 있었으나, 이승만 대통령은 현행범을 제외한다는 구절을 이용하여 이들을

체포하였다고 우겼다.

5월 28일 국회는 계엄법 제21조의 "국회가 계엄의 해제를 요구할 때에는 대통령은 이를 해제하여야 한다"는 규정을 근거로 '부산지구'에 한하여 계엄령 해제를 요구하는 긴급동의안을 결의하였다. 국회 표결 결과, 재적의원 139인 중 찬성 96명 반대 3명으로 긴급동의안을 결의하였다.[165] 그런데도 이승만은 부산지구에 계엄령을 해제하지 않았다.

6월 2일 이승만 대통령은 장택상 국무총리를 통해 24시간 이내 '대통령 직선제'가 통과되지 않는다면 국회를 해산하겠다고 위협하였다. 그러나 국제적으로 비난 여론이 쇄도했고, 특히 미국 정부는 국회 해산이 이루어지면 대한 정책을 재고하겠다고 경고하였다. 이승만은 6월 4일 국회 해산을 보류한다고 표명하였다. 부통령 김성수는 계엄 선포를 비난하면서 부통령직에서 사임하였다.

미국이 대한對韓 정책을 재고할 수 있다고 경고했지만, 미국도 대안이 없기는 마찬가지였다. 여전히 전쟁 중이었고, 공산주의 진영으로부터 자기 진영을 지켜줄 유일한 인물이 이승만이라고 생각하였다. 미국은 여러 경로를 통해 이승만에게 야당과 타협할 것을 권고하였다. 결국 당시 국무총리 장택상이 대통령 직선제 정부안과 의원내각제 국회 안을 절충해서 필요한 조항을 발췌한 '발췌개헌안'을 마련하기에 이르렀다.

정부 개헌안과 야당 개헌안 중에서 좋은 것만을 발췌하여 절충한 개헌이었다. 그러나 '좋은 것만' 발췌한다는 것의 실상은 이승만의 대통령 재선을 위한 취사선택이었다. 정부가 제출한 대통령 직선제와 상·하 양원제에 국회가 제안한 개헌안 내용 중 국무총리의 요청에 의한 국무위원의 면직·임명과 국무위원에 대한 국회의 불신임결의권 등

을 덧붙인 절충안이었다. 이것
은 기세가 꺾인 야당에게 어느
정도의 명분을 주자는 것에 불
과하였다.

1952년 7월 4일 밤 국회를
계엄군이 포위하였다. 신익희
의장은 개헌안을 표결에 부쳤
다. 국회의원은 기립표결로 출
석의원 166명 중 찬성 163표,
반대 0표, 기권 3표로 발췌개

발췌개헌(1952년 7월 4일) : 경남도청 무
덕전에서 개헌안이 기립표결로 통과되었다.
출처 : 『대한민국국회 50년사』

헌안이 통과되었다. 자유당의 국회 의석수가 절대 부족한 상황에서
재선을 할 수 있는 유일한 방법은 '대통령 직선제'였다. 결국 이승만
은 국회의 권능을 누르고 염원을 실현하였다.

정부는 1952년 8월 5일을 정·부통령 선거일로 공포하였다. 헌정사
상 최초의 대통령 직선제 선거이다. 자유당은 7월 19일 대전에서 전
당대회를 열어 대통령 후보에 이승만, 부통령 후보에 이범석을 선출
하였다. 제2대 정·부통령 선거에서 대통령 후보는 총 4명(이승만, 조봉암,
이시영, 신흥우)이 출마하였다. 대통령에 이승만 자유당 후보가 74.6% 득
표율로 당선되었다. 부통령선거에서는 자유당의 이범석 후보(25.5%)가
무소속의 함태영 후보(41.3%)에게 패배하였다. 부통령은 자유당의 이범
석 후보가 유력하지만, 이승만과 이범석의 사이가 틀어지면서 이승만
이 무소속의 함태영을 적극적으로 지원하는 촌극이 빚어졌고, 이범석
이 고배를 마셨다.

이범석은 이승만을 정치적 위기에서 구한 은인과 같은 존재였다.
이승만과 이범석의 관계를 살펴보면, 1948년 초대 대통령에 당선된

이승만은 초대 국무총리로 월남한 이윤영 의원을 지명하였다. 그러나 국회에서 승인받지 못하면서 정치적 위기에 몰렸다. 이때 이승만은 광복군 사령관 출신 이범석을 국무총리로 지명하여 국회 승인을 받으면서 구겨진 자존심을 회복하였다. 1951년 8월 15일, 이승만은 광복절 기념사를 통해 농민과 노동자를 중심으로 한 새 정당을 만들 의사를 밝혔다. 이범석은 8월부터 조선민족청년단(일명 족청계)의 막강한 조직력을 앞세워 '자유당' 창당에 앞장섰고, 발췌개헌으로 일컫는 부산정치파동 때는 내무부 장관으로 족청계의 조직력과 경찰력을 유감없이 발휘하였다. 이승만을 정치적 위기에서 구하는 것을 넘어 재선의 길을 터주는 데 이범석은 앞장섰다. 그런데 부통령선거에서 토사구팽되었다.

왜 이승만은 이범석을 지지하지 않았을까? 이승만의 지시로 창당한 자유당은 이범석의 족청계와 비족청계간 대립이 심각하였다. 그러나 조직력이 막강한 족청계가 대체로 승리하였다. 대표적인 사례가 제3대 부통령선거166)를 앞둔 자유당 전당대회에서 이범석이 자유당 후보로 선출된 것이다. 이미 발췌개헌(부산정치파동) 당시 족청계의 막강한 조직력을 경험한 이승만에게 이범석이 부통령에 당선된다는 것은 큰 부담이 아닐 수 없었다. 이에 이승만은 자당(自黨)의 후보가 아닌 무소속을 지지하였다. 이에 장택상 국무총리, 김태선 내무부 장관이 선거 전략을 세우고 전국적인 경찰조직을 움직여 무소속의 함태영 후보를 당선시켰다. 이범석에게는 부통령선거의 패배를 넘어 그동안 쌓았던 이승만과의 관계가 몰락한 순간이었다.

발췌개헌안은 의원내각제 요소(국회의 내각불신임제)167), 국무원 연대책임제168)와 국무총리의 권한을 강화시킴(국무위원 임명제청권169) 부여)으로써 국회의원의 권한을 안정적으로 이어갈 수 있었다는 게 전반적인 해석이다.[170] 특히 '국무위원 제청권'이 있어 국무총리가 내각의 인사권을 가졌기에 그 권한이 막강하다고 강조한다. 행정부 수장이 대통령이 아니라 국무총리를 의미한다고까지 해석하기도 한다.

실제 그랬을까? 헌법에는 구구절절하게 국무총리에게 국무위원 임명에 관한 제청권을 인정함으로써 행정책임자로서 실질적인 권한을 부여하였다. 하지만 헌법의 규정과 달리 실제 정치판에서 국무총리는 대통령의 허수아비에 불과하였다. 행정부 수반을 국무총리라고 할 수 없었을뿐더러, 내각의 장관도 대통령의 말 한마디에 목숨이 왔다 갔다 하였다. '국부'로 칭송받는 대통령의 권한은 헌법의 규정과 전혀 다르게 절대적이었다. 그런데도 이승만 대통령은 기분이 별로 좋지 않았다. 실질적으로는 모든 권한을 행사했지만, 헌법에 명시된 국무총리 권한으로 몹시 불쾌하였다.

3. '사사오입' 개헌(2차 개헌)

제2차 개헌의 핵심은 이승만의 종신 대통령 만들기였다. 제헌헌법에서는 대통령과 대한민국 부통령의 임기를 4년으로 정하고, 재선에 의하여 1차 중임할 수 있다[171]고 규정하였다. 이승만은 1948년~1952년까지 대통령직을 수행하고, 1차 중임에 성공하여 1952~1956년까지 대통령직을 수행 중이었다. 1954년에 이르고서야 보니 이제 2년밖에 권력을 누릴 수 없었다. 그래서 대통령 1차 중임의 제한을 초대 대통령에 한해서 면제하려는 의도로 개헌을 추진하였다. 이것이 사사오입 개헌안의 핵심이다.

이승만은 발췌개헌을 통해 대통령 직선제로 제2대 대통령에 당선되었지만, 국회 정치적 상황은 녹록지 않았다. 20%도 안 되는 자유당의 의석으로는 대통령 권한 행사에 한계가 있었다. 그리고 국무총리에게 권한이 강화된 것이 못마땅하였다. 1954년 제3대 국회의원 총선거(당시 민의원선거, 5월 20일 실시)는 이승만 대통령에게는 마지막 기회나 다름없는 중요한 선거였다. 이승만과 자유당 모두 5·20총선거에 전력을 쏟을 수밖에 없었다.

포문은 이승만 대통령이 열었다. 이승만은 1954년 4월 6일 특별담화를 발표하였다.

> 민의 위반한 국회의원 소환 건 등 이 국회에서는 절대 반대하고 이제껏 국회에 제출도 되지 못하고 있으니 이 이외에 내가 반론한 것도 무효가 되니 더 말 붙일 때가 도무지 없으니 이런 문제에 대해서 이러한 태도를 가지면 다른 것은 더 말할 것도 없는 것이다. 그러니 각 투표구역에서 지금부터는 입후보자에게 이 몇 가지 개헌 문제를 통과한다는 조건을 위해서 그 다짐을 받고 입후보케 하고 나중에 투표된 뒤에라도 민의를 위반하고 딴 일을 하는 것을 소환한다는 그 조건을 붙여놓고 투표해 주어야 할 것이다.[172]

국회의원의 권한이 막중한 것과 달리 민의를 위반해도 소환할 수 없는 문제를 언급하였다. 국회의원의 무소불위 권한을 질타하는 것처럼 보이지만, 국회가 대통령 말을 듣지 않는 것에 대한 경고였다. 따라서 차기 국회의원 총선거에 입후보할 자는 먼저 국민 앞에서 개헌을 약속해야 한다고 강조하였다. 무엇을 어떻게 개헌하겠다고 명확하게 말하지 않았지만, 대통령이 직접 개헌 의지를 드러냈다.

이승만이 개헌 의지를 드러낸 만큼 자유당도 국회의원 총선거에서 압승이 필요하였다. 1953년 7월 휴전 협정이 체결된 이후, 이승만은 자유당을 장악하였다. 이승만은 족청계 출신이 차지한 장관직을 새로운 인물로 교체하였다. 진헌식 내무장관, 신중목 농림장관, 이재형 상공장관을 내각에서 제거하고, 비족청계의 백한성을 내무장관, 양성봉을 농림장관, 안동혁을 상공장관으로 임명하였다. 아울러 자유당 내에서도 부당수인 이범석을 평당원으로 강등하는 등 족청계는 된서리를 맞았다.

이때 이승만의 오른팔로 등장한 인물이 이기붕이다. 자유당은 이범석에서 이기붕 체제로 탈바꿈하였다. 이기붕의 자유당 체제에서 모든 당권은 이승만 총재에게 집중화되었다. 이승만은 자신의 정치적 위치에 도전하는 세력이나 자리를 넘보는 것을 용납하지 않았다.

5월 20일 국회의원(민의원) 총선거에서 자유당은 사상 처음으로 국회의원 '당후보공천제'를 도입하였다. 공천제 도입은 선거에서 당원의 후보 난립과 무질서한 경합을 사전에 방지하고 자당自黨의 당선율을 높일 뿐 아니라 당을 중심으로 한 정당정치를 구현하자는 데 그 목적이 있었다. 그러나 자유당은 입후보자들에게 조건부 공천을 시행하였다. 개헌 조건부 5개 항에 찬성하는 사람을 공천하였다. 그 조건은 ① 이승만 대통령에 한해 종신출마 보장 ② 국민투표제 ③ 민의원 해산권 ④ 국회의원 소환제 ⑤ 경제 조항 개정 등 이었다.

앞서 인용문에서 민의를 위반한 국회의원 소환을 언급하면서 대통령이 직접 개헌 의지를 밝혔지만, 그 내용이 무엇인지 알 수 없었다. 그런데 자유당의 '조건부 공천'을 통해 이승만의 의지가 대통령 종신출마였음이 밝혀졌다. 1954년 5월 20일, 제3대 국회의원(민의원) 선거 결과는 자유당의 압승이었다. 전국 203개 선거구 중에서 자유당이 114석(56%), 민국당이 15석, 무소속 67석, 기타 7석으로 나타났다. 자유당이 과반수를 차지한 압승이었지만, 개헌에 필요한 3분의 2(136석)에는 미치지 못하였다.

자유당은 개헌을 목표로 의원 영입에 나섰다. 제3대 국회 개원(6월 9일) 당일 127석을 확보하였다. 반면에 민국당은 15석, 무소속 61석으로 야당계 의원들은 모두 합쳐서 76석에 불과하였다. 민국당은 원내 교섭단체로 등록되지 못했고 무소속의원 일부는 무소속 동지회로 등록하였다. 국회의장에 자유당의 이기붕 의원이 124표를 얻어 당선되었다. 이기붕은 초선의원임에도 불구하고 국회 개원 이래 최초로 여당에서 당선된 의장이 되었다.

국회 개원 이후에도 자유당은 개헌에 필요한 136석을 확보하기 위해서 무소속의원 포섭 공작을 활발히 전개하였다. 그 결과로 6월 초순, 25명의 무소속 당선자를 포섭하여 개헌선인 136석에 1석이 넘는 137석을 확보하여 원내교섭단체 등록을 마쳤다.

1954년 9월 6일 자유당은 개헌선인 136명의 서명을 받아 국민투표제와 초대 대통령 3선 제한 철폐를 골자로 하는 개헌안을 정식으로 국회에 제출하였다. 이승만 대통령은 10월 19일 개헌안에 대해 담화를 발표하였다.

> 국민투표제는 현하 국제정세에 임하여 국권을 보존함에 있어 필요한 것으로 이번 개헌안 중에서 가장 중요한 조항이며, 초대 대통령 임기 제한에 관한 조항은 그 의도는 감격하나 이것은 개인을 위한 처사로 알고 인정치 않는다"고 지적하고 국회의원과 자유당의 간부 및 동 당원들은 이 개헌안을 국민공의에 붙여서 원만히 가부를 공결하기를 바란다.[173]

이승만 대통령은 이번 개헌안에서 '국민투표제'가 국권의 보존에 가장 중요하다고 강조하고, 초대 대통령의 임기 제한에 관한 조항은 개인을 위한 처사로 인정치 않는다고 했다. 오히려 초대 대통령의 임기 제한은 자신에게 욕이 되므로 국민공의를 거쳐 원만하게 해결되기를 바란다고 하였다.

대통령의 임기와 관련한 문제를 국민공의, 민심에 맡긴다는 태도를 표명하자 발췌개헌 때와 마찬가지로 각종 관제 데모가 거리를 휩쓸었다. 각 시·군 지방의회는 "국민 전체가 갈망하는 개헌안을 조속히 통과시켜라"라는 결의문을 국회로 보냈다. 자유당 산하 각종 기관 단체원들도 다시 데모대에 가담하였다. '민국당은 역적'이라는 벽보가 곳곳에 나붙고 서울 거리에는 연일 삐라가 살포되었다. 이승만은 '국민공의'에 따른다고 했지만, 국민을 선동하는 데 천재적 기질을 보였다.

1954년 11월 18일 헌법개정안이 국회에 상정되었다. 민국당은 소속의원 전원 서명으로 자유당의 개헌안에 반대하는 성명을 발표하였다. 민국당은 "참의원 구성 전에 민의원만으로 국가기본법인 헌법을 개정하려 함은 헌법정신에 위반된다"고 언급하면서 "현 대통령 종신집정의 길을 열고, 내각책임제 요소인 국무총리제, 국무원 불신임권, 국무원 연대책임제를 삭제하여 대통령 권한만의 절대적 강화를 기도함은 전제정치의 위험을 내포할 뿐만 아니라 민주주의에 역행"하는 것이며 "국민투표제는 민권 신장의 실實을 거두기보다는 국회를 무력화하는 도구로 사용될 것"이라고 강조하며 개헌안을 반대하였다.[174]

11월 18일부터 27일까지 국회에서는 개헌안을 두고 첨예한 토론이 벌어졌다. 자유당에서는 먼저 국무총리제 폐지안을 들고나왔다. 자유당의 이재학 의원은 국무총리제는 헌법상 이론적 모순 때문이라면서, 대통령이 직접 각 부처 장관들을 임명하고 총괄하는데, 국무총리는 불필요하다고 주장하였다. 이에 야당인 민국당은 대통령의 권한만 늘려주는 개정안은 민주주의에 역행한다고 맞받았다.

국회에서 개헌안의 논박이 진행되는 동안 자유당의 지도부는 개헌안 통과에 자신감을 드러냈다. 이미 146명의 의원이 개헌안에 찬성했다며 선제공세를 취했다. 반면 야당인 민국당 측에서는 자유당 소장파를 중심으로 개헌에 반대하는 의원들을 포섭하였다.

11월 27일 헌법개정안이 표결에 들어갔다. 표결 결과 재적의원 203명 중 찬성 135표, 반대 60표, 기권 7표, 무효 1표로 개헌에 필요한 의원 136표에 단 1표가 부족하였다. 사회를 맡은 최순주 부의장은 침통한 표정으로 부결을 선포하였다. 야당 의원들은 만세를 부르며 환호했고, 이기붕을 포함한 자유당 전원은 초상집같이 침통한 분위기에 빠졌다. 이승만의 3선 아니 영구집권이 물 건너가는 순간이었다. 이날 자유당에서 반대표를 던진 의원은 민관식, 현석호, 김영삼, 황남팔, 이태용, 김두한, 김홍식 등 12명이라고 알려져 있다.

자유당 소속이면서 사사오입 개헌안에 반대한 12명 중 낯익은 인물이 등장한다. 김영삼이다. 김영삼은 1954년 제3대 국회의원 총선거에 자유당 소속으로 경남 제23선거구(거제·통영)에서 출마해 당선되면서 정계에 입문하였다. 국회의원 당선 당시 만 25세 3개월로, 역대 최연소 국회의원으로 기록되고 있다. 김영삼은 사사오입 개헌이 통과된 직후 자유당을 탈당하여 민주당 창당발기인이 되고, 훗날 제14대 대통령(1993년 2월 25일~1998년 2월 24일)에 당선되었다.

개헌안이 부결되자 자유당의 지도부는 사후 문제를 고심하였다. 결국 대책을 찾지 못하고 이기붕과 최순주 부의장은 27일 저녁 경무대로 이승만 대통령을 방문하였다. 이 자리에서 개헌안이 부결되었다고 보고하자, 이승만 대통령은 "내가 수학자에게 물어보았더니 사사오입이면 통과될 수 있다 하니 이번 개헌안은 135표로 통과된 것으로 알아야 한다"고 지시하였다.[175] 사사오입의 논리는 재적인원 203명의 3분의 2는 135.333……인데, 영점 이하의 숫자는 1인이 되지 못하여 인격으로 취급할 수 없으므로 사사오입의 논리에 따라 135명이 정족수라는 해괴한 논리였다.

이승만 대통령에게 '사사오입' 논리를 제공한 사람은 '수학자'이다. 그 수학자가 누구인지와 관련하여 여러 설이 있다. 이원철 천문학자, 최윤식 교수(서울대학교 문리과대학 수학과) 등이다.[176] 당시 국회속기록을 보면, "경기도지사[177] 이익흥이 서울대학 수학 교수를 찾아가서 203명에 대한 3분의 2를 물었고, 교수는 135.333"이라고 했으며, "문교부 장관 이선근도 203명의 135.333이라고 말했는데, 이는 헌법에 관한 이야기가 아니라 보통 사물에 관한 이야기였다"고 한다. 이익흥은 급히 이승만 대통령에게 보고했고, 이승만은 경무대를 찾은 이기붕에게 203명의 3분의 2는 135명이라고 주장하고 따라서 개헌안은 통과되었다고 했다.[178] 이기붕은 말 한마디도 못 하고 돌아와 29일 대책 수립에 골몰하였다. 다음날 자유당은 의원총회를 소집하여 135명부터 개헌안의 통과선이 되므로 개헌안은 통과되었다고 결의하고 성명을 발표하였다.

> 헌법개정 의결은 헌법 제98조 4항 및 발췌개헌 부칙 제3항에 의거하여 민의원 재적의원 3/2이상의 찬성을 얻어서 하게 되어 있는데 민의원의 현 재적의원 203명의 3분지 2의 정확한 수치는 135.3333인데 자연인을 정수 아닌 소수점 이하까지 나눌 수 없으므로 사사오입의 수학원리에 의하여 가장 근사치의 정수인 135명임이 의심할 바 없다. 〈중략〉 135명의 찬성으로써 개헌안은 가결되는 것이다.[179]

자유당의 '사사오입 논리'에 대해 헌법학자 유진오는 미국의 헌법 제5조와 유럽의 사례를 언급하면서 찬성표 수는 적어도 반대한 3분의 1을 기준으로 하여 그 배수 즉, 68의 배수인 136표가 203명의 3분의 2가 되므로 사사오입은 있을 수 없고, 개헌안은 부결되었다고 주장하였다.[180] 대법원장 김병로는 사사오입이란 본래 남은 4를 버리는 것이지 모자라는 데 쓰는 것이 아니라고 밝혀 개헌안 번복의 부당성을 지적하였다.

개헌안 부결선포 2일 후인 11월 29일 제91차 국회가 개회되었다. 사사오입의 개헌안이 부결되었다고 선포했었던 최순주 부의장이 단상에 올랐다. '국회속기록'을 통해 당시 상황을 상상해 봤으면 한다.

○ **부의장 최순주   제91차 회의를 개의합니다.**
90차 회의록을 낭독하기 전에 정정할 사항이 있어서 여러분에게 석명합니다. 지난 11월 27일 제90차 회의 중에 헌법개정안 통과 여부 표결 발표 시에 가 135표, 부 60표, 기권 7표로 부결을 발표했습니다. 그러나 이것은 정족수의 계산상 착오로서 이것을 취소합니다……
(「의장!」 하는 이 많음)
(「규칙이요」 하는 이 있음)
(장내 소란)
가만히 계세요. 재적 203명의 3분지 2는 135표로써……
(「의장!」 하는 이 많음)
(장내 소란)
통과됨이 정당함으로써 헌법개정안은 헌법 제98조 제4항에 의하여 가결 통과됨을 선포합니다.
(「의장!」 하는 이 많음)

(「규칙이요」 하는 이 있음)

(장내 소란)

(이철승 의원 의장석에 등단하여 최 부의장을 잡아끌면서 「내려와 내려와」
라고 고함)

동시에 의사록의 정정을 요망합니다……

(단상에 다수 의원 올라가서 혼란)

경위 나와서 잡아가……

○ 부의장 곽상훈 (의장석에 등단하여)

최 부의장이 그저께 회의에서 부결이라고 선포한 것을 이제와서 취소하는
것은 불법입니다. 그렇기 때문에 곽상훈 부의장은 그저께 결정된 것이 확정
하다는 것을 여기서 선포합니다……

(장내 소란)

○ 의장 이기붕 조용해 주세요……

(장내 소란) (방청석 소연)

방청석에서는 퇴장해 주십시요……

(방청석서 박수)

방청석 퇴장 명령합니다…… 경위들 어디 갔어? 방청석 퇴장시켜요.

최순주 부의장이 개헌안 가결을 선포하면서 국회는 난장판이 되었
다. 민국당의 이철승 의원이 의장석으로 뛰어 올라가 최순주 부의장
의 멱살을 잡고 끌어 내리면서 단상에서 잠시 난투가 벌어졌다. 민국
당의 곽상훈 부의장은 역사적 헌법 개헌에 대해서 부의장이 자의적으
로 취소하는 것은 법리적으로나 도의적으로나 의사진행으로나 도저히
있을 수 없는 일이라면서, 203명 의원이 결정한 사실을 혼자서 취소
한다는 것은 언어도단이며 명백한 불법행위라고 규탄하고, 최 부의장

은 선포취소 발언을 다시 취소하고 사과하라고 항의하였다.

　민국당의 조병옥 의원은 '민주주의를 유린한 작태'라고 비난하고 민국당과 무소속의원에게 퇴장을 제의하였다. 민국당과 무소속의원이 퇴장한 속에서 이기붕 의장은 자유당의 유순식 의원 이외 19명이 제안한 '동의안'을 표결하였다.[181]

동의안

제1(주문) 현 재적의원의 3분지 2는 135명이며 따라서 135명의 찬성투표
　　　　　로써 개헌안은 가결되는 것이다.
제2(주문) 11월 27일 제90차 본회의에서 사회자인 최순주 부의장이 '찬성
　　　　　135표임으로 개헌안은 부결되었다는' 취지의 선포를 한 것은 착
　　　　　오에 기인한 것임으로 동 회의록은 찬성 135표로서 개헌안은 가
　　　　　결되었다고 수정함.

제안자 : 박순식 김익로 양영주 김성호 정존수 정갑주 신태권 윤만석 김영삼 현석호 조경규 함두영 조순 김형덕 박흥규 최창섭 전만중 함재훈 하을춘 김달수

　동의안은 재적의원의 3분의 2는 135명이며, 11월 27일 찬성표가 135표임으로 개헌안이 통과되었다는 내용이었다. 개헌안에 반대한 민국당 및 무소속의원의 퇴장 속에서 '동의안'은 만장일치로 가결되었다. 사사오입의 개헌안은 합당하지 않은 논리로 국회의원 다수를 포석하며 험난한 과정 끝에 통과되었다.

　여기서 김영삼의 행보가 다소 의아하다. 앞서 김영삼은 자유당 소속이면서 개헌안에 반대했다고 하였다. 그리고 자유당을 탈당하였다.

그런데 11월 29일 사사오입 개헌안이 통과되는 데 결정적 역할을 한 '동의안'의 제안자 20명에 김영삼의 이름이 버젓이 올라 있다. 사사오입 개헌안은 이승만의 의도대로 국회에서 통과되었다. 국회는 곧바로 개정 헌법을 정부로 이송하였다. 정부는 당일 경무대에서 임시국무회의를 소집하고 헌법개정안을 즉시 공포하기로 의결과 동시에 헌법개정안은 이승만 대통령의 서명으로 효력이 발생하였다.

사사오입 개헌 기립투표

개헌안에 서명하는 이승만

이승만 대통령은 AP통신사 질문에 "개헌안이 통과되었다는 것이 정부가 신중히 고려한 결과"라면서 개헌안이 통과하려면 "3분지 2 이상의 다수표가 필요하다는 대한민국 헌법과 동안의 통과가 상충하지 않는다"고[182] 말하였다. 합법적으로 통과되었다는 주장이다.

그러나 '사사오입 개헌안'은 여당인 자유당 내에서도 심각한 내부 동요를 일으켰다. 자유당의 손권배 의원은 "27일 부결된 것을 29일 취소하고 공포한 것은 정신병자가 아니고서는 할 수 없는 일이라"면서 "최순주 부의장뿐만 아니라 자유당 소속 의원 전원도 똑같이 책임을 지고서 사표를 제출해야 된다"면서 자유당의 처사를 규탄하고 탈당하였다.

사사오입 개헌으로 3선의 길을 열어 놓은 이승만은 1956년 5월 15일 치러진 제3대 대통령 선거에 나섰다. 자유당은 이승만을 대통령 후보로, 이기붕을 부통령 후보로 각각 지명 공천하였다. 한편 제1야당인 민주당은 대통령 후보에 신익희, 부통령 후보에 장면을 공천했으며, 무소속으로 조봉암이 출마하였다. 제1야당 야당 후보였던 신익희가 선거 도중에 심장마비로 사망하면서, 이승만과 조봉암이 맞붙었다.

자유당 홍보물   민주당 홍보물

위의 사진은 1956년 제3대 대통령 및 제4대 부통령 선거 정당 홍보물이다.[183] 당시 자유당의 선거홍보물에는 이승만을 '나라와 겨레의 어버이'라고 표현하였다. 민주당은 '못살겠다. 갈아보자!'란 구호로 선거에 임하였다. 제3대 대통령 선거 결과 이승만이 69.98%를 득표하여 당선되었다. 문제는 부통령선거였다. 자유당이 관권을 동원하여 지원하였지만, 민주당의 장면이 당선되었다. 이승만의 그림자였던 이기붕이 고배를 마시면서 이승만은 말 그대로 사면초가에 빠졌다. 이는 훗날 제4대 대통령 선거(1960년 3월 15일)에까지 영향을 미쳤다.

4. 국무총리제 폐지

제2차 개헌(사사오입 개헌)에는 주목할 만한 특징이 하나 더 있다. 이 승만은 완전한 미국식 대통령제 권력구조를 위해 국무총리제를 폐지 하였다. 기존 헌법 제68조는 "국무원은 대통령과 국무총리 기타의 국무위원으로 조직되는 합의체로서 대통령의 권한에 속한 중요 국책을 의결한다"고 규정하여, 국무총리가 존재하였다. 국무총리는 대통령이 임명하고 국회의 승인을 얻어야 했다. 그리고 국무회의의 부의장으로서 역할을 하였다.

1948년 헌법제정 당시 이승만은 완전한 미국식 대통령제를 주장 하였으나, 한민당과의 관계 등으로 인하여 '국무총리'를 두었다. 이승만은 '국무총리'의 존재가 대통령제와는 어울리지 않는다고 판단하여 제68조를 개정면서 국무총리제를 폐지하였다. 당시 헌법개정안을 설명한 이재학 의원은 다음과 같은 이유를 들었다.[184]

> 우리나라의 대통령은 국가의 원수인 동시에 행정권의 수반입니다. 행정권의 수반으로서 각 장관을 임명하는 권한을 가졌었습니다. 또 동시에 대통령은 국민의 직접선거도 국회와의 독립된 지위에 있습니다. 이러한 대통령은 국가의 원수인 동시에 국무총리의 직책도 다른 나라의 헌법을 비교해 볼 것 같으면 가지고 있는 것입니다.
>
> 즉 우리나라의 대통령은 국무총리 자신이란 말이에요. 즉 우리가 인준해 놓은 국무총리는 이중의 국무총리, 행정권의 수반이 아닌 국무총리이기 때문에 그러한 것이다 그 말이에요. 이 이론적 모순이 있기 때문에 우리는 이 이론을 밝혀 놓자는 것입니다.

야당 의원들은 '국무총리제 폐지하는 것을 대통령이 전횡할 우려가 있다며 반발하였다.[185] 여당의 자유당 의원들은 "대통령중심제적 요소와 의원내각제적 요소를 혼란 채택한 현행 헌법은 모순을 내포해서 여러 가지 혼란과 상충을 야기시켰음으로 이 혼란과 상충을 없애기 위해서"[186]는 국무총리제 폐지가 절대적으로 필요하다고 강하게 맞받아쳤다. 결국 2차 개헌안(사사오입 개헌)이 통과되면서 헌법 제68조는 "국무원은 대통령과 국무위원으로 조직되는 합의체로서 대통령의 권한에 속한 중요 국책을 의결한다"로 개정하여, 국무원의 구성에서 국무총리를 삭제하였다. 아울러 헌법의 모든 조항에서 '국무총리'는 삭제되었다.

대통령제도 아니고 이원집정부제도 아닌 대한민국만의 독특한 권력구조를 완전한 미국식 대통령제로 전환한 것이 제2차 개헌이다. 헌정 6년 만에 국무총리실이 문을 닫았다. 우리나라 헌정사에서 대통령 책임제 권력구조 아래서 이 시기가 유일하게 국무총리가 없었던 시기이다.

사사오입 개헌안이 통과될 당시 국무총리는 변영태이다. 그는 외무부장관을 겸직하고 있었다. 변영태는 국무총리직이 폐지되고 신설된 수석국무위원직과 외무부장관직을 유지하였다.

5장
진보당 조봉암, 사법살인

1. 조봉암은 누구인가

조봉암(1899~1959)은 일제강점기 사회
주의 항일운동을 하였다. 호는 죽산竹山
이다. 조봉암은 일제강점기 내내 '특요
시찰 인물'로 분류되었다. 1945년 1월
해외와 비밀 연락을 했다는 혐의로 예
비 검속되어 일본군 헌병사령부에 체
포되고 서대문형무소에 구금되었다가
8월 15일 오후 4시 반에 석방되었다.
해방되던 날 일본 순사가 찾아와 조봉

조봉암

암과 함께 갇혀 있던 사람들을 불러내 다른 방에 2열로 앉히자, 조봉
암은 사형을 예상하고 눈을 질끈 감았는데 순사가 '일본이 곧 항복할
것이다'라고 해서 놀랐다고 한다.

조봉암이 서대문형무소를 나서는 날, 그를 맞이한 사람은 몽양 여
운형이다. 당시 여운형은 조선총독부로부터 행정권을 이양받아 조선

건국준비위원회(이하 건준)를 조직하였다. 조봉암은 출옥과 함께 고향 인천으로 내려가 건준 인천지부를 자발적으로 조직하였다. 해방정국의 국내 사정은 조선인민공화국 선포, 모스크바삼상회의에 따른 신탁통치 문제, 미소공동위원회 설치, 남조선노동당 창당, 좌우합작운동, 남한만의 총선거 등 한 치 앞을 내다볼 수 없는 안개 속이었다.

제2차 미소공동위원회가 끝내 결렬되면서 유엔은 1947년 11월 남북한 인구비례에 따른 총선거를 결의하였다. 인구비례에 따른 선거는 남한이 절대적으로 유리했기에 소련이 이를 거부하였다. 1948년 1월 8일 유엔조선임시위원단이 서울에 도착하여 미군정 사령관 하지와 협의한 후 남한만의 총선거를 5월 9일 실시하기로 하였다. 훗날 1948년 5월 9일이 일요일인 관계로 기독교인들이 날짜 조정을 요청하여 선거일은 5월 10일로 결정되었다. 미국은 1948년 2월 26일 국제연합 소총회에서 선거가 가능한 북위 38도선 이남지역에서 먼저 선거를 실시하는 것을 가결하였다. 미군정에도 3월 1일 38도선 이남지역에 총선거 실시를 발표하였다.

남한의 우익진영은 단독선거를 환영하면서 빠르게 선거 체제로 전환하였다. 김구·김규식 등 남북협상파는 남한의 단독선거는 분단을 고착화시킨다면서 선거 불참을 선언하고, 남북대화를 위해 평양으로 향하였다. 또한 남한의 주요 정치세력이었던 사회주의 세력과 남로당은 5·10선거와 단독정부 수립 반대운동을 적극적으로 전개하였다. 조봉암은 현실적인 상황을 고려하여 단독정부 수립을 기정사실로 받아들였다. 그는 제헌의회 총선거 때 경기도 인천 을구에 무소속으로 출마하여 당선되었다. 정치인 조봉암의 중앙무대 등장이다.

7월 17일 헌법을 공포하고, 7월 20일 국회에서 실시된 대통령 선거에서 이승만을 대통령으로 이시형을 부통령으로 선출하였다. 대통령에 당선된 이승만은 바로 조각에 착수하였다. 그러나 국무총리 임명을 두고 이승만과 한민당이 갈등하면서, 한민당은 '시시비비를 가리는 야당'을 선언하였다. 대한민국 헌정사상 처음 있는 정치 분열이다.

이승만의 초대 내각에 조봉암은 농림부 장관으로 임명되었다. 조봉암의 입각은 누구도 예상하지 못했던 뜻밖의 상황이었다. 조봉암은 이승만으로부터 농림부 장관과 사회부 장관 중 하나를 택할 것을 제시받았다고 한다. 조봉암은 농정을 그르치면 중국처럼 공산화될 것이 분명한데 한민당이 모든 개혁을 반대하니 그를 물리치고 대대적인 개혁을 지지해준다면 맡아보겠다고 하면서 이승만의 입각 제한을 받아들였다.[187] 한민당은 "공산주의자를 농림에 앉히다니"라면서 강하게 반발하였다. 반면 소장파 의원들은 농촌 혁신의 의지가 표시된 대통령의 결단이라고 환영하였다.

조봉암의 농림행정 기본은 양곡매입법, 농지개혁법, 농민의 조직화를 위한 농업협동조합운동 그리고 농촌계몽을 위한 농민신문 발행이었다.[188] 9월 14일 양곡매입법안을 국회에 상정하여 통과시키는 등 그의 개혁정책이 일정 성과를 나타냈다. 그럴수록 한민당의 반발은 심해졌다. 조봉암은 농촌 순회 계몽강연으로 돌파구를 마련하였다. 그러나 관사 수리비 및 양곡매입 대금 등의 유용으로 감찰위원회로부터 1949년 2월 초 고발을 당하였다. 이 사건으로 인하여 조봉암은 농림부 장관에 취임한 지 6개월 만인 2월 21일 사임하였다. 이후 조봉암은 기소되었고, 법원은 이 사건과 관련하여 무죄를 선고하였다.[189]

남한 토지의 80%를 지주가 소유하고 있었다. 아래 표에서 나타난 바와 같이,[190] 남한 토지 대부분은 소수의 지주가 소유하고 있고, 대부분 농민은 소작농으로 살아가고 있다.

농지 소유별 농가 호수의 분포

구 분	농가호수	구성비율
자 작 농	287,509	13.8
자작 및 소작농	716,080	34.6
소 작 농	1,009,604	48.9
불경작 자농가	55,284	2.7
총 계	2,065,477	100.0

1946년 3월 북한이 토지개혁(무상몰수 무상분배)을 실시하였다. 당시 대부분이 농민이었던 국민들은 북한의 토지개혁을 주목할 수밖에 없었다. 북조선임시인민위원회는 3월 5일 토지개혁 법령 17개 조를 발표하였다.[191] 제1조를 보면, "북조선 토지개혁은 역사적 또는 경제적 필요성으로 된다. 토지개혁의 과업은 일본인 토지 소유와 조선인 지주들의 토지소유 및 소작제를 철폐하고 토지이용권은 경작하는 자에게 있다"고 규정하였다. 이에 따라 몰수할 토지를 제3조에서 규정했고,[192] 몰수한 토지는 농민에게 무상으로 영원한 소유로 양여한다고 했다.

조봉암의 농지개혁은 제헌헌법에 기초한다. 제헌헌법 제86조 "농지는 농민에게 분배하며 그 분배의 방법, 소유의 한도, 소유권의 내용과 한계는 법률로써 정한다"는 규정의 반영이다. 조봉암이 농림부 장관에서 물러난 1949년 6월 21일, 농지개혁법(법률 제31호)이 제정되었다. 농지개혁법은 헌법에서 권한을 이양한 법률이었다. 그러나 조봉암이 그렸던 농지개혁보다는 훨씬 후퇴한 내용을 담았다.

1950년 5월 30일 제2대 국회의원 총선거에 조봉암은 인천시 병구에 무소속으로 출마하여 당선되었다. 제2대 국회의원 총선거는 대한민국 정부가 주관한 최초의 선거였다. 1950년 6월 19일 제2대 국회가 개원하고, 상반기 의장에 신익희, 부의장에 장택상과 조봉암이 각각 선출되었다. 1952년 7월 10일 제2대 국회 하반기 의장단 선거에서 조봉암은 다시 부의장에 선출되었다. 조봉암의 정치적 위상이 그만큼 높아졌다는 것을 의미한다.

제2대 국회의원 총선거 결과, 총 210석 중 친이승만 세력은 57석을 차지했고, 야당 세력은 27석을 차지하였다. 나머지 60%인 126석을 무소속이 차지하였다. "대통령과 부통령은 국회에서 무기명투표로써 각각 선거한다"는 헌법 제53조에 의해 이승만은 재선을 장담할 수 없게 되었다. 한국전쟁이 발발하면서 국회는 임시 수도로 이전한 상태였다. 1952년 8월 5일 대통령 선거가 점점 다가왔다. 이승만은 다급할 수밖에 없었고, 끝내 헌법 제1차 개헌(발췌개헌)을 감행하였다.

당시 조봉암은 비교적 이승만과 가까운 편이었다. 특히 전쟁이 발발하면서 국가의 존망이 위기에 놓인 만큼 다소 불만이 있다고 해도 정국의 안정과 전쟁 수행을 위해서는 정부에 협조해야 한다는 지론을 갖고 있었다.[193] 즉, 국민방위사건이나 거창민간인학살사건 등의 조사에 소극적이었을 뿐만 아니라 이승만이 불법적으로 자행한 비상계엄령에 대해서도 반대 의사를 표명하지 않았다.

그런데 발췌개헌으로 대통령 직선제를 감행한 이승만에게 맞서 조봉암이 제2대 대통령 선거에 출마하였다. 1952년 7월 18일에 대통령 선거일이 8월 5일로 공고되었고, 7월 26일까지 입후보자 등록을 해야 했다. 그러니까 대통령 선거의 유세 기간이 겨우 10일에 불과하다. 이는 이승만이 재선을 위한 일방적 조치였다. 조봉암은 당선 가능성이 전혀 없음에도 불구하고 이승만을 막겠다고 나섰다. 그 이유는 무엇일까?

관권의 남용과 행정의 빈곤으로 인한 민생고는 이 이상 더 참을 수 없으므로 대통령에는 누가 당선해도 좋으나 이승만 박사만은 당선되지 않도록 하여야 하겠으므로 국민 여러분들은 앞으로 4년간에 있어 보다 더 큰 고난을 겪지 않기 위하여 정신을 차려야 하겠다.[194)]

조봉암은 선거 구호로 "앞으로 4년간은 이대로 살 수 없다. 이것저것 다 보았다. 혁신으로 바로 잡자"고 대담한 혁신을 선거 구호로 내세웠다. 그의 선거사무소에는 "쌀은 싸게 뺏고 비료는 비싸게 주는 정치를 시정하기 위하여… 진짜 빨갱이도 억지 빨갱이도 없는 명랑한 대한민국을 건설하기 위하여 조봉암 선생을 대통령으로 선출하자"라는[195)] 포스터가 부착되었다. 이승만의 권력 남용과 행정의 빈곤이

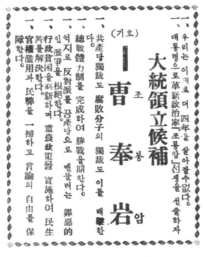

조봉암 대통령 후보 광고물
출처 : 『동아일보』 1952년 8월 2일

민생고를 유발했으며, 계속되는 빨갱이 타령에 질렸다는 것을 엿볼 수 있다. 조봉암은 이승만이 절대로 대통령에 당선되어서는 안 된다는 신념으로 출마하였다.

선거 내내 조봉암은 이승만을 견제하고, 이승만의 당선만은 막아야 한다고 주장하였다. 그런데 정작 그를 견제한 세력은 야당인 민국당이었다. 민국당은 "조봉암 씨에게 대통령의 자리를 맡길 것이면 차라리 김일성과 타협했을 것이다"라고 할 정도였다.

제2대 대통령 선거 결과, 이승만이 유효득표수 74.6%를 획득하여 대통령에 당선되었다. 조봉암은 11.4%였고 그 뒤를 이어 이시영이 10.9%, 신흥우가 3.1%를 각각 획득하였다. 조봉암이 이승만에게 패배하였지만, 민국당의 이시영을 제쳤다는 것은, 그의 정치 행보에 큰 분수령이 되었다. 이승만에게는 배은망덕하고 건방진 놈으로 각인되었고, 야당인 민국당은 현실적인 측면에서 경계하였다. 이때부터 조봉암에게 공산당 경력과 혁신이라는 딱지가 붙어 다녔고, 그를 경계하고 감시하는 눈이 더욱 많아졌다.

1954년 5월 20일 제3대 국회의원 총선거가 다가왔다. 이 선거에서 조봉암은 입후보 등록을 거부당하는 뜻밖의 사태에 직면하였다. 제1대 국회의원 총선거부터 제4대 국회의원 총선거까지는 정당 공천제가 아니었다. 선거에 입후보할 후보는 정당과 무관하게 지역구 주민 200명 이상의 추천을 받아야 입후보할 수 있었다. 조봉암은 경찰의 등록방해로 제3대 국회의원 총선거에 출마조차도 못 하였다.

제3대 국회의원 총선거는 노골적인 관권선거였다. 그 결과 203석 중 자유당 114석(56%), 민국당 15석, 대한국민당 3석, 국민회 3석, 제헌동지회 1석, 무소속 67석을 각각 차지하였다. 압승한 자유당은 곧이어 행동에 나선다. 이승만의 3선을 위한 2차 개헌 시도(1954년 11월 27일)이다. 앞서 살펴본 그 유명한 사사오입 개헌이다.

거대 여당 자유당의 횡포에 맞서고자 야당에서는 새로운 정치결사체를 모색하였다. 새로운 신당 운동에서도 조봉암은 뜨거운 감자였다. 신익희·조병옥·김준연·장면 등은 조봉암의 참여를 반대했고, 장택상·서상일·신도성 등은 조봉암의 참여를 찬성하였다. 결국 조봉암은 신당 운동에서 이탈하였다.

민주당의 신당 운동에서 좌절된 인사들이 모여 혁신대동 운동에 나섰다. 이들의 담론은 진보적인 신당 창당으로 의견이 모였다. 보수 양당 체제를 뛰어넘는 혁신정당이었다. 그리하여 1955년 12월 22일 서울에서 진보당(가칭) 추진위원회를 구성하고 조봉암 등 12명[196]의 발기인 명의로 취지문과 강령초안을 발표하였다. 진보당추진위원회는 혁신정당의 과업으로 '민주수호와 평화통일'을 내걸었다. 그러나 당원들 사이에서는 평화통일을 내세우는 것은 시기적으로 맞지 않다는 의견이 지배적이었기 때문에 최종 취지문과 강령에는 '평화통일'이란 문구를 빼고 "민주우방과 제휴하여 민주세력이 결정적 승리를 얻을 수 있는 조국통일 실현"이라는 문구로 대체하였다.

진보당추진위는 몇 차례 회의를 거듭했지만, 진보당을 창당하지 못하고 제3대 대통령 선거(1956년 5월 15일)에 임할 수밖에 없게 되었다. 진보당추진위는 대통령 후보에 조봉암, 부통령 후보에 박기출을 지명하였다.[197] 제3대 대통령 선거에 출마한 후보는 자유당의 이승만, 민주당의 신익희, 무소속 조봉암이다. 이때 정권교체를 갈망하는 여론은 야권후보 단일화를 요구하였다. 민주당과 진보당추진위는 여러 원칙을 제시하며 협상에 나섰다. 그러나 민주당이 가진 조봉암에 대한 이념적 편향성 때문에 협상은 난항을 거듭하였다.

선거 도중 민주당의 신익희 후보가 사망하면서, 대통령 선거는 새로운 국면을 맞이하였다. 진보당추진위는 부통령 후보 박기출을 사퇴시키고 민주당 장면 후보 지지를 선언하였다. 아울러 대통령으로 조봉암 후보를 지지해 줄 것을 호소하였다. 민주당은 이를 즉각 거부하였다. 민주당은 부통령선거에만 전력을 기울였다. 아울러 대통령 선거 투표는 신익희 후보를 추모하는 의미로 무효표를 던져달라고 호소하였다. 몇몇 민주당 인사는 조봉암의 정치노선을 믿을 수 없다며 대통령에는 자유당의 이승만 후보를 지지한다는 성명을 발표하기에 이르렀다. 선거 결과 이승만이 55.6%로 당선되었다. 조봉암은 23.9%를 획득했고, 신익희의 추모 표가 무려 1백85만여 표로 20.5%였다.

1956년 제3대 대통령 선거는 조봉암을 야권의 대표적인 인물로 만들었다. 진보추진위 부통령 후보였던 박기출이 "득표에 이기고 개표에 진" 선거라고 했을 만큼 값진 성과를 거두었다. 아울러 혁신정당도 국민으로부터 지지를 받을 수 있다는 정치적 풍토가 조성되었다는 점과 이승만과 자유당 정권에 대한 국민의 불신임이 크다는 것을 확인할 수 있었다. 그렇다고 해도 진보당 창당은 쉽지 않았다. 혁신계 내의 계파 갈등과 반목으로 난항을 겪고 있었기 때문이다.

우여곡절 끝에 조봉암계만 남아, 1956년 11월 10일 오전 10시 30분 대한민국 헌정사 최초의 사회민주주의 정당인 진보당 창당대회가 열렸다. 이날 창당대회에서 '이승만 대통령에게 보내는 메시지', '유엔총회에 보내는 메시지'가 각각 채택되었다. 진보당의 강령과 이승만 대통령에게 보내는 메시지를 보면,

강령
① 우리는 원자력 혁명이 재래할 새로운 시대의 출현에 대응하여 사상과 제도의 선구적 창도로써 세계평화와 인류복지의 달성을 기한다.
② 우리는 공산독재는 물론 자본가의 부패분자의 독재도 이를 배격하고 진정한 민주주의 체제를 확립하여 책임성 있는 혁신정치의 실현을 기한다.
③ 우리는 생산분배의 합리적 계획으로 민족자본의 육성과 농민 노동자 모든 문화인 및 봉급생활자의 생활권을 확보하여 조국의 부흥번영을 기한다.
④ 우리는 안으로 민주세력의 대동단결을 추진하고 밖으로 민주우방과 긴밀히 제휴하여 민주세력의 결정적 승리를 얻을 수 있는 평화적 방식에

의한 조국 통일의 실현을 기한다.

⑤ 우리는 교육체계를 혁신하여 점진적으로 국가보장제를 수립하고 민족적 새 문화의 창조로써 세계문화의 기여를 기한다.[198]

이승만 대통령에게 보내는 메시지
지금 우리 동포는 조국의 통일을 갈망하고 있습니다. 지금 우리나라는 불행하게도 법질서가 유린되고 관기(관의 기강)가 문란하며 모든 면의 부패상이 날로 늘어만 가고 있습니다. 이때 각하께서는 '일대 영단을 내려서 모든 것을 숙청 쇄신하여 민족의 역사의 길을 열어 주실 것을 기대합니다.'[199]

진보당은 대한민국 사회가 가진 분단이라는 민족적인 문제와 불합리한 반사회적인 문제를 척결하기 위해 평화통일정책과 인민들을 위한 복지사회 구현을 중심에 두고 창당하였다. 창당대회는 그렇게 녹록하지 않았다. 정복과 사복을 착용한 경찰 수백 명이 대회장을 포위하고, 입장하는 대의원들을 낱낱이 검문하였다. 또한 창당대회를 구경하기 위해 시립극장 주변에 모여든 시민들을 강제로 해산시켰다. 그럴 뿐만 아니라 사복 경찰 수십 명이 대회장에 난입하여 당직자들과 몸싸움을 벌이는 한편, 도주하면서는 달걀을 던져 당직자들이 달걀 세례를 받았다. 이승만과 그 추종자들의 만행으로 창당대회는 난장판이 된 채 끝났다.

진보당은 우여곡절 끝에 간신히 중앙당을 결성하였다. 하지만 시·도지부 결성대회와 지구당 창당대회는 중앙당 창당대회보다 훨씬 어려웠다. 아니 불가능하였다. 각지에서 지구당을 결성하려던 당원들이 괴청년들에게 탄압과 폭력을 당하였다. 진보당은 창당대회를 열고 6개월이 지난 후에야 공보처로부터 정당등록증을 받았다. 이승만 정권의 탄압은 너무도 노골적이었다.

1958년 제4대 국회의원 총선거(1958년 5월 2일)를 앞두고 진보당은 독자적인 교섭단체를 목표로 총선거를 준비해 나갔다. 조봉암은 "새해의 총선거가 참으로 자유로운 민주주의적인 선거가 된다면 진보세력이 현재 자유당이나 민주당을 족히 능가할 것이다"면서 정권 교체를 기원하였다. 민주당의 당수 조병옥도 "진보세력 사회주의 세력이 총선거를 통하여 상당히 진출"할 것으로 전망하였다.[200]

2. 진보당의 조봉암 국가보안법 혐의

조봉암과 진보당 세력의 확장이 거세질수록 이승만 정권은 이들을 옭아맬 방법을 강구하였다. 칼을 먼저 뺀 조직은 검찰이었다. 검찰은 '박정호간첩단사건'을 조사하면서, 진보당 등의 혁신정당에 칼날을 겨누었다. 1958년 1월 14일 중앙언론에는 '진보당간부 7명 구속, 박정호 등 7건의 간첩사건과 접선혐의', '남북협상을 획책?, 조총련등과 야합', '조봉암씨 등 7명을 구속, 보안법위반 혐의' 등의 보도가 대서특필되었다. 검찰의 일방적인 발표를 언론은 사실처럼 대대적으로 보도하였다.

이날 정순석 검찰총장은 '진보당은 불법결사단체'라고 규정하였다. 검찰은 평화통일은 대한민국 존립을 부인하는 구호로서 국가보안법에 위배된다고 주장하였다. 검찰의 평화통일이 국가보안법 위배라는 판단에는 "북진통일이 아닌 평화통일을 정강정책으로 하는 정당을 조직하라"는 것이 김일성의 지령이었다는 것이다.[201] 그러면서 혁신정당이 내건 평화통일의 진의를 파악하고 있다고 했다. 평화통일이 김일성의 지령이라는 어처구니없는 주장이 현실적으로 점점 영향력을 발휘하고 있었다.

검찰의 무언의 지시는 곧바로 실행에 옮겨졌다. 1958년 1월 11일 서울지검과 치안국은 진보당 조봉암 위원장, 선전부장 조규희, 간사장 윤길중 그리고 민주혁명당 간부 이 모씨를 전격 연행하였다.[202] 평화통일운동이 정부 전복을 기도하려는 의도라는 것이다. 1월 12일

진보당 간부 7명 구속 기사
출처 : 『동아일보』 1958년 1월 14일

조봉암, 김달호, 박기출, 윤길중, 조규희, 조규택 등 진보당 6명과 민주혁명당 정책위원장 이동화가 구속되었다. 평화통일의 구호는 국시에 완전히 위배된다는 게 검찰의 발표였다.

검찰에 따르면 이승만이 줄기차게 주장한 북진통일이 국시라는 것이다. 북진통일의 기본은 무력을 동원한 전쟁이다. 한국전쟁으로 수백만 명이 목숨을 잃었다. 전쟁광이 아니고는 꺼낼 수 없는 주장이다. 헌법 어디에도 규정되어 있지 않은 '북진통일'을 국시라고 하는 이상한 나라가 되었다. 조봉암 이외 9명[203]은 간첩, 방조죄혐의, 국가보안법 위반 등으로 기소당해 2월 16일 재판에 회부되었다. 이것을 '진보당 사건'이라고 부른다.

조봉암은 "법에 위반되는 점이라곤 하나도 없는 진보당의 정강정책을 그들은 무엇을 트집 잡는 것인지 알 길이 없으며 정치인으로서는 그 누구나 당면하고 있는 문제로 알고 있다. 혐의 없는 사람이 승리할 것임은 당연한 일이며 그동안 경찰은 도대체 무엇을 조사하는 것인지조차 알 수 없는 불명확한 수사를 해왔다"면서 경찰과 검찰을 힐난하였다. 아울러 정치인들에게 이러한 올가미는 누구에게든지 작동할 수 있다고 경고하였다.

처음에는 '북진통일'을 제외한 평화통일은 모두 국시에 위반된다며 수사를 진행하였다. 그런데 국시 위반이 성립되지 않으니까 진보당을 '폭력혁명단체'라고 규정하여 수사하였다. 그러나 조봉암을 비롯하여 구속된 사람들은 범죄행위에 대해 시인하지 않았기에 적부심사에서 명백히 드러나게 될 것이라고 믿었다. 조봉암 체포 직후 1958년 1월 14일 열린 제4회 국무회의에서 '진보당 간부 체포에 관한 건'이라는 안건에 대하여 논의한 내용을 보면,

진보당 간부 체포에 관한 건

내무 : "조봉암 이외 6명의 진보당 간부를 검거하여 조사 중인 바, 그들은 대한민국의 주권을 무시하는 남북협상의 평화통일을 지향할 금춘今春 선거에 전기 노선을 지지하는 자를 다수 당선시키기 위하여 5열과 접선 잠동하고 있는 것이며 전기 정당이 불법단체냐 여부에 대하여는 조사결과에 의하며 판정될 것"이라고 보고.

대통령 : "조봉암은 벌써 조치되었어야 할 인물이며 이런 사건은 조사가 완료할 때까지 외부에 발표되지 말아야 할 것이다."

국무회의에서 진보당 간부 체포가 논의되었다. 대통령 이승만은

조봉암을 조치되어야 할 인물로 인식했고, 그를 경계하고 있다는 사실이 외부에 알려지는 것을 극도로 조심하고 있다는 것을 알 수 있다. 이후 국무회의에서도 조봉암사건은 안건으로 논의되었다. 이때마다 이승만은 '유죄증거물'과 '사회여론'에 대해 각 부처 장관에게 질문하였다.

정부는 2월 25일 진보당이 국시를 위반했다며 정당등록을 취소하였다. 당시 헌법에는 정당해산과 관련된 규정이 없었다. 물론 정당법도 존재하지 않았다. 진보당의 등록취소 근거 법령은 군정법령 제55호이다. 군정법령이란 미군정기의 법률을 의미한다. 대한민국 정부를 1948년 8월 15일 수립하면서, 미군정은 끝났다. 그런데 미군정기의 법령을 적용하여 진보당 등록을 취소하였다. 진보당은 즉각 행정소송을 제기했지만, 이승만 1인 지배체제에서 사법부는 이승만의 주구에 불과하였다.

조봉암에 대한 재판은 서울형사지방법원에서 부장판사 유병진, 배석판사 이병용, 배기호의 주재로 1958년 3월 13일부터 시작되었다. 20회 공판을 마치고 7월 2일 서울형사지방법원에서 1심 선거공판이 열렸다. 유병진 판사는 조봉암의 기소 사실 중 간첩 및 간첩방조혐의에 대해서는 무죄를 판결하고, 불법무기 소지 및 국가변란의 실행[204] 혐의에 대해서는 유죄판결을 해 징역 5년 형을 선고하였다. 나머지 당 간부들에게는 전원 무죄를 선고하였다. 유병진 판사는 "피고인들이 공소 사실에 있는 '국가변란' 괴뢰와의 야합 평화통일론의 국시 위배, 간첩과의 접선 등의 범죄사실은 모두 그 증좌할 근거가 없어 인정할 수 없다"며[205] 무죄를 선고하였다.

1심 재판 판결에 검찰은 항소 의사를 밝혔다. 그런데 엉뚱한 사건이 터졌다. 1심 재판에 불만을 품은 반공청년단체가 '진보당사건 판결

규탄 반공청년총궐기대회'를 법원 앞에서 열었다. 이들은 법원으로 난입하여 '친공 판사 유병진을 타도하자', '공산자금을 받은 조봉암 일파를 간첩죄를 적용하라'는 현수막을 들고 소동을 벌였다.[206] 경찰이 반공청년회 주모자 5명을 체포하여 긴급 구속했지만, 윗선의 지시로 석방되었다. 훗날 그 반공청년단체는 자유당 이기붕의 수하인 정치깡패 이정재 패거리로 밝혀졌다.

2심 공판이 서울고법에서 시작된 것은 9월 4일이다. 재판장에는 부장판사 김용진, 배석판사 최보현, 조규대가 주재하였다. 재판부는 10월 25일 서울고등법원(이하 서울고법)에서 열린 2심 선고 공판에서 조봉암에게 사형을 선고하고, 진보당 간부들에게는 징역 2년 또는 3년을 선고하였다. 2심 판결 선고 직후인 10월 28일 열린 국무회의에서 법무부 장관이 진보당 사건 공판에 관하여 보고하였다. 이 자리에서 이승만은 "조봉암 사건 1심 판결은 말도 안 된다. 그때에 판사를 처단하려 하였으나 여러 가지 점을 생각하여서 중지하였다. 같은 법을 갖고도 한 나라 사람이 판이한 판결을 내리게 되면 국민이 이해가 안 갈 것이고 나부터도 물어보고 싶은 생각이 있다. 헌법을 고쳐서라도 이런 일이 없도록 엄정하여야 한다"고 말했다.

'대한민국은 민주공화국이다'는 국체에는 삼권분립의 의미가 강하게 내포되어 있다. 그런데 이승만은 행정부가 사법부의 권한을 제멋대로 할 수 있다는 반민주적인 태도를 거리낌 없이 드러냈다. 1심부터 3심까지 똑같은 판결을 해야 한다면, 굳이 3심제를 할 이유가 없다. 사법부의 독립성과 형사재판의 3심제에 대한 이해가 얼마나 부족한지가 보인다. 무지한 발상의 밑바탕에는 괘씸죄가 작용하였다. 대통령 선거에서 자신에게 두 번이나 대항했던 것에 대한 보복 심리가 컸다.

진보당 사건 대법원 선고 공판 : 맨 오른쪽 하얀 한복 차림이 조봉암
출처 : 죽산조봉암기념사업회

1959년 2월 27일 대법원(재판장 대법관 김세완, 대법관 김갑수, 허진, 백한성, 변옥주)에서 최종심 선고 공판이 열렸다. 조봉암의 간첩 및 국가변란 혐의에 대해 모두 유죄로 인정하여 사형을 확정하였다. 다만, 진보당 간부들에게는 국가변란의 인식이 없었다는 이유로 무죄를 선고하였다. 조봉암은 재심을 청구하였으나, 대법원은 1959년 7월 30일 기각했다. 이승만 정부는 재심청구를 기각한 다음 날 조봉암에 대한 사형을 집행하였다.

　　조봉암의 장녀 조호정은 진실화해위원회에 '진보당 조봉암 사건'에 대한 진실규명을 신청하였다. 진실화해위원회의 진실규명 내용의 일부를 보면,207)

검찰은 아무런 증거도 없이 공소사실도 특정하지 못한 채 조봉암 등 진보당 간부들을 국가변란 혐의로 기소하였고, 양이섭의 임의성 없는 자백만을 근거로 조봉암을 간첩죄로 기소하였는데 이는 공익의 대표기관으로서 인권보장의 책무를 저버린 것이다.

서울고법 및 대법원의 판결은 조봉암이 국가변란을 목적으로 진보당을 창당하였다는 점을 인정할 아무런 증거가 없고, 서울고법 공판에서 번복한 양이섭의 자백만으로 증거 재판주의에 위배하여 국가변란 및 간첩죄로 조봉암에게 극형인 사형을 선고하여 결국 처형에 이르게 한 것은 인권보장의 최후의 보루로서의 책무를 저버린 것이다.

이 사건은 '평화통일'을 주장하는 조봉암이 1956년 5·15 대통령 선거에서 200여만 표 이상을 얻어 이승만 정권에 위협적인 정치인으로 부상하자 조봉암이 이끄는 진보당의 1958년 5월 민의원 총선 진출을 막고, 국민의 지지를 받고 있는 조봉암을 제거하려는 이승만 정권의 의도가 작용하여 서울시경이 조봉암 등 간부들을 국가변란 혐의로 체포하여 조사하였고, 민간인에 대한 수사권이 없는 특무대가 조봉암을 간첩 혐의로 수사에 나서 재판을 통해 처형에 이르게 한 것으로 인정되는 비인도적, 반인권적 인권유린이자 정치탄압 사건이다.

2011년 1월 20일 대법원은 '조봉암 사건' 재심(간첩·간첩방조·국가보안법 위반·법령 제5호 위반) 재판에서 법령 제5호 위반(무기소지)을 제외하고는 모두 무죄를 선고하였다. '국부'앞에 무력했던 당시 사법부의 무기력을 확인하기 위해 2011년 대법원에서 무죄를 선고한 재심 판결문의 일부를 인용한다.

피고인은 일제강점기하에서 독립운동가로서 조국의 독립을 위하여 투쟁하였고, 광복 이후 조선공산당을 탈당하고 대한민국 건국에 참여하여 제헌국회의 국회의원, 제2대 국회의원과 국회 부의장 등을 역임하였으며, 1952년과 1956년 제2, 3대 대통령선거에 출마하기도 하였다. 또한, 피고인은 초대 농림부 장관으로 재직하면서 농지개혁의 기틀을 마련하여 우리나라 경제체제의 기반을 다진 정치인이었다. 그런데 그 후 진보당 창당과 관련한 이 사건 재심대상 판결로 사형이 집행되기에 이르렀는바, 이 사건 재심에서 피고인에 대한 공소사실 대부분이 무죄로 밝혀졌으므로 이제 뒤늦게나마 재심 판결로써 그 잘못을 바로잡고, 무기불법소지의 점에 대하여는 형의 선고를 유예하기로 한다.

헌법의 권능을 뛰어넘은 천하무적의 국가보안법으로 조봉암은 형장의 이슬이 되었다. 진보당은 해산되었다. 그 뒤에는 이승만이 있었다. 그 누구도 이승만의 권력에 도전해서는 안 되었다. '평화통일'마저 이승만에 의해 결정되었고 이승만이 아니고는 누구도 말을 해서는 안 되는 것이었다. 오로지 이승만을 위한 대한민국이었고 사법부도 들러리에 불과하였다. '국부' 이승만의 실체는 아직도 베일에 싸여 있다.

소결
제1공화국은 군주제인가

    1948년 5월 10일 총선거를 통해 제헌의회 국회의원 198명을 선출하였다. 5월 31일 제헌의회 개원식이 열렸다. 제헌의회란 국어표준대사전에는 '헌법을 제정하는 의회'라고 되어 있지만, 대체로 헌법을 제정하기 전에 설치되는 의회란 의미로 해석한다. 7월 17일 오전 10시 이승만 국회의장이 헌법에 서명하면서 대한민국 헌법을 정식으로 공포하였고, 효력이 발생하였다. 대한민국 헌법은 〈전문〉을 비롯하여 제1장 총강부터 제10장 부칙까지 총 103조로 구성되었다. 7월 17일은 입헌주의의 선언이다. 대한민국은 입헌주의를 바탕으로 공화제를 채택하였으며, 주권이 국민에게 있고 주권자인 국민이 대표를 뽑아 위임하는 방식의 민주주의 체제로써 '민주공화국'을 선포하였다.

    1948년 8월 15일 대한민국 정부가 수립되었다. 헌정憲政의 시작이며, 대한민국 제1공화국의 출발이다.[208] 초대 대통령 이승만, 부통령 이시영으로 구성된 제1공화국은 4년 중임 대통령제를 채택하였다. 완전한 미국식 대통령제는 아니었다. 제1공화국은 이로부터 시작하여 1960년 6월 15일까지 27,391일 동안 대한민국을 통치하였다.

    민주공화국의 초대 대통령 이승만은 국체인 민주주의와 동떨어진 극단주의와 '국부國父'란 우상화 작업에 열을 올렸다. 1949년부터 이승만의 생일(3월 26일)과 귀환일(10월 16일)은 국경일처럼 경축되었다. 예컨대 1949년 3월 26일에는 '이승만 대통령의 75회 탄신 축하식'이 중앙청에서 국회의장을 비롯한 정계 요인이 참여하여 성대하게 진행되었으며, 중앙청 광장에서는 경찰과 군의 행진과 사열식이 있었다.[209] 10월 16일 경무대에서는 '이승만 대통령의 환국 제4주년 기념식'이 거행되었다.[210] 모든 국민은 집집마다 태극기를 달았다.

극단주의 최선봉에는 '반공'이 있었다. 이를 위해 신국민운동 전개란 명목으로 학도호국단, 국민회, 대한청년단 등을 조직하였다. 대한민국 국적의 18세 이상의 모든 남녀는 국민회에 가입해야 하였다. 회비는 가구당 200원이었다. 회비를 내지 않으면 식량배급이나 물자의 배급을 중지한다고 위협하였다. 이들의 목표는 반공사상으로서의 사상통일과 공산주의 잔재를 일소한다는 것이다. 이들 조직은 이승만의 전위부대로써 민중을 동원하고 관제데모 등에 적극적으로 가담하면서 유사 통치기구로의 역할을 충실히 하였다. 또한 일민주의를 주창하며 공산주의에 대항하기 위한 새로운 이념을 역설하였다. 이 모든 조직의 총재나 명예총재는 이승만이었다. 이승만의 극단적이고 독단적인 정치행태에 야당은 반발하였다. 이승만은 야당의 견제가 달갑지 않았다.

1948년 7월 17일 헌법이 제정된 이후 공식적으로 2차례 헌법개정이 있었다. 1차 개헌 시기는 한국전쟁 중이었다. 전선에서는 군인들의 죽음이 행렬을 이루었고 국민방위군 이름으로 수만 아니 수십만 명이 후방에서 굶어 죽고 얼어 죽었다. 그리고 전쟁이 정전되고 국민은 폐허에서 일어서기 위해 몸부림쳤다. 1952년 7월 4일 밤 국회를 계엄군이 포위하였다. 더 이상 국회의 간접선거로는 대통령에 당선될 수 없다고 판단한 이승만은 대통령 직선제 개헌을 발의하였고, 계엄군에 둘러싸인 국회는 제1차 헌법개정안을 의결하였다. 1952년 8월 5일 헌정사상 처음으로 시행된 직선제 대통령 선거에서 이승만은 74.6% 득표율로 당선되었다. 계엄군을 앞세운 헌법개정이 빛을 본 순간이다.

이승만은 1948년 7월 대통령에 당선되어, 1차 중임에 성공하여 1956년 7월까지 대통령직을 수행하였다. 1954년에 이르고 보니 2년 밖에 권력을 누릴 시간이 남지 않았다. '국부'로서 역할을 죽을 때까지 할 수 있는 방안에 골몰하였다. 그리하여 초대 대통령에 한해서 임기를 면제하려는 의도로 개헌안을 마련하였다. 즉, 중임제 폐지이다. 제2차 헌법개정이다. 1954년 11월 27일 헌법개정안이 국회에서 표결에 부쳐졌다. 표결 결과 재적의원 202명 중 찬성 135표, 반대 60표, 기권 7표로 개헌에 필요한 정족수 136표에 1표가 부족하여 부결되었다. 그러나 '사사오입'이라는 해괴한 논리를 앞세워 헌법개정안이 의결되었다. 그리고 이승만은 종신집권에 나섰다. 명백히 헌정질서를 문란케 한 행위이다.

국민의 기본법인 헌법을 능가한 국가보안법이 탄생하였다. 국민의 통제와 감시는 일상화되었다. 제주4·3항쟁, 여순항쟁, 국민보도연맹, 한국전쟁 등으로 수많은 민간인이 학살되었다. 이승만은 자신의 권력을 위해 수많은 민간인 학살을 지시하거나 방조하였다. 그런 가운데 헌정사상 처음으로 1959년 2월 25일 정당등록이 취소되는 사태가 발생하였다. 조봉암의 진보당이다. 조봉암은 1959년 2월 27일 간첩 및 국가변란 혐의로 사형이 확정되었고, 동년 7월 31일 사형이 집행되었다. 대법원에서 조봉암의 형이 확정되기도 전에 진보당은 등록이 취소된 것이다. 2011년 1월 20일 대법원은 조봉암의 간첩·간첩방조·국가보안법위반·법령 제5호 위반 등의 재심에서 법령 제5호 위반(무기소지)을 제외하고는 모두 무죄를 선고하였다. 무소불위의 절대권력 민낯이 하나둘씩 밝혀지고 있다.

'대한민국은 민주공화국이다' 헌법 제1조의 핵심은 공화제이다. 공화제를 채택한 민주국가에서 이승만은 영원한 군주가 되기를 갈망하였다. 얼마나 이율배반적인가. 권력자의 자의적 권력 행위를 막고자 헌법을 제정하였다. 입법주의 핵심은 주권자인 국민이 제정한 헌법에 따라 국가권력이 작용되는 통치원리이다. 민주공화국의 통치이념과 전혀 다른 군주로서 이승만은 12년을 통치하였다. 그 통치의 종말은 국민의 손이었다.

대한민국의 헌법과 헌정질서가 권력자의 말 한마디에 제멋대로 춤을 췄다. 정상적인 국가가 아니었다. 대한민국의 국체를 비정상으로 만들었던 사람, 그 사람을 역사는 단죄해야 한다. 하지만 단죄하지 못하였다. 잘못된 역사를 청산하지 못하였다. 그래서 이승만과 같은 부류의 권력자가 또다시 출현하게 되었다. 제1공화국은 '민주공화국'을 선포한 것이 민망할 정도로 이승만의, 이승만에 의한, 이승만을 위한 통치구조가 지배한 시기였다.

1) 미국은 미소공동위회가 결렬될 경우를 대비하였다. 1947년 8월 2일경 미국 동북아국 부국장 존 앨리슨(John M. Allison)은 첫째, 소련이 1947년 8월 5일 이전에 공동위원회의 협상을 결렬시 킨 미국은 외상회담의 특별소집을 요구, 각 점령지구의 국회의원 선거를 위한 국제연합이 감시하 는 자유선거를 제의한다. 소련이 미국의 제안을 거부하면 미국은 조선의 문제를 국제연합에 이관 하여 남한 단독으로만 실시한다. 둘째, 소련이 8월 5일 이후에도 비타협적인 태도를 견지한다면, 마샬(George Catlett Marshall)은 양국대표단으로 하여금 조선의 자치정부 수립을 위한 그동안 의 진전을 요약하는 보고서를 작성하게 한다. 동시에 미국은 남한에서 첫 번째 경우 같은 계획을 추진하며 조선문제를 국제연합의 결의사항으로 회부한다. 셋째, 소련이 미국의 어느 정책안에 대 해서도 반응을 보이지 않을 때, 미국은 남한에서만 단독정부를 수립할 것이며 조선의 통일문제는 1947년 9월 10일 국제연합으로 이관한다.(John M. Allison 메모, 1947.7.29. frus 1947, Ⅵ, 734~735쪽)

2) 유엔 총회는 1947년 9월 23일 제90, 91차 회의에서 소련 측의 강력한 반대에도 불구하고 조 선 문제를 논의하여, 미국 측 상정안을 찬성 41, 반대 6, 기권 7(결석 1)표로 통과했다.

3) UNTCOK에 참여한 시리아는 "유엔 총회의 결의에 따라 전 조선에 선거를 시행하도록 했기 때문 에 남한만의 선거를 실시할 권한이 없다"고 주장했다. 따라서 미군이 점령지역에서만 선거를 시 행한다는 것은 미국의 입김이 작용했음을 의미한다.

4) 유엔조선임시위원단은 5월 9일로 선거일을 결정했으나, 그날이 일요일인 관계로 기독교 등이 반 발하면서 5월 10일로 하루 연기되었다(『조선일보』, 1948년 3월 9일)

5) 『조선일보』, 1946년 6월 5일

6) 『경향신문』, 1947년 8월 12일

7) 원문은 '38이남'으로 되어 있으나 문맥상 '38이북'이므로 고쳐 적는다.

8) 1946년 5월 8일 제1차 미소공동위원회가 결렬된 후 미군정 당국은 김규식·여운형 등을 중심으 로 좌우합작운동을 적극적으로 추진하는 한편 "조선 인민이 요구하는 법령을 조선 인민의 손으로 제정"하는 남조선과도입법의원(입법의원)의 설치를 발표했다. 이에 따라 1946년 9월 20일 법령 초안을 공표했다. 입법의원의 제1조(목적) "본령은 모스크바 협약에 규정된 대로 조선 전체의 임 시민주정부를 수립한 통일조선국가가 속히 건설되기를 기하며 과도입법기관을 건설함으로써 정부 에 민주적 요소의 참가를 증가하여 민주주의 원칙 위에 국가의 발전을 조성함을 목적으로 함.

9) 모스크바삼상회의로 인한 극심한 대립 속에서 김구는 비상국민회의를 소집하고 정식 국회 수립 전까지 과도정부를 만들고, 결정권은 김구와 이승만에게 일임할 것을 주장했다. 미군정의 하지 사령관은 비상국민회의 참석했던 인물을 중심으로 미군 최고자문기관인 '남조선 대한국민대표민주 의원'으로 임명했다. 즉, '남조선 대한국민대표민주의원'과 '남조선과도입법의원'은 구성과 선출 방 법 등이 다른 기구이다.

10) 임시위원단은 5월 9일로 선거일을 결정했으나, 그날이 일요일인 관계로 기독교 등이 반발하면 서 5월 10일로 하루 연기되었다.(『조선일보』, 1948년 3월 9일)

11) 『조선일보』, 1948년 3월 19일

12) 『경향신문』, 1948년 4월 15일

13) 『조선일보』, 1948년 4월 14일

14) 『독립신보』, 1948년 4월 15일

15) 『새한민보』, 1948년 4월 하순호

16) 『조선일보』, 1948년 4월 7일

17) 『우리신문』, 1948년 4월 7일

18) 『조선일보』, 1948년 4월 16일

19) 중앙선거관리위원회, 『대한민국을 만든 70가지 선거이야기:민주선거70년』, 2018, 19~20쪽

20) 중앙선거관리위원회, 『대한민국선거사』, 1968년, 453~454쪽

21) 최능진은 1898년 7월 29일 평안남도 강서군 반석면(현재 평안남도 평양시 창전리 47-6)에서 태어났다. 1915년 평양 숭실학교를 졸업하고, 남경 금릉대학(현 남경대학)에서 수학했다. 1925년 미국 듀크 대학을 거쳐 스프링필드대학 체육학과를 1927년에 졸업했다. 1925년~1928년 워싱턴 YMCA의 체육담당 간사로 재직하면서, 도산 안창호가 이끈 흥사단의 지도위원으로 활동했다. 1945년 10월 21일 경무부 수사국장에 임명되었다. 1948년 5·10총선거에 서울 동대문갑구에 출마했다. 1948년 10월 혁명의용군사건으로 투옥되었으며, 1950년 한국전쟁이 발발 후 1951년 2월 11일 경북 달성군 가창면에서 총살되었다.

22) 자진 선거 등록제에 따라 선거인 등록이 이루어졌다. 그런데 각종 자료마다 등록자 수와 등록률이 차이가 있다. 따라서 당시 투표율도 정확하게 알 수 없다.

23) 중앙선거관리위원회, 『대한민국선거사』, 1968년, 459쪽의 별표8을 토대로 재정리

24) 중앙선거관리위원회, 『대한민국선거사』, 1968년, 459쪽의 별표8을 토대로 재정리

25) 한민당 선전부는 자당(自黨) 당원으로서 당선된 자가 84명이라고 밝혔다(『조선일보』, 1948년 5월 22일)

26) 전남 목포 이남규, 전북 무주 신현돈, 경북 안동을 정현모, 부산갑구 허정 등이 정부 관리로 진출하면서 보궐선거가 실시되었다.

27) 김득중, 「제헌국회의 구성과정과 성격」, 성균관대학교 석사학위논문, 1993 참조

28) 『동아일보』, 1948년 5월 26일

29) 국회속기록, 제1회 제1호(1948년 5월 31일)

30) 『동아일보』, 1948년 6월 1일

31) 현재 국회의 선서 "나는 헌법을 수호하고 국민의 자유와 복리의 증진 및 조국의 평화적 통일을 위하여 노력하며, 국가이익을 우선으로 하여 국회의원의 직무를 양심에 따라 성실히 수행할 것을 국민 앞에 엄숙히 선서합니다."

32) 『경향신문』, 1948년 6월 8일

33) 서울 이윤영, 강원도 최규옥, 경남 서상일, 전북 윤석구, 충남 이종린, 충북 유홍렬, 전남 김장렬, 제주 오용국, 경남 허정, 경기 신익희(『동아일보』, 1948년 6월 2일)

34) 류성갑, 김옥주, 김준연, 오석주, 윤석구, 신현돈, 백관수, 오용국, 최규옥, 김명인, 이종린, 이훈구, 유홍열, 연병호, 서상일, 조헌영, 김익기, 정도영, 김상덕, 이강우, 허정, 구중회, 박해극, 김효석, 김병회, 홍익표, 서성달, 조봉암, 이윤영, 이청천(국회속기록, 제1회 제3호(1948년 6월 2일))

35) 유진오(고대교수), 고경국(변호사), 노진설(대법관·국회선거위원장), 권승렬(사법부차장), 임현상

(중앙경제위원), 한근조(변호사·전사법부차장), 노용호(국회선거위원회사무국장). 김용근(右同), 차윤홍(右同), 윤길중(右同)(『동아일보』, 1948년 6월 4일)

36) 『조선일보』, 1948년 6월 4일

37) 유진오 헌법초안은 '제1회 초고(1948년 4월)', '헌법초안(1948년 5월) 사법부 제출안', 유진오와 행정연구위원회의 '한국헌법(1948년 5월)' 등이 있다. 여기에서는 1948년 5월 사법부에 제출한 '헌법초안'을 근거로 글을 작성한다.

38) 『동아일보』, 1948년 6월 16일

39) 강승식, 「헌법전문의 기능에 관한 비교법적 고찰」, 『홍익법학』제13권 제1호, 2012, 75~99쪽 참조.

40) 김종철, 「헌법전문과 6월항쟁의 헌법적 의미」, 『헌법학연구』제24권 제2호, 2018, 218~219쪽 참조

41) 국호는 ① 지리적 명칭이나 하나의 명칭이나 민족(혹은 주민)의 명칭과 ② 국가의 기본성격에 관한 근본 결단을 담고 있다고 한다(허완중, 「헌법 일부인 국호 '대한민국'」, 『인권과정의』467, 2017, 37쪽).

42) 『고종실록』36권 고종 34년(1897년) 10월 11일

43) "韓國ノ國号ヲ改メ朝鮮ト称スルノ件"(明治43年勅令第318号)

44) 임대식, 「일제시기·해방후 나라이름에 반영된 좌우갈등-右'대한'·左'조선'과 南'대한'·北'조선'의 대립과 통일」, 『역사비평』21, 1993, 39쪽

45) 『동아일보』, 1947년 7월 6일 ; 『조선일보』, 1947년 7월 8일, 9일

46) 『조선일보』1947년 7월 6일

47) "원컨데 우리 조선 독립과 함께 남북통일을 주시옵고 또한 우리 민생의 복락과 아울러 세계평화를 허락하야 주시옵소서."(국회속기록, 제1회 제1호(1948년 5월 31일))

48) 『조선일보』1948년 6월 9일

49) 미소공동위원회가 자문 조사 당시 한민당은 '대한민국'을 선호하였다.

50) 『조선일보』, 1948년 6월 10일

51) 국회속기록, 제1회 제18호(1948년 6월 26일)

52) 국회속기록, 제1회 제20호(1948년 6월 29일)

53) 대정은 일본이 1912년부터 1925년까지 사용한 연호이며, 대명은 명나라를 지칭한다.

54) 국회속기록, 제1회 제22호(1948년 7월 1일)

55) 한상범, 『헌법이야기』, 현암사, 1998, 41쪽

56) 유진오 헌법초안의 〈전문〉
유구한 역사와 전통에 빛나는 우리들 조선인민은 3·1혁명의 위대한 발자취와 거룩한 희생을 추억하며 불굴의 독립정신을 계승하여 지금 자주독립의 조국을 재건함에 있어서 우리들과 우리들의 자손을 위하여 정의와 인도의 깃발 밑에 민족의 단결을 공고히하며 모든 봉건적 인습을 타파하고 世界進運에 뒤지지 않도록 진취적인 민주주의 제제도를 수립하여 정치·사회·문화의 모든 영역에 있어서 吾人의 기회를 균등히하고 각인의 능력을 최고도로 발휘케 하며 勤勞力行하여 각인의 책임과 의무를 완수케하여서 안으로는 인민의 복지를 향상하고 밖으로는 항구적인 국제평화의

유지에 노력하며 모든 침략과 전제와 빈곤을 배제하고 우리들과 우리들의 자손의 안전과 자유와 행복을 영원히 확보할 것을 결의하고 1948년 월 일 우리들의 자유로히 선거된 대표로써 구성된 국회에서 이 헌법을 채택한다.

57) 국회속기록, 제1회 제18호(1948년 6월 26일)

58) 국회속기록, 제1회 제22호(1948년 7월 1일)

59) 국회속기록, 제1회 제27호(1948년 7월 7일)

60) 김용환은 1912년 경남 김해 출생으로 1998년에 타계하였다. 1945년 해방 이후 〈서울타임즈〉와 〈중앙신문〉에서 시사만평을 그렸으며, 이후 1950년대 『코주보삼국지』, 『코주보세계여행기』 단행본을 발간하면서 만화의 대중화를 일으켰다.

61) 이연숙, 「해방 직후 대한민국의 국가기념일과 기념의 정치」, 전남대학교 박사학위논문, 2020, 36쪽

62) 『동아일보』, 1946년 2월 19일

63) 『동아일보』, 1946년 2월 20일

64) 『조선일보』, 1946년 2월 21일

65) 국회속기록, 제5회 제3호(1949년 9월 21일)

66) 『매일신보』, 1919년 12월 22일

67) 『독립신문』, 1920년 3월 4일

68) 『매일신보』, 1920년 3월 1일

69) 국회속기록, 제1회 제18호(1948년 6월 26일)

70) 국회속기록, 제1회 제22호(1948년 7월 1일)

71) 유진오, 『헌법해의』, 명세당, 1949, 19~20쪽

72) 각 나라의 헌법은 법제처 '세계법제정보센터'에서 인용

73) 진덕규, 『민주주의의 황혼』, 학문과사상사, 2003, 16쪽

74) 진덕규, 앞의 책, 194~195쪽

75) 召公、周公二相行政、號曰 '共和':소공,주공 두명이 나란히 정치를 행하니 '공화'라고 불리다.

76) 김성보, 「남북국가 수립기 인민과 국민 개념이 분화」, 『한국사연구』44, 2009, 75쪽

77) 국회속기록, 제1회 제22호(1948년 7월 1일)

78) 국회속기록, 제1회 제21호(1948년 6월 30일)

79) 제2장의 경우 헌법초안은 제8조~제29조로 작성되었으나, 제헌헌법은 제8조~제30조로 제정되었다. 제헌헌법 "제20조 혼인은 남녀동권을 기본으로 하며 혼인의 순결과 가족의 건강은 국가의 특별한 보호를 받는다." 규정이 추가되었다.

80) 국회속기록, 제1회 제22호(1948년 7월 1일)

81) 김성보, 앞의 논문, 84쪽 재인용

82) 법제처, 세계법제정보센터에서 참조

83) 강경원, 「'한반도'의 개념과 내재적 문제」, 『문화역사지리』제27권 제3호, 2015, 1쪽

84) 『대한매일신보』, 1906년 11월 25일

85) 강경원, 앞의 논문, 4쪽

86) 1946년 2월 19일경 민주의원 헌법기초위원회를 설치하고, 조완구, 조소앙, 김붕준 등을 위원으로 선임하였다. 대한민국임시헌법은 제1장 총강, 제2장 국민의 권리의무, 제3장 입법권, 제4장 행정권, 제5장 사법권, 제6장 회계, 제7장 보칙으로 하여 총 7장 83개 조항으로 구성되었다.

87) 국회속기록, 제1회, 제18호(1948년 6월 26일)

88) 국회속기록, 제1회 제19호(1948년 7월 1일)

89) 만주와 간도가 중국의 영토로 결정된 것은 1909년 9월 4일 일본과 청나라 간에 체결한 간도협약이다. 간도협약 제1조 "청·일 양국 정부는 도문강을 청·일 양국의 국경으로 하고 강원 지방에 있어서는 정계비(定界碑)를 기점(起點)으로 하여 석을수(石乙水)로써 양국의 경계로 할 것을 성명(聲明)한다"는 규정이다. 그런데 간도협약은 을사늑약으로 외교권을 박탈한 일제가 조선의 의사와 무관하게 체결한 협약임으로 조선 및 대한민국에서는 무효라는 주장이다.

90) 방성주, 「대한민국 헌법 영토조항의 역사정치학」, 연세대학교 대학원 석사논문, 2018, 119쪽

91) 제2조 ① 이 법에서 "반국가단체"라 함은 정부를 참칭하거나 국가를 변란할 것을 목적으로 하는 국내외의 결사 또는 집단으로서 지휘통솔체제를 갖춘 단체를 말한다.

92) 차병직·윤재왕·윤지영, 『지금 다시, 헌법』, 로고폴리스, 2016, 45쪽

93) 김기빈, 『일제에 빼앗긴 땅이름을 찾아서』, 살림터, 1995

94) 우남실록편찬회, 『우남실록』, 열화당, 1976, 285쪽

95) 조병옥 회고록을 보면 이승만은 헌법기초위원회에 직접 출석하여 "우리 대한민국 헌법을 대통령제로 하지 않고 의원내각제로 한다면 나는 여러분의 지지로써 만일 대통령으로 선출된다 하더라도 그것을 사퇴하겠다"라고 강경한 태도를 보였다(조병옥, 『조병옥 나의 회고록 : 개인보다는 당, 당보다는 국가』, 선진출판사, 2003, 199쪽)

96) 우남실록편찬회, 앞의 책, 288쪽

97) 『동아일보』, 1948년 6월 27일

98) 국회속기록, 제1회 제34호(1948년 7월 24일)

99) 이승만은 김성수를 국무총리로 지명하지 않은 이유에 대해 "김성수 씨로 말하면 그 인격이나 덕망으로 또는 애국공심으로 보나 국무총리로서 가장 적임자이다. 그러나 정당의 선도자를 뽑으면 현 시국 하에 다소 난편(難便)한 점이 있으므로 한민당의 영도자인 김성수 씨를 총리임명을 피하였으며 또한 김성수 씨에게 국무총리보다 덜 중요치 않은 자리를 맡길 생각이니 여러분이 두고 보면 알 것이다"라고 설명했다(『경향신문』, 1958년 8월 12일)

100) 이승만 대통령은 국무총리를 두고 처음 한동안 이북에 있는 조만식을 생각하고 몇 사람에게 그런 뜻을 비치기도 했다. 그러나 한민당을 비롯한 이 대통령의 측근들은 이북에서 내려올 수 있을지 조차 불확실한 조만식을 총리로 임명하는 모험에 반대했다. 그러나 선거가 가능한 남한만으로 선거를 해서 정부를 세우고 대통령을 맡으면서 이국 동포들에 대한 애틋한 생각을 버릴 수 없었다. 그러므로 이 대통령은 누구와도 별다른 상의 없이 모든 사람들의 예상을 깨고 이북 출신인 이윤영을 총리로 지명하여 국회에 인준을 요청했던 것이다. 이 대통령이 이윤영을 지명한 것은 역시 조만식을 거론했던 것과 꼭 같은 정치적 고려, 즉 남쪽의 대한민국 정부수립을 지켜보고 있는 이북동포에 대한 메시지였다고 해석된다(우남실록편찬회, 앞의 책, 298쪽).

101) 국회속기록, 제1회 제35호(1948년 7월 27일)

102) 제69조 국무총리는 대통령이 임명하고 국회의 승인을 얻어야 한다. 국회의원 총선거 후 신국회가 개회되었을 때에는 국무총리 임명에 대한 승인을 다시 얻어야 한다.

103) 국회속기록, 제1회 제37호(1948년 8월 2일)

104) 정예병을 선발하여 조직한 금위군으로 좌,우의 2익(翼) 편성되었다.

105) 정예병으로 구성된 금위군으로 평상시에는 궁전문호(宮殿門戶)를 수비하며, 황제가 순행할 때 행렬을 호위하였다.

106) 경성의 수비, 순찰, 출입통제, 범인체포등의 치안 관계와 관련한 일체의 임무를 수행하였다.

107) 初五日。 接見中國提督丁汝昌、統領吳兆有(고종실록 26권, 고종 26년 6월 5일)

108) 每船有領船一十人, 又有統領船一人, 三十船有千戶一人(성종실록 95권, 성종 9년 8월 17일)

109) 朝、法條約: 大朝鮮國大君主、大法民主國大伯理璽天德, 切願永願兩國和好, 議定彼此往來久遠通商事宜。

110) 『복명문답기』의 첫머리에는 '癸未十一月二十二日全權副大臣洪英植(계미11월22일 전권부대신 홍영식'으로 기록되어 있다. 이는 음력 1883년 11월 22일(양력 12월 21일)이다. 전권대신 민영익이 1884년 5월에 돌아와 고종에게 복명한 것과 차이가 있다. 이로 보아 전권대신 민영익이 귀국한 날과 홍영식이 돌아온 날이 다른 것으로 파악된다.

111) 김원모, 「견미사절(遣美使節) 홍영식복명문답기」, 『사학지』vol15, No1, 1981, 215쪽

112) 『조선어사전』은 뜻풀이 국어사전으로 약 10만 어휘를 담은 우리나라 최초의 국어사전이다. 편자는 청람靑嵐 문세영이다. 『조선어사전』은 A5판 총 1,690쪽으로 권두에 '지은이 말씀', '일러두기', '본문', 권말에 '한문글자 음찾기', '이두吏讀 찾기' 등으로 구성되었다.

113) 현행 제6공화국 제20조 ① 모든 국민은 종교의 자유를 가진다.
　　　　　　　　　　　　 ② 국교는 인정되지 아니하며, 종교와 정치는 분리된다.

114) 차병직·윤재왕·윤지영, 앞의 책, 148쪽

115) 성정엽, 「헌법의 '정교분리원칙'의 의미」, 『법학논고』제70집, 2020, 7쪽

116) 이 조항은 실로 현재에서는 연문입니다. 그러나 종래에 역사적 관계가 있어서 그와 같은 것을 넌 데에 불과합니다. 아직도 아마 이 세계에서는 정치와 종교가 분리 안 된 나라가 있는 것 같습니다. 그런 나라에서는 물론 여러 가지 관계도 있고, 우리나라는 그것과는 다르겠습니다마는 역사적 관계 그러한 형적이 조금 남아 있는데 이것은 여러분의 의사에 따라서 결정될 것입니다.(국회속기록, 제1회 제18호(1948년 6월 26일))

117) 성정엽, 앞의 논문, 8~9쪽

118) 국회속기록, 제1회 제23호(1948년 7월 2일)

119) 이에 관련해서는 강인철(「대한민국 초대 정부의 기독교적 성격」, 『한국기독교와 역사』제30호, 2009)의 논문을 참고하기 바란다.

120) 이와 관련해서는 장규식(「군사정권기 한국교회와 국가권력 : 정교유착과 과거사청산 의제를 중심으로」, 『한국기독교와 역사』제24호, 2006)을 참고하기 바란다.

121) 기독교계는 2004년 17대 '한국기독당'을 시작으로 18대 '기독사랑실천당', 19대 '기독자유민주당'과 '한국기독당', 20대 '기독자유당'과 '기독당', 21대에서는 '기독자유통일당'을 통하여 제도권 정치로의 진입을 계속적으로 시도하고 있다.(성정엽, 앞의 논문, 11쪽)

122) 장영수, 「종교인의 정치참여와 정교분리의 원칙」, 『고려법학』제94호, 2019년, 11쪽

123) 현행 제6공화국 헌법에서는 제9장 제119조부터 제127조까지 구성되어 있다.

124) 성낙인, 『헌법학』, 법문사, 2010, 246쪽

125) 『매일신보』, 1945년 9월 12일

126) 헌법안에는 제83조부터 경제 규정이었다. 심의과정에서 제84조부터로 경제 규정으로 바꾸었다.

127) 국회속기록, 제1회 제20호(1948년 6월 29일)

128) 국회속기록, 제1회 제21호(1948년 6월 30일)

129) 국회속기록, 제1회 제22호(1948년 7월 1일)

130) 제18조 근로자의 단결, 단체교섭과 단체행동의 자유는 법률의 범위내에서 보장된다. 영리를 목적으로 하는 사기업에 있어서는 근로자는 법률의 정하는 바에 의하여 이익의 분배에 균점할 권리가 있다.

131) '경제적·사회적 민주주의'란 바이마르헌법에서 영향을 받은 사회적 시장경제 질서를 수용하면서 나타난 용어이다.

132) 『서울신문』, 1948년 12월 4일

133) 『경향신문』, 1947년 10월 17일 ; 『조선일보』, 1947년 10월 19일

134) 『서울신문』, 1948년 12월 7일

135) 『경향신문』, 1948년 10월 23일

136) 계엄령 선포에 관한 건
여수군 및 순천군에서 발생한 군민 일부의 반란을 진정하기 위하여 동 지구를 합위지경으로 정하고 본령 공포일로부터 계엄을 시행할 것을 선포한다.

137) 국회속기록, 제1회 제94호(1948년 11월 2일)

138) 국회속기록, 제1회 제91호(1948년 10월 29일)

139) 국회속기록, 제1회 제103호(1948년 11월 13일)

140) 글자 누락, 띄어쓰기 등을 원문 그대로 옮긴다.

141) 1925년 5월 12일 일본제국 법률 제46호로 발효되어 1945년 10월 15일 연합군 최고사령부령으로 폐지된 법률이다. 이 법은 정치적 운동을 탄압하기 위한 법률로 초기에는 일본 공산당이 그 적용 대상이었다. 점차 사회주의와 좌익, 노동운동과 종교계 등으로 적용범위를 확대하면서 반정부운동을 탄압하는 구실로 악용되면서 식민지 지역(조선, 대만)에도 적용되었다. 대부분 독립운동가 관련자가 치안유지법으로 처벌을 받았다. 1925년 제정 당시에는 최고 10년 이하의 징역 또는 금고의 처벌이던 조항이, 1928년 개정되면서 최고 사형까지 가능하도록 크게 강화되었다. 제1조~제10조로 구성되었다.

142) 국회속기록, 제1회 제99호(1948년 11월 9일)

143) 국회속기록, 제1회 제105호(1948년 11월 16일)

144) 『조선일보』, 1948년 12월 7일

145) 『조선일보』, 1948년 12월 28일

146) 『동아일보』, 1948년 12월 31일 ; 『조선일보』, 1949년 1월 11일

147) 이덕인, 「박정희정권기의 사형제도에 대한 실증적 분석과 비판」, 『형사정책연구』, 제25권제4

호, 2014, 82쪽~84쪽 참조

148) 團藤·김희진 역, 『사형폐지론』, 한국사형폐지운동협의회, 2001, 415쪽

149) 이덕인, 앞의 논문, 참조

150) 1961년 5월 16일에 군사반란으로 정권을 찬탈한 박정희 중심의 군부세력은 종래의 국가보안 법만으로는 대한민국의 정치체제를 유지할 수 없다고 판단하여 1961년 7월 3일 반공법을 제 정 공포하였다.

151) 1948년 12월 1일 법 제정으로부터 현재까지 폐지 제정 1차례, 전부 개정 3차례, 일부 개정 3차례, 타법 개정 6차례 등이 있었다. 1959년 1월 19일 국가보안법 폐지 법률이 제정되었으 나, 아이러니하게도 1960년 4·19혁명 이후 6월 10일 전부개정(법률 549호) 되어 현재에 이르 고 있다.

152) 현행 제6공화국 헌법에서는 "헌법개정은 국회 재적의원 과반수 또는 대통령의 발의로 제안된 다"고 규정되어 있다.

153) 서상일 의원이 1950년 3월 9일 발언에서 1월 27일 제출했다고 되어 있다.(국회속기록, 제6 회 제48호(1950년 3월 9일)

154) 개헌의회의 임기는 2년이었다.

155) 1949년 2월 10일 야당인 한국민주당(한민당)은 신익희의 대한국민당과 지청천의 대동청년단 등 여러 정파를 규합하여 민주국민당(민국당)을 창당하였다.

156) 국회속기록, 제6회 제49호(1950년 3월 10일)

157) 『조선일보』, 1950년 1월 28일

158) 국회속기록, 제6회 제49호(1950년 3월 10일)

159) 당시 허정은 "이 박사에게 그 측근자들이 추진하고 있는 대통령 직선제 개헌안은 통과될 가망 이 없다고 수차 진언했으나 어쨌든 제출하라고 해서 그 개헌안을 제출했다."라고 회고하였다(「 허정 편」, 『사실의 전부를 기술한다』, 희망출판사, 1966, 202쪽)

160) 민의원의 임기는 4년, 참의원의 임기는 6년으로서 2년마다 의원의 3분의 1을 선출한 제도이 다. 부통령은 참의원 의장이 되었다. 이승만은 개헌을 통해 대통령 직선제를 추구할 뿐만 아니 라 행정부와 입법부를 미국과 동일한 형태로 재편하고자 하였다.

161) 국회속기록, 제12회 제9호(1952년 1월 18일)

162) 『동아일보』, 1952년 5월 20일

163) 계엄사령관으로 이종찬 육군 중장을 임명했지만, 별도로 영남비상계엄사령관에 원용덕 육군 소장을 임명했다.(『경향신문』, 1952년 5월 26일)

164) 『동아일보』, 1952년 5월 28일 ; 『경향신문』, 1952년 5월 29일

165) 『동아일보』, 1952년 5월 29일

166) 대통령 선거는 제2대 선거이나, 부통령선거는 제3대 선거이다. 제1대 이시영이 1948년 7월 20일 부통령에 취임하였으나 임기 4년을 채우지 못하고 1951년 5월 9일 이승만의 전횡에 반 대하면 사임했다. 5월 16일 제2대 부통령선거에서 민주국민당 김성수가 당선되었다.

167) 헌법(제2호) 제70조의 2 "민의원에서 국무원 불신임 결의를 하였거나 민의원의원 총선거 후 최초에 집회된 민의원에서 신임 결의를 얻지 못한 때에는 국무원은 총사직을 하여야 한다. 〈하 략〉"

168) 헌법(제2호) 제70조 ③"국무총리와 국무위원은 국회에 대하여 국무원의 권한에 속하는 일반국 무에 관하여는 연대책임을 지고 각자의 행위에 관하여는 개별책임을 진다."

169) 헌법(제2호) 제69조 "〈전략〉 국무위원은 국무총리의 제청에 의하여 대통령이 임면한다. 〈하 략〉"

170) 이창헌, 「제1공화국기의 권력구조를 둘러싼 갈등 연구」, 부산대학교 대학원 석사학위논문, 2018, 36쪽

171) 제헌헌법 제55조 대통령과 부통령의 임기는 4년으로 한다. 단, 재선에 의하여 1차 중임할 수 있다. 부통령은 대통령 재임 중 재임한다.

172) 『경향신문』, 1954년 5월 8일

173) 『조선일보』 1954년 10월 21일

174) 『경향신문』, 1954년 11월 18일

175) 이기하·심지연 외, 『한국의 정당』, 한국일보사, 1987, 264~265쪽

176) 『동아일보』, 1973년 1월 16일

177) 당시 서울이 경기도에 속함.

178) 국회속기록, 제19회 제97호(1954년 12월 6일)

179) 『경향신문』, 1954년 11월 30일

180) 『경향신문』, 1954년 11월 30일

181) 제안자 유순식은 박순식으로 기록됨.(국회속기록, 제19회 제91호(1954년 11월 29일))

182) 『동아일보』, 1954년 12월 1일

183) 중앙선거관리위원회, 「사이버선거역사관」

184) 국회임시회의속기록, 제19회 제82호(1954년 11월 18일)

185) 국회임시회의속기록, 제19회 제83호(1954년 11월 19일)

186) 국회임시회의속기록, 제19회 제84호(1954년 11월 20일)

187) 정태영, 『조봉암과 진보당』, 후마니타스, 2006, 125쪽

188) 이영석, 『죽산 조봉암』, 원음출판사, 1983, 179~180쪽

189) 『조선일보』, 1949년 11월 12일

190) 유인호, 「해방후 농지개혁의 전개과정과 성격」, 『해방전후사의 인식』, 한길사, 1980, 378쪽

191) 『동아일보』, 1946년 3월 15일

192) 제3조 몰수하여 무상으로 농민에게 소유로 분여하는 토지는 다음과 같다. ① 농호에 5정보이 상 소유한 조선인 지주의 소유지 ② 자경하지 않고 전부 소작 주는 토지 ③ 면적에 불문하고 계속적으로 소작 주는 전 토지 ④ 5정보 이상으로 소유한 성당, 승원, 기타 종교단체의 소유지.

193) 임홍빈, 「죽산 조봉암은 왜 죽어야 했나」, 『신동아』3월호, 1983, 134쪽

194) 『동아일보』, 1952년 7월 31일

195) 부산일보, 1952년 8월 3일

196) 조봉암, 서상일, 박기출, 이동화, 김성숙, 박용희, 신숙, 신백우, 양우조, 장지필, 정구삼, 정인

태

197) 서상일이 부통령 후보로 지명되었으나, 그는 정치인보다는 정치교육자로 여생을 마치겠다면서 부통령 후보직을 고사했다.

198) 정태영 외 엮음, 『죽산조봉암전집 4』, 세명서관, 1999, 84~85쪽

199) 『동아일보』, 1956년 11월 11일

200) 『동아일보』, 1958년 1월 1일

201) 『경향신문』, 1958년 1월 12일

202) 『경향신문』, 1958년 1월 13일

203) 조봉암, 김달호, 박기출, 윤길중, 조규희, 조규택, 신창균, 김기철, 김병휘, 이동화

204) 국가보안법 제1조 정부를 참칭하거나 변란을 야기할 목적으로 결사 또는 집단을 조직한 자 또는 그 결사
또는 집단에 있어서 그 목적수행을 위한 행위를 한 자는 좌에 의하여 처단한다.
1. 수괴간부는 사형 또는 무기징역에 처한다.
2. 지도적 임무에 종사한 자는 사형, 무기 또는 10년 이상의 징역에 처한다.
3. 결사 또는 집단에 가입하여 그 목적수행을 위한 행위를 한 자는 3년 이상의 유기징역에 처한다.
4. 정을 알고 결사 또는 집단에 가입한 자는 10년 이하의 징역에 처한다.
전항의 결사 또는 집단의 지령이나 전항의 목적을 지원할 목적으로서 살인, 방화 또는 건조물, 운수, 통신기관과 기타 중요시설의 파괴를 한 자는 사형, 무기 또는 10년 이상의 징역에 처한다.

205) 『조선일보』, 1958년 7월 3일

206) 『동아일보』, 1958년 7월 6일

207) 진실화해위원회, 「진보당 조봉암 사건」, 『2007년 하반기 조사보고서』, 2008, 1143쪽

208) 권력구조의 변화에 따라 공화국을 표시한 프랑스의 사례를 우리나라도 따르고 있다. 대통령제(제1공화국) → 과도체제(과도정부) → 의원내각제(제2공화국) → 대통령제(제3공화국) → 신대통령제(제4공화국) → 과도체제(최규하 정부) → 군정 대통령제(제5공화국) → 민주주의적 대통령제(제6공화국)

209) 『경향신문』, 1949년 3월 27일

210) 『동아일보』, 1949년 10월 16일

제2공화국
민주당 정권

국가를 위하여서는 모두를 바치는 것이 젊은 학도들이
흘린 고귀한 핏값을 보상하는 길인가 합니다.
4월혁명으로부터 정치적 자유의 유산을 물려받은
제2공화국은 이제는 국민이 다 먹고 살 수 있는 경제적
자유를 마련하지 않으면 안되겠습니다.
피를 무서워했던 독재는 물러났습니다.

제4대 대통령 윤보선 취임사 (1960. 8. 13.) 중

1장
제2공화국의 서막

이승만은 종신집권을 위해 온갖 모략과 선동을 일삼았다. 그렇게 해야만 정권을 유지할 수 있었다. 그렇게 종말이, 몰락이 다가오고 있었다. 하지만 이승만과 그의 추종세력만 몰랐다. 이승만의 12년 통치에 진절머리가 난 국민이 하나둘 행동하기 시작하였다.

1. 3·15부정선거

1960년 3월 15일, 제3대 대통령과 제4대 부통령 선출을 위한 선거일이다. 일반적으로 말하는 3·15부정선거가 벌어진 날이다. 전국의 유권자는 자기 손으로 대통령과 부통령을 선출하기 위해 새벽부터 투표소로 향했다. 여당인 자유당은 대통령 후보로 이승만을, 부통령 후보로 이기붕을 각각 지명하였다. 반면, 야당인 민주당은 조병옥과 장면을 대통령과 부통령 후보로 지명하였다.

자유당으로서는 1956년의 정·부통령선거와 같은 상황이 되풀이되어서는 안 되었다. 당시 대통령은 이승만이 당선되었으나, 부통령에는 민주당의 장면이 당선되었다. 이번 3·15선거도 대통령에 이승만이 당선된다는 것은 기정사실화되었기에 별문제가 없었다. 하지만, 부통령 선거가 만만치 않았다. 현직 부통령인 장면이 다시 민주당 후보로 출마했기 때문이다.

이에 자유당은 선거 시행 전에 정·부통령을 '동일 티켓제'로 헌법을 개정하고자 하였다.[1] 대통령과 부통령을 같은 정당에서 뽑자는 게 '동일 티켓제'이다. 미국식 러닝메이트 방식과 유사하다. 자유당이 '동일 티켓제'라는 들어 보지도 못한 제도를 도입하려는 이유는 무엇일까? 1960년 이승만의 나이는 85세였다. 당시 헌법은 대통령 유고 시 부통령이 권한을 대행하게 되어 있었다.[2] 따라서 부통령직이 매우 중요하였다. 자유당으로서는 고령의 대통령이 혹시나 하는 특별한 상황을 염두에 두지 않을 수 없었다. 권력의 축이 자유당에서 민주당으로 급변할 수 있는 사태를 막기 위해서는 부통령에 자유당 후보의 당선이 꼭 필요하였지만, 상황이 녹록하지만은 않았다.

자유당의 '동일 티켓제' 제안에 맞서 민주당은 '국무총리제 부활'[3]을 개헌 조건으로 내밀었다. 그러나 자유당이 국무총리제 부활을 거부하면서 '동일 티켓제'와 '국무총리제 부활' 개헌은 둘 다 없던 일이 되었다. 그렇게 1960년 3월 15일 제5대 부통령선거가 자유당에는 절체절명의 선거가 되었다. 그 와중에 야당의 대통령 후보 조병옥이 신병 치료를 위해 미국으로 건너가 수술을 받던 중 사망하면서,[4] 이승만은 단독 후보가 되어 무투표 당선되었다. 자유당에 남은 문제는 이기붕을 부통령에 당선시키는 것뿐이었다.

자유당의 선전홍보물을 보면[5], 이승만 후보의 구호는 '나라를 위한 80평생 합심하여 또 모시자'라고 하였다. 이기붕 부통령 후보의 구호는 '이번에는 속지말고 바로뽑자 부통령'이다. 1956년 제4대 부통령선 거에서 이기붕은 민주당 장면 후보에게 져서 낙선하였다. 이를 염두에 둔 구호였다. 민주당의 선전홍보물에는 대통령 후보자 얼굴이 없다. 대통령 후보로 나섰던 조병옥이 사망했기 때문이다. 민주당은 자유당 의 공권력을 이용한 선거를 '협작선거'로 규정하고 이를 물리치자고 하였다.

자유당 선전홍보물   민주당 선전홍보물

1960년 3월 15일 새벽부터 전국의 유권자는 대통령과 부통령을 선출하기 위해 투표소로 향했다. 그러나 유권자 손으로 후보자의 당락 을 결정할 수 있다는 생각은 순진무구 그 자체였다. 주권재민은 공권 력에 의해 처참하게 무너져 있었다. 투표에서부터 개표를 거쳐 당선 공고에 이르기까지의 모든 절차는 이미 짜 놓은 각본대로 흘러갔다.[6] 각본은 자유당이 썼고 연출은 내무부가 맡았다. 그리고 주인공은 전국 경찰과 공무원 등의 공권력이었다. 완벽한 각본과 연출 그리고 주인공들이 역량을 유감없이 과시하면서 이기붕은 79.2%를 득표하여 17.5%를 얻은 장면을 누르고 부통령에 당선되었다.

그러나 국민의 수준을 무시하고 저지른 노골적인 불법과 탈법을 삼척동자까지도 다 알고 있었다. 아래 사진은 선거 당일(3월 15일) 『동아일보』 조간이다.

일찍이 없던 공포분위기
출처 : 『동아일보』 1960년 3월 15일 조간

조간신문이 발행되기 위해서는 전날 취재가 이루어져야 한다. 보도를 보면, '3인조 투표 감행', '사복 경관이 공개투표 지휘', '참관인 입장 방해' 등 유례를 찾아볼 수 없는 '공포 분위기' 속에서 투표가 진행되었음을 알 수 있다. 부정선거는 투표과정에만 있었던 것이 아니다. 개표과정에서도 공권력의 불법과 탈법은 어마어마한 힘을 발휘하였다. 당시 투표와 개표 과정에서 벌어진 부정선거 방식을 보면,[7]

투표과정에서 부정선거

- 4할 사전 투표 : 투표함의 4할(40%) 정도를 여당 후보로 미리 채워놓고 시작했다. 이에 투표율이 115%를 상회한 곳도 있었다.
- 야당 참관인 쫓아내기 : 야당 측 참관인을 협박, 납치, 폭행 등으로 몰아내고 표를 조작했다. 여기에 정치깡패들이 동참했다.
- 3인조, 5인조 투표 : 3~5인씩 한 조로 투표했다. 비밀선거, 직접선거를 침해하면서 집단적으로 자유당 후보를 찍도록 감시했다. 심지어 모의투표까지 진행했다.
- 완장 부대 활용 : 자유당 측 유권자에게 '자유당'이란 완장을 착용시켜 투표소 부근 분위기를 자유당 일색으로 만들어 야당 성향의 유권자에게 심리적인 압박을 주어 자유당에 투표케 할 것.
- 뇌물 살포 및 협박 : 사람들에게 뇌물을 뿌리면서 자유당 투표를 독려했고, 정치깡패를 동원해 유권자를 협박했다.
- 강령술 : 죽은 사람을 선거인 명부에 올려 투표했다.

개표과정에서 부정선거

- 투표함 바꿔치기 : 개표 전에 미리 여당 후보의 표를 채워서 투표함으로 바꿔치기했다.
- 올빼미 표 : 밤중에 투표함을 바꿔치기하거나, 대낮에 일부러 불을 끄고 어둠을 틈타, 미리 준비한 투표함으로 바꿔 쳤다.
- 피아노 표 : 검표원이 야당 후보를 찍은 표를 책상 아래로 떨어뜨려 손가락에 지장을 찍은 채로 투표지에 찍어서 무효표를 만들었다.

■ 샌드위치 개표 : 야당 후보를 찍은 표 뭉치 위아래에 한 장씩 이기붕의 표를 씌운 후 모두 이기붕의 표로 집계했다.

『동아일보』가 선거 당일 보도했던 '일찍이 없던 공포 분위기'는 개표과정에서도 그대로 드러났다. 탈법적인 공권력이 동원되었다. 3·15 부정선거는 국가범죄였다. 시민들은 경악하고 분노에 치를 떨었고, 마침내 시민혁명으로 이어졌다. 그 시발은 마산에서 시작되었다. 선거 당일 마산에서는 시위가 벌어졌고 경찰의 발포로 다수 사상자가 발생하였다. 마산의 시위는 다음 날 중앙언론에 대서특필되었다. 마산 부정선거 시위를 기폭제로 다른 지역에서도 시민들이 들고일어났다.

『조선일보』는 '마산에 일대 소요사건'이란 제목으로 마산의 상황을 자세하게 보도하였다. 이날 기사에는 마산 시내의 지도를 삽화로 표현했고, 삽화에는 시위대의 이동 경로가 세세하게 표시되었다(뒤쪽 그림 참조). 4·19혁명의 도화선이 된 '마산 3·15의거'는 크게 두 차례로 나누어 설명할 수 있다. 즉, 1차 의거와 2차 의거로 나눌 수 있다.[8]

1차 의거는 선거 당일(3월 15일) 오후 3시 30분경에 시작되었다. 부정선거를 규탄하는 민주당 마산시 당원 20여 명과 1천여 명의 시민·학생이 '민주주의 만세'를 외치며 남성동파출소-부림시장-오동동-수성동-어업조합-불종거리로 행진하였다. 오후 5시경 경찰이 소방차를 동원하여 빨간 물을 뿜어대기 시작하자 일시 해산하였다. 이어 오후 6시경에는 개표가 진행될 예정이었던 마산시청 앞에 모인 시민들이 부정선거를 규탄하는 시위를 다시 전개했고, 이는 순식간에 마산·창원 전역으로 확대되었다. 이에 경찰은 강경 탄압으로 시민들을 제지하였다. 시민들은 파출소를 공격하였고, 경찰은 최루탄과 총격으로 맞섰다. 신도성 경남지사는 "경찰의 발포는 부득이한 것이었다"면서 "당시

사건 확대 순서는 암흑, 정전, 투석, 발포, 방화로 이루어졌다"고 설명하였다. 시위 군중이 투석하면서 어쩔 수 없이 경찰이 발포했다는 주장을 폈다. 이날 경찰의 발포로 모두 8명의 사망자와 123명의 총상자가 발생하였다. 이 중에 실종된 인물이 있었다. 마산상고에 입학한 김주열이다.

마산에 일대소요사건! 학생 시민들 지서습격코 방화
출처 : 『조선일보』 1960년 3월 16일

2차 의거(4월 11일~13일)는 1차 의거가 발생한 지 27일 만인 4월 11일 오전 11시경 시작되었다. 1차 의거 당시 실종된 김주열 열사(마산상업고등학교 1학년)[9]의 시신이 마산 중앙부두에서 발견되었다. 시신은 오른쪽 눈에 최루탄이 박혀 있었다. 그리고 경찰은 시신을 유기하기 위해 돌을 매달아 바다에 던졌다. 형언할 수 없는 처참한 시신의 몰골과 경찰의 행동은 충격 그 자체였다. 분개한 시민들이 시신이 안치된 도립병원으로 모여들었다. 분노는 민중봉기로 폭발하였다. 경찰서, 5개 파출소, 도립병원 등을 돌면서 시위를 전개하였다. 다음 날인 4월 12일에는 마산지역의 고등학교 학생들도 시위에 참여하였다. 오전 10시경 마산공고 학생 500여 명이 '민주정치 되살리자'며 거리로 나섰다. 이윽고 창신고, 마산여고, 마산고 학생들도 시가행진에 합류하였다. 이들은 김주열의 주검 앞에 묵념하고 일단 해산하였다. 이후 오후 7시경 시민들이 다시 거리로 쏟아져 나와 마산시청을 점령하고 경찰서와 파출소를 공격하였다. 시위는 13일까지도 계속 이어졌다.

2. 고등학생, 시대의 선각자

'대학생 형님들은 뭣들 해요. 중고생들만 죽어요.'

　　공권력을 동원한 3·15부정선거는 마산과 인근에서만 자행된 게 아니다. 전국 곳곳에서 벌어졌다. 그런데 3·15부정선거에 가장 먼저 나선 이들이 고등학생이다. 여기에 중학생, 초등학생까지 가세하였다. 4·19혁명과 제2공화국은 10대 학생의 외침과 피로 쟁취한 역사이다.

그 꿈틀거림의 시작은 대구였다. 박정희의 5·16쿠데타 이후 대구가 보수의 아이콘으로 굳건하게 자리하고 있지만, 4·19혁명의 도화선이 된 곳은 분명 대구였다.

1960년 2월 28일은 일요일이었다. 이날 오후 1시부터 대구 수성교 천변에서는 민주당 장면 부통령 후보의 유세가 예정되어 있었다. 민주당은 대통령 후보 조병옥이 급서하면서 부통령선거에 모든 것을 걸 수밖에 없었다. 이날은 일요일임에도 불구하고 제일모직, 대한방직, 내외방직 등 대구 시내 모든 공장의 직원들은 빠짐없이 출근하여 평일과 다름없이 작업하였다. 당국은 대구 시내 학생에게도 등교를 지시하였다. 등교 이유로는 영화관람, 토끼사냥, 졸업생 환송회, 임시시험, 보충수업 등 가지각색의 억지를 내세웠다.[10] 경북고등학교 학생 800여 명은 12시 50분 미리 준비한 결의문을 낭독하고 학교를 뛰쳐나와 거리로 나왔다. 그동안 관제 데모에 동원되어 온 학생들이 최초로 자주적 시위를 전개한 것이다.

인류역사 이래 이런 강압적이고 횡포한 처사가 있었던가. 근세 우리나라 역사상 이런 야만적이고 폭압적인 일이 그 어느 역사책 속에 끼어 있었던가. 〈중략〉 우리는 배움에 불타는 신성한 각오와 장차 동아東亞을 짊어지고 나갈 꿋꿋한 역군이요 사회악에 물들지 않은 백합같이 순결한 청춘이요 학도이다. 우리 백만 학도는 지금 이 시간에도 타고르의 시를 잊지 않고 있다. "그 촛불 다시 한번 켜지는 날, 너는 동방의 밝은 빛이 되리라"〈중략〉 백만 학도여! 피가 있거든 우리의 신성한 권리를 위해 서슴지 말고 일어서라!……
1960년 2월 28일 경북고등학교 학생 일동[11]

경북고등학교 학생들의 결의문은 이승만의 폭압을 고발하고 있다.

이승만의 횡포는 역사상 찾아볼 수 없는 야만적이고 폭압적인 일이라고 밝혔다. 경북고등학교 학생은 우리의 신성한 권리를 위해 분연히 일어났다. 경북고등학교 시위는 번개처럼 전해졌다. 대구고등학교 학생 800여 명은 교사의 만류를 뿌리치고, "대구고교생은 모두 죽었느냐!"라고 외치며 거리로 뛰쳐나왔다. 이윽고 대구사대부고, 경북여고 학생들이 시위에 합류하였다. 학생들은 "학생들의 인권을 보장하라", "학도를 정치에 이용하지 말라", "민주주의를 살리고 학원에 미치는 정치권력을 배제하라"는 구호를 외치면서 시위를 벌였다.

2월 28일 대구 학생들의 저항이 갖는 의의는 실로 막중하다. 이승만 정권 10여 년 동안 관제 데모에 동원되어 "절대 지지, 절대 반대"만을 앵무새처럼 따라 했던 학생들이 처음으로 자기 자신들의 주장을 스스로 내세웠다. 대구 학생들의 저항은 전국 학생들의 몸속에 잠자던 자유혼을 일깨우는 계기가 되었다.[12] 자주정신에 입각한 기본권 쟁취에 대구 학생들이 나섰다. 그들의 외침은 외롭지 않았다. 그들이 외침에 '백만 학도'가 응답했기 때문이다.

3월 5일 서울에서 시민과 학생 1천여 명이 "부정선거 배격하자" 등의 구호를 외치면서 시위 행진하였다. 이때 20여 명의 학생이 종로 경찰서에 연행되었다. 3월 8일 대전고등학교 학생이 결의문을 낭독하고 시위에 나섰다. 이후 수원농고, 대전상고, 충주고, 청주고, 경기 오산고, 문경고, 경남상고 그리고 서울의 균명고(현 환일고), 강문고(현 용문고), 중동고, 배재고, 선린상고, 경기고, 대동상고, 부산 해동고, 동래고, 부산상고, 항도고, 북부산고, 영남상고, 데레사여고, 인천의 송도고, 경북의 포항고, 강원의 원주고 등의 학생들이 이승만의 야만적이고 폭압적인 정치를 규탄하며 일어났다. 이때까지는 아직 마산 3·15의거가 있기 전이다.

야만과 폭압에 대한 고등학생들의 고발에도 불구하고, 이승만 대통령은 자기만의 길을 갔다. 그는 부통령선거와 관련하여 "이번에는 이기붕 씨를 부통령으로 뽑아야 나라 일이 더 잘 될 것이다"면서 이기붕이 자신의 러닝메이트라는 점을 강조하면서 동시 선출해 줄 것을 호소하였다.

부정·불법선거를 자행하는 과정에서 인명 피해도 발생하였다. 1960년 3월 9일 전남 여수에서는 자유당의 부정선거를 규탄하고 민주당 후보를 지지하는 집회를 준비 중이던 민주당 여수시당 선전부장 김봉채(당시 44세)와 재정부장 김용호(당시 32세)가 깡패들에게 테러당했다. 김용호는 목숨을 잃었다. 당시 『동아일보』는 '선거희생자 제1호'란 제목으로 이 사건을 대서특필하였다.[13] 민주당은 담화에서 "협잡과 살육을 자행하면서까지 정권을 연장하는 것은 적색 독재와 다른 것이 없다"면서 민주주의를 사랑하는 국민의 궐기로 폭력을 저지해 줄 것을 호소하였다.

김용호 사망사건은 여수경찰서장 등이 광주지역 조직폭력배에게 사주하여 발생한 것으로 재판과정에서 밝혀졌다. 다음날(10일) 전남 광산군(현 광주광역시 광산구)에서는 반공청년단 주최 마을회의에서 자유당 선거원이 연설하였고, 이에 민주당 당원 이상철(당시 39세)이 항의하며, 공명선거를 주장하였다. 이에 반공청년단 단장이 이상철 외 1명을 칼로 찔렀고, 이상철이 사망하였다. 이처럼 3월 15일 선거전까지 민주당이 밝힌 폭력 피해자는 사망 2명, 부상 57명 등 총 59명이다.[14]

3월 15일 선거를 치렀지만, 고등학생의 시위는 끊이지 않았다. 3월 17일 진해고 학생 2백여 명은 "협잡선거 물리치자"는 구호로 시가를 행진하였다. 서울성남고 4백여 명의 학생도 시위에 나섰고, 전남여고에서도 시위를 기도하였으며, 부산 동성중고등학교, 데레사여고 등에서도 규탄시위가 있었다. 학생들의 시위가 간헐적으로 있었지만, 민주당 주도의 부정선거 규탄대회가 전국 곳곳에서 열렸다.

전국 곳곳에서 부정·불법 선거에 반대하는 시위가 벌어졌다. 공권력의 남용은 도를 넘어서 시민의 생명까지 짓밟는 사태에 이르렀다. 이러한 과정에서 고등학생의 시위는 시민들에게 큰 호응을 얻었고, 마산 3·15부정선거 반대 시위로 나타났다. 이후 4월 11일 김주열 열사의 시신이 떠오르면서 다시 정국은 혼돈 속으로 빠져들었다. 4월 11일을 기점으로 13일까지 마산의 학생 시위로 초등학교를 제외한 전국의 학교에 3일간 등교 중지명령이 내려졌다. 4월 13일 부산 학생들이 속속 마산으로 집결하였다.

외국에서도 마산 시민의 저항은 크게 보도되었다. AP통신은 "한국 마산시의 분노한 학생들은 13일 오후에도 또 정부에 대한 새로운 항의를 하면서 폭동으로 뒤끓는 마산시가를 고함치며 시위하였다. 경찰의 혹독한 행위와 선거 사기에 항의하는 이들 시위를 지지하는 행진이 마산시 동쪽 40마일 거리에 있는 부산시에서 조직 중에 있다"면서 "학생들은 '피로 찾은 자유' 총은 왜 쏘느냐라고 외쳤다"고 보도하였다.[15]

학생과 시민의 분노와 이승만 대통령의 사고는 달라도 너무 달랐다. 이승만은 13일 담화를 통해 "혼란을 만드는 자는 어디서든지 법대로 처리해서 시국을 정돈해야 될 것"이라면서 "이 난동 뒤에는 공산당이 있다는 혐의도 있어서 지금 조사 중인데 난동은 결국 공산당에 대해서 좋은 기회를 주게 할 뿐"이라고[16] 강조하였다. 이승만의 선동정치에 빠지지 않은 문구가 '공산당 타도', '공산주의자 타도'이다. 그러나 앞서 대구 경북고등학교 학생들의 결의문에는 오로지 조국과 민족을 걱정하는 마음과 국민의 권리를 주장하는 내용밖에 없었다.

신도성 경남지사의 사고방식도 이승만과 다르지 않았다. 그는 국회

조사단에게 1차와 2차의 데모 성격이 다르다면서 "오열五列17)이라고
단정하는 것은 아니지만, 그 폭력의 성격이 맹목적인 충동이다"18)라고
하였다. 상황을 수습하기보다는 책임을 전가하기에 급급하였다. 신도
성이 '오열'이란 표현을 언급한 것으로 보아, '공산당'과 연계한 폭동
으로 몰아가려는 속셈을 엿볼 수 있다.

3. 시민의 혁명, 4·19혁명

3·15부정선거 규탄시위 당시 행방불명되었던 김주열 열사의 시신
이 4월 11일 마산 앞바다에서 떠올랐다. 그의 오른쪽 눈에 최루탄이
박혀 있었다. 시민들은 충격을 받았고, 분노했으며 분개하였다. 전국
각지에서 시민과 학생이 들고일어났다. 정국은 한 치 앞을 알 수 없는
격랑 속으로 빠져들었다.

4월 18일, 그동안 고등학생의 피 흘림에 침묵한 대학생들이 거리
로 나섰다. 그 시작은 고려대학교였다. 4월 18일 12시 50분 고려대학
교 학생 4천여 명이 인촌 동상 앞에서 데모를 결의하였다. 학생들은
"진정한 민주 이념의 쟁취를 위하여 봉화를 높이 들자"는 선언문을 낭
독하고 국회의사당까지 진출하는 가두시위에 나섰다. "민주 역적 몰아
내자", "자유 정의 진리를 드높이자"라고 쓴 현수막을 앞세운, 학생들
의 함성과 박수갈채는 안암골을 너머 인왕산 북한산으로 울려 퍼졌다.

고려대학교 학생들은 국회의사당 앞에서 농성을 돌입하였다. 지축
을 흔드는 학생들의 외침에 시민들은 뜨거운 눈물로 격려하고 동참하
였다. 학생들은 4개 항목을 건의하였다. ① 행정부는 대학의 자유를

보장하라, ② 행정부는 이 이상 국민의 체면을 망치지 말고 무능 정치, 부패 정치, 야만 정치, 독재 정치, 몽둥이 정치, 살인 정치를 집어치우라, ③ 행정부는 명실상부한 민주 정치를 실천하라, ④ 행정부는 이 이상 우리나라를 세계적 후진국가로 만들지 말라.

밤 8시 20분 교정으로 돌아온 학생들의 뒤에는 수많은 군중이 따르고 있었다. 학생들은 얼싸안으며 뜨거운 악수를 하고 내일을 기약하며 해산하였다. 그러나 시위를 마치고 귀가하던 학생들을 노리는 이들이 있었다. 자유당의 사주를 받은 정치깡패들이었다. 학생들이 청계천 4가 천일극장 앞에 이르렀을 때 잠복 중이던 반공청년단 소속 정치깡패(이정재를 우두머리로 한 동대문 특별단부)들이 학생들을 습격하였다. 이에 학생 2명이 사망하고 많은 부상자가 속출하였다.

4월 19일 조간신문을 펼쳐 본 학생과 시민들은 경악과 분노에 치를 떨었다. 신문 1면에는 고려대 시위가 자세하게 보도되어 있었고, 정치깡패들이 학생을 습격한 경위와 결과가 사회면을 가득 채우고 있었다.

4월 19일 피의 화요일. 고려대학교 학생들의 저항은 대학의 양심에 불을 붙였다. 정치깡패들의 폭압은 지성인 대학생에게 행동할 것을 촉구하였다. 그렇지만 이번에도 먼저 앞장선 것은 고등학생들이었다. 4월 19일 오전 8시, 첫 시위는 서울 신설동에 있는 대광고 학생들의 시위였다. 이윽고 혜화동 소재 동성고 학생들이 합세하였다. 이들은 서울대 정문을 지나면서 "서울대 형님들 뭘 하느냐"고 성토하였다. 오전 9시 20분 서울대학교 본부 정문 앞에 2천여 명의 학생들이 자발적으로 집결하였다. 이들은 문리대에서 작성한 '민주주의를 위장한 백색전제주의에 항거한다'는 선언문을 낭독하고 교문을 출발하여 국회의사당 앞에 집결하였다.

전대학생이 총궐기 : 열띤 데모의 홍수 장안을 휩쓸다
출처 : 『조선일보』 1960년 4월 19일 석간

이윽고 건국대 1천5백여 명, 동국대 1천여 명, 서울사대 1천5백여 명, 동성고 1천여 명, 서울의대·약대 1천6백여 명, 고려대 2천여 명, 중앙대 4천여 명, 연세대 4천여 명, 성균관대 1천5백여 명, 경희대 1천여 명을 비롯하여 경기대, 서울음대, 단국대, 국학대, 국민대, 한양대, 서라벌예대, 성신여대, 홍익대 등이 국회의사당과 세종로 거리에 운집하였다.

대학생들은 "대학생 형님들은 뭣들 해요. 중고생들만 죽어요"라고 외쳤던 중고생들의 간곡한 통곡에 응답하였다. 학생들은 일제히 '이승만 정권 물러가라', '3·15선거 다시 하라'는 구호를 외쳤다. 대학생의 결의문을 보면[19]

—, 국민의 권리와 자유가 짓밟힌 오늘은 하늘과 땅이 분노하고 있으며, 불법 공갈 협박 사기의 3·15선거의 울분한 마산시민의 애처로운 그 참극상을 주권국민인 우리는 보고만 있을 수 없다.

—, 궐기하라 애국동포여, 36년을 두고 피흘려 전취한 우리 민주주의가 지금 몽둥이와 총검 앞에서 피흘리며 애소哀訴하는 저 구슬픈 소리를 우리는 듣고 있지 않는가. 민족을 위한다는 위정자들이여 그대들의 이름은 부귀요 영화이며, 몰인정한 위선자라고 우리 국민은 모두가 분노하고 있다.

—, 집권당 위 정부여, 그대들이 떼어버렸던 양심을 다시 찾지 않으려는가. 지금 거국적 민중 궐기의 피 끓는 이 호소를 듣고 어서 그 양심을 다시 찾아 민사 수호에 목숨 바친 지하에 계신 선열과 시달리고 통곡하는 우리 국민 앞에 늦지 않았으니 사과하라.

—, 우리는 지금도 용서하여 줄 용의가 있다. 같은 핏줄기에 단군의 자손이기에 동포여 어서 일어나 집권당의 사과를 들어보자.

학생들은 여전히 이승만과 자유당에 기회를 주었다. 그러나 자유당과 이승만은 학생들의 외침에 눈을 감고 귀를 막았다. 오히려 총칼로 막을 수 있다는 오만에 사로잡혔다.

학생 시위대는 국회의사당에서 대통령의 집무실인 경무대로 향하였다. 시위대가 경무대에 이르자 경찰은 기다렸다는 듯이 총을 발포하였다. 그리고 시내 시위대를 향해서도 총격을 가하였다. 이승만은 경찰만으로는 시위를 막을 수 없다고 판단하고 오후 1시 서울 일원에 경비계엄령을 선포하였다. 계엄사령관에 육군참모총장 송요찬 중장을 임명하였다. 이후 오후 4시 30분 부산, 대구, 광주, 대전 등 4개 도시에 추가로 계엄령을 선포하였다. 부산지구 계엄사령관으로는 군수기지사령관 박정희 소장, 대구·광주·대전의 계엄사령관으로는 3군사령관 장도영 중장이 임명되었다. 오후 5시 경비계엄령을 비상계엄령으로 변경하였다.

서울지역 계엄사령관 송요찬의 첫 일성은 '경망한 행동 말라'는 겁박의 포고문이었다. 포고문 제1호를 보면,

현하 북한괴뢰는 남침의 기회만을 노리고 호시탐탐하는 차제에 근간 서울 시내의 공공질서는 극단히 문란한 지경에 도달하여 일부 무지각한 군중들은 부화뇌동하여 소요행위를 자행하는 등 중대한 사태에 이르러 정부는 국무원 공고 82호로써 서울특별시 일원에 대하여 단기 4293년 4월 19일 13시 현재로 헌법 및 계엄법에 의거하여 경비계엄을 선포하였습니다.

그리고 저녁 7시부터 아침 5시까지 야간통행을 금지, 옥외집회의 금지, 일반인의 무기 휴대 금지, 학생의 등교 금지, 옥외집회를 하고 있으면 즉시 해산할 것을 발표하였다.[20]

무기를 소지한 공권력을 이용해 이승만은 대통령이란 권력을 유지하려고 했다. 그토록 염원했던 부통령에 당선된 이기붕도 마찬가지였다. 사태 수습을 위해 이기붕에게 사퇴를 권고하였으나, 이기붕은 '사퇴를 고려해 보겠다'고 어정쩡한 성명으로 버텼다. 이기붕이 권력에

끈을 놓지 않고 버티고 있던 그날(1960년 4월 23일) 장면 부통령은 "선거 무효를 시인하고 이 대통령도 사퇴하라"는 성명을 발표하고 부통령직에서 사퇴하였다.

이기붕은 24일 자유당 중앙의장과 국회의장 및 당선된 부통령 등 공직에서 모두 사퇴하겠다고 밝혔다. 이승만 대통령도 "자유당 총재직을 사퇴하고 모든 정당 관계에서 벗어나 대통령직에만 전념하겠다"고 의견을 피력하였다. 그러면서 국무위원(장관) 일부 교체와 내각제 개헌도 가능하다는 입장을 밝혔다. 이승만은 모든 부정, 불법 선거의 책임을 이기붕에게 전가해서 사태를 무마하려고 했다. 속셈은 어떻게 해서든지 대통령직을 유지하려는 것이다.

상황이 급변하면서 언론도 이승만 정권을 규탄하고 나섰다. 아래 사진은 1960년 4월 25일 『동아일보』 석간에 보도된 기사이다. 이 사진은 4월 19일 경무대 앞 상황이며, '아아! 四一九'란 제목으로 당시 상황을 설명하였다. 이 기사의 마지막에는 사진을 늦게 보도한 이유를 덧붙였다. 4월 19일 계엄령 포고 이후 언론은 계엄사령부로부터 검열을 받았던 것이다. 언론의 태도가 급변한 데에는 4월 25일 서울 시내 교수단의 시국선언이 크게 작용하였다. 이날 『동아일보』는 계엄 사령부 검열을 받지 않고, 4월 19일 촬영한 사진과 함께 당시 상황을 보도하였다.

아아, 四一九! 여기 새파란 젊음들이 광풍처럼 휘몰아친 실탄의 세례에 몰려 그들의 목숨을 꽃잎처럼 날리고 있다.
"경무대로 가자! 이대통령에게 우리의 외침을 들려주자! 우리는 부정을 알려야 한다!" 부정선거를 규탄하고 국민의 주권을 다시 찾으려는 역사적인 학생들의 '데모'가 피로 물들기 시작한 순간… 아아, 4월 19일 하오 1시40

분 조수의 밀물처럼 밀려간 '데모'대 선두는 경찰의 모진 저지를 무릅쓰고 효자동 전차종점에서 경무대쪽으로 꺾어 올라갔다. 경무대 정문 앞까지 채 가지 못해서 '띠.따.따.따…' 일제히 불을 뿜는 총포에서 무수한 실탄이 날아 학생들의 가슴과 등을 뚫고 학생들은 뒤로 몰려나왔다. ↑표의 두 학생이 총탄을 맞아 쓰러지려 하고 있다. 그 뒤의 소방차 앞엔 많은 학생들이 소방차의 저쪽인 경무대 정문편에서 오는 실탄을 피하면서 항거를 계속하고 있다. (이 사진은 그동안 계엄사령부 보도검열에 걸려 보류중에 있던 것임)

아아, 四一九!
출처 : 『동아일보』 1960년 4월 25일 석간

4월 19일 경찰의 무차별적인 진압과 계엄령 선포로 시위는 다소 소강상태로 접어들었다. 고등학생으로 시작한 시위에 대학생이 응답했으나, 지식인이나 교수 사회는 별 반응을 보이지 않았다. 이틈을 이용하여 이승만은 이기붕 사퇴와 국무위원 교체로 상황을 모면하고자 하였다.

그러나 4월 25일 이승만의 꼼수에 분노한 서울 시내 대학교의 교수단 258명이 '학생의 피에 보답하라'는 현수막을 앞세우고 국회의사당까지 가두시위를 벌였다. 그들은 국회의사당에서 '부정불의에 항거하는 민족정기의 표현'이란 제목으로 14개 조항의 시국 선언문을 발표하고, 이승만 정권의 퇴진을 요구하였다.

1. 마산, 서울 기타 각지의 데모는 주권을 빼앗긴 울분을 대신하여 궐기한 학생들의 순진한 정의감의 발호이며 부정불의에 항거하는 민족정기의 표현이다.
2. 이 데모를 공산당의 조종이나 야당의 사주로 보는 것은 고의의 왜곡이며 학생들의 정의감의 모독이다.
3. 평화적이고 합법적인 데모에 총탄, 폭력을 기탄없이 가함은 민주와 자유를 기본으로 하는 대한민국의 국립경찰이 아니라 불법과 폭력으로 권력을 유지하려는 일부 정부집단의 사병이었다.
4. 누적된 부패와 부정과 횡포로써 이 민족적인 대참극과 치욕을 초래한 대통령을 위하여 여야 국회의원 및 대법관들은 그 책임을 지고 물러시지 않으면 국민과 학생들의 분노는 가라앉기 힘들 것이다.
5. 3·15선거는 부정선거이다. 공명선거에 의하여 정.부통령 선거를 실시하라.
6. 3·15부정선거를 조작한 주모자들은 중형에 처하여야 한다.
7. 학생 살상의 만행을 위해서 명령한 자 및 직접 하수한 자는 즉시 체포 처형하라.
8. 모든 구금된 학생은 무조건 석방하라. 실형, 구금된 학생중에서 파괴와 폭행의 엄행이 있더라도 동료의 피살에 흥분한 비정상 상태의 행동이요, 파괴와 폭행이 본의가 아닌 까닭이다.
9. 공적 지위를 이용하여 부정축재한 자는 관, 군, 민을 물론하고 가차없이 적발, 처단하여 국가의 기강을 세우고 부패와 부정을 방지하라.
10. 경찰의 중립화를 확고히 하고 학원의 자유를 절대 보장하라.
11. 학원의 정치도구화를 포기하라.
12. 곡학아세하는 사이비 학자와 정치도구화된 소위 문화, 예술인을 배격하라.
13. 학생 제군은 38선 이북에서 호시탐탐 공산도배들이 제군들의 의거를 백퍼센트 선전 이용하고 있다는 사실을 경계하라. 또한 38선 이남에서

는 반공의 명의를 남용하는 방식으로 제군들이 흘린 피의 정치도구화를 조심하라.

14. 시국의 중대성을 인식하고 학생들은 흥분을 진정하여 이성을 지켜서 극히 학업의 본연으로 돌아오라.

교수단은 학생 시위에 대해서 주권을 빼앗긴 울분이며, 학생들의 순진한 정의감의 발호이며, 부정 불의에 항거하는 민족정기의 표현이라면서 데모의 정당성을 주장하였다. 교수단의 시국선언은 수그러져 가던 불길을 또다시 타오르게 하는 기폭제가 되었다. 25일과 26일 수십만 학생과 시민들이 거리에 나와 이승만 정권 퇴진을 요구했고, 경찰은 무차별 발포로 대응하였다. 다행히 계엄사령관 송요찬은 학생들의 요구가 정당하다고 인정하고, 계엄군이 시위대를 향해 발포하는 것을 금지하라고 명령하였다.

1960년 찬란한 봄날, 시민들은 혁명대열에 나섰다. 고등학생에서 시작하여 대학생의 횃불에 교수단이 응답하였다. 이들만 혁명대열에 나선 것이 아니었다. 중학생도 초등학생도 폭압적이고 야만적인 독재 정치를 끝장내고자 거리로 나서, 혁명대열에 힘을 실었다. 당시 시위에 참여한 한성여중 2학년 진영숙 양의 '유서'와 수송국민학교 강명희 학생의 시를 읽어보자.

강명희 양의 '마음'을 적은 시[21]

아…… 슬퍼요.
아침 하늘이 밝아오며는
달음박질 소리가 들려옵니다
저녁 노을이 사라질 때면

탕탕탕탕 총소리가 들려옵니다
아침 하늘과 저녁 노을을
오빠와 언니들은
피로 물들였어요.

오빠와 언니들은
책가방을 안고서
왜 총에 맞았나요
도둑질을 했나요
강도질을 했나요
무슨 나쁜짓을 했기에
점심도 안먹고
저녁도 안먹고
말없이 쓰러졌나요
자꾸만 자꾸만 눈물이 납니다

잊을수 없는 4월 19일
학교에서 파하는 길에
총알은 날아오고
피는 길을 덮는데
외로이 남은 책가방
무겁기도 하더군요

나는 알아요 우리는 알아요
엄마 아빠 아무말 안해도
오빠와 언니들이
왜 피를 흘렸는지…

오빠와 언니들이
배우다 남은 학교에
배우다 남은 책상에서
우리는 오빠와 언니들의
뒤를 따르렵니다

진영숙 열사의 '글'

시간이 없는 관계로 어머님을 뵙지 못하고 떠납니다. 끝까지 부정선거 데모로 싸우겠습니다. 지금 저의 모든 친구들, 그리고 대한민국 모든 학생들은 우리나라 민주주의를 위하여 피를 흘립니다. 어머님, 데모에 나간 저를 책하지 마시옵소서. 우리들이 아니면 누가 데모를 하겠습니까? 저는 아직 철없는 줄 압니다. 그러나 국가와 민족을 위하는 길이 어떻다는 것을 알고 있습니다. 저의 모든 학우들은 죽음을 각오하고 나간 것입니다. 어머님, 저를 사랑하시는 마음으로 무척 비통하게 생각하시겠지만 온 겨레의 앞날과 민족의 해방을 위하여 기뻐해 주세요. 이미 저의 마음은 거리로 나가 있습니다. 너무도 조급하여 손이 잘 놀려지지 않는군요. 부디 몸 건강히 계세요. 거듭 말씀드리지만, 저의 목숨은 이미 바치려고 결심하였습니다. 시간이 없는 관계상 이만 그치겠습니다.

진영숙 열사는 4월 11일 김주열 열사의 시신이 떠올랐다는 신문 기사를 읽고 목 놓아 울었다. 그는 4월 19일 오후 4시 하굣길에 시위하는 대학생들의 모습을 봤다. 그는 두 살 때 아버지를 잃고 동대문 시장 옷장사를 하던 어머니 밑에서 자랐다. 어머니가 오시면 인사를 드리고 나가려고 했지만, 어머니는 오지 않았다. 그는 편지를 써서 홀어머니에게 남기고 시위대 버스에 올라탔다. 시위 버스에서 차창 밖으로 고개를 내밀고 구호를 외치다가 미아리고개에서 경찰이 쏜 총에 맞아 목숨을 잃었다. 그의 편지는 유서가 되었다. 초등학생 강명희는 오빠와 언니가 왜 피를 흘렸는지 알았다. 그 고귀한 죽음을 따르겠다고 하였다.

1960년 당시 대한민국의 국민소득은 79달러였다. 국민소득 3만 달러를 훨씬 넘는 요즘도 '민주주의가 밥 먹여주냐는 비아냥이 난무' 하는데, 당시 민주주의란 어떤 의미였을까. 대관절 무엇이 14살의 어린 마음에 의분의 불을 댕겼기에 목숨을 걸고 싸우겠노라고 결의했을까. 고등학생들이 소방차에 매달려 시위하다가 총에 맞아 쓰러지고, 대학생들이 경찰의 총부리 앞에 태극기를 들고 '이 국기 앞에 총을 겨누는 자 반역자다!'를 부르짖게 했을까.

4월 25일 국회는 윤택중 의원 외 38인의 명으로 '민주의 날' 제정을 건의하였다.[22] 대규모 시위가 있었던 4월 19일을 국가적인 기념일로 정하자는 것이다.

'민주의 날' 제정 건의안

단기 4293년 4월 19일은 이 땅의 젊은 아들딸이 이 나라의 쓰러져 가는 민주주의를 소생시키려고 1당 독재정치에 영웅적 항쟁을 하였으며 또한 그들은 민주주의 확립에 고귀한 피로써 이바지한 것이다.

어찌 우리 국민은 이 젊은 아들딸들의 거룩한 피를 한 방울인들 헛되이 하랴! 우리들은 이 젊은이들의 외침과 피방울을 잊어서는 천추만대의 반역배가 되고 말 것이다. 우리들은 이들의 정신을 영원히 받들어 가슴 깊이 새김으로써 이 나라의 민주주의를 소생시키고 또한 발전시키기 위하여 우리는 이날을 전 민족과 더불어 '민주의 날'로 제정할 것을 건의하는 바이다.

12년 1인 독재가 붕괴한 날이다. 시민혁명이 승리한 날이다. '민주주의는 피를 먹고 자란다'는 말을 입증한 대한민국 민주주의 역사의 찬연함이다. 4월 26일 오전 10시 이승만은 특별담화를 발표하였다.

이승만은 "국민이 원한다면 대통령직을 사임하겠다"고 발표하였다. 그러면서 "3·15정부통령 선거에 많은 부정이 있다 하니 선거를 다시 하도록 지시하였다. 선거로 인한 모든 불미스러운 것을 없이 하기 위하여 이미 이기붕 의장에게 공직에서 완전히 물러나도록 하였다. 내가 이미 합의를 준 것이지만 만일 국민이 원한다면 내각책임제 개헌을 하겠다"[23]고 밝혔다.

이승만은 재임 기간 12년 동안 항상 '국민'을 팔았다. 발췌개헌, 사사오입 개헌 등 헌법질서 파괴와 탈법적인 행위를 국민이 원하는 것으로 포장하였다. 그 국민팔이를 통해 이번에도 또 빠져나갈 구멍을 찾았다. 아니 계속 정권을 유지할 방도까지 나름 고려하여 '국민이 원한다면'이란 조건을 달아 놓았다.

2월 28일 대구에서, 3월 15일과 4월 11일 마산에서, 4월 19일 서울 등 전국 방방곡곡에서 울린 청년학생들의 외침을 제대로 들었다면, 양심을 지닌 사람이라고 한다면 더 이상 국민팔이를 하지 않았을 것이다. 그런데 담화에는 '국민이 원하면'이란 단서가 달렸다. 계엄령이 내려진 상황에서 계엄군의 힘이나 반공청년단 등의 결집으로 다른 목소리가 나올 경우 언제든지 뒤집을 수 있는 상황을 만든 것이다. 여하튼 이승만의 사임 결정에는 새로 지명된 외무부 장관 허정과 계엄사령관 송요찬 그리고 주한미대사 매카나기W. P. McConaughy의 충고가 작용했다고 한다.

이승만의 담화 발표 이후 국회에서도 시국수습에 관한 긴급회의가 열렸다. 이후 국회는 '이승만 즉시 하야할 것' 등 시국수습결의안을 만장일치로 가결하고, 이승만 대통령에게 전달하였다. 하지만 이승만은 담화 발표와 달리 사임서 제출을 막무가내로 거부하였다. 비서들의 사임서 사인 요구에 이승만은 꼿꼿하게 버텼다. 새로 지명된 외무부 장관 허정과 국방부 장관 김정렬이 나서서 설득하고 또 촉구했지만, 이승만의 대답은 '사임하면 온 국가가 혼란에 빠질 것이 확실하다'는 논리를 폈다. 과도내각의 실질적인 수반으로 결정된 허정이 질서를 확고히 유지할 수 있다고 역설하자 그제서야 사임서를 국회에 제출하였다.[24] 이승만이 제출한 사임서를 보면[25]

이대통령하야 용의성명
출처 : 『동아일보』 1960년 4월 26일 '호외'

> 나 리승만은 국회의 결의를 존중하여 대통령의 직을 사임하고 물러앉아 국민의 한 사람으로서 나의 여생을 국가와 민족을 위하여 바치고자 하는 바이다.
> 단기 4293년 4월 27일 리승만

이승만은 하야하였다. 끝내 시민 앞에 무릎을 꿇었다. 그는 여생을 조국에서 보내지 못하고, 1960년 5월 29일 세 번째 미국 망명길에 올랐다. 망명지는 미국 하와이였다. 그의 망명은 극비리에 이루어졌다. 그가 떠난 길을 마중한 사람은 허정 과도내각 수반과 이수영 외무차관이었다. 이승만 그는 어떤 사람이었을까? 일부에서는 '권력의 화신'이라고 부르고, 일부에서는 '국부國父'라고 칭송한다.

4. 웃고 왔다 울고 가는 독재자의 종극

1960년 5월 29일 일요일 『경향신문』 석간은 특종을 보도하였다. 이승만의 망명이다. 4면 중 3면이 온통 이승만의 망명을 보도하였다. 이보다 앞서 5월 29일 『동아일보』 조간 1면 톱에는 "이 박사 부처夫妻 해외 망명설"이란 제목으로 망명설을 제기하였다. 측근들은 "조국서 여생 보낼 결심"이라며 부인했고, 미국 매카나기 대사도 "그런 일이 없다"면서 망명설을 부인하였다. 그러나 망명설은 사실이었고, 『경향신문』은 이승만의 망명을 특종으로 보도하였다.

이박사부처 돌연 '하와이'로 망명 : 오늘아침 김포공항을 출발
출처 : 『경향신문』 1960년 5월 29일 석간

이날 특종을 보도한 『경향신문』을 보면, 1면 머리 통단으로 "이박사 부처夫妻 돌연 '하와이'로 망명"이란 제목 아래 '오늘 아침 김포공항을 출발'이란 부제 6단 컷을 세웠으며, 오전 8시 45분 CAT항공 전세비행기 트랩에 오르는 사진도 2장도 올렸다. 기사의 내용은 다음과 같다.

[김포공항에서 신태민 김수종 윤양중 본사특파원발] 전대통령 이승만 박사와 同夫人 '후란체스카' 여사는 29일 상오 8시 45분 CAT항공사 소속 전세기편으로 김포국제공항을 떠나 '하와이'로 일로망명의 길을 떠났다(號外再錄).
이날 공항에서 허정 수석국무위원과 이수영 외무차관 그리고 그의 운전수와 경호원 수명이 전송할 뿐 16년 전 그가 국부로 추앙받으며 동포의 환호성에 묻혀 환국했을 때와는 너무도 대조적이어서 파란 많은 그의 생애를 말하는 듯하였다. 남기고 싶은 말이 없느냐는 기자 질문에 李 박사는 "지금 내 입장에서 무슨 말을 하겠소. 얘기를 하면 내 생각하는 일이 달라질지 몰라. 다 이해해 주고 그대로 떠나게 해 주오"라고 말했으며 후란체스카 부인도 소감을 묻는 기자에게 "낫씽… 아이 러브 코리아"(아무것도 없소… 나는 한국을 사랑합니다)라고 말했다.
41개의 좌석이 있는 CAT사의 B104호기는 이날 아침 7시 반 臺北으로부터 飛來하여 李박사 내외와 그들의 휴대품인 4개의 중형 '보스톤백', 2개의 양산과 李 박사가 10여 년 래 애용해 온 타이프라이터 1대와 단장短杖 1개를 실었을 뿐 아무도 따라가는 이가 없었고 승무원으로는 기장 K.R.락웰 씨, 부조종사 티턴 및 핀카바 씨의 3명 외에는 한 사람의 스튜어데스(案內員)도 없었다. 락웰 조종사는 이날 기상 등 비행조건이 호적好適하다고 말하면서 순조로우면 21내지 22시간 후에 하와이 호놀노루루 비행장에 닿을 것이며 도중 웨이크도島에 기착하게 될 것이라고 말하였다.
許 수석국무위원은 정비 관계로 이날 예정보다 2시간여 연발하게 된 기중에서 李 박사와 얘기하였는데 그것은 "별 얘기도 아닌 이런저런 얘기였다"고 말

하였다. 許 수석은 李 박사 부처가 "휴양차休養次 하와이로 떠났다"는 것을 공보실을 통하여 발표할 것이라고 말하였다.

이로써 4월민주혁명의 성공으로 12년간에 걸친 장구한 일인 독재정치에 종지부를 찍은 '완고한 노인'은 뼈를 조국에 묻고 싶다던 하나의 소망도 거두지 못하고 아무도 반겨주는 이 없을 이역으로 떠나갔다. 〈하략〉

1면에는 그 외에도 "해외에 재산막대? 후 여사와 외교관이 마련", "잠정사증으로 출국. 맥 미대사, 여타의 망명 경우엔 함구", "독재자의 '순탄한 말로'. 과오는 많으나 다시 오기를-원내 양당 반응", "의외로 놀랄 일-장면 민주당 대표 담", "당연히 잘 떠난 것-재야인사들의 반응-", "휴양 떠났다-허 수석 담" 등의 취재 기자와 인터뷰, 사설 "이승만 노박사는 드디어 망명의 길을 떠났다"등 관련 내용을 실었다.

2면에도 머리 통단으로 "망명길 떠나는 이 박사 부처의 표정'이란 제목 아래 망명길을 떠나는 이승만의 동정을 9장의 사진에 담아 생생히 보도하였다. 3면(사회면)에는 주인 떠난 이화장의 썰렁한 모습을 '싸늘하고 빈 무덤과 같아'란 표제로 스케치하였다. 그리고 '이 박사 부처 쥐도 새도 모르게 출국'이라는 기사와 함께 '역사를 실은 김포공항-웃고 왔다 울고 가는 독재자의 종극'이라는 만평을 실었다.

『동아일보』도 망명설을 어느 정도 감지했으나, 결정적인 순간을 담지 못했다. 『경향신문』은 어떻게 이승만의 망명을 특종으로 보도할 수 있었을까? 5월 28일 한밤중에 걸려 온 익명 인사의 전화 제보가

경향만평 _ 역사를 실은 김포공항
출처 : 『경향신문』 1960년 5월 29일

결정적이었다. 취재 특명을 받은 사회부 기자들은 이화장 앞 골목에서 밤새 숨어 현장을 지켰다. 새벽 6시 50분 이승만 부처가 이화장을 빠져나가는 장면을 포착하는 데 성공하였다. 이날은 일요일이었지만 이승만의 망명 특종은 『경향신문』 가판된 신문만 10만 부가 넘어 국민들의 충격이 어느 정도였는지를 짐작할 수 있다.[26]

이승만은 세 번째 망명길에 올랐다. 그리고 살아서 고국으로 돌아오지 못했다. 그는 하와이에서 1965년 7월 19일 사망하였다. 그의 유해는 1965년 7월 23일 하오 3시에 김포공항에 도착하였다. 그가 세 번째 망명길에 오른 지 5년 1개월 24일 만에 말없이 돌아왔다.

5. 4월 혁명의 상처

3월 15일 마산의거부터 4월 26일 이승만의 하야까지 시민혁명 과정에서 많은 피해자가 발생하였다. 사망 피해자의 숫자에 대해서는 자료마다 약간씩 차이가 있다. 1963년 9월 20일 '4월학생혁명기념탑' 제막식과 희생자 합동 이장식이 서울 수유리에서 있었다. 기념탑 비문에는 다음과 같이 기록되어 있다.

> 1960년 4월 19일 이 나라 젊은이들의 혈관 속에 정의를 위해서는 생명을 능히 던질 수 있는 피의 전통이 용솟음치고 있음을 역사는 증언한다.
> 부정과 불의에 항쟁한 수 만 명 학생대열은 의기의 힘으로 역사의 수레바퀴를 바로 세웠고, 민주제단에 피를 뿌린 185위의 젊은 혼들은 거룩한 수호신이 되었다.
> 해마다 4월이 오면 접동새 울음 속에 그들의 피 묻은 혼의 하소연이 들릴

것이요. 해마다 4월이 오면 봄을 선구하는 진달래처럼 민족의 꽃들은 사람들의 가슴마다에 되살아 피어나리라.

기념탑 비문에는 피해 규모가 기록되어 있다. 피해자는 185위이다. 이는 1963년 9월 20일까지 파악한 사망 피해자이다. 사망원인은 총격에 의한 사망이 대부분이었다. 즉, 경찰의 총격이다. 이를 시기별로 구분하면[27], 3·15부정선거에 나섰던 마산에서 10명이 사망했으며, 4월 18일 고려대학교 학생 시위 때 정치깡패의 습격으로 2명 사망하였다. 4월 19일 경찰의 발포로 141명, 4월 20일~25일 6명, 4월 26일 26명 등으로 합하여 총 185명이다. 남녀별로 구분하면 남자 173명, 여자 12명이다. 나이별로 보면,

4·19혁명 사망 피해자 현황

구분	19세이하	20~29세	30~39세	40~49세	50세이상	미확인
인원(명)	81	81	10	6	3	4
비율(%)	43.8	43.8	5.4	3.2	1.62	2.7

나이별로 보면 10대와 20대가 87.6%로 피해가 컸다. 초·중·고의 학생 피해자는 54명이며, 전문대 및 대학교 학력 피해자는 22명이다. 4·19혁명이 학생·청년의 역사였음이 여실히 드러나고 있다. 현재 4·19 기념사업회에서는 피해자가 186명이라고 기록하고 있다.

2장
'국부' 이승만은 누구인가[28]

1. "짐이 곧 국가이다"

대한민국은 민주공화국이다. 군주정, 전제정이 무너지고 민주공화정 체제를 확립한 사건이 1789년에 발생하였다. 프랑스혁명이다. 18세기 프랑스는 강력한 왕권을 휘두르던 태양왕 루이 14세가 통치하였다. 대중에게 그는 절대 왕정주의 대표적 전제군주로 각인되어 있다. 루이 14세는 강력한 왕권 아래 온갖 악행을 저질렀다. 자신을 '살아 있는 법률'로 착각하였다. 스스로를 지상에서 신神의 대행자라 주장하였다.

루이 14세의 사이코적 권력 기질은 잦은 전쟁을 불러일으켰다. 결국 프랑스 재정은 파탄 났고 민중의 불만이 폭발하였다. 이것이 프랑스혁명의 시작이다. "짐이 곧 국가이다"라는 말로 유명한 루이 14세는 절대 권력은 절대 부패한다는 사실을 여실히 보여준 인물이다. 또한 절대 권력은 반드시 민중의 고통을 수반하고 있으며, 이는 민중의 폭발로 이어지게 될 수밖에 없다는 역사의 흐름을 잘 보여준다. 훗날 1950~1960년대 대한민국에서 벌어질 일을 역사는 예견하고 있었다.

대한민국 정부 수립과 함께 12년 동안 권좌에 앉아 있었던 이승만도 루이 14세와 다름이 없었다. '국부'라는 환상 속에서 절대 권력에 심취하였다. 절대 권력은 절대 부패를 양산하였고, 끝내 시민혁명으로 물러나게 되었다. 아직도 동전의 양면처럼 대한민국 '건국 대통령'으로 칭송받기도 하고, '독재자'로 인식되기도 하는 그의 이름은 이승만李承晩, 1875.3.26.~1965.7.19, Syng-man Rhee, 호는 우남雩南이다.

이승만이 나고 자란 19세기 말 20세기 초는 전 세계적으로 대혼란의 시기였다. 조선은 서구열강의 주도권 싸움에서 허우적거리고 있었으며, 내부적으로는 '세상을 올바르게 다스리는 도리'의 세도世道정치가 세도勢道정치로 변질되었던 시대가 막을 내리고, 흥선대원군과 민비가 끊임없이 권력투쟁을 벌이고 있었다.

이승만은 미국으로 망명하여 '민주주의 체제' 국가에서 거의 40년을 살았다. 그런데 왜 왕정국가에서 사용했던 '짐' 또는 '국부'라는 칭호를 흠모했을까? 아마도 그의 16대 조상인 양녕대군讓寧大君이 이루지 못한 왕이라는 절대권력의 꿈을 가슴 깊은 곳에 품고 있었는지도 모른다. 양녕대군은 조선 3대 왕인 태종(이방원)의 맏아들로 태어나 왕세자 책봉이 되었다. 하지만 왕위에 오르지 못했다. 그는 끝내 세자에서 폐위되었고, 동생(세종)에게 왕세자와 왕의 자리를 넘겨주었다.

이승만은 자서전에서 양녕대군이 그의 조상이며, 양녕대군은 태조(이성계)의 장남이라고 소개하고 있다. 왕의 특권을 누리고 살 수 있었던 기회가 양녕대군으로 인하여 물거품이 되었다. 그리고 힘겨운 어린시절을 보냈다. 그러다 보니 40년 가까이 외국생활을 했음에도 여전히 군주제적 표현인 '짐'을 일반화하여 사용하였던 것 같다. 일부에서는 이승만이 1904년에 쓴 것으로 알려진 『독립정신』에서 이미 최소한 입헌군주제 또는 최대한 민주공화제를 주장한 사상가라고 높이 평가하고 있다. 그러나 해방된 조국에서 그는 권력욕의 화신처럼 행동하였다. 결국 그는 "짐이 곧 국가"라는 식의 전제왕조 국가의 망상에서 벗어나지 못했다.

이러한 이승만의 사고는 양아들 입양 과정에서도 여실히 드러난다. 이승만과 프란체스카 사이에는 자식이 없었다. 이에 양자를 입양하기로 마음을 먹었다. 첫 번째 양자는 이승만의 비서실장을 역임했고, 자유당의 2인자였던 이기붕의 장남 이강석이다. 이승만은 그의 83세 생일(1957년 3월 26일)을 맞이하여 이강석을 양자로 입적하였다. 이강석의 친부 이기붕은 효령대군孝寧大君 17대손이다. 효령대군은 태종의 2남으로 양녕대군의 동생이다. 첫 번째 양자 이강석은 4·19혁명으로 이승만이 대통령에서 하야하자, 이틀 뒤인 4월 28일 경무대에서 친부 이기붕과 친모 박마리아를 권총으로 쏘고, 자신도 자살하였다.

이승만의 두 번째 양자는 양녕대군 17대손으로 당시 청년이었던 이인수(李仁秀, 1931년생)이다. 그는 1961년 11월 13일에 입적하였다. 전주 이씨 종친회는 이승만이 조상을 모실 아들이 없음을 한탄하는 것을 풀어주고자 양자 입적 문제를 논의했다고 한다. 양자의 조건은 양녕대군의 17대손 중에서 영어를 할 줄 아는, 미혼 청년이었다. 이인수는 입적 한 달 만인 그해 12월 13일 하와이로 가서 이승만과 처음으로 상봉하였다.

민주주의 체제를 선호하고 서양 문물을 공부했다고 하지만, 왕조시대의 명칭을 사용한다거나 왕족 혈통을 중시하는 듯한 모습을 보면 결국 그의 사고는 왕조 국가의 신분사회에서 벗어나지 못한 것으로 보인다.

2. 첫 부인 박승선과 아들

이승만은 서구 열강이 한반도를 엄습하고 있던 1875년 황해도 평산군 마산면 대경리 능내동(능안골)에서 태어났다. 아버지 이경선(李敬善, 1839~1912)은 평생 돈을 번 적이 없는 선비였다. 이경선은 계보학과 풍수지리에 심취해 전국을 떠돌아다녔는데, 이유는 선조의 묘를 잘못 써서 가문이 몰락했기 때문이라며 전국을 유랑하며 명당 찾는 데 열중하였다.[29] 이승만은 아버지 이경선과 서당 훈장 김창은의 외동딸인 어머니 김해 김씨(1833~1896) 사이에서 3남 2녀의 막내아들로 태어났다. 위로 형이 두 명 있었지만, 이승만이 출생하기 전에 홍역으로 죽었기 때문에 실질적으로 6대 독자였다.

이승만은 그의 나이 16살 되던 1891년에 같은 마을에 살던 음죽 박씨 박승선(朴承善, 1875~1950?)과 결혼하였다. 박승선은 이승만과 같이 서울 남대문 밖에 살았던 동갑내기 처자이다. 그녀는 아버지 박춘혁朴春赫과 어머니 이李씨 사이에서 태어났다. 박승선은 아버지를 한 살 때 여의고 어머니마저 여덟 살 때 잃었다. 외할아버지(이현필)와 이승만의 부친 이경선은 잘 알고 지내던 사이였다. 이런 인연으로 이승만과 박승선의 혼사가 이루어졌다.

이들은 결혼 7년 만에 아들 태산(泰山, 1898~1906 : 일명 鳳秀)을 낳았다. 집안 살림은 넉넉하지 않았다. 시아버지는 몰락한 양반이면서 왕족의 후예라며 겉멋만 잔뜩 부리는 무능력하고 고루한 선비였다. 이승만도 부친 이경선과 마찬가지로 집안 살림과는 거리가 멀었다. 그는 서당을 다니며 과거시험에 응시했지만 계속 낙방했고, 결국 1894년 7월 과거제가 폐지되자 "가장 고귀한 꿈"[30]이 무너지는 현실을 접하게 되었다.

이승만은 새로운 관직 진출의 길인 배재학당으로 진로를 수정하였다. 배재학당을 다녔던 것은 영어를 공부하기 위함이라고 한다.[31] 여기서 이승만은 그의 모델이자 스승을 만난다. 서재필이다. 서재필은 1896년 4월 『독립신문』을 발간하였다. 1896년 5월 21일부터는 배재학당에서 매주 목요일 3시에 세계역사와 지리 그리고 민주주의와 국제정세 등에 대한 특강을 하였다.[32] 이승만은 서재필로부터 '민주주의'에 대해 배우게 되었다. 정치적으로도 서재필의 영향을 크게 받아 1897년 7월 배재학당 졸업 후에도 서재필을 따라 독립협회, 만민공동회 활동에 적극적으로 참여하였다. 두 사람의 관계는 1898년 5월 27일 서재필이 미국으로 출국하면서 소원한 관계로 변하고, 해방정국에서는 정치적 경쟁자로 갈등한다.[33]

상황이 이렇다 보니 집안 살림살이는 시어머니 김씨와 부인 박승선의 몫이었다. 1896년 시어머니 김씨 부인이 사망하자 박승선 홀로 집안 살림을 짊어지게 되었다.

1899년 1월, 이승만은 박영효 일파의 고종 폐위 음모에 가담했다는 혐의로 체포되었다. 일명 독립협회사건이다. 이 사건으로 이승만은 종신형을 선고받았으나, 뒷날 감형되어 5년 7개월 옥살이 후 석방되었다. 남편 이승만이 투옥되자 박승선은 갓난아이를 업은 채 덕수궁 앞에 거적을 펴고 사흘이나 임금에게 읍소해 서울 장안에 열녀라는 소문이 나기도 했다.

1904년 8월 9일, 이승만은 5년 7개월 옥살이에서 풀려났다. 감옥에서 나온 이승만은 미국으로 떠났다. 이승만의 첫 번째 망명이다. 그리고 이듬해 이승만은 아들 태산을 미국으로 불렀다. 이승만과 아들이 미국으로 떠난 뒤 박승선은 수절과부나 다름없는 삶을 살았으며,

홀로 남은 시아버지를 봉양하는 것도 오로지 며느리의 몫이었다.

아들 태산이 미국을 건너갈 수 있었던 데는 박용만의 도움이 컸다. 이승만의 영문 자서전에는 "나의 아들이 왔다. 박용만 씨가 그를 한국에서부터 데려왔는데 나는 필라델피아의 어떤 가정에 그를 맡겨야 했다. 거기서 그는 죽고 말았다, 참으로 슬픈 일이었다"라고 쓰여있다. 이승만과 박용만의 관계를 단적으로 알 수 있는 대목이다.

박용만은 이승만이 독립협회사건으로 감옥에 있는 동안 만나 결의형제를 맺었다. 이후 박용만은 이승만이 미국 및 하와이에 정착하는 데 많은 도움을 주었지만, 하와이에서 갈라선다. 당시 하와이에는 조선인 사탕수수 노동자가 8,000명에 달했다. 하와이 교포 사회가 박용만 지지파와 이승만 지지파로 나뉘어 대립하게 되고, 1915년부터 이승만이 하와이지방총회를 사실상 장악한다. 이후 하와이는 이승만의 근거지가 되었다.

아들 태산이 미국으로 떠날 때 나이 8살이었다. 어머니의 손길이 필요한 나이에 어린 태산은 낯선 이국땅에서 디프테리아를 앓다가 1906년 2월 26일에 필라델피아 시립병원에서 세상을 떠났다. 미국에 온 지 10개월 만이다. 태산이 미국에 도착할 때 이승만의 신분은 학생이었다. 1905년은 이승만이 조지워싱턴대학에 입학한 시기이다. 자기 몸도 간수하기 힘든 열악한 여건 속에 있었다. 어린 태산은 언어도 통하지 않는 이국땅에서 몹시 힘들고 외로웠을 것이다. 태산은 몹쓸 병을 얻었고 끝내 먼 이국땅에서 하늘나라로 가고 말았다.

1910년 10월 이승만은 고국을 떠난 지 6년 만에 귀국하였다. 금의환향이었다. 그러나 조국은 나라를 빼앗긴 후였다. 이승만은 하버드대 석사학위와 프린스턴대 박사학위를 받고 돌아와 황성YMCA(서울기독교청년회) 간사로 취직하여 교육자로서 활동하였다. 다시 미국으로 망명할 때(1912년 3월)까지 약 1년 5개월 동안 고국에서 생활하였다. 그렇지만 이승만과 박승선 부부의 연은 이어지지 않았다. 다시 미국으로 건너간 이승만은 간간이 보내던 편지도 끊었다. 이승만과 박승선의 결별에는 이승만의 부친인 이경선의 역할이 컸다.

이경선은 반주飯酒가 없다며 며느리를 타박하였다. 가족의 생계 문제를 도외시하면서 권위적이기까지 한 시아버지를 봉양하기는 쉽지 않았을 것이다. 특히 손자 태산을 잃은 것에 대한 노여움이 컸다. 태산을 미국으로 보낸 것을 며느리 탓으로 여겼다. 1912년 12월 4일에 시아버지가 사망했을 당시 박승선은 남편도 없이 시아버지의 장례를 혼자 치렀다.

한편 박승선의 불같은 성격 탓에 이승만과 박승선이 결별하게 되었다는 주장도 있다. 1960년 4·19혁명으로 세 번째 하와이로 망명한 후 아들 태산과 박승선에 대한 기록을 남겼던 문일신의 글을 잠깐 살펴보면,

> 아들 태산泰山을 두고 박씨 부인은 보내지 않으려 하고, 미국의 이승만 씨는 보내라 하고 그 실랑이가 굉장하였다고 한다… 이 일로 인해 이들 부부는 어느결에 사이가 멀어져갔고, 또 자기와 한 번 틀려 밉게 생각되면 좀처럼 돌보지 않는 성미인 이 박사는 그의 본처 박씨를 외면하게끔 되었던 것이다.[34]

반면에 아들 태산이 미국으로 가게 된 경위와 관련하여 다른 목소리도 있다. 1905년 6월 4일 워싱턴 타임즈Washington Times에는 이승만과 관련한 흥미로운 기사가 보도되었다. '한국 소년 돌볼 가정 구함'이란 제목의 기사에는 이승만과 아들 태산의 사진도 크게 실렸다.[35] 보도를 보면,

이 기사는 어제 우리 신문 칼럼으로 게재할 것을 요청받은 것으로, 이 어린아이의 아버지인 이승만Sung Mahn Rhee을 도와 아들이 거주할 곳을 찾아주어 이 소년이 영어 교육의 기초를 배우고 적절한 때가 오면 조국인 머나먼 나라 한국에서 선교사가 되어 기독교인의 의무를 이행할 수 있도록 도와주려고 쓰는 광고다.

이승만과 어린 아들 태산Taisanah Rhee은 두 달 남짓 Street Northwest 1234에 위치한 기숙사의 작은 홀 방에서 살아왔다. 아버지는 아들을 부양하는 동시에 조지워싱턴대학에서 수학하고 있다. 이승만은 12월에 미국에 와 곧바로 학업을 시작했다. 두 달 전 그의 두 친구 이인흥과 이관용이 평양에서 워싱턴으로 오면서 그의 일곱 살 아들 태산을 데리고 왔다.

이승만은 태산이 오는 것을 예상하지 못했다. '최소한 여름 동안만이라도 아이를 자식처럼 돌봐 줄 독실한 개신교 가정이 필요합니다.' 이승만이 '타임즈'지에 도움을 요청한 편지에서 한 말이다. 워싱턴에 도착한 이래 이 소년은 프랭클린학교Franklin School 1학년이었다.

태산을 데리고 온 사람은 박용만이 아니라 이인흥과 이관용이라고 말하고 있다. 이승만 자신이 쓴 자서전과 다르다. 주목되는 점은 이승만은 태산이 오는 것을 예상하지 못했다는 것이다. 아들 태산의 거취를 두고 부인 박승선과 마찰이 있었다는 것을 부정하고 있다.

박승선은 남편이 있는 미국으로 갈 생각으로 상동예배당의 서양부인에게 영어를 배웠다. 그러던 중 남편의 금의환향 소식을 듣고 달려갔으나 이승만의 반응은 냉담하였다. 그는 남편의 마음을 돌려보려고 애썼지만 그럴수록 이승만은 그녀를 멀리하였다. 그녀는 결국 종로 2가 황성YMCA 부근에 집을 얻어 아이들에게 글을 가르치며 살았다.

박승선은 교육에 관심이 많았다. 특히 근대식 교육에도 남다른 관심과 열정을 보였다. 이승만은 일시 귀국했던 1911년에 박승선을 일본 나가사키로 보내 공부하도록 했다. 그러나 그녀는 3개월 만에 병을 얻어 귀국해야만 했다. 그러나 돌아온 고국 땅에 남편은 없었다.

이승만이 미국으로 되돌아간 1912년 그녀의 나이는 37세였다. 두 번째 망명이다. 그해 시아버지 이경선도 사망하였다. 쉰한 살이 되던 해(1926년)에 당시 10살이던 이은수(李恩秀, 1917년 7월 2일생)를 입양하였다. 이승만과 박승선의 호적에는 이은수가 양아들로 올라와 있다. 그녀가 이은수를 양아들로 입적할 당시에 그녀의 생활은 어느 정도 안정되어 있었다. 그녀는 창신동에서 어린이들의 교육을 위해 봉사하고 살았다. 그녀가 어떻게 창신동 일대의 6천여 평의 대지를 소유하게 되었는지 정확하게 알려진 바가 없다. 다만, 창신동은 이승만의 가계와 관련이 있을 것으로 보인다.

이승만의 가계를 살펴보면 서울 창신동(구 경성부 산종신방 홍수동 9통 2반)은 이승만의 할아버지 이규창李圭昌이 호적에 등재된 곳이다. 아마도 이 지역은 이승만의 선대부터 내려온 땅이었을 것으로 추측된다. 여기에 박승선이 자리 잡고 양아들과 함께 살면서 보종학원을 운영하였다. 창신동에서 그녀가 전념했던 것은 아이들의 교육이었다. 그녀는 어려서 외할아버지 슬하에서 자랐는데, 외할아버지가 서당을 운영했던 관계로 박승선도 서당에서 학문을 배웠다. 그 과정에서 그녀도 자연스럽게 교육의 중요성을 깨달았던 것으로 보인다. 1923년~27년까지 약 4년 동안 그녀는 보종학원을 통해 교육 활동을 하였다. 그래서 창신동 일대에는 그녀를 '박부인'이라고 기억하는 이들이 있었다.

그녀의 여유로운 생활도 잠시, 가세가 기울어졌다. 가세가 기울게 된 원인은 모르겠지만, 이후 그녀는 서울을 떠나 황해도 연백군, 평양 진남포 등지로 전전하였다. 삯바느질, 빨래 등을 하면서 생활하였으며, 양아들은 목수 일을 하며 연명하였다. 양아들 이은수는 25살에 되던 해에 안연옥(安蓮玉, 23살)과 결혼하였다. 두 사람 사이에는 양일讓 —과 영자寧子, 한라漢挐, 명신明信 등 1남 3녀의 자녀를 두었다. 양일과 영자는 쌍둥이(1943년 7월 15일생)다. 이은수의 부인을 비롯한 자녀들도 이승만과 박승선의 호적부에 등재되었다.

3. 권력에 침탈당한 호적부[36]

황해도 연백군에서 양아들과 함께 살던 박승선은 해방과 함께 이승만이 인민의 영웅으로 환국했음을 알았다. 그러나 이승만은 부인을 찾지 않았다. 남편을 기다리던 박승선은 1946년 12월에 외사촌 내외를 데리고 남편을 찾아 돈암장 문을 두드렸다. 그녀도 어느새 칠십이 넘은 늙은 몸이었다. 이때 처음으로 프란체스카의 이야기를 들었다.

그녀를 맞이한 사람은 임영신(任永信, 당시 비서실장)이었다. 임영신은 미국에서부터 이승만과 가까웠다. 훗날 제1공화국의 초대 상공부 장관을 역임했으며, 헌정사상 첫 여성 국회의원이 되었다. 임영신은 박승선의 방문을 박마리아(이기붕 부인)에게 알렸고, 박마리아는 이를 프란체스카에게 보고하였다.

이승만은 비서에게 그녀가 왔다는 소식을 듣고 "그 사람 참 불쌍한 여자야. 남편을 잘못 만나 일생동안 고생한 여자이니 잘 보살펴주어"라고 했지만, 프란체스카의 서슬 퍼런 눈치에 아무런 도움을 줄수 없었다. 그녀는 돈암장의 싸늘한 시선만을 가슴에 품고 돌아갔다.

이승만은 1948년 7월 20일 초대 대통령으로 선출되었다. 그리고

8월 15일 대한민국 정부수립과 함께 대한민국의 최고 권력자가 되었다. 당시까지만 해도 프란체스카는 이승만의 호적부에 등재되지 않았다. 전통적 사고방식으로 프란체스카는 이승만의 첩이나 다름없었다. 당시 이승만의 호적에는 정실부인으로 박승선과 그의 양아들(이은수) 부부, 손주 등 일곱 명이 등재되어 있었다.

그런데 어느 날 당사자도 모르게 호적부에서 박승선을 비롯한 일가족 모두가 삭제되었다. 그리고 1949년 6월 4일 자로 이승만의 호적만 서울시 종로 이화동 이화정으로 옮겨졌다. 그로부터 1년이 지난 1950년 4월에 이승만과 프란체스카는 혼인신고를 했고, 호적부에 등재되었다.

무슨 일이 있었던 것일까. 이승만은 프란체스카로부터 집요하게 호적을 정리하라는 압박을 받았다. 여기에는 박마리아의 부추김도 작용하였다. 극비리에 이승만은 호적 정정 신청을 위한 '친족관계 부존재 확인소송'을 진행하였다. 박승선에게 소송 사실도 알리지 않은 채 호적 정정 신청 재판이 이루어졌다.

불법적인 '친족관계 부존재 확인소송'은 양자 이은수가 1965년 8월에 문제를 제기하면서 세상에 알려졌다. 법률상 부부관계를 해소하려면 '이혼소송'이나 '혼인 관계 부존재 확인소송'을 해야 했다. 그런데 이승만은 '처의 관계 부존재 확인소송'이라는 존재하지 않는 방식의 소송을 통해 부부관계를 말소시켰다. 게다가 이승만 일방의 주장으로 재판이 진행되고 그 결과로서 호적이 정리되었다.

이승만이 '친족관계 부존재 확인소송'을 재판부에 접수한 날이 1949년 4월 19일이다. 신분관계를 확정 짓는 중요한 사건이므로 재판부는 마땅히 양쪽의 의견을 청취하고 판결을 내려야 했다. 그런데 재판은 피고 박승선이 출석하지 않은 가운데 궐석재판으로 이루어졌다. 재판장에는 이승만을 대신하여 경무대 비서실장 이기붕이 출석하였다.

재판부는 "처의 관계가 존재치 아니함을 확인한다"는 원고 승소 판결을 내렸다. 당시 재판을 담당했던 재판장 한격만韓格晩은 "사실조사를 충분히 한 후 내린 판결이며, 당시 경찰에 지시해서 피고에 대한 소재를 수사를 했으나 소재 불명이었다. 李 씨(이승만)가 본부인 박승선 씨와 협의이혼, 부인 박朴 씨는 개가改嫁 했던 것으로 밝혀졌다"[37)면서 재판이 정당하게 진행되었다고 주장하였다.

소송을 제기한 날이 4월 19일인데, 판결은 5월 16일에 나왔다. 불과 27일 만에 사건 심리를 마친 것이다. 당시 소송은 원고가 대통령이라는 신분을 참작하여 보도가 제한되었다. 당시 재판장 한격만은 경무대 비서실장 이기붕의 지휘하에 일체 보도를 금지하고, 극비로 재판을 진행하였다. 원고 측 증인은 박승선이 부정했으며, 구두로 협의이혼을 했다는 등의 진술을 하였다. 재판은 관제 재판이었다. 삼권분립의 민주주의 체제에서 사법부마저 정치권력에 예속되었음을 잘 보여준 재판이다. 판결이 나오고 20일도 채 지나지 않은 6월 4일 호적이 정리되었다. 무소불위의 권력에 의해 박승선은 하루아침에 무호적자로 전락하였다.

17살에 시집을 와서 시어머니와 함께 가족 모두의 생계를 책임져야 했던 박승선. 남편의 미국 유학으로 홀로 시아버지를 봉양했으며 장례까지도 혼자서 도맡았던 박승선. 박승선은 평생 이승만에 대한 절개와 품위를 잃지 않았다. 양녕대군의 16대손으로 왕족의 후예임을 입버릇처럼 자랑했던 이승만의 전통적 사고에 비추어보면 조강지처를 그런 식으로 버린 것은 도무지 이해할 수 없는 후안무치한 짓이다.

박승선은 단지 지아비 이승만을 기다렸을 뿐이다. 그리고 그를 한 번만이라도 만나기를 기원하였다. 그러나 이승만을 둘러싼 권력의 화신들은 박승선이라는 초라한 노파가 아닌 프란체스카라는 파란 눈의 여인에게 붙었다. 권력을 위해서는 파란 눈의 여인에게 굽실거리는 것이 훗날을 보장받을 수 있다는 것을 모리배들은 너무나 잘 알고 있었다.

이승만을 찬양하는 대부분 책에는 그의 본부인 박승선에 관한 기록이 없다. 이승만기념사업회 등의 홈페이지도 마찬가지이다. 친아들에 대해서도 철저히 누락시키고 있다. 자신의 유일한 혈육이었던 아들은 아버지의 뜻에 따라 미국으로 건너가 젊음을 피워보지도 못하고 병사하였다. 조선인으로 태어나 망국의 한을 품고 정착한 미국 땅에서 그의 아들은 쓸쓸하게 죽어 갔다. 그러면서도 양아들로 맞이한 강석과 인수에 관한 이야기는 빠지지 않는다. 이승만을 찬양하는 사람들은 그의 잘잘못을 기록하기보다는 오로지 찬양과 숭배 일변도의 자세를 취하고 있다.

이후 박승선은 자포자기로 황해도 연백군에 터전을 잡았다. 한국전쟁 이전까지 황해도 연백군은 남한의 통치 지역이었다. 그녀는 양아들과 막노동하면서 근근이 살아갔다. 혹시나 이승만이 그를 찾지 않을까 하고 연백과 신당동 사돈집(며느리 친정집)을 오갔다. 한국전쟁이 터질 때 사돈집에 있던 박승선은 인민군에게 납치되었고, 일부에서는 인민군에 의해 처형당했다고 하지만 확실치 않다.

박승선의 양아들 이은수는 "인종과 회한의 소용돌이 속에서 가난과 외로움의 멍에를 묵묵히 덮어쓴 여인"이라고 박승선을 표현하였다. 호적사건 이후 박승선의 양아들 이은수도 미국으로 이민을 떠났다. 누구의 주선이었는지, 어떤 경로로 이민을 가게 된 것인지는 밝혀진 바가 없다.

삼권분립의 민주공화국에서 사법부까지도 권력 남용에 악용한 박승선의 호적부 폐기 사건을 통해 대통령. 즉, '국부'를 지칭하는 그의 말 한마디면 어떤 일도 가능하다는 것을 알게 되었다. 그의 심복들도 이승만을 따르면 그 어떤 난관도 극복할 수 있다는 믿음에 사로잡혔다. '안 되면 되게 하라'는 충성 경쟁만 난무하였다. 그렇게 대한민국 땅에서는 그 누구도 도전할 수 없는 난공불락의 권력이 자리를 잡았다. 그리고 국가권력은 부패하여 공익이나 정의, 원칙과 무관한 개인의 명예와 권력을 위해 조작과 폭력으로 변질 되어 갔다.

이승만에 대한 눈먼 숭배는 지금도 진행 중이다. 이승만을 추모하거나 영웅시하는 사람들의 머릿속에는 박승선은 존재하지 않는 사람이다. 박승선이라는 인물은 이승만의 경력에 아무런 도움이 되지 않는 걸림돌이기 때문이다. 그러면서도 오스트리아 국적의 프란체스카 도너Francesca Donner와의 25살 나이 차이를 극복한 순애보에 대한 기록은 큰 업적처럼 이승만의 이력을 장식하고 있다. 그들의 세상에는 오로지 '국부' 이승만을 위한 신화만 넘쳐나고 있다.

이승만과 박승선의 관계를 비롯하여 호적부 정리 등이 세상에 드러난 것은 이승만이 사망한 후 20일 만인 1965년 8월 8일이다. 『조선일보』는 "이박사의 '호적' 드러난 수수께끼" 제목의 기사를 보도하였다. 이날 『조선일보』 기사에는 "호적부를 정리한 동대문구청(당시 창신동이 동대문구에 속함) 직원이 밝혔다면서 본부인 등 7명이 제적되었고, 프란체스카 여사와는 1년 뒤에 결혼신고를 하였다"는 보도이다. 그러면서 이승만의 호적과 아들 은수 씨의 사진까지 공개하였다.

『조선일보』 기사를 필두로 『경향신문』과 『동아일보』도 이를 앞다

투어 보도한다. 그런데 8월 10일부터 8월 12일까지 『조선일보』의 3
회 연재를 끝으로 일체의 보도가 없다. 이 호적사건이 언론에 보도된
이후 이은수는 미국으로 이민을 떠났다. 이후 이승만의 본부인 박승
선과 7명 가족의 호적 정리는 어떻게 되었는지 알 길이 없다. 이은수
는 왜 미국으로 이민을 떠났을까? 누가 주선하였을까? 1965년이란
시간을 돌이켜 보면, 중앙정보부가 개입되었을 가능성을 배제할 수는
없을 것이다.

　1965년 8월, 박승선 등 7명 가족의 호적이 이승만에서 의해서 일
방적으로 삭제되었다는 보도가 연일 이어지면서, 일부에서는 박승선
의 개가와 부정설 그리고 1912년에 이혼했다는 주장을 제기하였다.
『조선일보』 1965년 8월 12일 자 보도의 일부를 소개한다.

　여하간 당시의 사건접수마저 아지껏 '공란'(빈칸)으로 남아 있음은 법관이
적어도 사건 당사자 중 원고측만을 위주로 심리했다는 산 증거가 될 수
없을까? 더욱 "구두협의 이혼을 확인했으며 박승선 여사는 부정不貞했음이
입증됐다…" 운운의 판시요지는 이기붕 씨 등 원고 측 증인 2명의 증언
만을 듣고 작성했다는 것(재판장 자신도 시인). 박 여사 집에 하숙, 이
박사 내외나 그 시아버지까지 잘 안다는 항일투사 최승달(崔承達 =78 당시 보
전상과 학생=서울 내자동) 옹은 『조선일보』를 보고 박 여사의 호적삭제 사실을
알았다면서 "한 말로 박 여사는 정숙하기 이를 데 없고 이 박사가 미국
간 후 1년 동안이나 시아버지에게 극진히 효도했었다"고 이 박사를 나무
랐다. 과연 망명길에 협의이혼이 있을 수 있었다면 그 시아버지를 어째서
모실 수 있었단 말일까? 재판은 부정을 무엇으로 입증했었을까? 이 모두
가 원피고 양측의 명예를 위해서나 '판결의 공정성'을 되찾는 의미에서도,
하나의 새로운 문제점을 간직하고 있다.

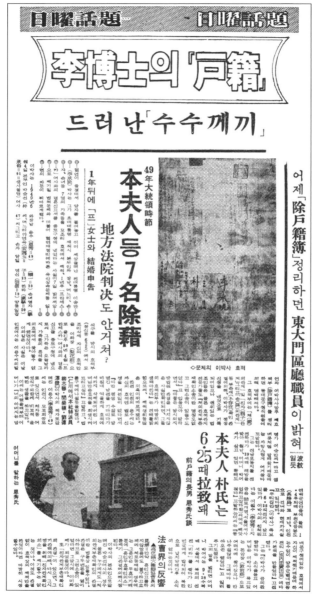

이박사의 '호적' 드러난 수수께끼

출처 : 『조선일보』 1965년 8월 12일

3장
헌정사상 첫 내각책임제

　4·19혁명의 주체는 학생과 시민이었다. 이들은 정치적 경험이 부족했고, 역량을 결집하는데도 서툴렀다. 이틈을 파고들어 직업 정치인들은 그 성과를 가로챘다. 그들은 학생과 시민이 흘린 '피의 혁명'을 명분 삼아 정권 장악에만 몰두했고, 그 일환으로 제3차 개헌을 단행하여 그 권력 기반을 공고히 하려고 들었다. 제2공화국의 탄생이다. 정치인들의 이러한 행태는 1987년 6월 항쟁 이후 제9차 개헌을 통해 제6공화국이 탄생하는 과정에서도 데칼코마니처럼 나타난다.

　이승만 대통령이 하야하고, 이미 장면 부통령이 사임했기에 수석 국무위원인 외교부 장관 허정이 대통령직을 대행하였다. 이를 '허정 과도정부' 또는 '허정 과도내각'이라고 부른다. 국회에서는 허정을 대통령 대행이라고 하지 않고, 수석국무위원이라 칭했다. 국회는 4월 29일 임시회의를 속개하여 '전국 학도에게 보내는 감사문'[38]을 의결하였다.

　10유여 년 쌓이고 쌓인 정치악이 이번 3·15 망국선거로 완성하려는 그 순간 마산 일우에서 올린 의거의 봉화는 드디어 4·19 4·26 민권탈환 전면항쟁의 최후승첩을 거두었으니 이는 우리 선열들이 끼치고 가신 3·1 정신의 재현이라 아니 할 수 없다. 이번에는 꿈이 아니고 현실이다. 어젯밤 거센 피바람에 어린 꽃봉오리들이 떨어지더니 오늘 민주주의 과실을 맺다니 이 강산 이 겨레는 영원히 슬프고 또 영원히 기쁘다.

이제부터 이 나라에는 민의를 무서워해야만 하는 정권만이 있을 것이니 이는 오로지 젊은 영령들의 유산인가 한다. 더구나 조작된 민의 데모로 망치다시피 된 이 나라를 이번에는 진정한 정의의 데모로 구출은 하였으나 벌써 데모 정치의 부작용을 알아차리고 신속하게도 질서유지, 사태수습에 또다시 몸을 바치고 있는 현명한 제군의 용자에는 또 한 번 경탄하여 마지않으면서 이 자랑을 세계만방에 퍼뜨리고 싶어 한다.

그러나 우리가 진작 흘렸어야 할 피를 제군이 대신하였고 우리가 마련해야할 민주유산을 도리어 제군의 손에서 물려받게 된 소위 선배 정치인들의 부끄러움은 말할 나위도 없으나 다만 이 기회에 서로 자성자계하여 국민의 요망에 따라 내각책임제 개헌 등 당면한 몇 가지 과업을 마치고 이 자리를 물러나려 한다. 우리는 이번에 민주혁명에서 대의에 순殉한 청년학도의 영령에게 다시 명복을 빌며 아울러 제군의 건강을 축원한다.

1. 3차 개헌, 과정 및 주요 논제

1960년 4월 29일, 국회는 헌법개정과 관련하여 '내각책임제개헌안기초특별위원회'(이하, 개헌기초특별위원회)를 설치하고 자유당과 민주당에서 각각 4명, 무소속에서 1명 등 총 9명의 위원을 두었다. 자유당에서 이재학·박세경·정운갑·이형모, 민주당에서 조재천·정헌주·엄상섭·윤형남, 무소속 황호현 의원을 선임하고 위원장에 민주당의 엄상섭 의원을 임명하였다. 엄상섭 위원장이 중도(1960년 5월 3일)에 사망하면서 한근조 의원을 후임으로 선정하고, 위원장으로 정헌주 의원을 선임하였다.

4·19혁명 당시 국민이 요구한 것은 내각책임제 개헌이 아니었다. 그러나 다수를 차지한 자유당이 몰락하자 민주당은 자신들이 요구해 온 권력구조로의 개편에 초점을 두었다. 제2공화국의 몰락은 이때부터 시작되었다. 민주당은 자유당이 몰락한 틈을 이용하여 혁명의 성과를 자기들 잔치에 써먹었다. 이승만의 하야는 학생과 시민의 피로 이루어 낸 성과였다. 그런데도 학생과 시민은 헌법개정 과정에서 소외되었다. 제2공화국의 헌법(제3차 개헌)은 혁명의 주체였던 학생과 시민의 뜻을 담지 못했고, 얼마 지나지 않아 또다시 개헌(제4차 개헌)하는 상황까지 맞게 된다.

급박하게 헌법을 개정하다 보니, 국회에서는 독회, 축조심의, 자구 수정 등의 헌법개정 과정 등의 단계를 제대로 밟지도 못했다. 국회의 고유 권한을 개헌기초특별위원회에 일임한 것이나 마찬가지였다. 개헌기초특별위원회는 5월 4일 첫 회의이자 마지막 회의를 열었다. 물 밑에서 세부 사항과 문맥을 수정하기는 했겠지만, 공식적으로는 처음이자 마지막 회의였다.

5월 4일 회의에는 개헌기초특별위원 10명과 전문위원 박일경(법제실 제1국장), 이태준(국회 법제사법위원회 전문위원), 한태연(서울대 법대 교수) 등이 참석하였다. 회의에서는 국민의 기본권, 국회의 양원제, 참의원의 권한 및 선출, 권력구조 개편에 따른 대통령 권한의 변화, 국무원의 권한과 국무총리의 선출 방법, 국무위원의 임명 권한, 헌법재판소 설치 및 구성, 중앙선거관리위원회 설치 및 구성, 지방자치단체 등에 관한 토론이 있었다. 이와 관련하여 민주당의 개헌안과 자유당의 개헌안을 두고 논박이 오갔다.

5월 5일 국회의사당에서 '내각책임제개헌 공청회'가 개최되었다. 공청회의 주요 의제는 ① 양원제의 가부(양원제를 채택할 때에는 상원의 구성

방법과 권한, 양원 합동회의의 존폐 문제 포함), ② 대통령 선거 방법과 궐위 시의 대행 순위 문제, ③ 대통령과 총리의 권한배정 특히 군통수권 문제(최고국방회의의 설치여부문제 포함), ④ 국무총리와 국무위원선임 방법, ⑤ 국무원 신임문제(연대책임 이외에 개별책임까지 인정하느냐의 문제 포함)와 하원 해산 문제, ⑥ 국무총리와 국무위원의 취임 요건에 관한 문제(예컨대 –국회의원이라야 하느냐 –군인은 현역을 면한 후 일정한 연한을 필요로 할 것이냐의 여부 등등), ⑦ 선거 내각의 가부, ⑧ 긴급명령, 긴급재정처분, 법률안거부권의 존폐 문제, ⑨ 대법원장 및 법관의 선임 방법과 그 임기 문제, ⑩ 법령의 위헌심사문제(특히 헌법재판소 문제), ⑪ 정당제도에 관한 제 문제, ⑫ 기타 등이었다.[39]

　　공청회에는 법학과, 정치학과 교수, 변호사, 제헌동지회 대표 등 13명이 발제자[40]로 참석하여 위 12개 사항에 관해 의견을 개진하였다. 그들 중 학생 대표자는 한 명도 없었다. 헌법개정에 전문적 지식이 필요한 것은 당연하다. 그렇다고 하여도, 혁명의 주체세력인 학생들의 의견을 개진할 기회가 전혀 주어지지 않은 것은 부당할 뿐만 아니라 이치에도 맞지 않는다. 13명의 참석자 모두는 4·19혁명으로 고귀한 목숨을 바친 이들을 예우하고, 그 정신을 잊어서는 안 된다는 발언은 있었다. 하지만 실질적으로 혁명 과업을 이룩하기 위해 헌법을 어떻게 개정해야 하는지를 언급한 참석자는 없었다. 다만, 국민대학교 원동진 교수가 "학도에 참정권, 피선거권에 대한 연령을 인하해야"한다는 취지의 발언이 있었다. 이는 곧 헌법 제25조로 규정되었다. 다만, 참정권은 20세로 인하했지만, 피선거권은 여전히 25세로 제한하였다.

　　개헌기초특별위원회의 회의 및 공청회를 통해 헌법 개헌안의 초안이 마련되었다. 국회는 5월 11일 정헌주 의원 외 159명의 찬성으로 개헌안을 정부에 송부하였다. 정부는 같은 날 헌법개정안을 공고하였다. 개헌안은 현행 헌법을 기초로 하여 52개의 조항이 수정되거나 신설되었다. 국회는 6월 10일부터 6월 14일까지 헌법개정안에 대한 제1독회를 하였다. 그러나 독회는 활발한 토론없이 끝났고, 6월 15일 국회에서는 개헌안 찬반투표를 실시하였다. 재적의원 218명 중 211명이 투표에 참여하여 찬성 208명, 반대 3명으로 개헌안은 통과되었고 곧바로 공포되었다. 이날 반대한 의원은 김창동, 김공평, 이옥동 3명이었다. 김창동과 김공평 의원은 자유당 소속이었으며, 이옥동 의원은 무소속이었다.

개헌기초특별위원회 및 공청회에서 논전이 되었던 조항을 살펴보면, 첫째는 기본권에 법률 유보 조항을 두느냐는 문제였다. 이 부분에 대해서는 대체로 법률 유보 조항을 없애고 기본권을 온전하게 보장하는 쪽으로 의견이 정리되었다. 예컨대 개정 전 헌법 제10조는 "모든 국민은 법률에 의하지 아니하고는 거주와 이전의 자유를 제한받지 아니하며 주거의 침입 또는 수색을 받지 아니한다"고 되어 있었으나 개헌안에서는 "모든 국민은 거주와 이전의 자유를 제한받지 아니하며 주거의 침입 또는 수색을 받지 아니한다"로 개정하였다.[41] 즉, 기존 헌법에서 법률로 제한했던 국민의 기본권인 거주 이전의 자유, 통신의 비밀을 침해받지 아니할 권리, 언론·출판·집회·결사의 자유를 개정 헌법에서는 제한할 수 없도록 하였다. 이는 4·19혁명으로 분출된 시민들의 요구로 얻어진 결과물이다.

둘째, 양원제냐 단원제냐 문제를 두고 논전이 있었다. 대체로 양원제 채택을 선호했지만, 세부적 구성과 구성 방식은 의견이 갈렸기 때문이다. 특히 참의원(미국의 상원에 해당)의 선출 방법과 권한 등에 대해서는 첨예하게 대립하였다. 결국 참의원의 임기는 6년으로 하고 3년마다 의원의 2분지 1을 선출하되, 민의원(미국의 하원에 해당)처럼 직접선거로 선출하고 민의원의 정수 4분지 1을 초과하지 못하도록 정원을 두었다. 이후 1960년 7월 29일 제5대 국회의원선거에서 민의원은 233명, 참의원은 58명을 선출하였다. 제5대 국회의원 총선거는 우리나라 역사에서 처음으로 양원제를 채택하여 시행한 선거이다.[42]

셋째, 제2공화국 헌법개정의 핵심은 권력구조 개편이었다. 권력구조가 개편되었다는 것은 대통령의 권한이 축소되고, 국무총리로 대변되는 다수당의 권한이 그만큼 막중해졌다는 의미이다. 따라서 내각책임제하에서 대통령의 권한. 즉, 대통령의 명령제정권, 대통령의 외교, 선전포고, 강화조약체결권, 계엄선포권 등이 논란이 되었다. 특히 계엄선포권을 대통령과 국무총리 중 누가 그 권한을 행사하느냐는 문제를 두고 논전이 심화되었다.

2. 3차 개헌, 주요 내용

3차 개헌에서 헌법 〈전문〉은 개정하지 않았다. 3차 개헌은 본문 52개 항목과 부칙 15개 항목을 개정한 대대적인 개헌이었다. 국민의 기본권을 보장하는 부분을 강화하였고, 12년 독재정권의 빌미가 되었던 권력구조를 대폭 개정했기 때문이다. 그렇지만 제2공화국 헌법은 이 헌법이 탄생하게 된 역사적 배경과 그 의의를 담지 못했다는 아쉬움이 있다.[43] 이승만 대통령과 자유당 정부의 독재에 대항한 학생과 시민의 저항정신, 시민혁명에 관한 언급을 헌법 어디에서도 찾아볼 수 없다.

먼저 국민주권을 규정한 부분의 수정이 약간 있었다. 기존 헌법 제1조 '대한민국은 민주공화국이다'는 그대로 두었다. 헌법 제2조 '대한민국의 주권은 국민에게 있고, 모든 권력은 국민으로부터 발한다'는 조문을 '대한민국의 주권은 국민에게 있고, 모든 권력은 국민으로부터 나온다'로 개정하였다. '발發한다'의 한자식 표현을 우리말로 바꾸어 '나온다'로 수정하였다.

제2공화국 헌법의 특징 중의 하나가 기본권 강화이다. 앞서 살펴본 대로 제10조 거주이전의 자유, 제11조 통신의 비밀 보장, 제13조 언론, 출판, 집회, 결사의 자유 조항에서 "법률에 의하지 아니하고는"이라는 단서가 삭제되었다. 또한, 기존 헌법 제28조에서는 "국민의 자유와 권리를 제한하는 법률의 제정은 질서유지와 공공복리를 위하여 필요한 경우에 한한다"고 하였으나, 개정 헌법 제28조 ②항은 "국민의 모든 자유와 권리는 질서유지와 공공복리를 위하여 필요한 경우에 한하여 법률로써 제한할 수 있다. 단, 그 제한은 자유와 권리의 본질적인 내용을 훼손하여서는 아니되며 언론, 출판에 대한 허가나 검열과 집회, 결사에 대한 허가를 규정할 수 없다"고 하여 입법으로 국민의 헌법상 기본권을 제한하더라도 '자유와 권리의 본질적 내용'만은 절대적으로 보호하고자 하였다. 특히 언론, 출판, 집회, 결사의 자유를 제한할 수 있는 검열, 허가에 관한 내용은 규정할 수 없도록 하여 제1공화국에서 벌어졌던 언론 탄압 등이 재발하지 않도록 하였다.

둘째, 권력구조의 대대적인 개편이다. 제1공화국의 통치구조는 대통령책임제였다. 제2공화국은 통치구조를 내각책임제로 전면 개편하였다. 제1공화국에서 야당이었던 민주당은 이미 내각책임제로의 개헌을 시도한 적이 있다. 민주당은 의회와 정부(행정부) 간의 권력균형의 원리에 입각한 통치구조를 선택하였다. 대통령제에서 내각책임제로

개편되면서 나타난 권한의 변화를 정리하면,

제1공화국과 제2공화국 권력구조 개편

제1공화국	조항	제2공화국
대통령은 조약을 체결하고 비준하며 선전포고와 강화를 행하고 외교사절을 신임접수한다.	59조	대통령은 국무회의의 의결에 의하여 조약을 비준하며 선전포고와 강화를 행하고 외교사절을 신임접수한다.
대통령은 법률의 정하는 바에 의하여 사면, 감형과 복권을 명한다.	63조	대통령은 국무회의의 의결에 의하여 사면, 감형과 복권을 명한다.〈하략〉
대통령은 법률의 정하는 바에 의하여 계엄을 선포한다.	64조	대통령은 국무회의의 의결에 의하여 계엄을 선포한다. 〈하략〉
대통령은 훈장 기타 영예를 수여한다.	65조	대통령은 국무회의의 의결에 의하여 훈장 기타 영예를 수여한다.
국무원은 대통령과 국무위원으로 조직되는 합의체로서 대통령의 권한에 속한 중요 국책을 의결한다.	68조	행정권은 국무원에 속한다. 국무원은 국무총리와 국무위원으로 조직한다. 〈하략〉
국무위원은 대통령이 임명한다.〈하략〉	69조	국무총리는 대통령이 지명하여 민의원의 동의를 얻어야 한다. 〈하략〉
대통령은 국무회의의를 소집하고 그 의장이 된다. 〈하략〉	70조	국무총리는 국무회의를 소집하고 의장이 된다. 〈하략〉
행정 각부의 장은 국무위원이어야 하며 대통령이 임면한다.	73조	행정 각부의 장은 국무위원이어야 하며 국무총리가 임면한다.

제1공화국 대통령제에서 외국과의 조약과 비준, 사면과 복권, 훈장 수여 등은 대통령의 고유권한이었다. 내각책임제에서는 '국무회의의 의결에 의하여' 이루어짐에 따라서 대통령은 선포만 하는 형태로 권

한이 축소되었다. 계엄령도 마찬가지이다. 대통령이 선포하는 모양새는 취했지만, '국무회의의 의결'을 전제로 했기에 대통령 권한이라고 볼 수 없다.

　　제2공화국에서는 대통령에게 부여했던 행정권의 수반이라는 지위를 박탈하고 국무총리와 국무위원만으로 조직된 국무원에 행정권을 귀속시켰다(제68조). 국무총리는 대통령이 지명하되 민의원의 동의를 얻도록 규정되었다. 아울러 국무회의의 의장은 국무총리가 되었으며, 행정부의 장관에 대한 임면권도 국무총리의 권한으로 이양되었다. 그리고 영국이나 일본처럼 왕이 존재하지 않는 '민주공화국'을 국체로 규정했기에 국가를 대표한 사람이 필요하였다. 헌법 제52조 "대통령은 국가의 원수이며 국가를 대표한다"고 규정하였다. 대통령은 국가원수로서의 명목적, 형식적, 의례적 지위를 가질 뿐, 실질적 수반은 국무총리가 된 것이다.

　　국회는 양원제를 채택하였다(제31조). 임기 4년의 민선의원으로 구성되는 민의원과 특별시 및 도를 선거구로 하여 선출되는 임기 6년의 참의원이 그것이다. 참의원은 3년마다 2분의 1씩 새로 선출했다(제33조). 민의원의 정수는 법률로 규정했고, 참의원의 수는 민의원 의원 수의 4분의 1을 넘지 못하게 했다. 양원의 권한 관계는 전체적으로 민의원이 우월적 지위를 가졌다.

　　의원내각제를 택한 제2공화국 헌법에서는 기존에 국회에 부여했던 입법권(제31조), 예산안심의권(제41조), 기채동의권(제92조) 등 외에 대통령의 권한을 축소하고, 제어하기 위한 조항으로서 양원 합동회의에서 대통령선출권(제53조)과 대통령의 국무총리 지명에 대한 민의원의 동의권(제69조), 조약 비준에 대한 국무회의의 의결권(제59조), 사면 감형 복권에 대한 국무회의의 의결권(제63조) 등이 보강되었다. 또한 행정부와 입법부의 상호견제와 조화를 위해 민의원에는 국무원 불신임권을, 국무원에는 민의원 해산권(제71조)을 부여하였다.

셋째, 선거연령이 규정되었다. 1948년 5·10총선거부터 선거연령은 만 21세를 유지하였다. 하지만 헌법에는 선거연령에 관한 규정이 없었다. 그런데 제2공화국 헌법에서는 제25조에 "모든 국민은 20세에 달하면 법률의 정하는 바에 의하여 공무원을 선거할 권리가 있다"라고 하여 선거연령을 헌법에 명시하였다.

이 조항이 어떻게 헌법 규범으로 포함되었는지는 알 수 없다. 다만, 1960년 5월 10일 제16차 회의 중 개헌기초위원장 정헌주가 개헌기초위원회에서 정한 내용을 보고한 발언을 참고해볼 수는 있다. 그는 선거연령을 인하했다면서, 그 근거로 민주주의를 신봉하는 다른 나라들은 대개 선거연령을 20세로 두고 있음을 사례로 들었다. 그러면서 20세 이하로 낮춰달라는 주장도 있으나 "이것은 퍽 위험한 일"로 "공산국가에서는 18세로 되어 있지만, 공산국가를 제외한 나라에서는 그렇게 연소한 자에게 선거권을 준 예가 적다"[44]고 설명을 덧붙였다. '공산국가'를 예시로 설명하면서 더 이상 논의는 이루어지지 않았다.

4·19혁명은 고등학생의 피로 시작되었다. 4월 18일부터 대학생 시위가 있었고, 4월 25일 교수단의 선언으로 결실을 보았지만, 절대 잊어서는 안 되는 것이 10대 청소년의 민주주의에 대한 실천과 행동이 있었기에 오늘에 이르렀다는 사실이다.

선거연령을 헌법에 규정한 것은 제2공화국이 유일하다. 제1공화국 21세, 제2공화국부터 20세로 낮춰졌다. 그리고 2006년 5·31지방선거부터 19세로 선거연령이 조정되었으며, 2019년 18세로 하향 조정되었다. 국회의원과 지방의원의 피선거권은 25세 이상이었다가 2022년

1월 18일 피선거권도 18세로 개정되었다.

　넷째, 공무원의 정치적 중립 의무가 추가되었다. 헌법 제27조 ②
항에는 "공무원의 정치적 중립성과 신분은 법률의 정하는 바에 의하
여 보장된다"라고 명시하였다. 4·19혁명의 발발 원인은 3·15부정선거
였다. 부정선거에는 경찰과 행정공무원 등의 공권력이 동원되었다. 먼
저 공무원의 정치적 중립 규정은 크게 논란되지 않고 헌법 조항으로
추가되었다. 또한, 경찰의 정치적 중립을 보장하기 위해 필요한 기구
를 법률로써 정하도록 하였다.[45] 경찰이 갖는 공권력에 대한 더욱 강
력한 중립성이 요구되고 있다는 의미이다. 그러나 헌법에 명시된 기
구는 설치되지 못하고 사문화되었다. 5·16쿠데타로 인하여……. 경찰의
정치적 중립을 보장하기 위한 조항은 제5차 개헌에서 삭제되었다.

　공무원은 주권을 가진 국민의 수임자라고 제헌헌법 당시부터 규정
하였다. 그러나 그들은 권력의 주구가 되어 부정선거에 앞장섰으며,
국민을 총칼로 죽였다. 이러한 사태를 방지하기 위해 제2공화국 헌법
에는 공무원의 정치적 중립과 경찰의 정치적 중립을 보장하기 위한
기구 설치를 규범화하였다. 이후 공무원과 경찰의 정치적 중립이 잘
지켜졌을까? 이승만의 몰락 징후는 경찰과 공무원의 부정부패였다.
그리고 5·16쿠데타로 들어선 군부정권은 이승만의 말로를 답습하였다.
경찰과 공무원의 정치적 중립은 문구에 불과하였다.

3. 내각책임제의 무지

제68조
　행정권은 국무원에 속한다.
　국무원은 국무총리와 국무위원으로 조직한다.
　국무원은 민의원에 대하여 연대책임을 진다.

　제1공화국은 대통령책임제 통치구조였다면, 제2공화국은 내각책임제로 통치구조를 변경하였다. 그리고 다시 제3공화국에서 대통령제로 전환 후 현재 제6공화국까지 대통령제가 쭉 이어지고 있다. 2000년 이후 제6공화국 헌법을 개정하자는 이야기가 심심치 않게 거론되고 있다.[46] 이 과정에서 내각책임제로 권력구조를 개편하자고 일부에서 주장하기도 한다. 하지만 대체로 내각책임제는 불안정한 정국을 초래하거나 강력한 지도력을 보장하지 못하는 제도로 인식되어 부정적이다. 이러한 인식이 자리잡은 것은 제2공화국 장면 내각의 실패가 크게 작용했을 것으로 보인다.

　또 한편으로 내각책임제가 이처럼 '실패'와 '불안정' 등 부정적으로만 평가받게 된 데는 무력으로 제2공화국을 무너뜨린 박정희 군사정부가 '쿠데타'의 정당성을 부각하기 위해 제2공화국의 취약성과 문제점을 의도적으로 강조해 온 사실과도 무관하지 않다. 예컨대, "군사정부는 제2공화국의 순수 의원내각제가 장점을 발휘하기보다는 비효율적인 파쟁을 유발해 정국의 불안과 사회질서의 문란을 야기시켰다고 비판하면서, 확고한 리더십의 보장을 위해 미국식 대통령제가 더 우리 현실에 맞는다"[47]라고 주장하였다.

그러나 통치구조의 원리로 볼 때 오히려 권력의 분산을 추구하는 제도는 '미국식 대통령제'이다. 미국 대통령제는 입법·사법·행정의 3권이 엄격하게 분리되어 있다. 즉, "3개 권력 간의 상호견제와 이를 통한 제도 간의 힘의 균형에 헌정 제도의 초점이 맞춰져 있다. 예컨대, 법률제정과 관련된 권한을 두고 본다면, 오직 의회 의원들만이 법안을 제출하고, 발의하고, 의결할 수 있는 권한을 갖고 있으나, 대통령은 그 법안에 대한 거부권을 가지며 법원은 위헌 심사의 권한을 갖는다."48) 이에 비해 내각책임제는 의회와 내각 간의 '상호 의존 체계' 즉, 융합의 체제이다. 내각과 의회는 상대방의 결정에 상당한 영향을 받기에 연대책임을 지고 있다.

우리나라의 대통령제에는 내각제의 특징인 권력 융합적 측면이 섞여 있다. 미국식 대통령제에서는 의회에만 입법권이 인정되었던 것에 비해 우리나라에서는 법안 제출과 발의를 행정부에서도 할 수 있다. 또한 입법기관인 국회의원이 장관을 겸임함으로써 행정권을 행하기도 한다. 즉, 우리나라의 통치구조는 대통령책임제이기는 하지만, 권력이 엄격하게 분리되지 않은 어정쩡한 대통령책임제이다. 그래서 우리는 현행 대통령제를 논할 때 종종 '제왕적 대통령제'라고 한다. 대통령이 행정부 수장일 뿐만 아니라, 집권당의 지도자로서 사실상 의회를 장악하고 있기 때문이다. 거기에 더해 대법관 임명권이나 정치적 네트워크 등을 통해 사법부에도 사실상 상당한 영향력을 행사하고 있다.

4·19혁명 직후인 1960년 6월 15일 내각책임제와 양원제를 골자로 새로이 개정된 제2공화국 헌법도 대통령책임제와 혼합한 듯 한 어정쩡한 부분이 있다. 우선 다른 내각책임제 국가에서도 흔히 찾아볼 수 있는 일반적인 특징으로는, 대통령은 국가 원수이자 대표로서 상징적이고 의례적인 역할을 담당하게 한 부분이 있다. 제2공화국 헌법에서

대통령은 정당에 가입할 수 없도록 규정하고 있으며(제53조), 대통령의 국무에 관한 행위는 문서로 하게 하면서 국무총리와 관계 국무위원의 부서가 포함되도록 했다(제66조). 각종 공직의 임면 확인권(제62조, 제69조), 사면권(제63조) 등을 지녔지만, 이는 내각과 의회의 결정에 따르도록 한 것이었다. 대통령이 갖는 실질적 권한은 국무회의가 계엄을 의결했을 때 이것이 부당하다고 인정될 때는 계엄선포를 거부할 수 있도록 한 규정(제64조) 정도이다.[49]

제2공화국의 내각책임제에는 다른 내각책임제 국가에서 볼 수 없는 독특한 점이 있다. 대통령의 독립적인 권한의 하나로 국회에 출석하여 발언하거나 서한으로 자신의 의견을 표시할 수 있는 권한을 부여하고 있다는 점이다.[50] 현실 정치에서 초월적으로 존재하는 국가통합의 상징으로서 대통령의 역할을 전제로 한 것이겠지만, 이 조항을 달리 해석하면 대통령이 현실정치에 개입할 수 있는 여지를 남긴 조항이라고 할 수 있다.

내각책임제에서 대통령이나 국왕 등 국가원수가 '상징적인 역할' 이상을 하고자 하면 심각한 문제가 생길 수밖에 없다. 즉, 총리와 대통령 간의 정치적인 갈등의 소지가 있을 수밖에 없다. 실제로 윤보선 대통령은 정치적으로 민감한 사안에 대해서 종종 자신의 의견을 개진하였다. 민주당 내 신파와 구파 간의 정치적 갈등이 발생한 데는 이러한 내각책임제 원리의 무지가 있었다.

내각책임제는 국무총리와 내각이 실질적인 권한은 갖고 전권을 행사하는 체제이다. 오랫동안 '대통령' 한 사람의 상징적이면서 실질적인 권력 행사와 그러한 통치체제에 익숙했던 정치인들은 '대통령'이란 자리에 먼저 눈독을 들일 수밖에 없었다. 제5대 국회의원 총선거(7월 29일)에서 압승한 민주당은 구파와 신파 간에 치열한 '요직' 챙기기 경쟁에 나섰다. 구파는 우선 '대통령직' 고수에 나섰다. 그리고 자파_{自派}의 김도연을 국무총리로 당선시키겠다는 전략을 구사하였다. 반면, 신파는 대통령직은 양보하고 국무총리직을 차지하겠다는 전략을 세웠다. 현실정치인이라고 한다면 실질적인 요직 '국무총리직'을 차지하려고 하는 게 당연했지만, 앞선 관습이 무섭게 작용해서 구파는 대통령직 획득에 우선 몰두하였다. 결국 구파의 윤보선이 대통령에 당선되고, 신파에서는 장면이 국무총리로 당선되었다. 내각의 수반인 장면 국무총리는 내각 구성에 나섰다.

내각책임제 원리에서 대통령직으로 당선된 윤보선의 위상이 문제였다. 대통령은 국가의 상징이면서 국가의 최고 지위를 의미하는 만큼 대단히 영예스러운 자리이다. 그런데 윤보선은 현역 정치인이었다. 대통령에 당선되면서 국회의원 사퇴와 정당에서 탈당했다고 하지만, 엄연히 자파를 거느리고 있는 현실정치인이었다. 여전히 '정치적으로 살아 있고 활동적인' 인물이 계파의 요직 분배에 따라 정략적으로 대통령이 된 것이다. 이 때문에 애당초부터 윤보선이 파벌 다툼에서 한 걸음 물러서 국가 전체를 생각하는 국가통합의 상징으로 활동할 것을 기대하기는 사실상 어려웠다.

실제로 윤보선은 현실정치에 깊이 개입해 왔다. "장면 내각이 구성될 당시 윤보선은 적극적으로 신·구파를 망라하는 거국 내각 구성을 촉구했고, 이후 경축일, 국회 개원사[51] 또는 기자회견 등을 통해 당시 혼란스러운 정치사회상에 대한 우려와 함께 정치인들의 단합과 화합의 필요성을 강조"하기도 했다.[52] 당연히 윤보선의 이러한 발언은 단합과 화합을 촉진하기보다는 갈등의 요인으로 작용되었다. 윤보선의 발언에는 정파적 이익이 표출되었기에 장면 내각의 불안정을 가속화시킬 수밖에 없었다.[53]

장면의 회고록에는 윤보선에 대한 비판을 뛰어넘어 원망 섞인 노여움이 곳곳에서 발견된다. 장면 총리는 내각 구성 2주 만에 장관 4명을 교체하였다. 장면은 윤보선의 의향대로 장관직 4자리를 구파에서 임명하였다. 이에 대해 장면의 회고록을 보면, "윤보선 씨 자신의 말을 빌리자면 구파에 준 자리가 '빈탕'이 아니냐는 것이었다. 상공이나 재무, 농림장관 자리를 내주지 않았다는 불만이다. 솔직한 말로 구파 측의 요구는 내각을 순전히 자파 일색으로 하자는 얘기와 조금도 다름이 없었다"고 밝히고 있다.

내각책임제라는 통치구조의 운영원리를 이해하지 못하고 정파적 이해관계만을 쫓은 것은 윤보선 대통령뿐만이 아니었다. "윤보선이 속한 민주당 구파의 신민당 당위원장인 김도연은 쿠데타 다음날인 5월 17일 긴급간부회의를 소집해서 사태를 논의한 끝에 이제는 거국내각을 구성해야 한다는 것을 윤 대통령에게 건의하기로 하고 성명을 냈으며, 지방의 신민당 당사에서는 '이제는 우리 세상이 되었다'고 좋아라 만세를 부른 일이 있었다"고 한다.[54] 이는 김도연을 비롯한 구파 정치인들 역시 윤보선 대통령을 '권력의 심장부로 파견한' 자신들의 대표자로 인식하고 있음을 보여주는 것이다. 대통령을 국가원수가 아니라 자파의 대표자로서 인식한 것은 내각책임제 원리에 대한 무지에서 온 산물이다.

4·19혁명으로 자유당은 몰락하였다. 자유로운 정치 분위기에서 새로이 등장한 혁신정치세력은 국민이 대안으로 받아들이지 않았다. 혁신정치의 중심이었던 조봉암이 사라진 속에서 혁신정치를 대표할 만한 정치인도 존재하지 않았다. 당시 전국적인 조직망을 갖는 정치세력은 민주당이 유일하였다. 다시 말하면, 제5대 국회의원 총선거는 민주당 정권의 탄생을 예고하였다. 그러나 민주당은 하나의 정치세력으

로 보기 어려웠다. 시작이 그러하니 내각과 의회 간의 상호 의존하는 체제는 처음부터 존재할 수가 없었다. 내각책임제의 작동 원리를 이해하지 못한 한계는 끝내 대한민국 헌정사상 처음으로 시행한 내각책임제 '실패'라는 결과를 가져왔다. 이에 '장면 내각은 무능하고 부패했다'는 말이 끊임없이 따라다닌다. 그러나 제2공화국의 실패는 장면 내각이 무능해서가 아니라 내각책임제 원리 이해의 실패 때문이었다.

4. 정당 조항 신설 : 중앙당은 서울

제13조

　　모든 국민은 언론, 출판의 자유와 집회, 결사의
　　자유를 제한받지 아니한다.
　　정당은 법률의 정하는 바에 의하여
　　국가의 보호를 받는다.
　　단, 정당의 목적이나 활동이 헌법의 민주적 기본질서에
　　위배될 때에는 정부가 대통령의 승인을 얻어 소추하고
　　헌법재판소가 판결로써 그 정당의 해산을 명한다.

　　제2공화국 헌법은 우리 헌정사에서 처음으로 정당보호 조항을 신설하였다. 정당은 일반의 결사와는 다른 정당만의 특별한 지위를 인정받았다. 제13조에 "정당은 법률의 정하는 바에 의하여 국가의 보호를 받는다. 단, 정당의 목적이나 활동이 헌법의 민주적 기본질서에 위배될 때에는 정부가 대통령의 승인을 얻어 소추하고 헌법재판소가 판결로써 그 정당의 해산을 명한다"라는 내용이 추가되었다. 이는 제1공화국 이승만과 자유당 정권에서 야당탄압의 경험을 살려 정당해산을 행정부가 자의적으로 할 수 없도록 하기 위한 규정이다. 즉, 정당의 보호와 동시에 정당의 목적과 활동을 규정함으로써 정당이 정치결사체임을 헌법에 명시한 것이다.

정당보호 조항의 신설은 윤형남 위원의 제기로 시작되었다. 1960년 5월 4일 기초특별위원에서 윤형남 위원은 정당에 대한 권리문제를 논의해야 한다고 주장하였다. 정당은 국가기관이 아닌데도 국가의 보호를 받아야 한다는 것이다.

정당의 보호를 규정함과 동시에 정당의 목적과 활동의 한계도 규정하였다. 제13조 후단에는 "정당의 목적이나 활동이 헌법의 민주적 기본질서에 위배될 때"에는 "정부가 대통령의 승인을 얻어 소추하고 헌법재판소가 판결로써 그 정당의 해산을 명"할 수 있다고 함으로써 단서 조항을 두었다. '정당의 민주적 기능'을 당내 민주주의라고 해석한다. 당내 민주주의의 필요불가결한 최소한의 원칙으로는 첫째, 정당의 지도부가 당원의 신임에 기초해야 한다. 둘째, 경쟁자가 지도부를 장악할 수 있는 실질적 기회균등이 존재해야 한다. 셋째, 당원에 의한 통제가 행해져야 한다. 넷째, 자유롭고 공개적인 의사형성이 정당화 과정에서만이 아니라 각급의 지도적 당기관 자체 내에서 보장되어야 한다.55) 이러한 밑바탕에서 정당이 운영된 것을 당내 민주주의라고 일반적으로 말한다.

그런데 당시 국회속기록을 보면, 제13조 언론, 출판의 자유와 집회, 결사의 자유의 논전에서 주요하게 등장한 어휘가 '공산당'이다. 앞서 선거연령을 언급하는 과정에서도 '공산국가'를 들먹였다. 공산당의 활동에 대해서는 어떻게든 대체로 막아야 한다는 게 중론이었다. 공산당에게까지 집회와 결사의 자유가 있느냐는 물음은 결과적으로 정당의 활동에도 해당되었다. 이를 완곡하게 표현한 것이 '헌법의 민주적 기본질서에 위배'이다.

제1공화국의 대표적인 정당해산 사건이 진보당 해산이다. 진보당의 강령 및 정책은 공산당과 전혀 관련이 없었다. 그러나 이승만 정부는 진보당에 '민주정부를 변란할 목적으로 창당되었다, 북한의 무력 재침의 선전, 평화통일 공작에 호응하였다, 친소 용공정책으로 적과 합세하여 정부 전복을 기도했다'는 등의 국가보안법 위반 혐의를 적용하였다. 1958년 1월 조봉암과 간부들이 검거되었고, 2월 25일 공보실은 진보당의 정당등록을 취소해 버렸다. 그런데 조봉암 간첩죄는 조작되었다는 게 드러났다. 이는 단서조항의 해석이 언제든지 권력에 의해 변질되거나 왜곡될 수 있다는 증거이다. 당시 민주당 정권도 자유당 정권과 다름없이 반공국가를 최우선으로 했기에 이러한 단서조항을 두었다. 후단에 "헌법재판소가 판결로써 그 정당의 해산을 명한다"고 규정하여 권력의 남용을 방지하고자 했지만, 헌법재판소는 어떤 구실도 하지 못하였다.

정당이란 뭘까? 정당은 헌법에서 국가의 보호를 받음이 규정된 유일한 정치결사체이다. 이를 뒷받침한 게 정당법이다. 1962년에 제정된 법률 제1246호 '정당법'에서 규정한 정당이란 "국민의 이익을 위하여 책임있는 정치적 주장이나 정책을 추진하고 공직선거의 후보자를 추천 또는 지지함으로써 국민의 정치적 의사 형성에 참여함을 목적으로 하는 국민의 자발적인 조직"이다. 정당이 국민의 정치적 의사를 형성할 수 있도록 해야 한다는 것은 너무나 당연하다.

그런데 정당법 제3조 정당의 구성을 보면, "정당은 수도에 소재하는 중앙당과 국회의원 지역 선거구를 단위로 하는 지구당으로 구성한

다"라고 규정하고 있다. 이 조항은 2024년 현재도 유효하다.[56] 1962
년과 2024년은 시간상 차이도 있지만, 사회구조가 확연하게 변화하였
다. 그런데도 '정당법'은 중앙집권적 사고에서 벗어나지를 못하고 있
다. 이 법이 제정된 1962년은 박정희 군사반란 이후이다. 군사정권이
정당법을 제정한 목적은 정당을 통제하기 위함이었다.

정당의 중앙당은 왜 반드시 서울에만 있어야 하는가? 중앙당을 부
산에도 둘 수 있고, 강릉에도 둘 수 있고, 광주에도 둘 수 있지 않은
가? 현행 정당법은 제2공화국의 산물이다. 정당법은 시대에 따라 등
여러 번 개정이 이루어졌지만, 정작 반민주주의와 쿠데타의 유산이며
반헌법적인 규정은 여전히 그대로 유지되고 있다. 정당 관련해서는
제6장에서 보다 상세하게 설명하겠다.

5. 사법 민주화 : 대법원장·대법관 선거제

제78조
　　대법원장과 대법관은 법관의 자격이 있는 자로써
　　조직되는 선거인단이 이를 선거하고 대통령이 확인한다.
　　전항의 선거인단의 정수, 조직과 선거에 관하여
　　필요한 사항은 법률로써 정한다.

제3차 개헌은 정부형태를 '내각책임제'로 한다는 큰 흐름으로 귀결
된 사례가 많다. 그런데 제2공화국 헌법에는 그런 맥락에서 어느 정
도 벗어난 사례도 있다. 사법부의 민주화와 독립성 향상을 위한 규정

을 둔 것이 그것이다.

사법부는 삼권분립의 권력구조에서 권력 핵심의 한 축이다. 그런데 주권자인 국민으로부터 어떤 견제나 감시를 받지 않는다. 이에 제2공화국의 헌법 제78조는 대법원장과 대법관의 선거제를 규정하였다. 주권자인 국민에 의한 직접선거는 아니지만, '선거인단'에 의한 간접선거를 통해 대법원장과 대법관을 선출하도록 헌법에서 규정하였다.

제2공화국에서 '대법원장 및 대법관 선거제'를 도입하게 된 배경에는 1960년 3·15부정선거의 처리 과정이 작용하였다. 3·15정부통령 선거 이후 민주당은 4월 2일 선거무효 소송을 제기하였다. 대법원 특별부는 배정현 대법관을 재판장으로, 김갑수 대법관을 주심으로 하여 재판부를 구성하였다.[57] 3·15부정선거 심판이 대법원으로 넘어가자 대법원은 다시 한번 민주주의의 보루로서 소환되었다. 『동아일보』는 사설에서 대법원에 국민주권을 소생시키는 판결을 주문하며 민주정치를 수호해 나갈 것을 주문하였다.[58] 그러나 대법원은 이승만이 하야할 때까지 단 한 차례의 공판도 열지 않았다. 이러한 연유로 민주당은 사법권 독립의 실제적 방안으로서 대법원장 및 대법관 선거제를 도입하게 이르렀다.

1961년 4월 26일 법률 제604호 '대법원장 및 대법관선거법'에 제정되었다. '선거인단'의 정수는 100인으로 하되 현재 법관으로 재직 중인 50인, 기타의 50인으로 구성하기로 정했다(제4조). 후보자의 자격은 인격과 학식을 겸비하여 최고법원의 법관으로서의 품위를 유지할 수 있는 자로서 10년 이상 법원조직에 있던 자로 정했다(제9조). 대법원장 1명과 대법관 5명을 선출하기 위한 첫 선거는 1961년 5월 25일로 정해졌다. 5월 8일 후보자등록 마감일까지 대법원장 후보 9명, 대법관 후보 40명이 입후보하였다.[59] 그러나 선거는 5월 16일 군사반란으로 인하여 시행되지 못했다. 4·19혁명의 결실로서 사법부 구성에 선거제를 도입한 혁신은 수포가 되었다.

제2공화국 헌법에서 규정한 대법원장과 대법관 선거제는 단 한 번도 시행하지 못하고 사문화되었다. 그리고 제3공화국 헌법에서부터 다시 임명제로 전환되어 현재에 이르고 있다. 2024년 현재 사법부는 주권자인 국민의 견제와 감시를 받지 않는 유일한 권력 기구로 존재하고 있다. 또한 사법부는 삼권분립의 한 축임에도 행정부의 권한에 예속되어 있다. 지금은 1960년대 비하여 훨씬 복잡다단한 사회이다. 봇물 터지듯 쏟아지는 다양한 목소리가 민주적으로 잘 반영되고 있는지, 사법부가 민주주의를 위한 자신들의 역할을 충실히 수행하고 있는지 자문하고 자답해봐야 할 것이다.

한때 국민은 사법부를 '권력의 시녀'라고 부르기도 하였다. 사법부가 그동안 보여준 행태는 민주주의(민주공화국)의 본령에 심각한 위협이 되고 있다. 사법부의 독립성 회복과 민주화를 위해서 제2공화국의 '대법원장과 대법관의 선거제'를 주목할 필요가 있다. 여기에 헌법재판소의 '소장과 재판관'도 선거제 도입이 필요하다.

6. 선거관리위원회의 헌법기관화

제75조의2
　　선거의 관리를 공정하게 하기 위하여
　　중앙선거위원회를 둔다.
　　중앙선거위원회는 대법관 중에서 호선한 3인과

정당에서 추천한 6인의 위원으로 조직하고
위원장은 대법관인 위원 중에서 호선한다.

　　1948년 5·10총선거 이후 75여 년의 세월이 흐르는 동안 대통령 선거 20회(간접선거 7회), 국회의원선거 21회, 지방자치단체선거 8회, 국민투표 6회 등 총 55회의 전국 규모의 선거가 있었다. 선거는 대의제 민주주의 체제에서 대표자를 선출하고 국민이 국가권력 기구 형성에 참여할 수 있는 기회를 제공하는 수단일 뿐만 아니라 대표자에게는 민주적인 정당성을 부여하게 된다. 민주주의 국가의 주인은 국민이고, 헌법에서 '대한민국의 모든 주권은 국민에게 있고, 모든 권력은 국민으로부터 나온다'고 명시하였다. 국민은 나라의 정책을 결정하고 참여해야 할 권리가 있다는 의미이다. 가장 기본적인 방법이 선거이다. 선거는 국민이 주권자로서 자기 의사를 직접 표출하여 정책에 반영하는 중요한 권리를 행사한다. 그래서 '선거를 민주주의의 꽃이다'라고 한다.

　　우리나라도 서구식 선거제도를 도입하면서 선거관리 기구를 두고 선거를 관리하였지만, 법률기관을 거쳐서 헌법기관이 되기까지는 우여곡절이 많았다. 3·15부정선거 때 정부와 자유당은 경찰·공무원을 동원하여 공공연한 부정선거를 자행하였다. 당시 '국회의원선거법'을 비롯한 각종 선거법으로 '중앙선거위원회'를 두어 선거를 공정하게 관리한다고 하였지만, 그 기능을 제대로 발휘하지 못하고 내무부의 부속기관으로 전락하였다. 그리하여 일부 언론은 중앙선거위원회 위원장 등을 부정선거의 원흉으로 지목하기까지 하였다.

　　4·19혁명 이후 민주주의에 대한 국민적 열망은 중앙선거위원회를

독립적인 기구로 둘 것을 요구하였다. 그 결과 제2공화국 헌법은 제75의2에 "선거의 관리를 공정하게 하기 위하여 중앙선거위원회를 둔다"고 규정함으로써 중앙선거위원회가 헌법기관이 되었다.

중앙선거위원회는 대법관 중에서 호선한 3명의 위원과 정당에서 추천한 6명의 위원을 국무총리가 위촉함으로써 구성되도록 하였다.[60] 첫 중앙선거위원회의 위원은 대법관 중 고재호·오필선·김연수와 민주당 추천 이천상·김윤근·임갑인, 자유당 추천 민복기·김영진·김삭 등이 선임되었다. 초대 중앙선거위원회 위원장으로 고재호 대법관이 선출되었다.

제3공화국부터는 명칭이 '선거관리위원회'로 바뀌었다. 그러면서 헌법에 조항을 신설해 선거운동의 균등한 기회보장과 선거공영제 등 선거관리의 내용까지 규정하였다. 그러나 독재정권과 권위주의 정권 시대에는 법적 절차 사무의 수행이라는 미약한 권능만 발휘할 수 있었기 때문에 정권유지의 수단으로 이용되기도 하였다. 현행 헌법에서도 선거관리위원회는 헌법기관이다.

7. 혁명정신을 담은 제4차 개헌

혁명 주체가 소외된 상황에서 제3차 개헌으로 탄생한 제2공화국 헌법은 말 그대로 정치권의 입맛대로였다. 제3차 개헌을 두고 혁명의 주체였던 학생과 시민은 분노하였다. 혁명은 고귀한 학생 청년의 죽음으로 이루어졌다. 그런데 학생 청년을 죽음에 이르게 한 무법천지의 공권력을 휘둘렀던 반민주행위자들에 대한 그 어떤 단죄도 없었다. 부정축재로 민중의 피를 긁어 먹은 이들에게 그 어떤 죄과를 묻지 않았다. 특히 개정된 헌법 어디에도 혁명에 대한 의의나 평가가 담기지 않았다. 현행 제6공화국 헌법에 '불의에 항거한 4·19민주이념을 계승'한다는 것과 대조하면 염치없는 개헌이었다는 것을 알 수 있다.

민주당은 제5대 총선거(1960년 7월 29일) 공약으로 특별법 제정을 통해서라도 반민주행위자 및 부정축재자를 처벌하겠다고 선언하였다. 그 결과로 민주당은 압승하였다. 그러나 선거에 승리한 민주당은 권력의 자리를 두고 계파싸움을 하느라 공약으로 내걸었던 이 문제에 관해서는 소극적이고 기회주의적인 태도로 일관하였다.

민주당이 미온적인 태도로 일관하고 있을 때, '반민주행위자'에 대한 공판에서 변호인단은 무죄를 주장하였다. 변호인단의 무죄 주장의 근거는 반민주행위자 관련 처벌법인 '정부통령선거법'이 6월 15일 헌법이 개헌되면서 폐지되었으므로 피의자들이 면소되었다는 것이었다. '4월혁명유족회' 회원들은 무죄변론 변호인들에 대한 규탄집회를 열었다. 결국 변호인단은 변론을 거부하며 총사퇴하였다. 대한변호사협회는 현행법 내에서는 무죄변론 밖에 할 수 없다면서, 특별법을 제정할 것을 촉구하였다. 아울러 질서와 안전이 확보되면 재판에 참석하겠다고 밝혔다. 정부의 노력으로 재판은 다시 진행되었다. 그러나 재판에서 국민의 기대를 충족시킬만한 결과가 나오리라고 기대하기는 어려웠다.[61]

10월 8일 서울지방법원 형사1부(재판장 장준택 부장판사) 법정에서는 '4·19발포혁명사건' 등 6대 사건[62]의 피고인 46명에 대한 1심 선고가 있었다. 검찰이 사형을 구형한 13명 중 3명에게만 사형을 선고했고, 나머지는 징역형, 무죄, 공소기각, 면소 등 가벼운 판결이 내려졌다.

재판 결과가 알려진 8일 오후부터 시민과 학생들의 규탄시위가 들끓었다. 4월혁명부상동지회 등이 특별법 제정을 요구하며 경무대와 국회의사당에서 시위를 벌였다. 시위는 단순한 항의시위가 아니었다. 장면 정부를 불신하는 양상으로 나타났다. 3·15의거의 진원지였던 마산에서는 "자유당 치하의 법관들은 모두 사퇴하라", "원흉들은 모조리 총살하라"고 주장하며, 제3공화국을 탄생시킬 투쟁도 불사하겠다고 결의하였다.[63] 10월 10일에는 4월혁명유족회가 정부와 국회해산을 요구했고, 11일에는 회기 중에 있는 국회에 난입하여 의사당을 점거하고 국회의 비혁명성을 규탄하였다. 규탄시위가 전국적인 양상을 띠면서 담당 판사와 석방된 피고인들마저 '모두 36계' 줄행랑을 쳤다.

이번 판결을 사법부의 문제로만 인식한 시민은 없었다. 민주당 정권. 즉, 장면 내각에 대한 불신으로 번졌다. 폭발적인 국민의 분노 표출에 장면 내각은 비로소 개헌을 통한 특별법 제정을 약속하였다. 윤보선 대통령도 특별법 제정을 촉구하는 성명을 발표하였다.

1960년 11월 22일 국회에서는 제4차 헌법개정안 제안이유에 대한 설명이 있었다. 민의원 법제사법위원회 윤형남 위원장은 "4·19 학생의거에서 시작된 한국의 4월 혁명 완수를 위한 특별법 제정에 헌법상 근거를 마련하기 위한 것이다"라고 밝히면서, 헌법개정안에서 헌법상 예외 조치를 취해야 할 대상으로 세 가지 부류에 속하는 사람으로 첫째, 단기 4293년 3월 15일에 실시된 정부통령선거에 관련하여 부정행위를 한 자와 그 부정행위에 항의하는 국민에 대하여 살상 기타의 부정행위를 한 자, 둘째, 단기 4293년 4월 26일 이전에 특정한 지위에 있음을 이용하여 현저한 반민주행위를 한 자, 셋째, 단기 4293년 4월 26일 이전에 지위나 권력을 이용하여 부정한 방법으로 재산을 축적한 자 등 이었다.[64]

부칙

이 헌법 시행당시의 국회는 단기 4293년 3월 15일에 실시된 대통령, 부통령선거에 관련하여 부정행위를 한 자와 그 부정행위에 항의하는 국민에 대하여 살상 기타의 부정행위를 한 자를 처벌 또는 단기 4293년 4월 26일 이전에 특정지위에 있음을 이용하여 현저한 반민주행위를 한 자의 공민권을 제한하기 위한 특별법을 제정할 수 있으며 단기 4293년 4월 26일 이전에 지위 또는 권력을 이용하여 부정한 방법으로 재산을 축적한 자에 대한 행정상 또는 형사상의 처리를 하기 위하여 특별법을 제정할 수 있다. 전항의 형사사건을 처리하기 위하여 특별재판소와 특별검찰부를 둘 수 있다. 전2항의 규정에 의한 특별법은 이를 제정한 후 다시 개정하지 못한다.

소급입법이 헌법의 근본정신에 위배된다는 견해가 제기되었으나, 당시 사회 분위기에 묻혀 쉽게 결정되었다. 그리하여 제4차 개헌을 소급입법개헌이라고도 한다. 특별법 제정을 위한 개헌은 급속도로 진행되었다. 그 내용은 3·15부정선거 주동자에 대한 공민권 정지(박탈), 부정선거에 항의하는 시위 군중에게 발포한 자 및 학살의 책임자 처벌, 이승만 정권하에서 부정 축재한 반민족적 반사회적 재벌 등에 대한 재산 국고 환수 조치를 위한 특별법의 근거 규정을 헌법 부칙에 설치하는 것이었다. 11월 13일 민의원 표결 결과 찬성 191표, 반대 1표, 무효 6표, 기권 2표로 가결되었다.[65]

제4차(소급입법) 개헌은 1960년 11월 29일 공포되었고, 이 개정헌법에 따라 부정선거관련자처벌법(법률 제586호), 부정축재특별처리법(법률 602호), 반민주행위자공민권제한법(법률 제587호), 특별재판소 및 특별검찰조직법(법률 제567호) 등의 특별법이 제정되었다. 그러나 특별법은 제 역할을 하지 못하고 중도에 정지되었다. 1961년 5·16쿠데타이다.

4장
제2공화국은 실패했는가

1. 민주당 구파·신파의 갈등과 분열

1960년 6월 15일 국회에서 헌법이 개정과 동시에 공포되면서 전국은 곧바로 국회의원 총선거에 돌입하였다. 처음으로 양원제를 채택했기에 민의원과 참의원 선거를 동시에 하느냐 별도로 하느냐는 문제를 두고 헌법 독회 과정에서 논전이 있었다. 당시 헌법 부칙에는 민의원 선거는 "헌법시행일로부터 45일이내 실시한다"고 정했고, 참의원 선거는 "헌법시행일로부터 6월이내에 실시"한다고 명시하였다.[66] 정부에서는 '민의원·참의원 동시선거'를 제안하였고 1960년 6월 23일 국회에서 표결한 결과 재석의원 110명 중 80명 찬성하면서 동시선거가 결정되었다.[67]

제2공화국의 첫 선거는 1960년 7월 29일 시행되었다. 제5대 국회의원(민의원·참의원) 선거이다. 이날 민의원 233명, 참의원 58명이 선출되었다. 당선된 참의원의 정당별 분포를 보면,

참의원·민의원 정당별 분포도

참의원		정당	민의원	
지역구	비율		지역구	비율
31석	53.4%	민주당	175석	75.1%
4석	6.9%	자유당	2석	0.9%
1석	1.7%	사회대중당	4석	1.74%
1석	1.7%	한국사회당	1석	0.4%
0	0.0%	통일당	1석	0.4%
1석	1.7%	혁신동지총연맹	0석	0.0%
0	0.0%	헌정동지회	1석	0.4%
20석	34.9%	무소속	49석	21.0%
58석	100.0%	합 계	233석	100.0%

선거 결과에서 자유당의 몰락을 확인할 수 있다. 7·29총선거는 보수주의를 추구한 민주당의 압승이었다. 4·19혁명으로 혁신 정당운동이 활성화되었지만, 성과는 미미하였다. 사회대중당[68], 한국사회당[69], 혁신동지총연맹[70], 헌정동지회[71] 등은 민의원 6석, 참의원 3석을 얻는 데 그쳤다. 혁신세력 참패의 주요한 요인은 민주당 그리고 보수언론이 이들을 좌익으로 매도한 것이다. 그러나 더욱 중요한 원인은 분단과 한국전쟁의 상처로 말미암아 극우 반공을 표방하는 정치세력 이외에는 어떠한 사회, 정치세력도 용인되지 않았다. 이러한 정치적 분위기는 대중들의 심한 피해의식에 있었다.[72]

7·29총선거에 압승한 민주당은 대통령과 국무총리 선출에 심혈을 기울였다. 민주당의 분당론까지 언급될 정도로 구파와 신파는 갈등하였다. 구파에서는 대통령과 국무총리를 겸점兼占해야 한다는 주장까지

대두되었다.[73] 그 이유를 보면,

　一. 한 정당이 의석 3분지 2를 차지하게 되면 일당 독재의 우려가 없지
　　　않다. 내각책임제하에서는 2개 이상의 정당정치가 확립되어야 한다. 건
　　　전한 야당이 없는 이 정국에서는 너무 비대해져 있는 민주당은 앞으로
　　　두 개의 정당으로 갈라져야 한다.
　二. 민주당은 그동안 신구파 안배로 구차한 당운영을 하여 왔으나 오늘의
　　　위기에 직면한 국정운영에 있어서는 형식적인 혼합체로써는 강력한 국
　　　정의 수행을 기하기 어렵다. 어느 측이나 뜻맞는 인사끼리 책임지는 정
　　　치를 하야야 하겠다. 이제 구파로서는 국민의 여망에 따라 책임지고 정
　　　권담당에 매진한다.
　三. 이번 7·29총선에 있어 4월혁명의 정신을 말살한 폭력·파괴·방화 및 부
　　　정개표 등 민주 반역행위에 대하여 어느 일파나 어느 개인을 막론하고
　　　국회 개회 벽두에 엄중히 규탄하려 하거니와 사직당국에도 철저 규명
　　　을 촉구한다.[74]
　단기 4293년 8월 4일.

　　양직을 겸임하는 것은 호응을 얻지 못하였고, 대통령과 국무총리
를 별도로 선출하기에 이르렀다. 민주당은 구파의 영수인 윤보선을
대통령으로 선출하고, 국무총리는 신파 영수인 장면을 지명토록 내부
적으로 의견을 정리하였다. 이는 구파와 신파가 어느 쪽도 과반 의석
을 확보하지 못한 속에서 무소속의 요구사항을 응하는 측면이 있
다.[75] 그러나 구파는 이를 못마땅하게 여겼다.
　　8월 12일 대통령을 선출하기 위한 첫 민의원·참의원 합동회의가
열렸다. 선거 결과 예정대로 구파 윤보선이 대통령에 당선되었다. 윤
보선은 8월 13일 국회에서 취임선서를 하고 헌법 규정[76]에 의거하여

민주당을 탈당하였다.

대통령의 첫 번째 임무는 국무총리 지명이었다.[77] 내각책임제에서 국무총리 지명은 대통령의 권한 중 가장 크고 중요한 권한이다. 민주당 내부에서 의견을 조율했음에도 불구하고 윤보선은 구파의 김도연과 신파의 장면을 두고 고민하였다. 그리고 결국 구파 김도연을 총리로 지명하였다. 그러나 김도연은 총리로 임명되지 못했다. 헌법 제69조에 따르면 국무총리는 대통령이 지명하지만, 민의원의 동의를 얻어야 했기 때문에 임명되지 못하였다. 표결 결과 재석의원 224명 중 찬성 111명, 반대 112명, 무효 1명으로 2표가 부족하였다.

윤보선의 주장에 따르면, 당시 캐스팅 보트를 쥐고 있었던 무소속 의원들도 대체로 김도연을 더 지지하고 여론도 김도연 씨를 강하게 표출해서 김도연을 지명하게 되었다고 했다. 그러면서 사심에 사로잡혀 그런 행동을 취했다는 주장에 강한 반감을 드러냈다. 반면, 장면은 구파 김도연을 지명한 것은 "평지풍파를 초래하는 정치투석에 틀림없었다"면서 "욕심에 사로잡혀 김도연 씨를 총리에 지명하여 놓고 보니 일반 국민은 물론 당내 신파 측의 격분은 걷잡을 수 없이 폭발점으로 달리게 되었다"라고 주장하였다.

정치는 서로 다른 의견을 합의하는 과정의 산물이다. 장면을 총리로 지명한다는 민주당 내부 합의가 이루어진 상태에서 그것을 무시했다는 것은 독선이다. 윤보선의 합의 파기는 윤보선과 장면이 정치적 동지에서 앙숙으로 변모하는 데 결정적인 역할을 하였다.

윤보선은 이어서 신파 장면을 국무총리로 지명하였다. 장면 국무총리 지명자는 1960년 8월 19일 민의원 본회에서 재석의원 225명 중 117명의 찬성을 얻어 국무총리로 당선되었다. 장면 내각의 출범이다. 총리 지명과 인준 과정에서 나타난 민주당 신·구파의 갈등은 이후에도 끊이지 않았다. 국무총리가 된 장면은 윤보선과 마찬가지로 아집에 사로잡혀 내각을 구성하였다. 결국 민주당의 파벌 갈등은 제2공화국 제1차 내각 구성에서도 뚜렷하게 재현되었다.

1960년 8월 19일, 윤보선과 장면
민의원 본회에서 국무총리 인준받은 직후 장면 총리가 경무대를 찾아 윤보선 대통령과 악수 나누고 있는 모습.
출처 : 민주화운동기념사업회 갈무리

8월 23일 제1차 내각이 발표되었다. 외무장관 정일형, 내무장관 홍익표, 재무장관 김영선, 법무장관 조재천, 국방장관 현석호, 문교장관 오천석, 농림장관 박제환, 상공장관 이태용, 보사장관 신현돈, 교통장관 정헌주, 체신장관 이상철, 부흥장관 주요한, 사무처장 오위영, 무임소장관 김선태 등이다. 무소속으로 문교장관과 농림장관, 민주당 구파에서 교통장관이 내각에 포함되었다. 14명의 각료 중 구파 1명, 무소속 2명을 제외한 나머지 11명은 전원 신파로 구성하였다.[78]

장면 총리는 내각을 구성하기 전에 자신과 같은 파벌인 곽상훈 의장과 함께 대통령 윤보선을 찾아갔다. 장면은 구파가 조각에 협조할 것을 구파 측에 권고해 달라는 희망을 보였다. 이 자리에는 구파 윤보선과 유진산, 신파 장면과 곽상훈이 있었기에 세칭 4자회담이라고 일컫는다. 윤보선은 이날 자리를 "국회의 절대석을 차지하고 있는 민주당 신구 양 파가 합심해서 정부를 구상하고 이날의 일을 좀 잘 해보자는 이 회의의 의의는 자못 컸다"라고[79] 자평하였다. 장면은 4자회담이란 자체에도 큰 의미를 부여하지 않으면서 "구파 인사들은 신파 총리하에서 생사라도 같이할 동지적 협조의 기색을 보여주지 않았다"라고 당시를 회상하였다.[80] 여하튼 서로 다른 주장이 평행선을 달리고 있다. 구파와 신파가 질투하고 시기하는 형국은 결과적으로 윤보선과 장면의 개인감정으로 치달았고, 5·16쿠데타를 대처하는 방식에서도 다른 목소리를 내었다.

결국 1차 내각은 구성되고 2주 만에 개편되었다. 민주당 구파인 권중돈, 김우평, 나용균, 박해정 등 4명이 각각 국방장관, 부흥장관, 보사부장관, 교통장관으로 입각하였다. 아울러 내무장관으로 이상철, 상공장관으로 주요한, 국무원사무처장으로 정헌주, 무임소장관으로 신현돈이 전임되었다.

내각책임제의 핵심은 내각의 연대책임이다. 그러나 민주당의 세력 다툼 속에서 내각은 연대하여 책임지기보다는 서로 책임 떠넘기기에 급급하였다. 이후 구파는 끝내 탈당하여 신당을 창당하였다. 바로 신민당이다. 신민당의 창당이념이나 정강, 정책은 민주당의 그것과 대동소이하다. 정치적 신념에 따라 분당한 것이 아니라 배분받은 권력이

기대에 미치지 못하자 이해타산에 따라 창당했기 때문이다.

어떤 조직(정당·단체)이든 주류와 비주류가 있으며, 강경파와 온건파가 있기 마련이다. 때에 따라서 자신의 정치적 의사를 실현하기 위해 분당하거나 창당할 수도 있을 것이다. 그러나 민주당과 신민당은 사당私黨에 불과하였다. 국민의 이익을 위하여 책임 있는 정치적 의사를 형성하여야 할 정당이 사리사욕에 눈이 멀었다. 공당公黨이 아니었다. 그래서 민주당의 분파와 분당 사태를 손가락질할 수밖에 없는 것이다. 그들은 자신들이 정권을 창출할 수 있었던 이유를 잊어 버렸다. 수많은 학생·청년의 고귀한 희생을 대가로 이승만과 자유당의 독재는 무너졌다. 피로써 그들을 몰아냈기에 그 빈 자리를 민주당이 쉽게 차지할 수 있었다. 그런데도 민주당은 권력욕에 심취해 이전투구泥田鬪狗하며 권력투쟁을 일삼았다.

제5대 국회의원 총선거에서 민주당은 국회의 실질적 권능을 행사하는 민의원 의석의 75%를 상회하는 의석수를 차지하였다. 내각책임제를 채택한 선거에서 국회의원 압승은 민주당 정권 수립을 의미한다. 그러한 압승에도 불구하고 민주당 정권은 9개월 만에 붕괴하였다. 그렇지만 집권 9개월 동안 민주당은 파벌 싸움을 하느라 무능한 모습을 보였고, 내각책임제 운용의 기반인 연대·연정을 통한 정치적 안정은 확보하지 못했다. 그리고 이는 5·16쿠데타의 구실이 되고 말았다.

구파와 신파의 끊임없는 분열로 제2공화국에 대한 인식이 대체로 부정적이다. 이에 따라 헌법에서 매우 유의미한 조항을 꼽을 수 있는 국민의 기본권 강화, 대법관과 대법원의 선거제, 선거관리위원회 등도 제대로 평가받지 못하고 있다.

2. '경제제일주의'와 경제개발 5개년 계획

경제개발 5개년 계획은 1960~70년대 박정희 군사정권에서 추진된 사업으로 인식한다. 하지만 경제개발 5개년 계획은 제2공화국 민주당 정권에서 기획되었다. 제2공화국의 윤보선 대통령은 1960년 8월 13일 취임사에서 "정부의 시책은 경제제일주의로 나가야겠고 현명한 국민에게는 내핍과 절제와 창의와 노력이 요청되는 바입니다"라고 말하면서 경제안정 제일주의를 지향하겠다고 밝혔다.[81] 또한 장면 국무총리도 총리 지명 후 첫 기자회견에서 '혁명과업완수방안'을 제시하면서 "경제부흥 제일주의로 나가야겠다. 그러기 위해서는 총리 직할 아래에 경제자문위원회 같은 것을 두겠다"라고[82] 밝혔다. 민주당 정권의 수뇌부가 이러한 정책 기조를 밝히게 된 것은 1950년대 말 이승만 정권의 독재체제가 장기화되면서 정치적 부패는 가속화되고 인플레이션과 실업에 따른 민생고가 깊어졌기 때문이다.

장면 내각이 '경제제일주의' 기치 아래 제시한 경제정책은 ① 과거 부패정권이 취해온 관권경제와 불균형한 산업구조의 지양, ②농업경제의 안정화, ③ 기간산업의 확충, ④ 중소기업육성 등이었다.[83] '경제제일주의'의 목표는 산업의 균형적 발전을 도모하여 소득증대와 실업인구 감소였다. 이를 위해 국토개발계획, 경제개발계획을 추진하여 급속한 경제성장을 이룩한다는 계획을 세웠다. 이처럼 장면 내각은 출범 직후부터 '경제제일주의'를 표방하면서 경제개발계획을 세웠고, 윤곽이 나타난 것은 1960년 10월이었다. 장면 국무총리는 1960년 10월 13일 경제개발계획 의지를 표현한 「한국의 경제개혁방책에 관한 각서」(이하 각서)란 외교문서를 미 국무장관 허터Christian A. Herter에게 보

냈다.[84) 장면 총리는 이 각서의 전달 공함에서 다음과 같이 말하였다.[85)

본 각서는 오늘날 한국이 직면하고 있는 긴박한 경제사정과 한국정부가 과감하게 수행하고자 하는 개괄적 개혁방안을 제시하고 있습니다. 또한 여러 가지의 경제적 애로를 극복하는 데 필요한 몇 가지 대책과 아울러 이러한 광범한 개혁을 신정부가 강력히 수행해 나가는 데 소요될 재정적 부담도 동시에 밝히고 있습니다. <중략> 따라서 우리는 귀국의 증여 원조가 현수준에서 유지되어야 할 것은 물론 이에 더하여 새로운 경제개발사업을 추진하는데 소요되는 특별 경제원조와 경제안정기금을 마련하여 줄 것을 간절히 요청하는 바입니다.

이때 각서에는 이미 5개년 경제개발계획이 언급되어 있고, 산업기반 시설 건설에 집중할 경제개발계획을 세우고, 외자外資 동원을 위해 국방비 감축을 계획하고 있음을 밝혔다.[86) 당면 문제로 실업자와 농촌 빈곤의 문제를 크게 의식하고 있으며, 구체적인 사업 계획으로서는 국토건설사업 실시, 중소기업육성 방침, 노동 집약적 산업 육성, 국제수지 개선 등이 언급되어 있다.

민주당 정권의 제1차 5개년 경제개발계획의 대체적 골격이 나타나고 있다. 그렇지만 경제개발 자금을 미국의 원조나 차관으로 충당해야 하는 한계가 있었다. 이때 미국에 요청한 지원액은 경제개발 지원비 4억 2천만 달러, 행정개혁 비용 8천만 달러를 합쳐 모두 5억 달러였다.

민주당 정권은 실업문제를 해결하기 위해 국토개발사업을 적극적으로 추진하였다. 국토개발사업계획은 1960년 11월 29일 발표하였다. 이 사업의 목적은 실업자 및 절량농가[87)에게 최대한 취업의 기회를 주는 데 있었다.[88] 이를 통해 황폐된 국토를 개발하고 흩어진 자원을 종합 활용함으로써 공업화의 터전을 마련한다. 국민에게는 자조자활의 정신과 후손을 위한 번영의 터전을 마련하고자 헌신하는 기풍을 진작시킨다는 것이었다.[89]

사업의 규모와 내용은 우선 1961년도에는 춘궁기에 있는 농촌지구, 이후에는 도시지구 순으로 사업을 수행하되, 사업의 선정은 조림, 사방, 소규모 수리, 하천정리, 도로 및 기타 공공사업 등 노동집약적인 사업을 선정하여 실업자에게 고용의 기회를 주고 세궁민에게 노임을 주어 생활을 향상시킬 의도였다. 국토개발사업은 첫째 다목적 계획이었다. 사회간접자본의 형성과 실업자구제를 목적으로 하고 있었다. 둘째 국토개발사업은 장기성을 지닌 계획이었다. 경제개발 5개년계획 중 역점사업의 하나가 경제 하부 구조의 건설에 역점을 두고 있었다. 셋째 국토개발사업은 사회인으로 진출하는 4·19세대인 대학생들을 고용함으로써 이들의 활기와 정부에 대한 불만을 일정부분 흡수하려는 계획이었다.[90] 단군 이래 첫 국토 종합개발답게 구체적인 국토개발사업은 소양강댐, 춘천댐, 남강댐 건설을 비롯하여 발전소 및 도로 건설, 농지 개간, 수자원 개발 등을 포함하는 포괄적이며 다목적 계획이었다.

경제개발계획은 이승만 정부에서 그 기초가 수립되었다. 민주당 정권도 장기적이고 종합적인 개발계획의 필요성에 동감하여 이를 계승하여 개발계획 수립에 착수하였다. 1960년 11월 장면 국무총리는 1961~1962년을 계획기간으로 하는 새로운 5개년 계획안을 작성하도록 산업개발위원회에 지시하였다. 이 계획은 1960년 11월 말에 착수되어 1961년 5월 10일에 수립되었다. 제1차 5개년계획의 '3가지 지도원리'로 ① 전력, 석탄 등의 전략적 부문에 대한 중점적 투자를 통하여 산업기반을 구축하고, ② 유휴자원을 최대한으로 활용하여 국토의 개발과 고용의 확대를 꾀하고, ③ 농업생산력을 증대하여 국민경제의 구조적 불균형을 시정하는 데 둔다. 그리고 비료, 시멘트, 인견사, 정유 및 철강 등 수입대체산업을 건설하여 국제수지를 개선하며, 국토건설사업을 종합적 국토개발계획으로 발전시키며, 다각영농과 농업협동조합을 육성, 도로·항만·통신·상하수도·주택 등 사회기반시설의 병행 추진 등을 열거하였다.[91]

　민주당 정권이 이러한 종합적이고 장기적인 개발계획을 수립한 주된 목적은 원조의 효율적인 이용을 강조해온 미국의 주장을 수용하여 대미 원조 교섭에서 유리한 분위기를 조성하는 것이다. 또한 미국의 주장대로 외자 도입선을 선진자본국으로 다변화하기 위해서는 대한민국 경제에 대한 장기 예측과 정책 방향의 제시가 필요하였다.

　5개년계획에 따르면 대한민국 경제체제는 자유기업제도와 정부에 의한 경제정책의 병존, 지도받는 자본주의 체제로 혼합경제 체제를 지향해야 하였다. 민주당 정권이 자유기업제도를 강력하게 주장한 이유는 이승만 정권의 가장 큰 폐해 중 하나가 '관권지배' 경제구조. 즉, 관치경제로 보았다. 민주당 정권의 혼합경제 체제에서 가장 중요한 것은 정부의 계획적 유도였다. 국가가 직접 그 실현 수단을 보유하는 정부 공공부문에 대하여는 가급적 실행 가능성 있는 계획을 작성하는 게 중요하였다. 이때 수립된 경제개발계획을 제3공화국의 제1차 경제개발5개년계획과 비교하면 다음과 같다.

제2공화국과 제3공화국의 5개년 경제개발계획 비교

구분	제1차 5개년경제개발계획(시안) (제2공화국)	제1차 경제개발5개년계획 (제3공화국)

작성기관	건설부	경제기획원
계획기간	1962~1966년	1962~1966년
계획목표	공업화기반 조성	사회경제적 악순환 시정, 자립경제 기반구축
계획성격	지도받는 자본주의 경제체제의 혼합경제	지도받는 자본주의 경제체제
주요정책	-에너지 공급증가와 수입대체 산업 건설 -기초산업시설 및 사회간접자본 확충 -농어촌개발과 생산력 -유휴노동력 활용과 고용 증대	-에너지 공급원 -농업생산력 증대 -유휴자원 활용 -수출진흥 -기술진흥

　　제2공화국의 '제1차 5개년경제개발계획'은 건설부의 시안으로 완성되었다. 이 경제개발계획은 제1부 '총설', 제2부 '계획의 내용', 부록 등 3부분으로 구성되었다. 제1부 총설의 제1장 '신 장기개발계획의 의의와 성격'에서는 대한민국 헌법 제84조 '대한민국의 경제질서는 모든 국민에게 생활의 기본적 수요를 충족할 수 있게 하는 사회정의의 실현과 균형있는 국민경제의 발전에 기여함을 기본으로' 한다면서 대한민국의 경제이념을 언급하였다. 헌법정신에 바탕을 둔 경제개발계획이라는 것을 밝혔다. 제2공화국의 경제개발은 계획 성격에 '지도받는 자본주의 경제체제'와 '혼합경제'라고 명시한 이유가 여기에 있다.

　　민주당 정권의 5개년계획이 완성되자 김영선 재무부장관은 대한민국 장기발전계획의 구상과 국토개발사업의 내용을 설명하고, 이에 대한 미국의 동의를 얻기 위해 실무사절단을 파견하였다. 이들은 5개년

계획에 필요한 재원을 원조받기 위한 교섭을 진행하여 7월 중 장면 총리의 미국 방문을 통해 매듭지을 계획이었다. 그러나 이들이 미국에 체류하고 있는 동안 5·16쿠데타가 발생함으로써 민주당 정권의 5개년계획은 수포가 되었다. 위의 표와 같이 비록 군사정권에 의해 수정되고 또 별도의 경제개발계획을 작성했다고 하더라도 민주당 정권에서 작업한 성과는 결코 허사가 되지 않았다.

민주당 정권의 윤보선 대통령은 1960년 8월 13일 취임하였다. 실재적 내각 책임자인 장면 총리는 8월 19일 인준되었다. 그리고 곧바로 '경제제일주의'를 내세우며 민생에 초점을 맞춘 정책들을 준비하고 실행하였다. '경제제일주의'를 내세웠지만, 미국의 원조 없이는 불가능하였다. 미국의 원하는 바를 수용할 수밖에 없었고, 미국의 우려하는 부분은 미리미리 예방하지 않으면 안 되었다. 그 대표적 사례가 군대 감축이다.

민주당은 제5대 국회의원 총선거에서 현재 대한민국이 보유하고 있는 60만 명의 군대를 점차 3분지 1로 감군할 것을 약속하였다.[92] 이는 미국이 1957년부터 꾸준하게 요구했던 상황이었기에 미국의 눈치를 보지 않을 수 없었다. 또한, 민주당 정권이 표방한 경제제일주의의 가장 큰 장애물도 국방예산이었다. 1960년 당시 대한민국의 국방예산은 정부의 일반예산 약 3,600억 환[93] 중 국방예산이 1,498억 환으로서 국방예산이 정부 일반예산의 총규모에 약 41.6%를 차지하였다.[94] 장면 내각은 국방예산을 줄이기 위해 군대의 감축을 결정할 수밖에 없었다. 장면 내각의 감군정책은 5·16쿠데타로 실행되지 못하였다.

민주당 정권은 9개월도 채 되지 않은 기간을 집권하였다. 구파와 신파의 파쟁으로 분당되는 등 혼란이 있었던 것은 사실이다. 그렇지만 무조건 무능하다고 비판할 수만 없다. 민주당 정권이 추구한 정책을 실현할 시간이 없는 상태에서 몰락하였다. 5·16쿠데타이다.

3. 시민혁명과 제2공화국 단명

민주당은 창당부터 보수정당을 표방하였다. 정치사회구조의 전반적인 개혁을 기대하는 사회적 요구를 수용하기에는 한계가 있었다. 예컨대 이승만과 자유당의 '반공' 최우선으로 하는 정책 기조를 그대로 유지하였다. 통일정책은 이승만의 북진통일과는 성격이 다소 다른 유엔감시 하의 남북총선거를 통한 평화통일론을 주장하였다.[95] 이는 이승만이 북진통일을 내려놓으면서 주장했던 방식이었다. 이러한 통일론은 대한민국의 주권을 과시하고 선전효과를 노린다는 차원의 주장이었다. 그렇지만 유엔감시 하의 남북총선거를 통한 통일론은 경제·사회적으로 승리할 자신이 생길 때까지 절차 문제로 시일을 지연시키려는 의도에서 나온 정책에 불과하다. 4·19혁명 이후 남북문제를 적극적으로 해결하고자 하는 청년·학생들과는 전혀 다른 기조였다. 외교정책에서 대미 의존도를 줄이기 위해 한일 국교 정상화를 추진하였지만, 매듭을 짓지 못하였다. 경제 발전을 추구하며 경제개발 5개년 계획을 수립했지만, 구조적인 경제개혁 조치는 어느 것 하나 실현된 게 없다.

장면 내각의 한계는 무엇보다도 민주당이 정책정당으로서 출범한 정당이 아니라, 반 이승만 세력들의 결집체로 출발한 인물 중심의 보수정당이었다는 점이다. 즉, 이승만 세력의 결집체인 자유당과 다를 바 없이 출범한 정당이었다. 그 구성원은 정책보다는 권력, 관직의 획득, 유지 등에 관심을 가졌다. 그 결과는 계파 간의 갈등이고, 분열이었다.

장면 내각의 정책들이 성공하지 못한 데는 소위 '장면 내각의 무능' 탓도 있겠지만 시간 부족 문제도 컸다. 예컨대 장면 내각은 경제제일주의를 표방하면서 경제개발 5개년 계획을 세웠고, 환율 현실화를 통해 미국의 특별 원조받을 계획을 완성하였다. 농촌의 고리책 정리방안과 환율 현실화를 위한 여러 가지 여건도 마련하였다. 일본과의 국교 정상화를 추진하면서 일정 정도 성과를 냈다. 국토건설 사업도 1961년 봄에 착수되었다. 그러나 1961년 5월 16일 군사반란으로 모든 정책은 정지될 수밖에 없었다. 5·16쿠데타로 집권하게 된 군정은 자신들의 명분을 찾기 위해 제2공화국 장면 내각을 그저 '무능'하고 '부패'했었던 것처럼 몰아갔다.

제2공화국에서 민주당의 장면 내각이 실질적으로 국정을 운영한 기간은 9개월밖에 되지 않는다. 이 기간에 국민들은 이승만과 자유당 정권 아래 억눌려 있던 다양한 의사를 분출하기 시작했고, 이에 부응하지 못하는 정권에 대한 불만도 최고조에 달하였다. 내각 상황도 국민의 의사도 혼란스러운 당시 상황 속에서 9개월 만에 경제개혁을 비롯하여 정책들이 성과를 내기를 기대한다는 것은 다소 난센스일 수있다.

장면 내각을 생각하면 가장 먼저 떠올렸던 게 '무능'과 '부패'이다. 그러나 이는 쿠데타 세력이 만든 프레임이었다. 장면의 뼈아픈 반성을 소개하면,[96]

정권을 유지하지 못한 탓으로 국민의 여망에 어긋나게 된 결과에는 나 자신이 뼈 아프게 도의적 책임을 느낀다. 국민 앞에 사과하며, 그동안 자숙과 근신의 성의를 표하는 길밖에 없어 오늘까지 침묵 일관이었다. 할 말이 없어서가 아니라, 할 말은 얼마든지 있어도 자숙을 통하여 우리 스스로를 돌이켜 본다는 뜻이다.

장면은 책임을 통감하고 있다. 장면 내각의 단명은 분열이라는 내부적 상황이나 정책의 실패보다는 5·16쿠데타란 예기치 못한 돌발 변수에 기인하였다. 5·16쿠데타는 정상적인 통치를 비정상적인 통치로 전환 시켰다. 민주당이 수립한 정책을 수행하기도 전에 너무 일찍 비정상적인 상황이 발생한 것이다. 장면 내각의 책임을 추궁하기 전에 쿠데타를 일으킨 세력에 대한 역사적 심판이 먼저라고 본다. 그 후에 장면 내각에 대한 도의적 책임을 물어야 한다.

4·19혁명을 '미완의 혁명'이라고 칭하는 사람이 많다. 이는 민주당의 장면 내각의 실패와 4·19혁명을 동일선상에 놓고 보기 때문이다. 둘은 분리해서 봐야 한다. 시민들은 4·19혁명을 통해 이승만이라는 독재자, 12년의 독재정권을 무너뜨렸다. 이승만은 집권 연장을 위해 헌법을 2차례 개정하면서까지 종신집권을 꿈꿨다. 더 무서운 것은 자신의 사후에도 자유당이 영원히 집권하도록 일당 독재체제를 공고히 했다는 것이다. 시민들은 이 체제를 무너뜨렸다. 대한민국 헌정사상 처음으로 시민이 승리한 혁명이었다. 4·19혁명이 성공했기 때문에 제2공화국 헌법이 탄생했고, 민주당 정권이 수립될 수 있었다. 비록 민주당 내부의 한계와 군사반란이라는 비정상적 상황으로 단명함으로써 혁명의 성과를 누리지 못했지만, 4·19혁명은 민주주의, 새로운 정치의 장을 열었다는 점에서 훌륭히 임무를 완수했다고 할 수 있다.

일반적으로 제2공화국의 시작을 이승만이 하야를 선언하고 허정의 과도내각이 출범한 1960년 4월 27일부터로 본다. 그렇지만 정확하게는 헌법 제4호(제3차 개헌)가 공포된 1960년 6월 15일부터가 제2공화국의 시작이다. 그리고 그 종점은 제3공화국 헌법(제5차 개헌)이 공포된 1962년 12월 26일이다. 보통 제2공화국을 민주당 정권으로 인식하는 시기이다. 그러나 제3공화국의 헌법으로 개정되고 첫 대통령이 임기가 시작된 1963년 12월 17일까지는 여전히 제2공화국에서 선임된 내각이 국정을 운영하였다. 제2공화국의 내각을 정리하면,

제2공화국의 내각 정리

구분	내각	대통령 및 대행	기간	비고
헌정	허정	허정(대행)	1960.4.27 ~ 1960.8.12	과도정부
	허정	윤보선	1960.8.13 ~ 1960.8.18	8.12 윤보선 대통령 당선
	장면	윤보선	1960.8.19 ~ 1961.5.18	5·16쿠데타
군정	장도영	윤보선	1961.5.19 ~ 1961.7.2	
	송요찬	윤보선/박정희(대행)	1961.7.3 ~ 1962.6.15	
	최덕신(대행)	박정희(대행)	1962.6.16 ~ 1962.6.18	
	박정희	박정희(대행)	1962.6.18 ~ 1962.7.9	
	김현철	박정희(대행)	1962.7.10 ~ 1963.12.16	

이승만 하야 이후 1960년 6월 15일 3차 개헌으로 새로운 공화국이 탄생하였다. 그때까지는 수석국무위원 허정이 내각 수반이면서 대통령 권한대행을 수행하였다. 1960년 7월 29일 제5대 국회의원 총선거를 통해 민주당의 정권이 들어섰다. 대통령 윤보선, 국무총리 장면

이다. 그러나 제2공화국은 내각책임제였기에 내각 수반인 국무총리의 역할이 더 막중하였다. 1961년 5·16쿠데타로 장면 총리가 5월 18일 사임하고 군부세력에 의해 추대된 육군참모총장 장도영 중장이 내각 수반이 되었다. 이때부터 제2공화국은 군정체제가 되었다. 사실상 제2공화국의 종말이다. 장도영이 해임되고, 송요찬이 내각 수반을 맡았다. 1962년 3월 24일 윤보선 대통령이 사임하고 국가재건최고회의 의장을 맡고 있던 박정희가 대통령 권한대행을 수행한다. 송요찬 사임 후 잠시 최덕신 외무부 장관이 직무대행을 했고, 이어서 박정희가 스스로 내각 수반이 되었다. 20여 일 박정희는 김현철에게 내각 수반직을 넘겼고, 5개월 후 대통령중심제를 골자로 하는 5차 개헌이 이루어지면서 제3공화국이 시작되었다.

소결
제2공화국이 남긴 유산

　　동서고금 인류사의 공통적인 진리가 있다. "고인물은 썩는다"는 것이다. 정치학에서 거의 빠지지 않고 나오는 말로는 "권력은 부패하는 경향이 있으며 절대 권력은 절대 부패한다Power tends to corrupt and absolute power corrupts absolutely"라는 것이다. 영국의 종교 역사가이자, 정치가인 존 달버그 액튼John Dalberg-Acton 경이 1887년 성공회 주교에게 보낸 편지의 한 구절이다. 민주공화국에서 절대권력은 존재할 수 없으며, 존재해서도 안 된다. 절대권력을 누리기 위해서는 권력의 남용이 절대적이며, 온갖 편법과 불법까지 동원된다. 즉, 절대권력을 유지하기 위해 수단과 방법을 가리지 않다 보니 비리와 부패는 당연한 수순으로 진행된다. 이승만의, 이승만에 의한, 이승만을 위한 제1공화국은 이를 증명하였다. 절대권력을 위한 야욕은 3·15부정선거로 이어졌고, 국민의 철퇴를 맞았다. 4·19혁명이다. 4·19혁명은 국가의 주권이 국민에게 있음을 만방에 알린 위대한 시민혁명이다. 일부에서 미완의 혁명이라고 한다. 아니다. 완성의 혁명을 5·16쿠데타의 세력이 짓밟은 것이다.

　　이승만은 헌정사상 처음으로 임기를 채우지 못하고 하야한 대통령이 되었다. 그리고 끝내 하와이로 망명길에 올랐다. 국회는 헌법개정에 나섰다. 1인 장기독재의 대안으로 권력구조 개편에 나섰다. 대통령제에서 내각책임제로 전환이다. 그런데 시민혁명의 주역인 주권자는 헌법개정에서 소외되었다. 헌법개정을 정치권의 문제로만 인식한 경향과 4·19혁명에 도취한 민주당의 오만이었다. 민주당은 자유당의 붕괴로 권력이 눈앞에 아른거리면서 권력구조 개편에만 정신이 팔렸다. 급할수록 돌아가라는 말이 있다. 제3차 헌법개정은 국회 내에서 독회를 거쳐 1960년 6월 15일 국회에서 개헌안이 의결되었고 곧바로 공포되었다. 헌법을 제정한 제헌의회에서는 제1독회 질의응답과 대체토론, 제2독회 축조심의, 제3독회 전체적인 법체계 정비와 자구 수정 등으로 진행했던 것과 비교되는 부분이다.

4·19혁명은 정치적 자유를 확장하고 의회 민주주의에 충실한 의원내각제 체제의 제2공화국을 탄생시켰다. 제2공화국이 정상적인 헌정체제를 유지한 기간은 1년이 채 되지 않는다. 그러한 점에서 제2공화국을 평가하기란 쉽지 않다. 그렇지만 제2공화국 헌법은 현재 대한민국에서 생각할 바가 많다. 여러 개별 권리 조항에서 법률 유보 조항을 삭제하였고, 법률로써 제한하는 경우에도 자유 및 권리의 본질적 내용에 대한 침해는 불가하다는 조항을 신설하였다. 1인, 1당 독재체제를 경험한 후 복수정당제, 양원제 국회를 통한 내각책임제를 구현하였다. 정상적인 정치 활동을 할 수 있도록 정당을 보호하는 규정을 두었고, 공무원의 정치적 중립을 규정하였다. 사법부의 민주화를 위해 대법원장 및 대법관 선거제를 도입하였으며, 탈헌법적 상황을 통제할 수 있도록 헌법재판소의 관장 업무와 구성 등을 명시하였다. 공정한 선거관리를 위해 중앙선거위원회가 헌법기관으로 격상되었다.

제2공화국은 4·19혁명이란 국민의 민주주의에 대한 열망의 폭발로 탄생하였다. 김주열·강명희 진영숙·김용호 등 수많은 청년·학생의 숭고한 땀과 피로 새롭게 탄생한 정부였다. 헌법의 최고 가치와 존엄이 제2공화국에는 고스란히 기록되어 있었다. 그러나 군인의 총과 탱크에 의해 짓밟혔다. 국민의 준엄한 심판에 의해 세워진 민주공화국, 민주주의가 군인들에 의해 짓눌렸다. 성공한 쿠데타는 처벌할 수 없다고 한다. 그리고 쿠데타가 성공하면 혁명이라고 한다. 봉건적 전통시대에는 동의할 수 있을지 모르겠지만, 민주공화제를 선포한 대한민국에서는 절대로 동의할 수 없고 용납될 수도 없다.

1995년 12월 21일 '헌정질서 파괴범죄의 공소시효 등에 관한 특례법'(법률 제5028호)이 제정되었다. 이 법의 목적은 '헌정질서의 파괴를 목적으로 하는 헌정질서 파괴범죄에 대한 공소시효의 배제 등에 관한 사항을 규정'하는 법률이다. 이 법에서 정의하는 '헌정질서 파괴범죄'란 형사소송법의 '내란의 죄', '외환의 죄' 그리고 군형법의 '반란의 죄'와 '이적의 죄'이며, 형법 제250조의 죄로서 집단살해죄의방지와처벌에관한협약에 규정된 집단살해에 해당하는 범죄에 등에 대해서는 공소시효의 적용을 배제한 법률이다.

박정희는 군대를 동원한 쿠데타를 일으켰다. 그는 1979년 10월 사망하였다. 분명 헌법질서를 군사반란으로 파괴했기에 그에 따른 처벌과 평가가 뒤따라야 한다. 헌법의 최고 존엄과 가치가 지켜지기 위해서는 성공한 쿠데타에 대해서도 명명백백하게 밝혀야 한다. 처벌도 이루어져야 한다. 만약 처벌할 수 없다면 역사가 '성공한 쿠데타'의 과오를 면밀하게 기록해야 한다. 인류사에 쿠데타를 자행한 정부는 민주주의를 수호한 적이 없다. 인권을 옹호한 적이 없다. 대한민국은 민주공화국이다. 4·19혁명은 찬란한 민주주의 역사이다.

1) 『동아일보』, 1959년 12월 12일

2) 제52조 대통령이 사고로 인하여 직무를 수행할 수 없을 때에는 부통령이 그 권한을 대행하고 대통령, 부통령 모두 사고로 인하여 그 직무를 수행할 수 없을 때에는 법률이 정하는 순위에 따라 국무위원이 그 권한을 대행한다.(헌법 제3호, 1954년 11월 29일 일부개정)

3) 제2차(사사오입) 개헌 때 국무총리제가 폐지되었다.

4) 야당의 대통령 후보였던 제3대 신익희, 제4대 조병옥이 선거 도중 사망하면서 이승만이 이들을 암살했다는 소문이 퍼지기도 했다(김지형, 「중앙정보부 창립멤버 조웅 목사의 현대사 X파일」, 『민족21』통권 제23호, 2003, 126쪽).

5) 출처 : 중앙선거관리위원회 사이버선거역사관

6) 이기하 외, 『한국의 정당』, 한국일보사, 1987, 297쪽

7) 『동아일보』, 1960년 3월 15일, 16일 ; 『조선일보』 1960년 3월 16일 ; 『경향신문』 1960년 3월 16일

8) 한국학중앙연구원, 「디지탈창원문화대전」

9) 김주열 열사는 3월 15일 형 김광열과 함께 시위에 참여하였다. 형(김광열)은 집으로 돌아왔으나, 김주열은 실종되었다. 그의 시신이 4월 11일 마산 중앙부두에서 떠올랐다.

10) 경복고 보건·음악·미술 실기시험, 경북사대부고 임시시험, 대구고 토끼 사냥, 경복여고 졸업생 환송기념 연극연습, 대구공고 학교행사, 대구여고 졸업생 송별회, 대구상고 졸업생 송별회, 경상중 졸업식 연습, 대구여중 체육대회·사은회, 제일여중 임시수업, 각 국민학교 보충수업(안동일, 『새로운 사일구』, 김영사, 1997, 24~25쪽)

11) 안동일, 위의 책, 26~27쪽

12) 안동일, 위의 책, 31~32쪽

13) 『동아일보』, 1960년 3월 11일

14) 『동아일보』, 1960년 3월 13일 ; 『조선일보』, 1960년 3월 14일

15) 『동아일보』, 1960년 4월 14일

16) 『조선일보』, 1960년 4월 14일

17) 스파이, 공작원, 정보 계열 또는 (주로 이념적인) 내부의 적을 일컫는 은어이다. 해방 직후부터 1960년대 초반까지 '오열'이라는 표현으로 널리 쓰였다. 1960년대 후반부터 '프락치'란 단어가 널리 사용되면서 1990년대 이후에는 거의 사용하지 않는 단어이다.

18) 『조선일보』, 1960년 4월 15일

19) 『동아일보』, 1960년 4월 19일

20) 『동아일보』, 1960년 4월 20일 ; 『조선일보』, 1960년 4월 20일

21) 『조선일보』, 1960년 4월 23일

22) 국회속기록, 제35회 제9차(1960년 4월 26일)

23) 『동아일보』, 1960년 4월 27일

24) 김정렬, 『김정열회고록』, 을유문화사, 1993년, 268~269쪽

25) 국회속기록, 제35회 제13차(1960년 5월 3일)

26) 『경향신문』, 2006년 3월 3일

27) 주위, 「1960년 4월 학생혁명의 전개와 그 역사적 성격」, 성균관대학교 석사학위논문, 2004, 99~112쪽

28) 문일신, 『이승만의 비밀:박씨 부인은 살아 있었다』, 범양출판사, 1960 ; 이정식 역, 「청년 이승만자서전」, 『신동아』, 1979년 9월호 ; 이태영, 『나의 만남, 나의 인생』, 정우사, 1991 ; 김석영, 『경무대의 비밀』, 평진문화사, 1960 ; 최기일, 『자존심을 지킨 한 조선인의 회상』, 생각의나무, 2002

29) 유영익, 『이승만의 삶과 꿈』, 중앙일보사, 1996, 14쪽

30) 이정석, 「청년 이승만 자서전」, 『이승만의 구한말 개혁운동』, 배제대학교 출판부, 2005, 307쪽

31) 김광수, 『역사에 남고 싶은 열망』, 현암사, 2003, 68쪽

32) 김동면, 「협성회 활동에 관한 고찰」, 『한국학보』Vol7 No.4, 일지사, 1981, 44쪽

33) 서재필과 이승만의 관계에 대해서는 박성진(「서재필과 이승만의 만남과 갈등」, 『大東文化硏究』제67집, 2009)의 논문 참조

34) 문일신, 『이승만의 비밀 :박씨 부인은 살아 있었다』, 범양출판사, 1960

35) 『자유일보』, 2022년 4월 4일 기사를 참조한다.

36) 『조선일보』, 1965년 8월 10일~11일 연재 기사 「박승선 여사의 생애」 참조

37) 『동아일보』, 1965년 8월 10일

38) 국회임시회의속기록, 제35회 제11호(1960년 4월 29일)

39) 내각책임제개헌공청회속기록(제35회 제1차, 1960년 5월 5일)

40) 이종극(중앙대학교 교수), 이형호(동국대학교 교수), 이천상(대한변호사협회 대표), 민병태(서울대학교 교수), 김수선(제헌동지회 대표), 엄민영(경희대학교 교수), 백도광(숭실대학 교수), 윤순덕(이화여자대학교 교수), 강문용(성균관대학교 교수), 갈봉근(한양대학교 교수), 이규복(단국대학 교수), 김남진(서울대학교 교수), 원동진(국민대학 교수)

41) '제10조 거주 이전, 제11조 통신비밀, 제13조 언론, 출판 집회 결사의 자유' 조항에서 법률로 제한이 가능하다고 한 부분을 삭제했다.

42) 국회의 양원제는 1956년 제2차 개헌에서 채택했으나, 민의원 선거만 치르고 참의원 선거는 유보했었다.

43) 이병규, 「제2공화국 헌법의 성립과 좌절」, 동아대학교 석사학위논문, 2002, 60쪽

44) 국회속기록, 제35회 제16차(1960년 5월 10일)

45) 헌법 제75조 ①행정각부의 조직과 직무범위는 법률로써 정한다.
　　②전항의 법률에는 경찰의 중립을 보장하기에 필요한 기구에 관하여 규정을 두어야 한다.

46) 2012년 18대 대선에서 개헌이 이슈가 등장하고, 당시 박근혜 후보는 당선되면 4년 중임제로 개헌하겠다는 입장을 밝힘, 제19대 국회에서는 "개헌추진 국회의원 모임"에 절반 이상의 의원들이 소속되어 있어 개헌 논의가 있었고, 대통령의 권한을 축소하는 이원집정부제(책임총리제)나 의원내각제 식의 분권형 개헌을 주장했다. 제20대 국회에서도 2017년 1월에 국회 헌법개정특별위원회가 발족되었다. 2018년 3월 12일 문재인 대통령은 제10차 개헌안을 마련

하여 국회에 상정했으나 부결됨.

47) 이완범, 「박정희 군사정부 '5차 헌법개정'과정의 권력구조 논의와 그 성격」, 『한국정치학회보』34집 2호, 181쪽

48) 강원택, 「제2공화국 내각제의 불안정에 대한 정치제도적 평가」, 『한국정치외교사논총』제30집 2호, 2009, 48쪽

49) 강원택, 위의 논문, 53~54쪽

50) 제60조 대통령은 국회에 출석하여 발언하거나 또는 서한으로 의견을 표시한다.

51) 장면, 『한 알의 밀알이 죽지 않고는』, 양우당, 1967, 66~67쪽

52) 김세중, 「윤보선 : 정파적 대통령과 옹고집 민주화 투사의 리더십」, 『남북한의최고지도자』, 2001, 87쪽

53) 1960년 8월 13일 윤보선 대통령 취임사에서 "앞으로 구성되는 정부는 적극적이고 강력한 정책수행을 하여야만 하겠습니다. 그러기 위하여는 당파를 초월하여서라도 먼저 적재적소의 인물 본위로 내각의 자세를 갖추고 슬기로운 지혜와 향기로운 인화로써 혼연일체의 행정의 미를 거두어야겠습니다"(국회속기록, 제36호 제2호(1960년 8월 13일))

54) 박태균, 『우방과 제국 : 한미관계의 두 신화 : 8·15에서 5·18까지』, 창비, 2006, 228쪽

55) 유승익, 「당내민주주의의 헌법이론」, 『유럽헌법연구』제20호, 2016, 191쪽

56) 정당법(법률 제19922호) 제2조(정의) 정당은 수도에 소재하는 중앙당과 특별시·광역시·도에 각각 소재하는 시·도당(이하 '시·도당'이라 한다)으로 구성한다.

57) 『동아일보』, 1960년 4월 6일

58) 『동아일보』, 1960년 4월 20일

59) 대법원장 후보는 배정현, 김동현, 정구영, 이호정, 윤원상, 한격만, 조진만, 권승렬, 이인 등 9명이다(『경향신문』, 1961년 5월 9일)

60) 대한민국헌법(헌법 제4호) 제75조의2, 선거위원회법(법률 제550호, 1960.6.17. 제정) 제4조 (위원의 위촉) 제1항

61) 이병규, 앞의 논문, 117쪽

62) 4·19발포혁명사건, 장부통령저격배후사건, 서울시및경기도 선거범죄사건, 민주당전복음모사건, 소위제3세력제거음모사건 등이다.

63) 『동아일보』, 1960년 10월 9일 ; 『경향신문』, 1960년 10월 9일 ; 『조선일보』, 1960년 10월 9일 석간

64) 참의원 회의록, 제37호 제36호(1960년 11월 22일)

65) 민의원 회의록, 제37호 제48호(1960년 11월 23일)

66) 제2공화국 헌법 부칙(1960.6.15.)

67) 국회임시회의속기록, 제35회 제44호(1960년 6월 23일)

68) 민의원(서상일 윤길중 박권희 박환생) 4명 참의원(이훈구) 1명이 당선되었다.

69) 민의원 김성숙, 참의원 최달희 당선

70) 참의원 정상구 당선

71) 민의원 조종호 당선

72) 박태순, 『1960년대의 사회운동』, 까치, 1991, 10~11쪽

73) 『동아일보』, 1960년 8월 5일

74) 『동아일보』, 1960년 8월 5일

75) 『경향신문』, 1960년 8월 11일

76) 헌법 제53조 대통령은 정당에 가입할 수 없으며 대통령 직외에 공직 또는 사직에 취임하거나 영업에 종사할 수 없다.

77) 헌법 제69조 국무총리는 대통령이 지명하여 민의원의 동의를 얻어야 한다.

78) 『경향신문』, 1960년 8월 23일

79) 「윤보선 편」, 『사실은 전부를 기술한다』, 희망출판사, 1966, 305쪽

80) 「장면 편」, 『사실은 전부를 기술한다』, 희망출판사, 1966, 379쪽

81) 『조선일보』, 1960년 8월 13일

82) 『조선일보』, 1960년 8월 20일

83) 박진희, 「민주당정권의 '경제제일주의'와 경제개발5개년 계획」, 『국사관논총』제84집, 1999, 271쪽

84) 『조선일보』, 1960년 10월 14일

85) 김기승, 「제2공화국의 경제개발계획에 관한 연구」, 『한국민족운동사연구』Vol.30, 2002, 464쪽

86) 이승만은 1958년 3월 대통령령에 의해 부흥부 내에 산업개발위원회를 설치하여 경제개발계획을 수립하도록 지시했다. 1960년을 기준으로 경제개발 7개년 계획의 전반계획으로서 3개년계획 작성에 착수했다. 1959년 초 시안이 완성되어 4월에 국무회의에 제출됐으나 관심을 끌지 못하다가 1960년 4월 15일에 채택됐다(송인상, 『부흥과 성장』, 21세기북스, 1996 ; 김진현, 「한국장기개발계획의 내막」, 『신동아』1966년 9월호 등을 참조)

87) 절량농가란 쌀이나 보리 등의 양식이 떨어져 밥을 먹지 못하는 농가를 지칭한 단어이다. 춘궁기, 보릿고개 등과 더불어 사용되었다.

88) 『조선일보』, 1960년 11월 29일

89) 『조선일보』, 1961년 2월 26일

90) 박진희, 앞의 논문, 282~283쪽

91) 김기중, 앞의 논문, 477쪽

92) 『동아일보』, 1960년 8월 1일

93) 우리나라 화폐개혁은 1950년, 1953년, 1962년 3차례 있었다. 1950년 화폐개혁은 조선은행권을 금지하고 한국은행권으로 등가교환하였다. 1953년과 1960년의 화폐개혁은 인플레이션 등으로 침체된 경제를 활성화하기 위해 단행되었다. 1953년에는 화폐단위를 원(圓)에서 환(圜)으로 변경(100원→1환)하였다. 1962년에는 화폐단위를 환(圜)에서 다시 원(圓)으로 변경(10환→1원)하였다.

94) 홍준기, 「제2공화국의 국방정책 평가」, 『군사』제58호, 2006, 260쪽

95) 엄상윤, 「제2공화국시대의 통일논쟁」, 고려대학교 대학원 박사학위논문, 2001, 73쪽

96) 운석선생기념출판위원회, 『한알의 밀이 죽지 않고는 : 장면박사회고록』, 가톨릭출판사, 1967, 85쪽

3부

제3공화국

박정희의 시대

나는 국군의 빛나는 애국정신에 입각하여 반공체제를
강화하고 부패와 구악을 일소하여 민족정기를
바로잡음으로써 국토통일을 위한 실력배양에 힘쓸
것이며 국가 경제 발전에 총력을 경주하여 국가의
독립과 민족의 자유를 수호하고 나아가 국제연합 및
우방국가와의 유대를 더욱 굳게하여 국난을
극복할 것을 자玆에엄숙히 선서합니다.

박정희, 국가재건최고회의 각료 선서문
1961년 5월 22일

1장
제2공화국은 끝나지 않았다

개헌 기준으로 제2공화국은 1960년 6월 15일부터 1963년 12월 16일까지 존속한 체제이다. 그러나 실질적으로 제2공화국은 이승만 대통령이 하야한 1960년 4월 27일부터 시작되었다고 봐야 한다. 아울러 제2공화국의 마지막 시점도 형식상으로는 1963년 12월 16일이지만, 실질적으로는 1961년 5월 16일 종말을 고했다고 보는 게 타당할 것이다. 5·16쿠데타이다. 헌정사상 첫 쿠데타이며, 이를 계기로 대한민국은 오랜 기간 군부독재에 시달리게 된다.

1. 5월 16일 새벽, 군인들이 움직였다

제6조
대한민국은 모든 침략적인 전쟁을 부인한다.
국군은 국토방위의 신성한 의무를 수행함을
사명으로 한다.

1961년 5월 16일 새벽, 육군 제2군사령부 부사령관 박정희 소장이 이끄는 군부 세력은 한강 인도교를 건너 서울 시내로 진입하였다. 장교 250여 명 및 사병 3,500여 명으로 구성된 쿠데타군은 중앙청과 육군본부, 중앙방송국, 서울시청, 서울시 경찰국 등의 주요 기관을 점령하였다. 쿠데타군을 저지하기 위해 한강 북단에 100여 명의 헌병대가 파견되었지만, 쿠데타를 막기에는 역부족이었다. 쿠데타를 막는 전투에서 헌병대원 2명이 부상 당하였다.

새벽 5시, 서울중앙방송을 통해 이른바 '혁명공약문'이 첫 전파를 탔다. '혁명공약문' 방송은 쿠데타의 시작이었고, 이를 기정사실처럼 만들었다. 이윽고 전단 35만여 장이 서울 시내에 뿌려졌다.

친애하는 애국 동포 여러분!
은인자중하던 군부는 드디어 금조今朝 미명을 기해 일제히 행동을 개시하여 국가의 행정·입법·사법의 3권을 완전히 장악하고 이어 군사혁명위원회를 조직하였습니다. 군부가 궐기한 것은 부패하고 무능한 현정권과 기성 정치인들에게 이 이상 더 국가와 민족의 운명을 맡겨 둘 수 없었다고 단정하고, 백척간두에서 방황하는 조국의 위기를 극복하기 위한 것입니다.

군사혁명위원회는

첫째, 반공을 국시의 제일의로 삼고 지금까지 형식적이고 구호에만 그친 반공태세를 재정비 강화할 것입니다.

둘째, '유엔' 헌장을 준수하고 국제협약을 충실히 이행할 것이며 미국을 위시한 자유우방과의 유대를 더욱 공고히 할 것입니다.

셋째, 이 나라 사회의 모든 부패와 구악을 일소하고 퇴폐한 국민도의와 민족정기를 바로 잡기 위해 청신한 기풍을 진작할 것입니다.

넷째. 절망과 기아선상에서 허덕이는 민생고를 시급히 해결하고 국가자주
　　　경제 재건에 총력을 경주할 것입니다.

다섯째. 민족의 숙원인 국토통일을 위하여 공산주의와 대결할 수 있는 실
　　　력배양에 전력을 집중할 것입니다.

여섯째. 이와 같은 우리의 과업이 성취되면 참신하고도 양심적인 정치인들
　　　에게 언제든지 정권을 이양하고 우리들은 본연의 임무에 복귀할
　　　준비를 갖추겠습니다.

애국동포 여러분!

여러분은 본 군사혁명위원회를 전폭적으로 신뢰하고 동요없이 각인의 직
장과 정업을 평상과 다름없이 유지하시 바랍니다.

우리들의 조국은 이 순간부터 우리들의 희망에 의한 새롭고 힘찬 역사가
창조되어 가고 있습니다. 우리들의 조국은 우리들의 단결과 인내와 용기와
전진을 요구하고 있습니다.

대한민국 만세! 궐기군 만세!

군사혁명위원회 의장 육군중장 장 도 영[1]

　육군본부 총장실에서 '혁명' 성공의 첫 방송을 들은 장도영 중장은
"헤… 내가 위원장이네…"하고 싱겁게 웃었다고 한다. 육군참모총장이
군사혁명위원회 의장이라고 방송에 나갔다. 하지만, 이때까지도 장도
영은 쿠데타를 막아야 하는지 쿠데타 세력에 합세해야 하는지 갈팡질
팡하였다.

　5월 16일 중앙일간지 석간에는 '군 쿠데타'란 제목으로 쿠데타 상
황을 상세하게 보도하였다. 일부 신문은 호외를 발행하기도 하였다.
경향신문 5월 16일 자 석간 1면 기사 구성을 바탕으로 당시 상황을
살펴보겠다.

금효 3시 군서 무혈 '쿠데타' : 군사혁명위 설치, 계엄령선포
출처 : 『경향신문』 1961년 5월 16일 석간

① 군사반란을 일으킨 군부는 군사혁명위원회를 설치했으며, 의장
은 장도영 육군참모총장이다. 혁명공약, 성명서 등이 군사혁명위원회
의장 육군 중장 장도영 명의였다. 쿠데타군은 오전 8시에 육군본부
상황실에 혁명위원회 본부를 설치하고, 9시 계엄령을 비롯한 포고 제

2호·제3호를 발표하면서 본격적인 정치활동을 전개하였다. 장도영 중장이 쿠데타에 참가하겠다고 선언하고 의장직을 수락한 시간은 16일 하오 4시 30분 경이다. 따라서 그 이전에 군사혁명위원회 의장 장도영 중장 명의의 포고문은 쿠데타군이 장도영의 이름을 도용한 것이다. 이때부터 장도영은 쿠데타군의 '얼굴마담' 역할을 하게 된다. 육군 참모총장 장도영이 군사반란에 가담함으로써 육군은 위계질서와 권위를 세울 수 있었다. 이는 5월 18일 육사 생도들이 혁명을 지지하는 행진을 벌이게 된 데에도 영향을 미쳤다.

16일 오후 5시 군사혁명위원회는 조국의 현실적인 위기를 극복하고 국민의 열망에 호응하기 위해서라며 포고 제4호를 발표하였다.[2]

1. 군사혁명위원회는 4294년 5월 16일 오전 7시를 기해서 장면 정부로부터 일체의 정권을 인수한다.
2. 참의원 및 지방의회는 4294년 5월 16일 오후 8시를 기하여 해산한다. 단 사무요원은 존속한다.
3. 일체의 정당 사회단체의 정치활동을 금한다.
4. 장면 정부의전 국무위원 및 정부위원은 체포한다.
5. 국가기구의 일체는 혁명위원회가 이를 정상적으로 집행한다.
6. 모든 기관 및 시설의 운영은 정상화하고 여하한 폭행행위도 이를 엄단한다.

행정부 장면 정부로부터 정권을 인수하고 입법부를 해산하며, 국가기구 일체는 혁명위원회가 집행한다는 발표이다. 헌법기관 중 정치에 직접적인 힘을 쓸 수 없는 대통령을 제외한 모든 헌법기관을 혁명위원회의 손아귀에 넣었다. 그러면서 혁명위원회는 5인으로 위원회를 구성하였다. 그 명단은 박정희 소장, 김동하 소장(예비역), 채명신 준장, 윤태일 준장, 송찬호 준장 등이다. 5월 19일 군사혁명위원회는 '국가재건최고회의'(이하 최고회의)로 개편하였다. 누가 최고회의에 참가하느냐는 초미의 관심사였다.

② 군사혁명위원회는 포고 제1호로 오전 9시를 기하여 대한민국 전역에 비상계엄령을 선포하였다. 비상계엄령의 명분은 '공공안녕 질서유지'이다. 공공안녕 질서를 군부가 깨뜨려 놓고 그것을 유지하기 위해서라며 계엄령을 선포하였다.

1. 일절의 옥내.옥외 집회를 금한다.
2. 수하를 막론하고 국외여행을 불허한다.
3. 언론.출판.보도 등은 사전검열을 받으라. 이에 대해서는 치안확보상 유해로운 시사해설, 만화, 사설, 논설, 사진 등으로 본혁명에 관련하여 선동 왜곡 과장 비판하는 내용을 공개하여서는 안된다. 본 혁명에 관련된 일절 기사는 사전에 검열을 받으며 외국 통신의 전재도 이에 준한다.
4. 일절의 보복행위를 불허한다.
5. 수하를 막론하고 직장을 무단히 포기하거나 파괴 태업을 금한다.
6. 유언비어의 날조유포를 금한다.
7. 야간통행 금지시간은 오후 7시부터 다음날 아침 5시까지 이상의 위반자 및 위법행위자는 법원의 영장없이 체포 구금하고 극형에 처한다.

그리고 각 지구 계엄소장을 발표하였다. 계엄부사령관 중앙군사혁명위원회 위원 박정희 소장, 전방군사혁명위원회 위원 제1군사령관 이한림 중장, 후방군사혁명위원회 위원 제2군사령관 최경록 중장, 서

울·경기지구계엄사무소장 제6관구사령관 서종철 소장, 충청남북도지구
계엄사무소장 제3관구사령관 김계원 소장, 강원·경북지구계엄사무소장
제5관구사령관 박기병 소장, 전남북지구계엄사무소장 제1관구사령관
김익렬 소장, 경남계엄사무소장 군수기지사령관 박현수 소장 등이다.
이 또한 혁명위원회의 일방적인 발표이다. 제1군 사령관 이한림 중장
은 이때까지 '쿠데타'를 반대했으며, 카터 매그루더Carter Bowie Magruder
유엔군 사령관으로부터 쿠데타 진압을 명받았다.

쿠데타군은 비상계엄령을 선포하면서 '일절의 옥내·옥외 집회를 금
한다'고 하였다. 그런데 5월 18일 육사 생도들의 '혁명 지지' 시위행
진 이후 포고령 제13호를 발표하여, "군사혁명과업을 찬동 지지하기
위한 정치적 색채를 띠지 않은 시가행진과 행사는 사전에 소정의 수
속을 밟는 경우에는 차를 허가한다"고 하였다. 쿠데타군이 국민을 통
제하고 조종하기 위해 자기 입맛에 맞는 집회만 허용하였다.

비상계엄은 5월 27일 경비계엄으로 완화되었다. 이는 내각 수반을
겸하고 있던 장도영 의장의 결단이었다. 이를 두고 육사 8기의 정점
에 있었던 김종필 등은 아우성을 치며 "이게 뭐야, 혁명 다 망친다"
고 흥분하였다. 장도영은 "이건 내가 결정하였다. 모두 평온한데 뭐가
문제란 말인가 당신들이 나한테 모든 것을 맡아달라고 하지 않았느
냐"고 반문하였다.[3]

비상계엄을 경비계엄으로 완화하는 과정에서 두 가지를 확인할 수
있다. 첫째, 계엄령을 선포할 이유가 전혀 없었다는 것이다. 계엄령이
완전히 해제된 것은 해를 넘긴 1962년 12월 5일이다. 1년 6개월 동
안 계엄령이 지속되면서 언론·집회·결사의 자유가 철저히 뭉개졌다.
장기간의 계엄령은 예외 상태의 상시화, 비정상의 정상화라는 결과를
초래하였다. 둘째, 장도영은 군사반란의 실질적인 가담자가 아니었다.

쿠데타 세력은 육군참모총장이라는 타이틀을 가진 그를 '얼굴마담'으로 옹립하였다. 장도영은 1961년 7월 3일 혁명위원회 최고회의 의장 및 내각수반직을 사임하였다. 최고회의는 장도영의 사표를 처리하였다. 그리고 박정희 부의장을 최고회의 의장으로 선출하고, 내각수반에 송요찬 국방부장관을 임명하였다. 이날 장도영의 사임 이유는 '일신상의 사정'이었다.

③ 앞서 살펴본 혁명위원회의 6개 항 정책이다. 그 첫 번째가 '반공체제강화'이다. 이때부터 대한민국의 국시는 '반공'이 되었다. '반공'을 혁명공약 첫 번째로 선정한 이유는 박정희 전력과 관련이 있다. 박정희는 1948년 11월 군대 내의 남로당 숙군 과정에서 체포되었던 전력이 있다. 이는 일반 국민은 물론 미국의 사상 검증을 염두에 둔 표현이었다고 한다. 박정희는 쿠데타 이후 미국으로부터 사상에 대한 의심을 받았던 적이 있기 때문이다. 그렇지만 그보다는 '반공'을 국민 통제 수단으로 이용하려는 측면이 더 크다고 본다.

이로써 대한민국은 '반공'이라고 외치면 무엇이든지 할 수 있는 나라가 되었다. 거짓도 진실이 되는 나라가 출범했음을 선언하는 문구이다. 눈여겨볼 것은 여섯 번째 항목이다. '혁명완수 후 민정 이양'이다. 혁명이 완수되면 군인으로 다시 돌아가겠다는 것이다. 쿠데타 당시 공약과 포고문 등은 김종필 예비역 중령과 이낙선 소령이 맡았다. 김종필이 작성한 것으로 알려진 '혁명공약'은 원래 5개 항이었는데. 박정희가 여섯 번째 항목 추가를 지시했다고 한다.[4]

쿠데타의 군사적 행동에는 육사 5기와 해병대가 선봉 역할을 했지만, 쿠데타의 계획은 김종필을 중심으로 한 육사 8기에서 나왔다. 당연히 박정희와 김종필은 민정 이양에서부터 생각 차이가 있었다. 박정희는 어느 시기가 지나면 군대로 복귀한다는 것이었고, 김종필은 5년 정도 군정 실시 후 군인이 직업 민정에 참여하는 것을 염두에 둔 쿠데타였다.

④ 쿠데타 주역들이다. 당시 육군참모총장이었던 장도영 중장은 혁명위원회 의장으로 소개되었다. 혁명공약, 비상계엄령 등이 장도영 의장 명의로 발표 및 선포되었다. 하지만, 실질적인 주도 인물은 박정희 소장이다. ⑥을 보면, '박정희 소장이 총지휘'라고 보도하면서, "윤태일 준장(국방연구원생), 송찬호 준장(국방연구원생), 이상국 준장(30사단장), 김동하(해군예비역 소장), 김윤근 준장(해병 제1여단장), 채명신 준장(5사단장) 등이 쿠데타 진용이라고 소개하고 있다. 이날 『조선일보』에는 '일日 육사출신 강직한 성품 쿠데타 지휘한 박정희 소장'을 실질적으로 지휘한 인물이라면서 그의 과거 군 경력과 가족을 소개하였다.[5]

④의 사진 속 인물 중 장도영과 박정희는 널리 알려져 있다. 그에 비해 해병대 총지휘관 김윤근 준장[6]은 의외 인물일 수 있다. 해병대는 쿠데타의 선봉대였다. 그 지휘를 한 사람이 해군 제1여단 여단장 김윤근 준장이다. 해병대는 독립적인 쿠데타를 준비하고 있었다. 김윤근 준장은 서울을 장악한 후 장도영 중장을 만났다. 새벽 6시 30분이다. 아마도 '혁명'이 완료되었다고 보고 했을 것으로 짐작된다. 그는 오전 8시 기자에게 삼부(행정·입법·사법)를 완전히 장악했다고 보고하였다. 그러나 군사반란 이후 혁명위원회 그리고 '국가재건최고회의'가 구성되는 과정에서 김윤근이란 이름은 천천히 지워졌다. 무엇 때문이었을까?

⑤ 혁명위원회는 이어서 포고령 제2호·제3호를 발표하였다. 제2호는 '금융동결령'으로 국내 일체의 금융을 동결하면서 구체적인 사항은 차후 공표한다고 하였다. 포고령 제3호는 국내 전 공항 및 항만을 봉쇄한다는 내용이다. 공항의 경우 국제선의 운항은 제한하지 않지만, 국내선 운항은 금하였다. 항만도 외국선박의 입출은 허용했지만, 외국인의 상륙과 한국 국적 사람의 승선은 금하였다.

⑥ 쿠데타의 실질적 지휘자 누구인지 알 수 있다. 신문은 5월 16일 석간부터 군 검열이 시작되었다. 이날 보도는 군 검열을 받았다. 언론에서 실질적인 쿠데타 지휘자를 '박정희'라고 보도한 것에 대해서 군은 아무런 조치도 하지 않았다. 쿠데타에 참여하지 않은 군으로부터 신뢰를 얻기 위해 장도영을 내세웠지만, 쿠데타군 내에서는 박정희가 실질적 지휘자로 언론에 보도되는 게 나쁘지 않았기 때문이다. 아니 더 바랐을 것이다.

⑦ 쿠데타에 관한 미국의 입장은 무엇이었을까? 당시 국군 작전권은 미군에게 있었다. 주한유엔군 사령관[7] 카터 매그루더는 미 제8군 사령관을 겸하고 있었기에 국군의 지휘권을 갖고 있다. 매그루더 사령관이 쿠데타 이후 처음 만난 사람은 장도영 의장이다. 16일 새벽 6시 40분경이다. 아마도 쿠데타를 설명한 것으로 보인다. 매그루더가 먼저 취한 조치는 미군의 행동 자제 명령이다.

16일 오전 10시 15분경 카터 매그루더 유엔군 사령관과 주한미국 마샬 그린Marshall Green 대사대리는 "장면 정부는 합법적인 정부로 인정한다. 그 정부를 유엔군은 계속 지원할 것이다"고 밝히면서, "한국군은 과거와 같이 정상적인 상태로 회복되기를 희망한다"고 하였다.

장면 정부를 지지함으로써 쿠데타를 인정하지 않는다는 것이다. 완곡한 표현이었지만, 쿠데타군에게 '쿠데타는 무효'라는 압박의 메시지를 보낸 것이기도 했다. 미국의 입장은 '장면 정권 지지, 쿠데타 반대'이다.

이날 미국 대사관 앞의 분위기를 보면, 오전 9시경 미 대사관으로부터 성명 발표가 있을 것이라고 연락받은 기자들이 미 대사관 앞으로 몰려들었다. 그러나 이미 얼룩무늬 공수단 군인들이 대사관 주변을 감싸고 있었으며, 웅성거리는 기자들을 쏘아보고 있었다. 미 대사대리나 직원이 직접 성명서를 낭독하는 게 아니었다. 16절지 구식 등사판으로 황급히 인쇄된 유인물이 대사관 동쪽 2층 창문에서 뿌려졌다.[8] 미 대사대리도 일찍이 겪어보지 못한 군사반란에 반대 성명을 발표했지만, 신변의 위협 속에서 정국 방향을 가늠하지 못했다고 볼 수 있다.

여하튼 매그루더의 거취가 중요하다는 것은 쿠데타군도 알고 있었다. 『한국군사혁명사』에 보면, "거사에 순조로웠던 혁명위원회 앞에는 보다 험난한 몇 고비의 문제가 가로 놓여 있었다"면서 그 첫 번째를 "유엔군 사령관이며 미 제8군 사령관인 매그루더 대장의 거취"가 "혁명 성패에 중요한 관건"이라고 밝히고 있다. 쿠데타의 성패는 미국, 미 제8군 매그루더 대장이 쥐고 있는 것이나 다름없었다.

매그루더는 17일 유엔군 사령관의 권한으로 그의 작전지휘권을 이탈하여 쿠데타에 참가한 제6군 포병단을 비롯한 출동부대들의 조속한 원대 복귀를 명령하였다. 그는 쿠데타군을 "비합법적이고 전 국민의 의사가 아닌 일부 군인들의 반도"라고 규정하였다. 따라서 제1군 사령관 이한림 중장에게 쿠데타 저지를 명령하였다. 이한림은 쿠데타에는 반대하면서도 쿠데타를 진압하는 행동은 취하지 않았다. 결국 이한림은 17일 오후 5시 "군사혁명을 전 장병과 더불어 지지한다"는 성명을 발표하였다. 그런데도 그는 18일 쿠데타군에게 체포되었다. 이한림은 박정희와 같이 만주군관학교 2기이며 일본 육사 57기 동기생이다.

⑧ 부분은 무슨 내용인지 알 수 없다. 5월 16일 『조선일보』, 『동아일보』, 『경향신문』 석간에는 이러한 알 수 없는 자국과 백판이 등장하였다. 쿠데타군은 16일 석간부터 검열을 시행하였다. 쿠데타가 성공할지 실패할지 알 수 없었지만, 쿠데타군은 방송국 장악과 언론에 대한 검열실시를 가장 중대한 초기 전술로 결정하였다. 각 언론사는 군 검열단에게 일일이 검열을 받으러 다녔다. 기사 가운데 '혁명군'에게 조금이라도 불리한 듯한 내용이나 '반혁명'적인 외신은 모조리 삭제되었다. 당시 대부분의 해외 언론은 한국의 쿠데타에 반대하여 비판적으로 보도했기에 외신은 거의 삭제되었다.

⑨ 1960년 5월 16일 당시는 제2공화국 시기로 내각책임제를 시행하고 있었다. 대통령은 윤보선, 국무총리는 장면이었다. 제2공화국을 장면 내각 또는 민주당 정부라고 일컫는다. 대통령은 "국가의 원수이며 국가를 대표"하지만 이는 상징적 권한으로서 행정권 등 실권은 국무총리에게 있었다.

쿠데타군은 서울 장악과 동시에 삼부(행정·입법·사법)를 장악하고 모든 헌법기관을 해산시켰다. 그리고 장면 총리를 비롯한 국무위원을 연행하거나 연금하려고 하였다. 내각책임제하에서 쿠데타군에게 가장 중요한 인물은 장면 총리였다. 장면 총리는 쿠데타 직전 수녀원으로 피신하였다. 장면 총리는 유엔군 사령관 매그루더와 미 대사대리 그린이 합법정부를 지지하는 성명을 발표한 직후, 미 대사관과 접촉하여 유엔군 사령관이 상황을 정리해주기를 요청하였다. 그러나 매그루더는 미군을 직접 동원하는 방안에 대해서는 반대 입장을 표명하였다. 일단 한국 정부가 수립된 이후부터는, 내정에 개입하더라도 최대한 간접적인 방식을 취하는 것이 당시 미국 정부의 일관된 입장이었다. 장면은 쿠데타군에 굴복하여 5월 18일 총리직에서 사임하겠다는 의사를 표명하였다. 쿠데타군은 내각 수반으로 장도영을 지명한다.

쿠데타군이 모든 헌법기관을 장악했지만, 유일하게 유지하고 있었던 헌법기관이 있다. 청와대⁹⁾의 윤보선 대통령이다. 쿠데타군은 처음부터 윤보선 대통령을 연행하거나 감금할 생각이 없었다. 5월 16일 오전 10시경 박정희 소장, 유원식 대령 등의 쿠데타군이 3군 참모총장(육군 장도영, 해군 김성은 중장, 공군 김신 중장)을 앞세워 청와대를 방문하였다. 이 자리에는 국방부 장관 현석호도 동행하였다. 현석호는 민주당 신파(장면) 그룹이다.

이 자리에 참석한 이들은 윤보선이 쿠데타를 '방조·묵인했다', '추인 승인했다'는 주장을 넘어 사전 내통설까지 제기하고 있다. 반면, '쿠데타를 승인하지 않았다'면서 박정희 정권 19년간 비타협적인 자세를 견지했다는 주장도 만만치 않다. 두 주장은 팽팽하게 대립하고 있다. 후술하겠지만, 윤보선은 쿠데타 이후 10개월(사임 1962년 3월 24일) 동안이나 대통령직에 머물러 있음으로써 쿠데타군에게 정치적 정통성을 부여하는 우를 범하였다. 쿠데타군에 있어서도 대통령을 해임 또는 체포했다고 하면, 국민들의 저항이 어떤 양태로 나타날지 알 수 없는 상황이었다. 이러한 복합적인 상황이 고려되어 윤보선 대통령의 신변에는 아무런 문제가 없었으며, 대통령직도 10개월 동안 유지하였다.

수녀원에 피신했던 장면 총리는 5월 18일 총리직을 사직함과 동시에 내각 총사퇴를 선언하였다. 장면 총리는 4·19혁명으로 독재를 무너뜨리고 내각책임제 개헌에 성공하여 이루어진 제2공화국의 총리로서 실질적인 권력자였다. 그러므로 합법정부를 지키지 못한 책임은 실로 크다고 할 수 있다. 헌정사상 첫 쿠데타로 정권을 이양한 정부의 책임자였다.

제2공화국이 최종적으로 몰락한 날은 제3공화국 헌법이 공포된 1963년 12월 16일이다. 그렇지만, 1961년 5월 16일 군사반란으로 인하여 시민혁명으로 세워진 제2공화국은 그 종막을 고했다고 봐야 한다. 국회의원 의석 70%를 가졌던 민주당은 9개월 동안 신·구파 간의 권력투쟁에만 몰두했고, 이는 5·16쿠데타란 대한민국 헌정사에서 절대 있어서는 안 되는 치욕을 허용하게 했다.

2. 군사반란은 언제부터 모의했나

박정희의 첫 번째 쿠데타 디데이는 1960년 5월 8일이었다.[10] 3·15부정선거를 목격한 박정희는 '전대미문의 극악한 부정선거 책략'에 분노하여 쿠데타를 계획했다고 한다. 당시 부산군사기지 사령관이었던 박정희는 부산·대구 등 후방병력 약 5천 명을 동원하여 첫 번째 쿠데타를 계획하였다. 하지만 4·19혁명으로 이승만 정권이 무너지면서 중지하였다. 이것이 박정희의 제1차 쿠데타 음모이다.

박정희의 2차 쿠데타 디데이는 1961년 4월 19일이다. 2차 쿠데타 모의는 1960년 9월 10일 육사 8기생 정군파의 반란 결의로부터 시작되었다. 육사 8기생 정군파는 반란의 실행을 위해 총무 김종필, 정보 김형욱 정문순, 인사 오치성, 경제 김동환, 사법 길재호, 작전 옥창호 신윤창 우형용 등으로 역할을 분담하였다. 이들은 제2공화국의 민주당 정부에 '정군整軍운동'을 건의했으나, 이것이 받아들여지지 않자 '혁명'이란 방법을 택했다고 한다. 11월 9일 박정희 신당동 집에 모여 '혁명' 의사를 다시 확인한 후 11월 중순부터 본격적인 포섭에 나섰다.

1961년 4월 초 쿠데타 조직이 완료되면서 디데이를 1961년 4월 19일로 정하였다. 4·19혁명 1주년을 맞이하여 학생과 시민의 대대적인 시위가 발생하면 이를 진압한다는 명분으로 시내로 진입하여 쿠데타를 일으킨다는 계획이었다. 시내 진입 명분을 얻기 위해 학생들의 시위를 과격한 방향으로 조장하기 위한 비밀공작까지 진행하였다. 그러나 4·19혁명 1주년 학생·시민의 시위는 없었다. 군대 출동 명분이 사라졌다. 2차 쿠데타도 실패하였다.

한편, 군사반란을 준비한 또 한 그룹이 있었다. 해병대이다. 앞서 살펴본 1961년 5월 16일 『경향신문』에는 세 명의 얼굴이 등장했었다. 그중 한 명이 해병대 김윤근 준장이다. 해병대는 김윤근 준장을 지휘자로 하여 해병대 단독 쿠데타를 계획하고 있었다. 디데이는 1961년 4월 15일. 이날은 해병대 창설기념일이다. 해병대 쿠데타 세력은 김포에 주둔한 해병대 제1여단을 중심으로 쿠데타 계획을 마무리하고 김윤근 여단장의 결재를 받으려고 하였다. 이로 미루어보아 해병대는 김윤근 준장을 매우 신뢰했던 것으로 보인다. 그러나 김윤근은 육군의 박정희가 4월 19일을 디데이로 쿠데타를 계획하고 있다고 하니, 육군과 합동작전을 하기로 하였다. 김윤근 준장이 이끈 해병대가 5월 16일 가장 먼저 한강을 건넜던 이유가 여기에 있다.

3차 쿠데타 디데이는 1961년 5월 12일로 정하였다. 2차 쿠데타 계획은 대규모 시위를 진압한다는 명분으로 소극적인 계획이었지만, 3차 쿠데타는 적극적인 방법을 쓰기로 계획을 바꿨다. 쿠데타 준비가 착착 진행되고 있는 와중에 쿠데타 계획이 육군참모총장의 귀에 들어갔고, 육·해·공 모든 군은 5월 12일 쿠데타를 대비한 만반의 태세를 갖췄다. 이런 상황에서 쿠데타를 도모할 수는 없었다. 이는 당시 군부에 공공연하게 만연되었던 '쿠데타' 설을 종식하는 계기가 되기도 하였다.

그동안 '군의 쿠데타'설은 정보기관을 통해 여러 차례 알려졌다. 이 때문에 장면 총리와 현석호 국방부 장관이 장도영 육군참모총장을 불러 물었으나, 장 총장은 "박정희 소장은 그런 위인이 못 된다"는 답변으로 이들을 안심시켰다. 장도영도 '군의 쿠데타'를 동조까지는 아니어도 기대했던 것이 아닐까 한다. 5월 16일 박정희는 드디어 군사반란에 성공하였다. 1여 년을 준비한 쿠데타가 성공했지만, 전면에 박정희는 나서지 않고 장도영 육군참모총장을 내세웠다.

5·16쿠데타의 명분은 무엇일까? 그들은 민주당 정부의 무능력을 가장 우선으로 이야기한다. 그러나 이 명분은 쿠데타가 정당하다는 주장을 뒷받침하기 위해 만들어졌다. 쿠데타 세력 가운데 가장 오랫동안 정치권에 남았던 김종필은 5·16쿠데타의 계획과 시작을 본인을 비롯한 육사 8기생들이 주도했다고 하였다. 명분은 '정군운동'이다. 정군운동은 군대 내의 일본군 및 만주군 출신 중 무능력자와 부정선거와 부정부패에 연루된 장성들의 퇴진 요구 운동이다. 이를 계기로 쿠데타 모의가 시작되었다고 밝히고 있다.

정군운동이 일정부분 군사반란을 실행에 옮기는 계기가 된 것은 사실이지만, 전적으로 동의할 수 없는 주장이다. 정군운동의 실제 동기는 적체이다. 당시 인사 적체는 제8기생만의 문제는 아니었다.

1956년 중순부터 시작된 군 병력 감축이다. 일명 감군이다. 1956년 중순부터 미국은 각 나라의 군대 감축을 들고나왔다. 특히 1958년 미국의 감축 주장은 우리 정부와 군대에 상당한 영향을 미쳤다.

미국이 국군 감축을 요구한 이유는 "① 미국의 한국에 대한 원조가 1957년 2억9천7백만 불에서 1958년 2억1천5백만 불로 삭감되었다. ② 신무기 도입으로 한국군과 미군의 전투력이 증강되었다. ③ 미국원조를 군사계획 보다 경제계획에 더 이용함으로써 자립경제를 신속히 달성해야 한다"[11] 등이다.

우리 정부는 남북한의 대치 상황에서 감축은 적절하지 않다고 미국을 설득하였다. 미국의 입장은 강경했고 우리 정부도 이행할 수밖에 없었다. 미국의 요구는 최대 25만 명에서 최소한 10만 명의 감군을 원했다. 1958년 당시 대한민국 육군은 24개 사단의 약 65만 명과 10개 예비사단과 해병대 1개 사단 그리고 해군, 공군 등 약 72만 명의 병력으로 세계 4위를 차지하고 있었다.[12] 최종적으로 9만 명을 감축하기로 합의되었다.[13] 우리 정부는 상이용사 등을 제대시키면서 점차적으로 감축을 진행하였다. 감군현황을 보면,[14]

국군의 제1차 감군현황

구 분	휴전후 병력수준 1954.17. 책정	감군 전 규정병력 1958년	감군병력 1958년	감군 후 병력수준 1959년부터 적용
육 군	661,000	658,460	-93,460	565,000
해 군	15,000	15,000	+1,600	16,600
해병대	27,500	27,500	-1,500	26,000
공 군	16,500	19,040	+3,360	22,400
합 계	720,000	720,000	-90,000	630,000

여기에 4·19혁명으로 치러진 제5대 국회의원 총선거에서 민주당은 선거공약에서 인플레이션의 위협을 토의하기 위하여 "현재 한국이 보유하고 있는 60만 군대를 점차적으로 3분지 1을 감군할 것을 약속"15)하였다. 민주당이 또다시 군대 감축을 꺼내 들면서 군인들을 자극하였다.

육사 제1기~제8기 중 가장 졸업생을 많이 배출한 8기생에게도 감군문제는 위협으로 다가왔다. 8기생들은 정군운동이라고 하지만, 감군문제에 대한 위협에서부터 출발하였다. 김종필을 비롯한 육사 8기가 사관학교에 입교한 날은 1948년 12월 7일이다. 1948년에는 4월 제주 4·3항쟁, 10월 여순항쟁 등과 미군 철수가 맞물리면서 정부는 군사력 증강이 절실히 필요해진 정부가 군사 간부의 대폭 증원을 위해 모집한 게 육사 8기이다. 1천여 명에 달하는 입교생 중에는 서북청년단, 대동강동지회 등 월남한 우익청년단체에서 반공 활동을 했던 이들이 상당수 포함되었다. 이들은 6개월간 교육을 받고 1949년 5월 23일 임관하였다.

8기생 중 성적이 좋았던 이들이(김종필·서정순·전재구·이영근·김진구·고제훈·석정선·김재룡) 발령받은 곳이 육군본부 정보처이다. 당시 정보국장은 장도영이며, 전투정보과장이 유양수였다. 유양수 과장 밑에서 전투정보 상황실장을 맡은 사람이 박정희이다. 박정희는 여순항쟁 이후 숙군 과정에서 체포되어 군복을 벗고 문관으로 있었다. 육사 8기생과 쿠데타 실제 지휘관 박정희는 이때부터 인간관계를 형성하였다.

육사 8기가 임관하고 한국전쟁이 발발하면서 이들은 4년 만에 세 번 진급하여 소령까지 올라갔다. 그러나 1953년 휴전 후에는 1961년까지 8년 동안 한 차례 진급하여 대부분이 중령 계급을 달았다. 군대의 진급이 정체되면서 진급의 속도가 둔화되었다. 당연히 육사 8기생의 불만은 고조될 수밖에 없었다. 예컨대 1961년 쿠데타 당시 육군참모총장인 장도영은 1923년생이다. 국가재건최고회의에 포진한 육군 주요 지휘부와 정군운동에 참여한 8기생과 출생년도를 비교하면,

최고회의와 육사 8기생 출생년도 비교

최고회의	육사 8기생
장도영(육군중장)-1923년	김종필(예비역 중령)-1926년
박정희(육군소장)-1917년	김형욱(육군중령)-1925년
김종오(육군중장)-1921년	신윤창(육군중령)-1926년
박임항(육군중장)-1919년	길재호(육군중령)-1923년
정래혁(육군소장)-1926년	옥창호(육군중령)-1927년
이주일(육군소장)-1918년	백창희(육군중령)-??
한 신(육군소장)-1922년	최준명(육군중령)-1927년
유양수(육군소장)-1923년	오상균(육군중령)-??
최주종(육군준장)-1922년	정문순(육군중령)-1925년
김용순(육군준장)-1926년	오치성(육군중령)-1926년
채명신(육군준장)-1926년	우형룡(육군중령)-??
김진위(육군준장)-1917년	김동환(육군중령)-??
송찬호(육군준장)-1923년	

예컨대 1961년 육군참모총장 장도영 중장은 1923년생이다. 장도영 중장은 김종필 중령보다 3살 위였다. 정래혁 소장은 1926년생으로 중령 계급을 달고 있는 김형욱, 정문순, 길재호보다 나이가 아래다. 창군 당시 입대한 군인 중 20대 장군과 30대 참모총장·군사령관이 수두룩한 상황에서 8기생들의 좌절감은 점점 커졌다. 여기에 미국은 지속해서 감군을 주장하고 있었다.

8기생들이 정군운동에 돌입한 시기는 1960년 3~5월이다. 처음에는 60여 명으로 시작했으나 마지막에는 8명만이 남았다. 이들은 정군

대상자의 명단을 작성했는데, 그 기준은 정치 관여자, 부패자, 축첩자 등으로 8기생들이 적부 판정을 내렸다. 8기생의 정군운동과 비슷한 시기 박정희도 당시 송요찬 육군참모총장에게 '4·19의 민주적 승리로 내외의 박수를 받고있는 이 시기에 부정선거의 책임을 지고 물러나는 것이 적절하다'는 서한을 보냈다. 송요찬에게 3·15부정선거에 대한 책임을 지고 자진해서 군에서 물러날 것을 요청한 것이다.

김종필 등 쿠데타 세력은 1960년 10월 있었던 육군의 최영희 중장, 하갑청 소장, 엄홍섭 소장, 백선엽 대장, 백인엽 중장, 유재흥 중장, 이종찬 중장, 공군 김창규 중장, 해병대 김대식 중장, 김석범 중장, 김동하 소장 등이 정군운동으로 예비역 조치되었다고 주장한다. 그러나 이들은 10만 명 감군을 강력하게 주장하는 미국의 태도를 심각하게 인식하고 후배들에게 자리를 내주기 위해 퇴진을 결심하였다고 한다.[16]

8기생의 정군운동이 있었다. 정군운동이 5·16쿠데타에 일정하게 영향을 미쳤다. 하지만, 그들이 주창한 정군운동이 순전히 정의로운 군대를 만들기 위한 행동이었다고 볼 수 있는가에 대해서는 의구심이 든다. 군의 인사 적체와 감군문제 등 군대 내부 문제를 쿠데타란 방식을 통해 해소하고자 '정군운동'을 주창하고, 군대 내부 문제 해결을 위해 5·16쿠데타까지 일으켜 헌정을 마비시키는 어처구니없는 상황을 초래했다고 보는 게 타당하지 않을까.

최종적으로 1961년 5월 16일로 디데이를 잡은 이유는 무엇일까? 제1차 1960년 5월 8일, 제2차 1961년 4월 19일, 제3차 1961년 5월 12일의 쿠데타 계획은 좌절되었지만, 5월 16일의 쿠데타는 실행되었다. 5월 16일 선택한 이유로『한국군사혁명사』에서는 "5월 14일이 일요일이므로 정부 관료들이 주말여행을 가고 또 부대 장병들도 외출하기 때문에 좋지 않으며, 5월 15일은 장면 총리가 제1군 창설기념식에 참석하기 때문에 그가 돌아온 뒤인 5월 16일로 결정"했다고 기록되어 있다. 만약 5월 15일 새벽으로 디데이로 잡았을 경우, 장면 총리가 제1군 야전부대에서 지휘관에게 지시하여 쿠데타 저지에 나설 것을 염두에 둔 조치로 보인다.

그런데 당시 쿠데타군의 저지를 명받았던 제1군 사령관 이한림은 다르게 설명하고 있다. 5월 15일 제1군단 창설기념식에 야전군대 군단장과 사단장들이 원주에 모였고, 말단 행정단위인 중대급에서도 중대기를 가지고 1명씩의 기수가 참가하였다. 5월 15일 창설기념식에 5명의 군단장과 20명의 사단장 등이 참석하면서, 부대의 지휘관이 자리를 비어있기 때문에 5월 16일 새벽을 쿠데타 디데이로 정해 놓았다고 주장하였다.

쿠데타군이 제1군 창설을 들먹인 것으로 보아 이한림의 주장도 일면 타당하다. 실제로 쿠데타를 막을 부대가 없었다. 하지만, 이미 몇 차례 연기를 거듭했기에 정보가 누설될 우려가 있어 더 이상 시간을 허비할 수 없어 5월 16일을 디데이로 정했을 것으로 짐작된다.

3. 육사 생도의 '쿠데타 지지' 시가행진

"군사혁명을 발기한 사람들이 혁명의 성패가 사관생도들의 혁명지지 시가행진에 달렸다고 생각했던 것을 알게 되었다." 당시 육군사관학교 교장 강영훈 중장의 회고록 일부이다.[17]

5월 18일 오전 9시 동대문에서 대열을 갖춘 육사 생도(18기~21기)

806명, 기간 장교 402명 등이 경찰의 에스코트를 받으며 '혁명 지지' 시가행진을 진행하였다. 육사 생도의 쿠데타 지지는 혁명 16일 첫날 계획되었다고 한다. 그러나 사관학교 교장 강영훈 중장이 이를 막으면서 18일에 이루어졌다. 강영훈 교장은 5월 22일 교장직에서 물러난다.

이날 육사 생도들은 흰색 바지에 X자 멜빵을 맨 화려한 정복 차림이었다. 그들은 서울 동대문에서 서울시청 앞까지 행진하였다. 시민들도 거리로 몰려나왔다. 젊음의 패기, 원색의 복장은 시민들에게 강렬한 인상을 심었다. 이날 육사 생도의 '혁명 지지' 데모는 2분 15초짜리 영상으로 남아 있다.[18] 이 영상은 5월 18일 중앙방송국에서 전국에 중계되었고, 쿠데타 지지 여론을 널리 알리는 데 결정적인 구실을 하였다. 나레이션을 맡은 아나운서는 임택근이다.

〈나레이션〉 이 나라에 새로운 희망을 기약하는 가운데 이루어진 우리 국군의 무혈혁명은 최전방의 일선 장병을 비롯한 육해공군 및 해병대 전 장병들의 열렬한 지지와 성원을 받았고, 조국의 희망을 지닌 민족의 얼이며 나라의 간성인 육군사관학교를 비롯한 해군공군의 사관생도와 교수단의 혁명 절대 지지 데모가 전개되었습니다.

〈육사 생도〉 결코 군인 자신들이나 어떤 특권층을 위한 것이 아님은 군대가 바로 국민의 군대라는 점에서 명백해지는 사실입니다. 오늘의 군사혁명은 군대 단독 의사가 아님은 물론이며, 여러분들이 작년 4월 19일에 피 흘려 쟁취한 혁명의 연장이며 무력한 정치인들에 의해서 해결될 수 없었던 혁명과업을 기필코 완수해 볼려는 비상의 결의에 소산입니다.
헐벗고 굶주리고 공산주의들의 위협이 날로 증가하는 현실에서 국민의 진의를 망각하는 무리들의 무기력한 행위는 규탄되고 시정되어야 하는 부인할 수 없는 절실한 명제입니다.

친애하는 국민여러분

4천 년의 긴 역사와 찬란한 문화를 자랑하는 우리 민족이 오늘 이토록 고난 속에서 허덕여야 한다는 사실은 우연한 것이 아니요, 현실에 참여하여 이를 시정 지양하려는 노력없이 나태와 무기력으로 현실을 도피했던 과거에 기인한 것임은 □□를 □치 않는 바입니다.

〈나레이션〉 연도에 늘어선 수많은 시민들의 열렬한 박수를 받으면서 서울의 중심지를 행진해 온 사관생도들은 서울시청 앞 광장에서 또다시 수많은 시민들의 환호를 받으며 혁명의 지도자인 박정희 장군을 비롯한 여러 장병들이 참석한 가운데 뜻깊은 기념식을 거행했습니다

이 자리에서 육사생도 대표는 선언문을 통해서 부패 정권을 무너뜨린 이 혁명을 적극 지지하고 앞으로 반공의 투지를 더욱 연마할 것을 맹서했습니다.

육사 생도들의 '혁명 지지' 시가행진은 공군사관학교와 해군사관학교의 생도에게도 영향을 미쳤다. 19일 서울 및 20일 부산에서 공·해군 생도들의 거리 시위가 있었다. 이는 거군적인 '혁명 지지' 분위기를 확산시키는 데 일조하였다.

육사 생도의 거리 행진을 지휘한 생도대장은 김익권 준장이다. 육사 생도가 짚차에 탑승하여 '혁명 지지' 연설을 하고, 생도들은 거리를 행진한다. 연설한 생도가 누구인지는 알 수 없다. 다만, 육사 4학년(18기) 생도가 아닐지 추측한다.

육사 생도들이 서울시청 앞에 도달했을 때 박정희가 화면에 나온다. 박정희 뒤에는 검정 테의 안경을 낀 이낙선 소령이 있다. 박정희와 몇몇 군인들이 정렬한 생도들을 보고 있다. 이윽고 육사 생도들이 부대 경례하고 박정희가 거수경례한다. 이때 박정희 옆에 차지철 대

위가 양쪽 어깨에 수류탄 한 개씩을 매달고 서 있으며, 박정희 뒤편으로 박종규 소령이 보인다. 5·16쿠데타에서 가장 널리 알려진 사진은 이렇게 촬영되었다. 이날 5·16쿠데타의 실질적인 지휘자 박정희가 처음으로 언론에 등장하였다.

육사생도 시가행진 참관
왼쪽부터 박정희 소장, 박종규 소령, 이낙선 소령, 차지철 대위

  그런데 박정희는 단상이 아니라 단하에서 경례를 받았다. 단상의 주인공은 따로 있었다. 장도영이다. 장도영은 선글라스를 끼고 왼팔에는 완장을 차고 상기된 표정으로 부대 경례를 받은 후 격려사를 하였다. 그의 격려사는 영상에서 나오지 않는다. 그는 격려사에서 "민족과 국가의 백년대계를 위해 부패와 무능의 상징인 기성 정치인을 타도"하게 되었다면서 "자유·평화·평등을 애호하는 전 세계 인민은 우리의 거사를 적극 지지해줄 것을 확신한다"고 하였다. 그러면서 쿠데타군은 "조속히 적색분자의 침공을 막는 한편 부패·부정을 철저히 말살함

으로써 국민의 기대에 보답하겠다"고 말하였다.[19] 5·16쿠데타와 적색분자(북한)와는 무슨 관계가 있는가? 이승만 정권에서 국민을 선동할 때 빠지지 않은 게 '공산당 타령'이었다. 5·16쿠데타도 다르지 않았다. 이후 군사정권은 끝날 때까지 '반공'을 시시때때로 언급하며 '공산당 타령'을 이어갔다.

그렇다면 이러한 육사 생도를 앞세운 '혁명 지지' 연출 계획은 누구에게서 시작되었던 것일까? 쿠데타를 단행한 지 24시간이 지났지만, 해·공군 참모총장 및 해병대 사령관의 지지를 받지 못하였다. 혁명위원회는 5월 17일 오후 3시 육군본부에서 세 번째로 3군 참모총장 회의를 열었다. 박정희는 직접 이 회의에 나가서 "3개 지휘관의 공개적인 지지 결정이 늦어져 심각한 부작용이 일어나고 있습니다. 특히 지지성명을 직접 녹음 방송하는 일이 시급합니다. 이 자리에서 태도를 결정해 성명을 발표해 주십시오"라고 요청하였다. 하지만, 참모총장들은 말로는 '혁명을 지지'한다고 하고, 녹음에는 응하지 않았다. '혁명'이 거국적인 지지를 받지 못한 상황이었다.

5월 17일 오전, 당시 서울대학교 ROTC 교관이었던 전두환 대위가 육군본부를 방문하여 박정희를 만났다. 전두환은 혁명의 소신과 구국의 계획을 확인한 후 이에 찬동하며 본인이 육사를 방문하여 동창회장 강재륜 등 교관과 훈육관 및 생도대표를 접촉하여 혁명 지지 시가행진을 설득시켰다고 말하였다. 5월 18일 오전 9시 육군사관학교 생도의 쿠데타 지지 시가행진이 이루어진 데는 전두환의 설득이 있었다. 전두환은 이를 계기로 박정희의 신임을 얻어서 최고회의 의장실 비서관이 되었다.

당시 육군사관학교 교장이었던 강영훈(훗날 국무총리 역임)의 회고를 통해 그날의 상황을 전한다. 17일 오전에 육군본부에 설치된 군사혁명위원회 명의로 육사 생도 혁명 지지 시가행진 지령이 전달되었다는 것이다. 이에 강영훈은 오후 2시경 육군본부에서 장도영과 박정희에게 "육군 사관생도를 정치 도구로 이용하는 것은 민주정치의 기반을 확립한다는 군사혁명 구호에 어긋난다. 또한 장래의 군 간부 양성을 위한 교육상 견지로 보아서도 사관생도 시가행진은 온당치 못하다"고 하였다. 유엔군 사령관 겸 미 제8군 사령관 매그루더의 진압 방침 등이 전해지면서 '혁명군'은 초조해져 17일 밤 12시경 또다시 사관생도 시가행진을 요청하였다. 강영훈은 이에 반대하면서 구금되었고, 육사 생도들은 18일 아침 '혁명 지지' 행진을 진행하였다. 그런데 강영훈 회고록 어디에도 전두환은 등장하지 않는다.

4. 군사반란에 대한 미국의 입장[20]

당시 국군 작전권은 미군에게 있었다. 주한유엔군 사령관 카터 매그루더는 미 제8군 사령관을 겸하고 있었다. 5·16의 총성을 맨 처음 들은 사람은 주한 미해군 사령관 조지 프래시 소장이다. 그의 관사가 한강변에 있었기에 쿠데타군이 한강 어귀를 막고 있는 헌병대 사이의 공격전을 목격하였다. 그 시간이 5월 16일 새벽 3시 24분이다. 그는 곧바로 직속상관인 매그루더 유엔군 사령관에게 연락하였다. 그로부터 30분 후 매그루더는 육군참모총장 장도영으로부터 쿠데타가 발생했다는 보고를 받았다. 매그루더에 관심은 쿠데타의 주동자가 누구이며, 어떤 정치적 성향을 지닌 인물인가 하는 점이었다. 장도영의 전화를 받은 매그루더는 우선 주동자가 누구인가부터 물었다. 장도영은 박정희와 김종필 두 사람의 이름을 거명했고, "별로 믿을 수 있는 사람이 못 된다"라고 말하였다. 그는 자세한 사항은 직접 만나 이야기하겠다면서 전화를 끊었다.

매그루더는 즉시 주한미국 마셜 그린 대리대사에게 연락하였다. 그리고 한국시간 오전 4시 30분경, 미국 동부 표준시간 15일 오후 2시 30분 한국의 쿠데타 발생 사실이 워싱턴에 전해졌다. 그린 대사가 보내온 제1신은 "한국에 군사 쿠데타가 일어났다"는 짤막한 내용이었다. 미 국무성 한국과 맥도널드 과장 → 극동담당 국무차관보 매카나기 → 백악관 대통령 안보담당 특별보좌관 맥조지 번디 → 미 대통령 존 F. 케네디 순으로 소식이 전달되었다. 케네디는 곧 안보회의 소집을 지시하였다. 서울로부터 제2신은 오후 4시경(한국시간 16일 오전 6시)에 들어왔다. "공공건물과 서울 중앙방송국이 공수부대에 의해 점령되고 새벽 5시 군사혁명위원회의 조직이 발표되었다"는 내용이었다.

매그루더가 쿠데타의 전모를 파악한 것은 16일 새벽 5시 조금 지나, 미 제8군 사령관실로 찾아온 장도영 육군참모총장으로부터 상황 설명을 들은 다음이었다. 면담 직후 매그루더는 장도영에게 무슨 수를 쓰더라도 쿠데타는 막아야 한다고 지시하였다. 그리고 서둘러 미 제8군에 비상령을 내리는 한편, 영내 전 미군에게 외출 금지령을 내렸다. 매그루더는 곧바로 미 대리대사 그린과 회동을 갖고 미국은 쿠데타에 반대한다는 성명을 발표할 필요가 있다고 하였다. 쿠데타군을 최대 위기로 몰아넣은 미국의 반대 성명은 이렇게 해서 나왔다.

유엔군 총사령관의 직권으로 휘하 미 장병에게 장면 국무총리가 영도하는 정당히 승인된 대한민국 정부를 지지할 것을 요망한다. 한국군 수뇌들은 그들의 권한과 영향력을 행사하여 통치권을 정부 당국에 반환하고 군내 정서를 회복하도록 요망한다.

장도영은 매그루더를 만나기 전, 4시 30분경 육군본부에서 쿠데타군의 상황을 확인한 다음 참모회의를 소집해 놓고 있었다. 그 시각(새벽 4시 30분), 한강 어귀에서 총성이 울린 지 1시간 만에 쿠데타군은 서울의 주요 요소를 거의 장악하였다. 3천6백 명의 쿠데타군이 서울에 무혈입성하였다. 장도영이 매그루더와 회담을 마치고 육군본부에 돌아왔을 때 주한 미 고문단장 해밀턴 하우즈 소장이 나와 있었다. 중앙방송국에서는 군부 혁명을 알리는 방송이 나왔다. 그리고 동시에 박정희 등 쿠데타군의 주력 세력이 육군본부로 들이닥쳤다.

박정희는 장도영에게 깍듯이 각하라고 부르면서 정중한 말씨로 "각하가 선두에 서서 지도해 주기 바랍니다"라면서 쿠데타에 참여하여 주기를 요청하였다. 장도영은 바로 몇 분 전에 매그루더를 만났고, 매그루더는 미국은 결단코 쿠데타를 반대하고 있다는 사실을 확인하였다. 미국과 쿠데타군 사이에 낀 샌드위치와 같은 신세였다. 쿠데타가 성공하면 혁명의 지도자가 될 수 있지만, 미국이 반대하는 상황에서 만약 잘못된다면 생명의 위협을 각오해야 하였다. 장도영은 박정희에게 "민주당 정부에 충고하는 정도로 그치고 모두 철수하자"고 말하였다.

미 국무성의 매카나기 차관보는 5월 15일 오후(한국시간 5월 16일 아침)에 서울에 지급훈령을 띄워 그린, 매그루더 두 사람의 권한으로 성명을 발표하는 것을 승인하였다. 그리하여 그린과 매그루더는 쿠데타 반대 성명을 발표하였다. 이와 함께 서울의 미 대사관은 지시가 있을 때까지 박정희 등 쿠데타군과 상대하지 말라는 전문을 보냈다. 박정희의 정확한 사상적 배경을 파악하기 위해서는 철저한 조사가 필요하였다. 미국은 다양한 루트를 통해 정보 취합에 나섰다. 미국이 박정희의 사상적 배경을 두고 신원조회에 열을 올렸던 것은 북한과 관련이 있다.

북한은 16일 오후 7시 평양방송을 통해 쿠데타를 환영하는 듯한 방송을 내보냈다. 이날 방송은 "16일 새벽 3시를 기하여 군사 정변을 단행한 남조선 군인들은 행정·입법·사법 등 정부기관들과 방송국을 완전히 장악했으며 청년 학생들과 인민들이 장면 정권을 타도한 군사정권을 지지 환영하는 군중 시위를 진행하고 있다"면서 "군사 정변에 의하여 장면 정권이 타도되자 유엔군 사령관 매그루더, 서울주재 미국 대리대사 마셜 그린은 성명을 발표하여 통치권을 이미 전복된 장면 정권에 반환해야 한다고 하면서 노골적으로 남조선의 내정에 간섭하고 나섰다"고 보도하였다. 북한이 쿠데타를 옹호하고 나선 것은 뜻밖이다. 특히 대한민국의 국민이 쿠데타를 지지하거나 환영한 일이 없는데도 불구하고, 이런 엉뚱한 소리를 한 이유가 무엇일까? 이후 북한의 태도는 급변하여 쿠데타를 격렬하게 비난하였다. 한때나마 북한이 군사 쿠데타를 옹호했기 때문에 미국은 쿠데타의 성격을 의심할 수밖에 없었다.

매그루더와 그린은 쿠데타 반대, 장면 정권 지지를 발표함으로써 쿠데타 진압 작전에 돌입하였다. 아울러 미군 제8군 방송을 통해 이를 송출하였다. 그러면서 장면 총리의 행방을 추적하는데 전력을 기울였다. 장면 총리가 나타나면 미 8군 방송을 통해 쿠데타의 부당성을 알리려고 아나운서 등을 대기 상태로 두었다. 그런데 끝내 장면 총리는 나타나지 않았다. 쿠데타군에게는 장면 총리의 행방불명이 천운과 같았다. 이때 주한미국 마셜 그린 대리대사와 장면이 연락을 취하고 있었음에도 장면의 행방이 매그루더에게 전달되지 않은 이유는 알 수 없다.

오전 11시 10분 그린과 매그루더가 청와대로 윤보선 대통령을 찾아갔다. 장면 총리의 행방이 묘연한 속에서 대통령이 쿠데타에 반대한다는 뜻을 명백히 밝히면 국군 야전군 병력으로 쿠데타군에게 반격하려고 하니 동의해 달라고 요구하였다. 그러나 그린과 매그루더가 윤보선을 만나기 1시간 정도 전에 이미 쿠데타 주력이었던 박정희와 장도영이 윤보선을 만났다. 윤보선은 박정희와 장도영을 만난 자리에서 일정 정도 쿠데타를 인정하는 모양새를 취하였다. 윤보선은 그린과 매그루더에게 야전군을 동원하면 휴전선에 허점이 생긴다는 점과 쿠데타군과의 교전으로 유혈사태를 빚게 될 것이라는 점 등을 이유로 들어 쿠데타 진압 요구를 받아들이지 않았다.

윤보선의 결심이 굳은 것을 확인한 매그루더는 먼저 청와대를 떠났으나, 그린은 더 남아 계속해서 윤보선을 설득하였다. 그러나 윤보선은 끝내 쿠데타 진압에 나서기를 거부하였다. 그린은 윤보선과 악수를 나누며 헤어졌다. 윤보선은 "대통령의 호헌 책임은 중요하지만, 국가가 없는 호헌이란 있을 수 없지 않겠소"라고 말하였다고 한다. 이에 그린은 "각하의 오늘 이 결정에 따라 한국엔 군정이 계속될 것입니다"라는 말을 남기고 청와대를 떠났다. 윤보선과 5·16쿠데타와 관련하여 '사전내통설', '쿠데타 묵인설' 등의 주장이 나오는 이유가 여기에 있다. 그러나 윤보선과 그 측근은 사실이 아니라고 주장한다.

17일 아침 매그루더는 용산의 미군 8군 사령부에서 참모회의를 소집하였다. 유엔군 사령관으로서 작전지휘권을 발동하여 야전군을 동원해 쿠데타군의 섬멸에 나서기 위해서였다. 작전계획을 입안한 매그루더는 한국군 제1군 사령관 이한림 중장과 미군 8군 산하 제1군단장 존 L. 라이언 2세 중장을 불러 즉각 실천에 옮기도록 지시하였다.

매그루더는 오후 4시 자신이 직접 원주로 이한림을 찾아가 약 40분 동안 면담하며 작전계획을 설명하였다. 매그루더는 장도영에게 "6군단의 포병 5개 대대를 18일 오전 4시까지 원대 복귀시키라"고 요구하였다. 6군단의 복귀 시점은 쿠데타 진압 작전을 위한 공격 개시 시점과 일치하는 시간이다.

장도영은 매그루더의 요구를 박정희에게 전달하면서, 그 자신도 포병대대 원대 복귀를 주장하고 나섰다. 제6군단 포병대대는 쿠데타군의 핵심 전력이었다. 나머지 병력은 대부분 예비사단의 병력으로 무장도 완전치 못하였다. 17일 밤 9시경 미군 제8군 사령부에는 비상소집령이 내려졌다. 미군 장병들은 임전태세를 갖추기 시작하였다. 서울 상공에는 미군 정찰기와 헬리콥터가 쿠데타군의 움직임을 감시하기 시작하였다. 무전과 화기로 무장한 미 8군 지프가 밤거리를 질주하고 있었다.

반면, 쿠데타군도 시내 요소에 방어진을 구축하고 있었다. 서울시 주요 외곽에 병력을 배치하고 반혁명군이 작전을 전개할 경우 저지 봉쇄할 작정이었다. 일촉즉발의 위기를 시민들이 전혀 알지 못한 가운데 서울의 밤거리를 휩쓸고 있었다. 그러나 미군의 쿠데타 진압 작전은 갑자기 취소되었다. 17일 밤사이에 워싱턴으로부터 작전을 취소하라는 지시가 하달된 것이다. 장면 총리는 행적을 감추고 나타나지 않고, 굳건한 자세로 쿠데타에 저항하리라는 기대를 걸었던 윤보선 대통령은 쿠데타 진압 작전에 동의하지 않았다. 미국의 정부 당국자들도 공개적으로 이를 비난하며 실망을 표시하기에 이르렀다. 국민이 선택한 합법적이며 민주적 정부였지만, 더 이상 미국이 지지할 수 없다고 판단한 것이다.

민주당 정부의 실권자인 장면 총리는 어떻게 된 것일까? 장면은 5월 16일 새벽 장도영 육군참모총장으로부터 군사반란이 발생했고 이를 진압하고 있다는 보고를 받았다. 장면은 국무총리 관저(반도호텔)에서 정부 주요 인사들과 함께 2시간가량 머물면서 장도영의 사후 보고를 기다렸다. 그러나 장도영으로부터는 아무런 연락이 없고, 관저 주변에서 총격전이 벌어지자 현석호 국방부장관이 피신하라고 부탁해서 4시 30분경 관저를 떠났다. 장면은 주한미국대사관으로 피신하고자 했으나 신원불상자라는 이유로 출입이 저지되었다. 재차 미 대사관 숙소로 피신하고자 했으나 같은 이유로 실패하였다. 장면은 어쩔 수 없이 자신이 잘 알고 있던 혜화동의 깔멜수녀원으로 홀로 피신하였다. 이때가 5월 16일 새벽 6시경이다.

　　여기에서 매그루더와 그린의 주장과 장면의 주장이 다르다. 장면은 수녀원에서 수시로 외부 상황을 주시했고 연락했다고 한다. 16일에는 주한미국대사 마셜 그린이 '쿠데타 반대' 성명을 냈다는 사실을 입수하고서는 감사 전화를 보냈으며, 자신은 안전하니 유엔군 사령관이 'take charge' 해달라고 요청하였다. 무엇보다도 장면 총리는 그린 대리대사에게 편지를 보냈고, 그린 대리대사는 그 편지를 미 국무장관에게 보냈을 것이다. 장면 스스로 말하는 사임의 결정적 이유를 보면,21)

　　5월 18일, 나는 사임을 정식으로 발표하였다. 내가 사임을 결정하게 된 직접적인 동기는 윤 대통령의 태도를 알았기 때문이다. 쿠데타를 지지하는 태도를 처음에는 알지 못했으나 17일경에는 알게 되었다. 미 대사관으로부터 윤씨의 태도를 연락받았다. 윤씨가 그렇게 나오는 한 자기들은 별도리가 없다는 것이다. 그는 군 쿠데타를 지지할 뿐 아니라 쿠데타 진압을 방지하기 위해 온갖 방법을 쓰고 있음을 알았다.

대통령 김모 비서를 1군사령관 이한림에게 보내어 쿠데타 진압을 저지하도록 하였다. 국군 통수권을 쥐고 있는 대통령의 태도가 이러한 것을 알고는 쿠데타가 진압되리라는 희망을 포기하는 수밖에 없었다. 나라의 운명은 결정되었다.

윤 대통령뿐만 아니라 장도영까지도 쿠데타에 가담하게 되고 보니 나의 총리 사임은 필연적인 귀결이었다.

이 글은 1966년에 쓰였다. 희망출판사가 발간한 『사실의 전부를 기술한다』는 아홉 명(이범석·장택상·이재학·허정·곽상훈·윤보선·장면·장건상·송요찬)의 필자가 등장하여 미공개 정치 비사를 기술하였다. 〈장면 편〉의 필자는 장면이다. 장면은 이 글에서 윤보선을 강하게 질타한다. 반면 윤보선은 장면에 대해서 비판은 하지만, 장면만큼이나 날카롭게 대하지 않는다. 이러한 맥락을 이해하고 글을 볼 필요가 있다.

장면은 국군통수권자인 윤보선 대통령이 쿠데타를 지지했으며, 쿠데타 진압을 막았다고 주장한다. 이에 본인은 할 수 있는 게 없었다는 주장이다. 이 주장은 모두 사실일까? 우선 17일이면 미국 대사관과 미 제8군은 장면을 수소문하고 찾기에 급급하였다. 미국 대사관으로부터 연락을 받았다면, 미 8군 사령관 매그루더가 취하려는 조치가 뭔지 알아야 정상이다. 어떤 영문인지 알 수 없으나 장면과 그린 대사가 연락을 취했음에도 매그루더는 모르고 있고, 장면도 매그루더 사령관이 자신을 찾는지 몰랐던 것이다. 그러한 상황에서 윤보선은 쿠데타에 찬성하였다. 국군 작전지휘권을 행사하는 유엔군 사령관 겸 미 제8군 사령관 매그루더가 쿠데타 진압 작전을 계획했지만, 계획에 그치고 말았다.

장면의 주장 중 윤보선이
김모 비서관을 통해 1군사령
관 이한림에게 쿠데타 진압을
저지하도록 했다는 것은 사실
일까? 사실이다. 다만 뉘앙스
차이가 다소 있다. 야전군 사
령관 이한림은 16일 새벽 4
시경 육군본부 참모차장 장창
국으로부터 쿠데타가 발생했
다는 소식을 들었다. 그는 곧

장면과 이한림의 대화
출처 : 이한림, 『이한림 회상록 : 세기의 격랑』

바로 1군 창설 기념행사로 원주에 와 있던 군단장과 사단장을 긴급소
집 하였다. 이한림은 제1군단장 임부택 소장에게 '반란군' 토벌을 위
한 출동 준비를 명령했고, 남은 군단장 및 사단장에게는 전선 방어에
역점을 두도록 지시하였다.

이한림 야전사령관은 군통수권자인 대통령 및 국무총리에게 연락
을 취했으나 연락이 닿지 않았다. 군의 책임자인 육군참모총장 장도
영 중장과 합참의장 김종오 중장과도 연락이 되지 않았다. 17일 오전
에 윤보선 대통령의 김남金楠 국방담당 비서관과 김준하 공보담당 비
서관이 대통령 특사로 친서를 가지고 이한림을 찾아왔다. 친서의 내
용은 "국군끼리의 충돌과 출혈을 하지 말라"는 지시와 명령이었다.
장면의 주장이 사실로 드러났다.

그래서 오후 2시 50분경 미 제8군 사령관 매그루더가 이한림을
찾아와 쿠데타의 부당성을 설명하며 쿠데타 진압 작전을 지시했지만,
이한림은 어떤 행동도 하지 않았다. 이한림에 따르면 "정부 입장이
불명확하고 내각책임제 하의 국무총리로부터 어떤 지시도 없는 데다

윤보선 대통령의 친서 내용으로 보아 매그루더에게 어떤 확실한 내 의지를 표명할 수 없었다"고[22] 한다.

장면 총리와 윤보선 대통령의 이야기를 계속 이어가 보겠다. 장면 총리 입장에서는 억울한 측면이 있다. 장면은 장도영 육군참모총장에게 몇 차례에 걸쳐 '쿠데타'를 조사하라는 지시를 했고, 검찰에도 쿠데타에 민간인이 협조하고 있다는 정보가 있으므로 내사할 것을 지시하였다. 하물며 유엔군 사령관 매그루더에게도 확인했으나, "안심하라"는 말뿐이었다. 5·16쿠데타 이전에 나돌았던 '쿠데타설'을 입수하고 장면은 여러모로 조처했다. 그러나 육군참모총장과 검찰은 "항상 그럴리 없다", "사실이 아니다"라고 보고했다. 그리고 장면의 주장에 따르면 그는 그냥 피신해 있었던 것이 아니다. 이런저런 정보를 입수했고, 마샬 그린 대리대사와도 통화했고, 훗날 밝혀졌지만, 서신도 보냈다.

급박한 상황에서 장면이 보내는 절박한 요청을 들어 보자. 마샬 그린 대리대사가 국무장관에게 보내는 장면의 편지 전문이다.[23]

친애하는 그린씨

저는 장면 정부를 지지해준 당신의 성명에 매우 깊은 사의를 표합니다. 그러나 그것은 언론통제로 인하여 대중들에게 알려지지 않았습니다. 저는 다음 사실들을 진심으로 알고 싶습니다.

1. 당신의 정부는 나의 정부, 즉 장면 정부를 계속 지지할 것입니까?

2. 반란군들이 당신 정부의 정책을 수용하기를 거절할 때, 당신의 다음 단계 조치는 무엇입니까? 당신은 반란군들이 현 내각을 지지하도록 설득하거나 강제할 것입니까? 또는 그들과 어떤 타협을 할 것입니까? 또는 그들로

하여금 장면 정부를 무시하는 그들 자신들의 코스를 취하도록 허용할 것입니까?

제 생각에 이 반란은 대한민국 헌법의 명백한 위반이며, 절대로 관용되거나 용인되어서는 안 됩니다. 일단 그러한 무도한 짓이 관용된다면 유엔사령관과 미국 정부의 권위와 위신은 어디에 있겠습니까? 그러한 관용은 미래에 더 많은 반란이 반복되도록 길을 열어줄 것입니다. 보도에 따르면 장도영 장군이 소위 군사위원회 의장을 받아들여 반란군들과 협력하고 있다고 합니다. 저는 이것이 진실인지 의문입니다.

저는 현재의 상황을 극복하기 위한 당신 정부의 정책과 또 매그루더 장군이 반란 통제를 위해 무엇을 하려는지 정말로 알고 싶습니다. 저는 이 점을 분명히 알아야만 합니다. 그래야 다음 사태 전개에 맞서기 위해 제가 결심을 할 수 있을 것입니다.

저는 미국 정부가 반란군들의 불법에 타협하지 않겠다는 단호하고도 강력한 태도를 취할 것을 진심으로 희망합니다. 당신 자신이 잘 알다시피, 이런 종류의 쿠데타는 단지 더 많은 혼란으로 이어질 뿐이고, 정치상황은 혼돈으로 귀결될 것입니다. 당신이 또 잘 알다시피 저와 제 동료들은 당신 정부와 긴밀한 협력 속에 우리 조국을 위해 모든 가능한 인간적 최선을 다해왔습니다. 다른 누가 그와 같은 악조건 속에서 더 잘 할 수 있었겠습니까? 그리고, 단지 상상해 보십시오. 제가 조국을 위해 해왔던 모든 것들로 인해 군법회의에 회부되고 비난받는 것을. 저는 미국이 그러한 불공정한 비극이 일어나도록 허용할 것이라고 상상하기 어렵습니다.

당신 정부의 결정에 대해, 또는 당신이 이 상황의 결과를 어떻게 예상하고 있는지에 대해, 또는 당신은 내가 무엇을 하길 원하는지에 대해 간곡히 조언을 부탁드립니다.

저는 지금 안전한 장소에 있습니다. 그러나 이 장소에 얼마나 오래 머물 수 있을지 알지 못합니다. 저는 외부와의 접촉이 실질적으로 차단되어 있습니다. 만약 당신-또는 당신의 대리인-이 저를 만나는 것이 절대적으로 필요하다면, 저는 이 편지의 소지인을 통하여 그것을 만들 수 있습니다. 제가 위에서 언급한 내용들을 상세 포함하는 당신의 답신을 이 편지의 소지인을 통하여 비밀리에 제게 전해주실 것을 간곡히 부탁드립니다.

행운을 빌며, 장면(John M. Chang).

추신 : 읽으신 후 파기하여 주십시오.

　장면은 밖에서 벌어진 상황을 정확하게 인식하고 있었다. 편지의 내용을 보면 장면의 호소는 간절하였다. 장면은 편지가 혹여 쿠데타군으로 넘어갈 것을 염려하여 '읽은 후 파기'해달라고 요청하기까지 하였다. 그러나 그린 대사는 본국으로 전송하였다. 그린은 5월 17일 답변을 보냈다. 답변은 서신이 아니라 구두였다. 내용을 보면, "미국 정부는 장면 정부가 집권한 법적 절차 및 헌법적 방법을 지지하며, 어제 공개적으로 밝히고 오늘 반복했듯이 나는 장면을 정부 수반으로 여깁니다. 어젯밤 성명처럼 대통령도 그러합니다. 서신의 2번 항과 관련하여, 우리는 군대를 시내에서 철수하도록 우리의 설득 노력을 계속할 것이며, 또한 대통령과 한국 정부와 다른 사람들에게 미래를 논의할 기회를 제공하기 위한 도움을 주기 위해 적절하게 할 수 있는 모든 것을 다할 것입니다. 우리는 또한 현 내각을 지지하도록 쿠데타군을 설득하려 할 것이지만, 상황을 복원시킬 지지와 힘은 한국인들로부터 나와야 합니다."

　그러면서 그린 대리대사는 장면이 즉각 윤보선과 접촉해야 한다고 제안하였다. 장면은 그린과 통화에서 "그린이나 매그루더 장군이 장면 자신을 직접 만날 생각이 있는지"를 물었다. 이에 그린은 직접적인 만남을 거절했고, 매그루더에게 통화할 것을 제안하였다. 장면은 그린이 제안한 윤보선, 매그루더와 통화는 하지 않은 것으로 보인다. 여기서 의문은 그린은 왜 매그루더에게 장면의 상황과 편지 내용을 말하지 않았던 것일까. 그리고 장면이 직접 만나자고 제안한 것을 거부한 이유는 무엇일까 하는 점이다. 미국은 장면만큼 모든 상황이 간절하지 않았다. 서신이 오고 갈 때 미 국무성은 이미 쿠데타 주력(박정희)에 관한 신원조회에 나섰으며, 주한미국 대사관이나 매그루더에게도 신중한 태도를 주문한 상태였다. 미국은 상황을 주시하며 아무것도 하지 않았다. 미국은 합법정부와 쿠데타군 사이에서 쿠데타가 성공할 수 있도록 도운 셈이다.

장면은 쿠데타 발발 3개월 후 1961년 8월 17일 『동아일보』에 '나의 심경을 말한다'라는 제목으로 글을 기고하였다. 기고문에서 그는 의회정치의 중단은 전적으로 자신에게 책임이 있다면서 국민 앞에 진솔하게 사과하였다. 그렇지만 쿠데타 직후에 있었던 상황에 대해서는 전혀 언급하지 않았다. 그렇다면 윤보선은 여기에 대해 어떠한 입장이었을까?

윤보선은 1961년 5월 16일 오전 10시경 청와대를 방문한 박정희 등과 처음 만났다.[24] 윤보선은 박정희 일행을 보고 첫 마디가 "올 것이 왔구나!"라고 하였다. 훗날 이 말은 '사전 내통설'을 뒷받침한 표현으로 해석하기도 한다. 그러나 윤보선은 그냥 허탈해서 한 말이라고 변명하였다.

쿠데타군은 오전 5시 전국에 계엄령을 선포하였다. 박정희는 계엄령의 추인을 요구했고, 윤보선은 이를 거절하였다. 박정희를 보좌했던 유원식은 다시 '군사혁명'에 대한 지지 성명이라도 발표해 달라고 요구하였다. 윤보선은 세 가지 이유를 들어 거절하였다. 첫째, 후세의 사가들이 이러한 혁명을 어떻게 평가할지는 모르지만, 나는 군인들이 쿠데타를 했다는 사실을 원칙적으로 찬성할 수 없다. 둘째, 종래에 일면식도 없고 속도 모르는 그대들을 어떻게 믿고 지지 성명을 내겠는가. 셋째, 내가 만일 지금 성명을 내면 국민은 둘 중에 한가지. 즉, 청와대가 혁명과 내통을 했다고 생각하든지 그렇지 않으면 대통령이 혁명군의 위협에 못 이겨 성명을 낸 것으로 추측할 터이니 그렇게 되면 피차간에 이롭지 못한 것이다.[25]

윤보선의 세 가지 이유와 관련해 몇 가지 생각할 점이 있다. 첫째, 윤보선의 글은 1965년 말에 작성된 것이다. 이때 이미 윤보선은 1963년 제5대 대통령 선거에서 한 차례 박정희와 맞선 상태였다. 그리고 이제는 1967년 대선을 얼마 두지 않은 시점이다. 박정희와 맞서는 대통령 선거를 고려한 발언으로 보인다.

둘째, '후세 사가들의 평가'를 거론하고 있다는 점이다. '윤보선의 사전 내통설'이 제기된 것은 1961년 5·16쿠데타 이후이다. 그 근거로 쿠데타에 참여한 여러 사람의 증언과 기록이 있다. 특히 매그루더 사령관이 제안한 '쿠데타 진압 작전'을 동의하지 않았다는 점이 주요한 근거이다. 그런데 굳이 일어나지도 않은 일에 대한 '후세 사가들의 평가'를 스스로 밝히고 있다.

셋째, 성명을 두고 본인에게도 이롭지 않지만, 혁명군(윤보선의 표현)에게도 이롭지 않다고 하였다. 굳이 혁명군을 걱정하고 있다는 점이다. 대통령인 자신이 쿠데타에 찬성하지 않았다면, 쿠데타군은 매우 난처한 상황에 빠져들었을 것이다. 그리고 헌정질서를 파괴한 쿠데타는 실패해야 하는 것이 아닌가.

넷째, 말로는 쿠데타를 원칙적으로 찬성할 수 없다고 했지만, 찬성하지 않는 행동은 전혀 보이지 않았다. 실제로는 쿠데타군의 행동을 방관했다. 반쿠데타군 작전에 동의하지도 않았고, 쿠데타를 막으려는 세력을 지지하지도 않았다. 윤보선의 주장을 액면 그대로 받아들이기에는 허점이 너무 많다.

　장면과 윤보선의 주장은 팽팽하다. 4·19혁명으로 민주당이 집권했지만, 민주당 내부에서는 신파·구파의 권력 투쟁이 이어졌다. 그 선두에는 장면과 윤보선이 있었다. 민주당 구파(윤보선, 유진산, 양일동, 김영삼, 김재순, 박준규 등)는 끝내 분당하여 신민당을 창당하게 이르렀다. 장면과 윤보선은 정치적으로 동지이면서도 앙숙이었다. 쿠데타 직후 주한미국 대리대사 마셜 그린이 장면에게 윤보선 대통령과 즉각 통화할 것을 제안했지만, 장면은 끝내 전화하지 않았다. 대통령과 국무총리의 선출 그리고 내각을 구성하는 과정에서 두 사람은 돌아올 수 없는 다리를 이미 건넜다. 장면의 글에는 윤보선에 대한 서운한 감정과 거친 비난이 뒤섞여 있다. 아마도 윤보선이 쿠데타를 사전에 인지하고도 묵인하거나 방조했다는 생각이 깔려 있기 때문일 것이다.

　미국 이야기로 돌아가자. 미 국무성은 쿠데타 소식을 접하고 곧바로 쿠데타 주도 세력의 성분 파악과 신분 조회에 나섰다. 그리고 주한미국 대사관이나 유엔군 사령관에게는 신중하게 행동할 것을 주문하였다. 그리고 17일 밤늦은 시각 미 국무성은 전문을 보내 쿠데타 진압 작전을 취소하라고 지시했다. 이렇게 결정한 이유는 그간 수집한 정보를 취합해 본 결과 쿠데타 세력이 우려와 달리 공산주의자가 아니었기 때문이다. 또한 쿠데타 세력은 철저한 민족주의자라고 할 수도 없었다. 쿠데타에 대한 미 국무성의 입장은 '기정사실로 인정'으로 급변하였다. 결과 유엔군 사령관 겸 미 8군 사령관 매그루더의 쿠데타 진압 작전은 17일 밤사이 취소되었다.

　1961년 5월 19일 미 국무부의 링컨 화이트 대변인은 "우리는 군사 지도자들이 정부를 민간인의 손으로 복귀시킬 것이라는 의도를 밝힌 데 대해 고무를 느끼고 있다"면서 쿠데타로 수립된 정부를 인정하고 민정 이양이 시급하다는 내용의 성명을 발표하였다. 미 국무부의 한국 특수임무단은 6월 5일 자 쿠데타 이후 한국의 상황을 정리한 보고서에서 기존의 행동 노선을 유지하되, 다음과 같이 한국에서 민주주의 체제를 복귀시키도록 압박할 것을 제안하였다.

우리는 군사정권을 스스로 한국 역사에 있어서 일시적인 단계로 여기도록 격려해야 한다. 우리는 군사정권을 설득하여 현명하고 실력있는 민간인 지도자들과 전문가들을 끌어들여 그 자체의 협소한 능력과 자질을 보충하도록 해야 한다. 가능한 한 조속히 대의절차를 거쳐 한국 국민들의 지지를 받는 안정된 민간인 정부를 다시 세울 수 있는 조건을 받들도록 그들을 설득해야 한다.[26]

6월 23일 미 국무성은 공식성명을 통해 군사정부의 공약을 인정했고, 쿠데타로 중단된 한·미 간 외교관계의 재개를 선언하였다. 쿠데타군은 곧바로 케네디 대통령에게 "우리의 임무가 완료되는 시점에 우리는 정부의 통제권을 깨끗하고 양심적인 민간인들에게 넘겨주고 군대로 돌아가 우리의 적절한 임무를 수행"할 것이라는 서약을 담은 메시지를 보냈다.[27] 그러나 이러한 약속에도 불구하고 미국은 지속적인 민정 이양을 촉구하였다.

비록 사회 안정이라는 현실적인 이유에서 군정을 인정하였으나 민정 이양에 대한 미국의 의지는 확고했고, 이를 관철시키기 위해 지속적으로 군부를 압박하였다. 심지어 6월 24일 부임한 주한미국 대사 새뮤얼 버거Samuel Berger는 박정희와 처음 대면한 자리에서 민정 복귀와 경제개혁을 약속해야만 쿠데타군을 지지할 것이라고 밝혔다.[28] 버거 대사는 7월 중순 다시금 군정의 정치적 탄압행위에 대해 관대한 처분을 종용하였고, 이에 따라 군정은 좌익혐의로 체포한 1,293명을 사면하기에 이르렀다.

1961년 8월 12일 박정희는 8·12성명을 통해 1963년 3월까지 신헌법을 제정 공포하여 대통령책임제와 국회 구성을 결정하고, 5월에 총선거를 실시할 것이라고 밝혔다.[29] 2년에 가까운 유예를 둔 이유는 그 시간이 "조국의 민주적인 번영을 기할 수 있는 확고한 토대를 마련하기 위한 최소한도의 시간"이라고 판단했기 때문이라고 한다. 미 국무부는 예상보다 훨씬 긴 군정기간에 대해 반감을 가졌지만, 군부 최고 실력자가 민정 이양을 공약했다는 점을 긍정적으로 받아들였다.

그러나 8·12성명에는 함정이 있었다. 1963년 6월 5일에 총선거를 실시한다고 했지만, "사회적 구악을 발본색원하고 체제 개혁과 경제 발전을 이룩하기 위한 기초를 완수한 뒤에야 민정 이양할 것"이라는 조건을 달아 놓았던 것이다. 게다가 민정 이양 후 군으로 돌아갈 것이라는 약속은 처음부터 곳곳에서 파열음을 내고 있었다. 결국 김종필 중앙정보부장을 필두로 1962년 말부터 군부 내 민정 참여를 위한 창당 움직임이 활발해졌고 이들은 군대로 돌아가지 않았다.

5. 국가재건최고회의 출범

쿠데타 4일째 되는 5월 19일 군사혁명위원회를 '국가재건최고회의'(이하 최고회의)로 개칭하였다. 미국이 쿠데타를 '기정사실로 인정'하자

국가 통치기구로 전환한 것이다. 최고회의는 입법, 사법, 행정의 3권을 통할하는 국가 최고 통치기구가 되었다. 최고회의는 1963년 12월 16일 해체될 때까지 무려 2년 8개월(1961년 5월~1963년 12월) 동안 법치국가의 기본인 삼권분립을 통째로 외면한 무법천지의 기구였다. 최고회의 명단을 보면,

국가재건최고회의 명단

위원	장도영(육군중장)	박정희(육군소장)	김종오(육군중장)	박임항(육군중장)
	김 신(공군중장)	이성호(해군중장)	김성은(해병중장)	정래혁(육군소장)
	이주일(육군소장)	한 신(육군소장)	유양수(육군소장)	한웅진(육군준장)
	최주종(육군준장)	김용순(육군준장)	채명신(육군준장)	김진위(육군준장)
	김윤근(해병준장)	장경순(육군준장)	송찬호(육군준장)	문재준(육군대령)
	박치옥(육군대령)	박기석(육군대령)	손창규(육군대령)	류원식(육군대령)
	정세웅(해병대령)	오치성(해병대령)	길재호(육군중령)	옥창호(육군중령)
	박원빈(육군중령)	이석제(육군중령)		
고문	김홍일(예비역 중장), 김동하(해병 소장)			

최고회의가 국가통치기구로서 가장 먼저 한 일이 정치·경제·사회·문화·군사·외교 등의 통제였다. 특히 권력의 분열과 누수를 막고 국민적 정통성을 확보하기 위해 사회통제를 단행하였다. 그리고 외국과의 관계를 통해 대외적으로 정통성을 인정받기 위해 노력하였다.

첫 최고회의는 5월 19일 오후 1시 군사혁명위원회의실에서 열렸다. 이날 최고회의에서는 개회사, 경과보고(김종필), 위원 선서, 기구 설명(김종필), 명칭 개칭(결의사항), 내각 조직(결의사항), 헌법기초위원 선출(결의사항) 순서로 진행되어 19시 30분에 산회하였다.[30] 의장의 개회사와 경과보고를 옮겨보면,

1. 개회사 (의장)

가. 군사혁명위원회의 중대한 사명과 조국을 재건하자는 성스러운 과업의 중요성을 강조하며 혁명 이후 힘써 준 각 지휘관, 참모 및 전 용사들의 노고와 업적을 찬양한다. 특히 박 장군 이하 여러 장군의 업적을 치하한다.

나. 혁명의 제1단계인 군사적 행동은 일단락되고 우리가 목적한 바를 실시하는 제2단계의 일을 하기 위하여서는 냉철한 마음과 투철한 혁명 목적 달성을 기초로 하여 굳은 단결을 조성해서 엄격한 군기를 확립하고 모든 능력과 지식을 총망라하여 혁명 과업을 단시일 내에 완수하고 조국을 재건하는 역사적 시간을 이룩해야 한다.

2. 경과보고 (김종필)

가. 작년 4·19 학생 의거에 이어서 군대 내에서 구악을 제거하고 참신한 군대를 만들기 위하여 작년 5월 5일 일을 시작하였으며 그 후 하극상이란 물의를 일으킨 16명의 장교와 행동하고 뒤에 있는 영관급 장교들이 주동이 되어 계획과 조직을 하였다.

나. 4월 19일을 예정하였으나 5월 12일로 연기하고 다시 16일로 결정하여 거사하다. 장도영 의장께서 음으로 양으로 도와주신 큰 힘이 있었기 때문에 거사에 성공하였다.

다. 참가 총 수는 장군 7명, 장교 523명이며 부대로서는 30사단이 1,000명, 33사단이 1,600명, 제1전투단이 500명, 해병대가 1,300명, 6군단에서 1,300명, 계 5,300명이다.

그 후 전방에서 5사단이 참가하여 어제 서울로 입경하고 후방에 있어서는 2군 관하 예비사단에서 5월 16일 5시를 기해 후방 지구의 중요시설을 전부 점령하였다.

장도영 의장은 개회사에서 쿠데타군의 업적을 찬양하면서, 특별히 박정희를 언급하여 치켜세웠다. 이날 경과보고와 군사혁명정권의 기구설명은 김종필이 하였다. 김종필은 최고회의 위원도 아닌데 어떤 자격으로 참석했는지 알 수 없다. 김종필은 경과보고에서 1960년 5월 5일 1차 거사를 시작하였으며, 거사일은 1961년 4월 19일로 예정하였으나 5월 12일로 연기되었고, 결과적으로 5월 16일 거사했다고 보고하였다. 그리고 참가한 병력을 설명하였다.

이날 군사혁명위원회를 국가재건최고회의로 개칭할 것을 거수표결로 가결하였다. 내각을 구성하기 위해 기초의원으로 의장과 부의장을 비롯하여 정래혁·길재호·유양수 등 5명을 선출하였다. 아울러 헌법기초위원으로 의장과 부의장을 비롯한 한신·손창규·유원식 위원을 선출하였다. 회의는 6시간 30분 동안 진행되었지만, 회의록은 1쪽 남짓이다. 이 짤막한 회의록에서 위원들이 어떤 발언을 했는지는 알 수 없다. 위원들의 발언은 회의록에 남기지 않았다.

최고회의는 5월 20일에 내각 각료를 임명하였으며, 최고회의 내에 상임위원회(委員長 박정희)와 분과위원회를 만들었다. 이윽고 5월 24일에는 지방장관에 해당하는 각 시·도지사급에 현역 군인을 인사 발령하였다. 내각은 물론이고 지방에까지 군인 통제정치가 시작되었다. 내각 명단을 보면,

수반 장도영(육군중장)	외무 김홍일(예비역중장)	내무 한 신(육군소장)
건설 박기석(육군대령)	보사 장덕승(공군준장)	교통 김광옥(해군대령)32)
재무 백선진(육군소장)	법무 고원증(육군준장)	국방 내각 수반이 겸임
문교 문희석(해병대령)31)	농림 장경순(육군준장)	상공 정래혁(육군소장)
체신 배덕진(육군준장)	사무처장 김병삼(육군준장)	공보부장 심흥선(육군소장)

최고회의 위원과 고문 32명, 내각 각료 15명의 명단 중 한 인물의 이름이 보이지 않는다. 군사반란의 모의 시작은 육사 8기생이었다. 그중에서도 중심은 김종필이었다. 그런데 김종필의 이름이 없다. 어떻게 된 것일까?

역사를 '승리자의 기록'이라고 한다. 5·16쿠데타 주동 세력은 크게 육사 5기와 해병대로 이루어진 그룹과 육사 8기생 그룹으로 나누어 볼 수 있다. 두 그룹의 권력 쟁투에서 육사 8기가 승리하였다. 그래서 『한국군사혁명사』에는 쿠데타가 육사 8기생들의 계획과 주도 아래 이루어진 것으로 기록되어 있다.

그런데 쿠데타 당일인 5월 16일의 상황 전개를 보면 이야기가 조금 달라 보인다. 당시 쿠데타군은 크게 세 갈래로 나누어 서울로 진격하였다. 야전사에 소속해 있던 6군단 포병대와 제1공수단, 김포에 주둔한 해병 제1여단이 그 중심에 있었다. 포병대는 육군본부를 장악했고, 제1공수단은 중앙청·국회의사당·서울시청 등 서울 중심부를 장악하였다. 해병 제1여단은 박정희와 같이 행동했으며, 한강을 건너와 방송국·육군본부를 장악하였다. 이들 부대를 지휘한 군인은 포병단장 문재준 대령, 제1공수단장 박치옥 대령이다. 두 사람은 육사 5기생이다. 이외에도 6관구 사령부를 지휘한 김재춘 대령, 제5사단장 채명신 준장, 제12사단장 박춘식 준장을 비롯하여 송찬호·이원엽·박기석·최재명 등도 모두 육사 5기 출신이다. 한편 해병대를 이끈 김윤근 준장은 해사 1기생이다. 그때 김종필은 서울 광명인쇄소에서 삐라를 만드는 일에 골몰하고 있었으며, 8기생 대부분은 제2선에 머물렀다.[33]

쿠데타가 성공하자 쿠데타 세력은 이제 최고회의에 입성하기 위한 치열한 파쟁派爭에 돌입하였다. 쿠데타군은 민주당의 구파와 신파의 싸움을 파쟁으로 몰았지만, 결국 자신들도 육사 8기와 그 이외 세력으로 나뉘어 치열한 권력 투쟁을 전개하였다. 여하튼 쿠데타 성공 이후에는 8기생들의 약진이 두드러졌다. 그리하여 5·16쿠데타 기록은 육사 8기를 중심으로 남게 되었다.

최고회의는 6월 6일 '국가재건비상조치법'(최고회의령 제42호, 이하, 비상조치법)을 공포하였다. 제1장 총칙(제1조~제3조), 제2장 국가재건최고회의 조직(제4조~제8조), 제3장 국가재건최고회의 권한(제9조~제20조), 제4장 기타규정(제21조~제24조), 부칙 등으로 구성되었다. 이 법을 만드는데 서울대학교 한태연 교수, 고려대학교 총장 유진오 박사, 박일경 교수, 이종극 교수가 참여하였다.[34] 한태연은 '혁명의 정상화 및 헌법과 기본법이 연결되게끔 법을 제정'했다고 설명하였다. 아울러 형식적으로나마 국민투표를 시행하는 것이 좋겠다는 의견을 제시했지만, 박정희의 한마디에 국민투표를 꼭 해야 할 필요는 없다고 입장을 바꿨다.

비상조치법에 따라 '국가재건최고회의법'(이하 최고회의법)이 제정되었다.[35] 국가재건최고회의는 명령과 포고로서 입법권을 행사하였다. 비상조치법 및 최고회의법은 헌법에서 보장한 국민의 기본권은 물론이고 삼권분립을 명백하게 위배하고 침해한 악법임에도 불구하고 법안에 참여한 지식인들의 태도는 찬양 일색이었다. 제2공화국 헌법개정에 참여한 서울대학교 법대 한태연 교수는 '국가재건비상조치법 해설'에서 5·16쿠데타를 '혁명'으로 포장하며 그 법적 근거를 제시하였다.[36] 또한, 제2공화국 헌법개정에서 전문위원으로 참여한 박일경도 '국가재건최고회의법'을 옹호하였다.[37] 지식인의 양심은 존재하지 않았다. 요즘 언어로 곡학아세하는 폴리페서polifessor에 불과하였다.

최고회의에는 상임위원회 및 분과위원회와 기획위원회를 두고, 상임위원회는 각 분과위원장을 위원으로 하여 구성하였다. 상임위원장

국가재건최고회의 각료 선서
출처 : 『동아일보』 1961년 5월 22일

은 최고회의 부의장인 박정희가 맡았다. 분과위원회는 법제사법위원회, 내무위원회, 외무국방위원회, 재정경제위원회, 교통체신위원회, 문교사회위원회, 운영기획위원회 등 7개로, 각각 자문위원과 분과위원회를 두었다. 최고회의 소속기관으로는 재건국민운동본부와 중앙정보부 등을 두었다.

재건국민운동본부(본부장 고려대 총장 유진오)는 국가재건을 위한 범국민운동을 적극 추진하고자 '재건국민운동에 관한 법률'(법률 제618호)을 제정하였다. 재건국민운동의 7가지 실천요강은 용공중립사상의 배격, 내핍耐乏생활 실천, 근로정신 고취, 생산 및 건설의지 증진, 국민도의 앙양, 정서순화, 국민체위 향상 등이다. 운동본부는 전국에 재건청년회

45,119개, 재건부녀회 33,927개를 조직했으며, 1962년 5월 초에 360여만 명의 회원을 확보하였다. 아울러 국가 공공기관 및 회사 등 모든 직장과 학교를 대상으로 재건국민운동촉진회를 결성하여 조직원을 교육하고, 단합대회를 개최하였다.

중앙정보부는 6월 10일 공포된 법률 제619호 중앙정보부법을 통해 최고회의 직속 정보수사기관으로 설치되었다. 초대 중앙정보부장에는 김종필이 낙점되었다. 김종필이 최고회의에 참가하지 않았던 데는 다 이유가 있었다. 그는 쿠데타 이후의 큰 그림을 그리면서 준비작업을 하고 있었다. 그 결실이 중앙정보부이다. 김종필은 민주당 정권의 실패를 '정보의 실패'로 판단하였다. 그렇기에 쿠데타 성공 이후 김종필이 가장 먼저 취한 조치도 정보조직의 구성이었다.

중앙정보부는 '국외정보 및 국내 보안정보(대공 및 대정부 전복)의 수집·작성·배포' 등의 직무를 수행하며 군사정부의 장기구상을 기획하기 위한 실질적인 초법률기관[38)의 역할을 하였다. 중앙정보부는 박정희 집권 18년 동안 정권 수호의 첨병이었고, 수많은 정치인과 민주인사의 무덤이었으며, 간첩조작사건을 끊임없이 만든 곳이다. 김종필은 쿠데타의 기획자를 넘어, 군정의 실질적인 실력자로 등극한다. 1961년 6월 5일 자 '5·16의 새벽은 이렇게 왔다'라는 외신기자와의 인터뷰 기사를 보면, 그가 권력의 정점에 있음을 알 수 있다. 5·16쿠데타를 이 기사만큼 정확하게 보도한 기사는 일찍이 없었다. 보도 내용을 요약하면,

김종필은 이승만 정권에 대해
① 부패와 부정선거를 혐오하였다. ② 이승만은 반공주의자라고 했지만 뒷받침할 계획이 없었다. 장면 정권에 대해서 "4·19 이념을 잘 수행할 것을

기대했으나 그들은 한층 더 부패했으며, 공산주의 파괴활동을 무방비로 방치한 이상주의자였다"고 말하였다.

이러한 이유로 영관급 장교를 중심으로 1960년 4·19혁명 전에 거사를 계획했으나 4·19혁명으로 중지되었다. 1961년 봄 중위에서 박정희 소장에 이르기까지 250명의 장교들이 모의가 있었고, 4·19혁명 1주년이 된 4월 19일 거사를 결정하였다. 장면 정권이 민중봉기에 대한 비상 경계 태세로 인하여 거사는 취소되었다. 그 후 5월 12일로 다시 정했는데, 모 대령이 경솔하게 정보를 누설하여 결행하지 못하였다. 이때 김종필은 위기의 순간이었다고 하였다. 5월 16일로 거사를 재결정하고 시행하였다. 거사에는 5천3백 명의 낙하산부대원 해병 및 포병 등의 혁명군이 5월 16일 새벽에 주요 도시를 손쉽게 점령하였다. 장면 총리는 한 연대장의 누설로 혁명군이 도착하기 10분 전에 은닉장소로 도피하였다. 김종필은 그를 어떤 미국인이 은닉하고 있다는 것도 알고 있다고 하였다. 장면은 은닉한 곳에서 제1군에 정부를 구해달라고 하였다.

김종필은 혁명에 성공한 이유로 ① 장면 정부는 너무 부패되어, 국민의 지지를 못받고 있기 때문에 대량의 압력을 주어 그것을 전복시키기 용이하였다. ② 한국군을 통솔하고 있는 유엔군이 적절한 정보를 갖지 못하고 있었다. ③ 일반적으로 사회가 혼란했고 뚜렷한 노선이 없었다. 군사혁명의 처음 계획은 9명의 영관급 장교이다. 김종필은 미국에 대해서 "나는 미국이 반대하고 나설 것으로 알았다. 그러나 미국이 혁명이 반공노선을 지향하는 것을 깨달으면 혁명을 기정사실로 받아들일 것이라고 하였다.

김종필은 이승만 정권이나 장면 정권 모두 공산주의자들의 파괴활동에 제대로 대응하지 않는 것을 지적하였다. 반공주의를 실현하지 않는 데 대한 불만이 '혁명'으로 이행되었다는 주장이다. 그리고 미국도 혁명군이 반공노선을 지향하면 사실상 인정할 것이라고 하였다. 그의 예상은 적중하였다. 여하튼 쿠데타에 대해서 이렇게 구체적으로 언론에 알릴 수 있는 사람, 그리고 거사를 영관급 9명의 장교가 계획했다고 말할 수 있는 사람이 당시 몇 명이나 되었을까? 김종필은 실세 중 실세였다. 그가 박정희의 처조카란 이유만으로 이러한 영향력을 행사했을까? 그렇지 않다. 그의 철두철미한 준비에 박정희도 감탄할 수밖에 없었다.

김종필은 제3공화국과 유신체제(제4공화국)에서 2인자로서 권력의 중심에 있었다. 그리고 악명 높았던 중앙정보부는 김종필에 의해 탄생하였다. 중앙정보부는 국가안전기획부, 국가정보원으로 이어진다.

최고회의는 육사 8기생이 주도한 정군운동의 실질적인 원인이었던 군부 내의 진급 적체를 해결하기 위해 나섰다. 1961년 5월 31일 헌병 영관급 46명(대령 8명, 중령 14명, 소령 24명)이 예편하였다.[39] 헌병대는 5·16쿠데타 당시 쿠데타군을 막았던 부대이다. 6월 22일 최경록 중장과 박현수 소장이 예비역으로 편입되었고,[40] 6월 27일에는 박동균 소장, 김기홍·김극인 해군 준장도 예비역으로 편입되었다. 1961년 7월 4일에는 장성급 40명을 예편시켰고,[41] 7월 30일 자로 국방부와 육·해·공군 및 해병대 장교 1,200명을 전역시켰다.[42] 그리고 8월 11일 박정희는 중장으로 진급하였다. 이날 쿠데타에 참여한 55명이 장성으로 진급하였다.[43] 쿠데타의 성공은 곧 진급 잔치로 이어졌다.

쿠데타에 협조하지 않았던 군인들은 군대를 떠나야 하는 신세가 되었다. 권력은 아비와 자식 간에도 나누는 것이 아니라고 하였다. 쿠데타에 참여하지도 않은 사람. 되려 쿠데타를 막았던 장도영을 1개월 반 동안 의장과 내각 수반 자리에 앉혀놓았다. 쿠데타군은 호시탐탐 장도영을 끌어내릴 시점을 조율하고 있었다. 7월 3일, 마침내 장도영이 사임서를 제출하자 최고회의는 곧바로 회의를 열었다. 그날 『최고회의 회의록』를 보면 사회자는 부의장(박정희)이고 재석위원은 총

22명이다. 장도영은 참석하지 않았으므로 그의 사임서는 원충연 위원이 낭독하였다.

> <중략> 이 중책을 수임한 지 1개월 반이 경과한 오늘에 이르러서는 혁명정권의 기초가 어느 정도 확립되어 앞으로는 더욱 강력한 정책수행이 수반되어야 할 것이므로 보다 적극적이고 국내외적 신망이 두터운 인물이 절실히 요구됨을 스스로 느끼고 이에 사임하는 바이니 <후략>

이날 중앙정보부장은 혁명에 위배된 행위를 했다는 명목으로 최고위원 송찬호, 박치옥, 김제민(초기 명단에는 없음)에 대한 구속 동의를 요청하고 최고회의는 만장일치로 통과시켰다. 세 위원과 장도영의 해임처리안도 역시 만장일치로 가결되고, 박정희가 의장으로 선출되었다. 내각 수반으로 국방부장관 송요찬을 임명하였다. 아울러 '국가재건최고회의법'을 개정하여 상임위원장을 의장이 겸하도록 하였다. 이로써 5·16쿠데타는 박정희에 의한, 박정희를 위한 쿠데타로 완결되었다.

그로부터 1주일 후인 7월 9일 석간신문은 다시 한번 장도영의 이름으로 도배되었다. '반혁명음모'사건이다. 장도영을 중심으로 44명이 정부 전복과 혁명주체 세력 암살을 모의했다는 것이다. 장도영 중장은 이미 7월 2일 체포되어 자택에 연금되어 있다는 놀라운 소식도 전해졌다. 44명 중에는 7월 3일 최고회의 위원직에서 해임된 송찬호, 박치옥, 김제민도 포함되어 있다.

그런데 6월 28일 『최고회의 회의록』을 보면, 이미 부의장 박정희가 사회를 보고 있고, 출석위원도 22명뿐이다. 늦어도 6월 28일에는 장도영 의장이 구금되었다는 것을 알 수 있다. 따라서 7월 3일 제출된 장도영의 사임서는 장도영이 자발적으로 작성한 게 아니었다. 사임 성명서에서 '더욱 강력한 정책수행이 수반되어야 할 것이므로 보다 적극적이고 국내외적 신망이 두터운 인물이 절실히 요구'된다고 했던 것은 박정희를 내세우기 위한 쿠데타군의 말장난이었다.

훗날 장도영은 '반혁명음모' 쿠데타는 계획한 일이 없다고 명백히 말하였다. 장도영은 1심에서 반혁명 모의죄로 사형을 선고받았으나, 2심에서는 '반혁명 모의'부분은 기소 취하되어 무기징역으로 감형되었다. 그를 따르던 박치옥, 문재준 등 5기 그룹은 병력동원을 계획했던 사실을 인정했고, 그 배후에 장도영의 영향이 있었다는 것은 부인하지 않았다.[44]

'반혁명음모'는 김종필의 독주에 대한 반감에서 시작되었다. 김종필은 처삼촌인 박정희를 등에 업고 각급 기관과 최고회의까지 막후에서 조종하였다. 5기생은 특히 5·16쿠데타의 행동부대였음에도 권력의 전면에서 밀려나고 있다는 느낌을 받았다. 김종필 거세를 위해 5기생 문재준 대령, 박치옥 대령, 이희영 대령, 방자명 중령, 송찬호 준장 등은 6월 중순 무렵부터 모의했으나, 사실이 중앙정보부에 발각되면서 그들의 계획은 실패하였다. '반혁명음모' 쿠데타는 육사 8기생, 특히 김종필의 승리로 끝났다. 장도영과 5기의 쿠데타 주체세력은 하루아침에 몰락하고 말았다.

최고회의 의장 박정희는 1961년 8월 12일 혁명공약 제6항에서 천명한 '정권이양 시기 관한 성명'을 발표하였다. ① 정권이양 시기는 1963년 여름으로 예정하며 ② 1963년 3월 이전에 신헌법을 제정하고 ③ 1963년5월에 총선거를 실시 ④ 정부형태는 대통령책임제를 채택하며 ⑤ 국회의 구성은 단원제로 하며, 의원의 정원은 100명 내지 120명으로 할 것 등을 밝혔다.

박정희는 1961년 8월 11일 소장에서 중장으로 승진했고, 동년 11월 4일 중장에서 대장으로 승진하였다. 2개월 24일(총 85일)만에 초고속 승진이 이루어졌다. 그리고 1962년 3월 22일 윤보선 대통령이 대통령직에서 사임하자 박정희는 대통령 권한대행까지 맡았다.

윤보선은 사임 성명서에 물러나게 된 동기를 밝혔다. 그는 "구정치인에 대한 제재법"은 위법이라면서 "이러한 법은 국민의 인화와 단결에 금이 가게나 하지 않을까 우려했기 때문이다"고 표명하였다.[45] 윤보선이 말한 '제재법'이란 1962년 3월 16일 공포된 '정치활동정화법'을 일컫는다. 전문 12개 조로 구성된 이 법은 정치활동으로서 ① 각종 선거에 입후보하는 일 ② 선거 찬조연설을 하는 일 ③ 정당 또는 정치적 사회단체의 발기 또는 준비하는 일과 가입하는 일 ④ 정치적 집회의 주최자 또는 연사가 되는 일 ⑤ 이상 각 호의 활동을 협조하거나 방해하는 일 등을 규정하였다. 따라서 정치활동정화법에 의한 판정을 받지 못한 자는 1968년 8월 15일까지 일절 정치활동을 못 하게 하였다.[46] 최고회의가 정치할 수 있는 기준을 판가름하는 악법이었다. 이를 윤보선은 받아들일 수 없다면서 사임하였다.

윤보선이 쿠데타 이후 보여온 행보와는 다소 결이 다른 조치이다. 윤보선은 1년 8개월간 대통령직을 유지하였다. 5·16쿠데타 직전 그의 행보는 쿠데타 성공에 기여하였다. 그는 한사코 국민의 이익에 조금이라도 이득이 되는 방향으로 선택했다고 한다. 하지만, 1961년 5월 16일 그의 행동은 군부독재 18년으로 이어졌다.

당시 제1군 사령관 이한림 중장의 5·16쿠데타에 관한 평가를 되새겨 볼 필요가 있다.

"5·16쿠데타로 말미암아 12·12사태 등 연이은 쿠데타로 이 나라 헌정이 32년이란 긴 세월 군부 통치하에 있었다는 것은 근대사의 커다란 비극이라 할 수 있겠다. 또 그로부터 군의 생명인 위계질서의 상실 내지는 문란의 출발점이 되었고 가치관의 전도 현상으로 우리 국민의 도덕 수준을 후진국형으로 퇴보케 한 결과로 이어졌던 것이다"고 평가하였다. 그러면서 스스로를 자책하였다. "나는 5·16쿠데타에 의해 제1군사령관 재직 중 불행하게 군복을 벗는 곤욕을 당하였지만, 누구를 탓하기 이전에 내 불찰을 뉘우치는 심정이다. 내 탓으로 이 나라의 민주주의가 32년이나 후퇴했다는 자책으로 오늘까지 나는 숙연히 지내고 있다."

2장
군부독재 공화국의 탄생

　제5차 헌법개정은 온전한 삼권분립뿐만 아니라 국가 통치기구가 불완전한 초법적인 상태에서 제정되었다. 군사반란으로 입법권을 가진 최고회의는 회의록조차 없다. 1961년 8월 12일 박정희 의장은 혁명공약 제6항에서 천명한 '정권이양 시기 관한' 성명에서 1963년 3월 이전에 신헌법을 제정한다고 하였다.

　1962년 7월 10일 최고회의는 헌법기초위원을 선정하였다. 헌법기초위원회는 최고회의 위원 9명과 전문위원 21명 등 총 30명으로 구성하였다. 위원장에는 이주일 최고회의 부의장이 임명되었으며, 최고회의 위원 중에서는 이석제, 김동하, 조시형, 유양수, 김윤근, 김용순, 오치성, 길재호 등이, 전문위원으로는 유진오, 박일경, 이경호, 한태연, 이종극, 문홍주, 강병두, 이영섭, 김도창, 민병태, 윤천주, 신직수, 이한기, 성창환, 유민상, 박천식, 조병완, 김성희, 김운태, 신태환, 최호진 등이다. 간사위원은 이석제와 길재호가 맡았다.[47]

　헌법기초위원회는 7월 16일 첫 전체회의를 갖고 9인 소위원회를 구성하였다. 소위원회는 위원장 유진오(헌법학)를 비롯하여 박일경(헌법학), 강병두(헌법학), 문홍주(헌법학), 민병대(정치학), 신태환(경제학), 이경호(헌법학), 이종극(헌법학), 한태연(헌법학) 등 9명으로 구성하였다.[48] 앞서 5·16쿠데타를 찬양하고 법적 근거까지 제시했던 인물들의 이름이 눈에 띈다. 여기에 4개 분과를 두어 제1분과는 총칙, 제2분과는 기본권·법원, 제3분과는 국회·정부·지방자치, 제4분과는 경제·재정을 각각 다루었다. 분과별 정리한 부분은 소위원회에서 논의했고, 여기에서 제시된 문제들은 전문위원 전체회의에서 검토하였다. 아울러 전국 12개 지역에서 공청회 및 좌담회를 개최했고, 하버드대학의 에머슨Rupert Emerson 교수와 뉴욕대학의 플란즈Gilbert Flanz 교수의 자문을 거쳐 10월 23일 헌법개정 초안을 확정하였다. 11월 3일까지 최고회의는 조문에 대한 검토를 마쳤다.

헌법개정 초안이 공고된 날은 1962년 11월 5일(대통령공고 제3호)이다. 헌법개정 이유로 "진정한 민주국가인 제3공화국의 기반을 마련하기 위함"이라고 밝혔다. 기초위원회에서는 헌법을 제정할 것인지, 개정할 것인지를 두고 논전이 있었다.[49] 헌법 제정론자는 '전문'과 '본문'을 전부 개정하여 새로운 헌법을 만들자고 주장하였고, 개정론자는 '전문'은 그대로 두고 본문 중 필요한 부분, 예컨대 통치기구에 관한 조항만 수정하자고 주장하였다.

결국 '주권재민'·'권력분립'·'대의민주주의' 등의 원칙이 기존 헌법과 본질적인 차이가 없으므로 개정 형식을 취하기는 했으나 과거 4차례의 개헌과는 근본적으로 달랐다. 헌법 전문에서부터 각 조항까지 전면 개정이었다. 그래서 이를 두고 '신헌법 제정'이라는 주장까지 있었다. 헌법개정안 공고는 30일 동안 이루어졌다. 12월 6일 최고회의는 개정헌법안을 의결하여 통과시키고, 12월 17일 국민투표를 시행한다고 공고하였다. 국민투표는 총유권자 12,412,798명 중 10,585,998명의 유권자가 투표하여 총투표율은 85.3%로 나타났다. 개표 결과 찬성 78.8%, 반대 19.0%, 기권 2.2%로 가결되었다. 최고회의는 12월 22일 전문을 비롯하여 제1장 총강부터 제5장 헌법개정까지 총 121조와 부칙으로 구성된 헌법을 의결하였다. 이윽고 10월 26일 제3공화국 헌법 선포식을 거행하였다. 이로써 제3공화국 헌법이 완성되었다.

　제3공화국 헌법의 가장 큰 특징은 헌법 체계의 전면 개정이다. 제2공화국은 〈전문〉, 제1장 총강, 제2장 국민의 권리의무, 제3장 국회, 제4장 대통령, 제5장 정부, 제6장 중앙선거위원회, 제7장 법원, 제8장 헌법재판소, 제9장 경제, 제10장 재정, 제11장 지방자치, 제12장 헌법개정, 부칙으로 구성되었다. 제3공화국은 〈전문〉, 제1장 총강, 제2장 국민의 권리와 의무, 제3장 통치기구에 국회, 정부, 중앙선거관리위원회, 법원, 지방자치 등을 포함하였고, 제4장 경제, 제5장 헌법개정, 부칙으로 체계를 갖췄다.

1. 전문 :　4·19의거와 5·16혁명에 입각

제헌헌법 〈전문〉
　　유구한 역사와 전통에 빛나는 우리들 대한국민은
　　기미 삼일운동으로 대한민국을 건립하여 세계에
　　선포한 위대한 독립정신을 계승하여 이제
　　민주독립국가를 재건함에 있어서, 정의인도와
　　동포애로써 민족의 단결을 공고히 하며 모든 사회적
　　폐습을 타파하고 민주주의제 제도를 수립하여

정치, 경제, 사회, 문화의 모든 영역에 있어서
각인의 기회를 균등히 하고 능력을 최고도로
발휘케 하며 각인의 책임과 의무를 완수케하여
안으로는 국민생활의 균등한 향상을 기하고 밖으로는
항구적인 국제평화의 유지에 노력하여 우리들과
우리들의 자손의 안전과 자유와 행복을 영원히
확보할 것을 결의하고 우리들의 정당 또 자유로히
선거된 대표로서 구성된 국회에서
단기 4281년 7월 12일 이 헌법을 제정한다.

제3공화국 헌법 〈전문〉

유구한 역사와 전통에 빛나는 우리 대한국민은 3·1운동
의 숭고한 독립정신을 계승하고 4·19의거와 5·16혁명의
이념에 입각하여 새로운 민주공화국을 건설함에 있어서,
〈이하 동일함으로 중략〉
우리들과 우리들의 자손의 안전과 자유와 행복을
영원히 확보할 것을 다짐하여, 1948년 7월 12일에
제정된 헌법을 이제 국민투표에 의하여 개정한다.

헌법 〈전문〉의 수정 사항을 살펴보면, 첫째, 제헌헌법 전문은 대한민국의 건립동인을 기미 삼일운동으로 보았다. 대한민국의 건국 시점을 정확하게 1919년 3월 1일이라고 밝히고 있다. 반면, 개헌 헌법 〈전문〉은 '3·1운동'을 계승해야 할 독립정신으로 인식하였다.

둘째, 새로운 민주공화국의 출발은 4·19의거와 5·16혁명의 이념이라고 하였다. 4·19의거와 5·16혁명은 그 출발이 다르다. '4·19의거와 5·16혁명'의 이념이 무엇이기에 이에 입각하여 새로운 민주공화국을 건설한다는 것인지 알 수 없다. 4·19혁명을 4·19의거로 격하한 부분도 눈여겨볼 만하다. 이는 5·16혁명을 돋보이게 하기 위함으로 보인다. 헌법 〈전문〉에 제3공화국은 4·19의거의 이념을 계승한 것처럼 규정하였으나, 오히려 이를 망각시키고 잊혀지게 만들었다. 예컨대 4·19혁명의 기폭제가 된 마산3·15의거를 기리기 위해 마산에는 시민 모금을 통해 3·15기념회관이 건립되었다. 이러한 기념관이 1965년 소유권이 마산시로 넘어가면서 마산시가 특정인에게 임대하여 극장으로 변모하였다.[50]

셋째, 제헌헌법에는 '국회에서 이 헌법을 제정한다'고 했던 것을 '국민투표에 의하여 개정한다'로 수정되었다. 이는 헌법개정 주체를 국회에서 국민으로 바꾼 것이다. 그 외에 연호가 '단기'에서 '서기'로 바뀌었다.

2. 제3공화국의 주요 헌법개정 내용

제1장 〈총강〉 부분의 변화를 살펴보자면, 첫째, 기존 헌법 제1조와 제2조를 항으로 삼아 제1조로 통합하였다. "제1조 ①대한민국은 민주공화국이다. ②대한민국의 주권은 국민에게 있고, 모든 권력은 국민으로부터 나온다"로 수정하였다. 이때 수정된 규정은 현행 제6공화국에서도 그대로 적용되고 있다.

둘째, '군인의 사명'을 규정한 조항이 삭제되었다. 기존 헌법 제6조는 "대한민국은 모든 침략적인 전쟁을 부인한다. 국군은 국토방위의 신성한 의무를 수행함을 사명으로 한다"였다. 그런데 제3공화국 헌법 제4조는 "대한민국은 국제평화의 유지에 노력하고 침략적 전쟁을 부인한다"로 개정하였다. 국군의 사명에 해당하는 "국군은 국토방위의 신성한 의무를 수행함을 사명으로 한다"는 규정을 지워버렸다. 박정희 등 쿠데타군은 국토방위의 신성한 의무를 수행한다는 군인의 사명을 위배하고 쿠데타를 일으켰다. 그들은 자신들의 헌정질서 파괴 행위를 숨기기 위해 군인의 사명을 삭제한 것이다. 헌법에 '군인의 사명'이 삭제됨으로써 쿠데타를 묵인하는 헌법이 되었다. 그리고 결국 이 헌법 아래 1979년 12월 12일 또다시 군인에 의한 쿠데타가 일어난다.

셋째, 정당 관련 조항이 독립적으로 규정되었다(제7조). 또한 정당 설립의 자유를 선언하고, 복수정당제를 보장하였다. 복수정당제 조항은 두 개 이상의 정당이 존재하도록 함으로써 민주공화국의 다양성을 확보했다는 데 의미가 있다. 다만, 실질에 있어서는 정당법에서 정당의 난립을 막는 규정을 두어 정당 활동을 제한하고 있다. 따라서 헌법의 복수정당제 보장 조항은 양당제 보장의 근거가 되기는 하지만 다당제까지 보장한다고 볼 수는 없다. 어쨌든 이 조항은 정당법의 근거가 되었다.

1) 검찰의 기소권 독점

제10조

---

③ 체포·구금·수색·압수에는 검찰관의 신청에 의하여
법관이 발부한 영장을 제시하여야 한다.
다만, 현행범인인 경우와 장기 3년 이상의 형에
해당하는 죄를 범하고 도피 또는 증거인멸의 염려가
있을 때에는 사후에 영장을 청구할 수 있다.

제2장 〈국민의 권리와 의무〉에서 가장 눈여겨볼 조항은 제8조이다. 제8조는 신설조항으로 "모든 국민은 인간으로서의 존엄과 가치를 가지며, 이를 위하여 국가는 국민의 기본적 인권을 최대한으로 보장할 의무를 진다"고 규정하였다. 이에 따라 제10조 인신의 자유를 구속하는 체포·구금·수색·압수 등에 관해서는 검찰관의 신청에 의하여 법관이 발부한 영장을 제시하도록 하였다.[51] 이는 검찰관 이외의 수사기관이 영장을 남발하는 것을 막고자 한 조치였다.

제3공화국 헌법 제10조를 근거로 우리나라는 국가소추주의를 채택하고 있다. 국가소추주의란 사인私人이 아닌 국가만이 형사재판의 공소를 독점적으로 제기(기소)할 수 있다는 형사법상의 원칙이다. 따라서 형사소송법 제246조 '공소는 검사가 제기하여 수행한다'고 규정되어 있다. 공소公訴란 '검사가 어떤 형사사건에 대하여 법원에 재판을 청구하는 일'이다. 검사만이 기소할 수 있는 기소독점주의이다. 기소독점주의의 장단점에 대한 논란이 많다.

2000년대 이후 우리 사회에서는 검찰개혁이 사회의 주요한 화두로 등장하였다. 검찰개혁의 주요한 쟁점으로는 검찰과 경찰의 수사권 조정이다. 검찰개혁에 대한 논의는 검찰에 과도한 권한이 집중되어 있고, 검찰이 그 권한을 편향적으로 행사하였을 뿐만 아니라, 정치권

력 또한 검찰권을 이용한 검찰의 권한남용과 유착관계에 있다는 지적
에 근거하고 있다. 기소권을 독점하고 있는 검찰이 수사권까지 독점
함으로써 발생하는 검찰의 특권화, 형사절차의 규문화, 수사 및 기소
의 공정성 훼손 등의 논란이다.[52] 2020년 1월 형사소송법이 일부 개
정되어 검찰과 경찰의 상호 협력관계로 설정하였다. 하지만 기소권은
여전히 검사가 독점하고 있으며 수사권도 경찰과의 상호 협력관계라
고 했지만, 검찰의 직접 수사권이 그대로 존치되어 있다.

　인류사의 공통적인 진리가 있다. '고인 물은 썩는다'는 것이다. 기
소권뿐만 아니라 수사권까지 독점한 무소불위의 검찰 권력이 어느덧
60년이 되었다. 헌법상 검사의 기소독점주의는 시간이 흐르면서 점점
권력의 중심부로 이동하였다. '기소편의주의 및 검사동일체 원칙과 결
합하여 검찰 자체가 정치권력화 할 수 있다'는 기소독점주의의 심각
한 문제가 실제로 발생하였다. 현재 검찰과 경찰의 수사권 조정에서
논란이 되는 검찰의 기소권 독점은 이렇게 군부가 개정한 제3공화국
헌법에서 시작되었다.

2) 자유권과 노동권의 침해

　기존 제2공화국 헌법에서 가장 역점을 두었던 언론·출판·집회·결사
의 자유는 퇴보하였다. 기존 헌법에서는 자유권의 철저한 보장에 중
점을 두었지만, 제3공화국 헌법에서는 공중도덕과 사회윤리를 위한
영화와 예술에 대한 사전검열을 허용하였다.[53] 또한, 신문이나 통신
의 발행시설기준은 법률로 정했고, 옥외집회에 대해서도 그 시간과
장소에 관한 규제를 법률로 정할 수 있도록 하였다.[54] 이런 식으로
제3공화국 헌법에서는 국민에게 가장 소중한 권리라고 할 수 있는 자

유권이 심대하게 침해되었다.

　노동자의 권리도 침해되었다. 기존 헌법에서는 노동자의 단결, 단체교섭과 단체행동의 자유를 법률의 범위 내에서 보장하였다. 그런데 바뀐 헌법 제29조 ①항 "근로자는 근로조건의 향상을 위하여 자주적인 단결권·단체교섭권 및 단체행동권을 가진다"에는 "자주적인"이라는 단서가 붙었다. 단결권 행사의 조건으로 '자주성'이 포함된 것이다. 군부는 종래 노동자의 단결권 행사를 외부세력 개입의 결과로 본 것이다. 따라서 '자주적인' 단결권만을 인정한다고 규정하였다. 또한 공무원의 단결권 등을 입법에 의해 예외적으로 허용하도록 규정함으로써 공무원의 노동자로서의 권리를 제약하였다.[55]

3) 권력구조 개편과 중임제 대통령제 채택

　제3장 정부형태(통치기구)에는 많은 변화가 발생하였다. 제3공화국이 다시 대통령제를 채택하였기 때문이다. 첫째, 국회 규정의 변화를 보면, ① 국회 형태가 양원제에서 단원제로 바뀌었다. 국회의원 수를 150인~200인으로 정했으며, 국회의원 후보는 소속 정당의 추천을 받도록 하는 공천제를 헌법에 규정했다(제36조). 또한 정당에서 탈당할 경우 국회의원 자격이 상실되도록 하였다(제38조). 무소속 난립으로 인한 폐해를 막으려는 조치로 보이지만, 국민의 정치결사를 정당으로 한정했다는 점에서 국민의 참정권을 심대하게 침해한 행위라고 할 수 있다. ② 국회의원이 대통령·국무총리·국무위원·지방의회의원 등의 공직을 겸하는 것을 금했다(제39조). ③ 국회의원의 직권남용과 이권 개입 금지규정을 두었다(제40조).

　둘째, 대통령은 행정권의 수반이며 국가를 대표했다(제63조). 권력구조를 내각책임제에서 대통령제로 개편하였다. 대통령 후보의 자격 규정을 두었다(제64조). 규정에 따르면 대통령 후보는 선거일 현재 5년 이상 국내에 거주해야 하고, 나이는 40세에 달하여야 한다. 동항에 따르면 후보는 국회의원의 피선거권이 있어야 하기 때문에 결과적으로 소속 정당의 추천을 받은 사람으로 한정된다. 제3공화국 헌법은 대통령의 피선거권을 40세로 규정한 첫 번째 헌법이다. 20대~30대 정치지도자가 왕성하게 활동하는 외국과 비교하면 얼마나 현실과 동떨어진 규정인지 알 수 있다. 하물며 이 조항이 현행 헌법에도 그대로 남아 있다는 것이다. 대통령 선거제도는 국민이 직접 선출하는 직선제를 채택했고, 4년 임기에 1차 중임을 허용하였다(제70조). 임기와 연임제는 제헌헌법과 똑같다.

셋째, 국무총리제 부활이다. 제1공화국의 제2차(사사오입) 개헌에서 미국식 대통령책임제를 위해 '국무총리제'를 폐지하였다. 제3공화국 헌법에서는 권력구조를 대통령책임제로 개헌하면서 다시 국무총리를 신설하였다.[56] 국무총리는 대통령이 임명하고, 국무총리는 국무위원을 제청하고, 대통령을 보좌하고 국무회의의 부의장이 되었다. 제3공화국에서 복원된 국무총리제는 현행 제6공화국까지 이어지고 있다. 또한, 국회의 내각 불신임권을 삭제하여, 국무위원에 대한 불신임권을 인정하지 않았다. 통치구조에서 국회의 권한을 축소하고 대통령에 대한 권한을 강화하는 방향으로 개정되었다.

넷째, 기존 헌법에서 각 장으로 편성했던 법원, 선거관리와 관련한 조항, 지방자치 부분이 통치기구 장에 절로서 구성되었다. 그러나 제2공화국 헌법에서 신설되었던 헌법재판소 장은 아예 삭제하였다. 다만, 대통령을 비롯한 국무총리·국무위원·행정각부의 장·법관·중앙선거관리위원회 위원·감사위원 등의 탄핵에 대해서는 '탄핵심판위원회'를 두는 것으로 정하였다(제62조). 또한 제2공화국 헌법에서 사법부의 독립성과 민주성을 확보하기 위해 신설했던 대법원장과 대법관 선거제를 폐지하였다. 대신에 '법관추천회의'를 두어 제청을 받고, 국회가 동의하면 대통령이 임명하는 것으로 개정하였다(제99조).

4) 경제질서의 새로운 정의와 헌법개정

제4장 경제질서는 개인의 경제상 자유와 창의를 존중한다는 기존 헌법의 경제원리가 그대로 적용되었다. 경제조항이 헌법에 규정된 나라는 흔치 않다. 우리나라는 제헌헌법 당시 바이마르 헌법을 인용하여 '경제'조항을 두었다. 제3공화국 헌법의 경제조항 특이점은 첫째, '농지의 소작제도 금지' 규정을 두었다(제113조). 또한, 국가가 농지와 산지의 효율적 이용을 위하여 법률로 필요한 제한과 의무를 정할 수 있도록 하였다. 둘째, 우리나라와 같은 경제적 수준이 낮은 나라에서는 농어민과 중소기업의 자주적인 협동조합을 통하여 국민경제의 발전을 촉진시키고자 '농민·어민·중소기업이 협동조합을 육성'하는 규정을 두었다(제115조). 셋째, 국민경제의 발전을 위해서는 과학진흥의 촉진이 중요하다는 취지에서 과학정책을 자문할 '경제·과학심의회의'를 두었다(제108조).

제5장 헌법개정의 제안에 대하여 기존 헌법에서는 대통령 또는 국회재적의원 3분지 1 이상 찬성으로 이루어졌다. 그리고 국회에서 재적의원 3분지 2 이상이 찬성함으로써 의결되었다. 실질적으로 헌법개정에 주권자인 국민의 역할이 거의 없었다. 제3공화국 헌법에서는 국민투표에 부쳐, 국민(유권자) 과반수의 찬성을 얻어야 통과되도록 하였다. 헌법개정의 필수적 요건으로 국민투표제를 규정한 것이다.

5) 군부정권의 정상화

부칙을 살펴보면, 첫째, 제3공화국 헌법은 1962년 12월 26일 탄생하였다. 하지만 당시 입법권을 가진 국회는 존재하지 않았다. 따라서 제3공화국의 헌법 시행일은 '국회가 처음으로 집회한 날'로 정하였다. 다만, 제3공화국 헌법을 시행하기 위해 필요한 법률의 제정과 대통령·국회의원의 선거 등의 준비는 헌법 시행 전에 할 수 있다고 규정하였다. 그리고 헌법 시행과 동시에 '국가재건비상조치법'은 효력을 상실한다고 규정하였다.

둘째, 제3공화국 헌법에 의한 최초의 대통령과 국회의원의 선거는 공포일로부터 1년 이내에 실시하기로 하였다. 그렇게 선출된 대통령과 국회의원의 임기는 최초의 국회의 집회일로부터 개시되고 1967년 6월 30일에 종료되는 것으로 정하였다.

셋째, 제4차 헌법개정에서 4·19혁명의 원인 제공자, 3·15부정선거 주동자에 대한 공민권 정지(박탈), 부정선거에 항의하는 시위 군중에게 발포한 자 및 학살의 책임자 처벌, 이승만 정권하에서 부정축재한 반민족적 반사회적 재벌 등에 대한 재산 국고 환수 조치 등을 하기 위해 두었던 소급입법의 근거 규정을 삭제하였다. 이 조항이 국민의 참정권 및 재산권을 박탈하는 공민권 제한법이라는 이유에서이다. 제5차 헌법개정에 참여한 이종극은 "과거의 부정이나 비위를 소급하여 다스린다는 것은 죄형법정주의의 근대법 원리에 위반될 뿐만 아니라 민족의 분열을 초래함으로써 피로써 피를 씻는 결과밖에 되지 않는다는 것을 깊이 반성해서 나온 것이었다"고 밝혔다.[57] 그는 쿠데타 이후 부정축재처리법, 정치활동정화법 등을 제정한 것에 대해서 일대 반성과 재고가 필요하다고 역설하였다.

부칙 조항이 삭제되면서 3·15부정선거 주동자, 부정선거에 항의하는 시위 군중에게 발포한 자, 학살의 책임자 관련 처벌은 이루어지지 않게 되었다. 그리고 제3공화국에서는 3·15부정선거와 맞먹는 부정선거가 횡행하게 된다. 시간이 흘러 1980년 5월, 1960년 3월과 4월처럼 계엄군은 시민에게 무차별 총격을 가하였다. 당시 법이 없어 처벌할 근거가 없다면 특별법 제정을 통해서라도 처벌이 이루어져야 한다. 잘못된 역사는 청산하지 않으면 반복되기 때문이다.

제3공화국 헌법이 공포되면서 군사정권은 공식적으로 막을 내렸다. 국가재건최고회의가 유일무이한 통치기구로서 입법·사법·행정을 통할했던 2년 7개월은 과거가 되었다. 그러나 군정이 실제로도 종식되었다고 말할 수 있을까? 군부가 이양한 정권은 군복을 벗은 군인이 이어받았다. 제3공화국과 제4공화국은 군정의 또다른 이름이다. 이 시기 정부가 자행한 사건들이 이를 입증하고 있다. 제3공화국 시기 박정희는 제1공화국 이승만의 전철을 그대로 밟아간다. 정적 제거, 부정선거, 3선 개헌 등등……

박정희가 쿠데타 직후 민주주의를 운운하는 것에 대해, 한 정치인이 했던 말을 되새겨본다. "당신들이 민주주의를 하겠다고 하는 것은 백두산에 올라가서 고기를 낚겠다는 소리나 마찬가지다. 세상에 총칼을 가지고 정권을 잡고서 그게 그래 민주주의냐?"[58]

3. 정부수립 이후 최초 훈장을 받은 사람

제78조
대통령은 법률이 정하는 바에 의하여
훈장 기타의 영전을 수여한다.

대한민국 국민이거나 외국인이거나 대한민국에 공로가 있는 사람에 대해서 대통령이 수여하는 상에는 훈장과 포장이 있다. 이러한 훈장과 포장을 영전이라고 한다. 영전을 받은 사람에게는 특수한 법적 지위가 인정되지만, 그렇다고 특별히 달라지는 것은 없다. 제헌헌법에서부터 영전은 오로지 그 받은 자에게만 효력이 있고, 어떠한 특권도 창설되지 않는다고 정하여 두었기 때문이다. 그래도 국가로부터 공적을 인정받아 훈장이나 포장을 받는 것은 매우 영예로운 일로 여겨지고 있다.

의원내각제였던 제2공화국에서는 국무회의의 의결에 의하여 대통령이 영전을 수여했으나 대통령제를 채택한 제1공화국과 제3공화국에서는 영전수여권이 대통령의 권한이다. 다만 제3공화국 헌법에서는 대통령이 "법률이 정하는 바에 의하여" 영전을 수여하도록 하였다. 이 조항에 근거하여 1963년 12월 '상훈법'이 법률 제1519호로 제정되었고, 1964년 3월부터 시행되었다.

제3공화국 헌법 따라 법률을 제정하고, 기존의 훈장과 관련된 법령을 손질하였다. 그에 따라 1963년 12월 '상훈법'이 법률 제1519호로 제정되었고 1964년 3월부터 시행되었다. 기존의 '건국공로훈장령'·'포장령'·'무궁화대훈장령'을 1964년 3월에 폐지하고 통합한 법률이 상훈법이다. 상훈법에서 훈장의 종류는 '무궁화대훈장, 건국공로훈장, 무공훈장, 소성훈장, 근무공로훈장, 수교훈장, 문화훈장, 산업훈장'

등이다. 포장의 종류는 '건국포장, 국민포장, 무공포장, 근정포장, 보국포장, 예비군포장, 수교포장, 산업포장, 새마을포장, 문화포장, 체육포장, 과학기술포장' 등이다.

당시 상훈법에 따르면 무궁화대훈장은 '우리나라의 최고훈장으로서 대통령에게 수여하며, 우방국 원수에게도 수여할 수 있다'고 규정되어 있다.[59] 건국공로훈장은 '중장, 복장, 단장' 등 3등급으로 구분했으나, 현행(제6공화국)의 상훈법에는 5등급(건국훈장 대한민국장·건국훈장 대통령장·건국훈장 독립장·건국훈장 애국장·건국훈장 애족장)으로 구분하고 있다.

우리나라 상훈제도는 1949년 4월 27일 대통령령 제82호로 제정·공포된 '건국공로훈장령'에서 그 연원을 찾을 수 있다. '건국공로훈장령'은 1948년 8월 15일 대한민국 정부가 수립하면서 조국의 독립과 건국에 공로가 있는 선열들의 공적을 기리기 위하여 제정되었다. 건국공로훈장은 공로에 따라 1·2·3등급으로 구분하여 수여하였다.

1949년 6월 6일에는 '포장령'을 대통령령 제128호로 공포·시행하였다. '포장령'의 목적은 국가나 사회에 공헌한 행적이 현저한 자에 포장을 수여하여 이를 표창함(포장령 제1조)이다. '포장령'의 종류는 건국포장, 면려포장, 방위포장, 문화포장, 공익포장, 식산포장, 근로포장 등 7가지이다. 1949년 8월 13일에는 '무궁화대훈장령'이 대통령령 제164호로 공포·시행되었다. 이 법령은 제6조로 이루어져 있다. 제1조 '무궁화대훈장은 우리나라 최고훈장이며 대통령이 이를 패용한다', 제2조 '무궁화대훈장은 우방원수에게 수여할 수 있다'고 규정하였다.

첫 훈장 수여식은 대한민국 정부수립 1주년을 맞이한 1949년 8월 15일에 거행되었다. 첫 수여자를 보면 건국공로훈장 1·2·3등급을 합하여 30명, 건국포상 500명, 방위포상 1천 명, 문화포상 50명, 공익포상

20명, 면려포상 20명, 근로포상 20명 등이다.[60]

1949년 8월 14일 『조선일보』 기사를 보면 무궁화대훈장 수여자 후보는 없지만,[61] 행사 당일에는 수여자가 있었다. 바로 이승만 대통령이다. 당시 기사를 보면, '삼천만 겨레의 훈장 정부통령에 봉정'이란 제목으로 이승만 대통령에게 무궁화대훈장과 건국공로 1등 훈장을 수여하고, 이시영 부통령에게는 건국공로 1등 훈장을 증여하였다.[62] '무궁화대훈장령'을 제정한 사람이 첫 수여자가 된 셈이다. 이는 '무궁화대훈장령' 제1조에 따른 것이다. 그런데 '무궁화대훈장령'에는 대통령과 우방원수 외에 어떤 사람에게 훈장을 수여한다는 기준이 없다. 무궁화대훈장을 두 번째로 받은 사람은 박정희이다. 1961년 5·16쿠데타로 권력을 장악한 박정희는 1963년 제5대 대통령 선거에서 당선된다. 박정희는 대통령으로 취임 직전에 '무궁화대훈장'을 수여 받았다.[63] 결국 '무궁화대훈장령'은 대통령만을 위한 법령이었다.

우방국 원수 중에서 무궁화대훈장을 최초로 받은 사람은 미국 제34대 대통령 당선자인 아이젠하워이다.[64] 아이젠하워는 대통령에 당선된 후 당선인 신분으로 1952년 12월 4일 우리나라를 방문하였다. 이때 무궁화대훈장을 수여하였다. 외국인 중 건국공로훈장을 받은 사람은 주한미군사고문단장 윌리암 로버츠William L. Roberts 준장이다.[65] 건국공로훈장을 받은 사람 중에서는 자유중국(현 대만)의 총통 쟝제스蔣介石도 있다. 맥아더는 1957년 9월에 일등건국공로훈장이 수여되었다. 한국전쟁을 겪으면서 1950년대 건국공로훈장 수여자 중에는 미 8군사령관을 비롯한 외국인 원수 등도 포함되었다.

한편, 우리가 일반적으로 알고 있는 김구, 안중근, 윤봉길 등의 독립운동가 대부분은 이승만 정부에서 훈장을 받지 못하였다. 권력을 쥔 자신들에게는 셀프 훈장을 수여하면서도 조국의 해방을 위해 노력한 이들은 뒷전이었다. 독립유공자에게 훈장이 수여된 것은 1962년이다. 제43주년 3·1절을 앞두고 군사정부는 안창호·김구 등 208명에게 건국공로훈장을 수여하였다. 건국공로훈장 중장(1등)에는 18명, 복장(2등) 58명, 단장(3등) 132명이 수여받았다. 1등훈장 수여자는 최익현, 이강년, 허위, 김좌진, 오동진, 민영환, 조병세, 안중근, 윤봉길, 이준, 강우규, 김구, 안창호, 신익희, 김창숙, 손병희, 이승훈, 한용운 등이다.[66]

앞서 살폈지만, 이승만은 1949년 8월 15일 무궁화대훈장과 함께 건국훈장 1등급을 자신에게 수여하였다. 부통령 이시영도 건국훈장 1등급을 받았다. 권력을 쥔 자신들에게는 셀프 훈장을 수여하면서도 조국의 해방을 위해 노력한 이들은 뒷전이었다.

3장
제5대 대통령 선거

　제3공화국 헌법에 따라 1963년 10월 15일 제5대 대통령 선거가 시행되었다. 임기는 1967년 6월 30일이다. 이 선거에서 민주공화당의 박정희 후보가 당선되었다. 박정희는 득표수 4,702,640표(46.64%), 윤보선은 4,546,614표(45.09%)를 획득하였다. 박정희는 군정 2년 6개월 동안 손발을 꽁꽁 묶어 놓았던 민정당의 윤보선 후보에게 겨우 15만 6,026표(득표율 1.55%) 차이로 승리하였다. 두 후보의 선거벽보를 보면,[67]

박정희 홍보물

윤보선 홍보물

기호가 막대로 표기되어 있다. 박정희는 '정국을 안정시킨다', '가난을 물리친다'는 구호를 내걸었고, 윤보선은 '군정으로 병든 나라 민정으로 바로잡자'란 구호를 앞세웠다. 1960년 5월 16일 쿠데타에서부터 제3공화국 헌법 선포 그리고 대통령 선거가 시행되는 과정을 통해 박정희의 집권 속내를 들여다보자.

1. 민정 불참과 군정 연장

박정희는 군사반란 직후 '혁명공약'을 통해 '우리의 과업이 성취되면 참신하고도 양심적인 정치인들에게 언제든지 정권을 이양하고 우리들은 본연의 임무에 복귀할 준비를 갖추겠다'고 하였다. 그리고 여러 자리에서 정권 이양을 재차 강조하였다.[68] 그렇다면 과업을 성취할 시간을 어느 정도로 예상했던 것일까? 박정희는 6월 15일 신문 발행인 및 편집자와의 간담회에서 "원래 6개월 이내에 군사혁명과업이 완수될 수 있으리라고 생각했다"고[69] 말하였다.

1961년 8월 12일 '정권이양 시기에 관한' 성명에서 정권이양 시기를 1963년 여름으로 예정한다고 발표하였다. 정권의 민간이양에 다른 속마음이 작동하고 있음을 드러냈다. 미국도 이를 인정하면서 박정희는 최소한 2년간 군정체제를 인정받았다. 이때 박정희는 중앙정보부장 김종필에게 어떤 방법으로 군정을 종식하고 민정으로 이양할 것인지에 관한 구체적인 계획을 세울 것을 지시하였다. 8·15계획이다. 8·15계획서의 가장 큰 목표는 선거에서 승리였다.

민주공화국에서 권력을 정상적으로 잡는 방법은 한 가지 방법밖에 없었다. '선거'이다. 군정통치를 민정통치로 이관하면서 쿠데타 세력의 권력 기반을 굳건히 하기 위해서는 반드시 선거에서 승리해야만 한다. 쿠데타군은 선거를 절체절명의 과제로 받아들였으며, 수단과 방법을 가리지 않고 선거에서 승리하기 위해 골몰하였다.

선거 승리를 위해서는 첫째, 박정희와 쿠데타 세력의 정치적 지향점을 국민이 납득하고 지지해야 한다. 그렇지만 아무리 좋은 정치적 지향점이나 정책을 가지고 있어도 상대방이 누구냐에 따라 승패가 갈릴 수밖에 없다. '선거'의 상대는 구정치인이 될 가능성이 매우 농후하다. 구정치인의 정치활동을 어떻게 제재하느냐는 박정희에게 또 다른 숙제이자 과제가 되었다.

둘째, 선거는 결국 사람(유권자)이 한다. 사람을 얼마나 동원하여 나의 편으로 만드냐는 것이다. 정권을 담당할 관제 여당의 조직이 필수적인 요소로 등장하였다. 앞서 살펴본 국민재건운동본부(본부장 유진오 고려대 총장)는 이러한 속셈으로 만들어졌다고 해도 과언이 아니다. 아울러 향후 정당으로 변모할 관제 조직에 몰두하였다. '재건동지회'가 이 일에 일익을 담당한다.

셋째, 헌법과 정당법 및 선거법의 제정과 개정을 얼마나 유리하게 만드냐는 것이다. 헌법에 대통령과 국회의원은 정당의 추천을 받아야 한다는 규정을 두었다. 그리고 정당법에서 정당을 만드는 것도 쉽지 않게 제정하였다. 이런 것들은 모두 8·15계획의 핵심인 '선거 승리'를 염두에 둔 조치였다. 선거 승리는 군정을 민정이란 옷으로 바꿔 권력을 유지하는 최선의 방법이었다.

쿠데타 세력은 쉽게 할 수 있는 일부터 시작하였다. 중앙정보부라는 엄청난 정보기관을 이용한 관제 조직의 착수이다. 김종필을 중심으로 육사 8기생이 주축이 되었고, 실무는 중앙정보부 행정차장 이영근이 맡았다. 그 이름하여 재건동지회이다. 1962년 1월 말부터 비밀리에 법조계, 언론계, 젊은 대학교수, 사업가, 관료, 사회사업가들을 포섭하였다. 재건동지회가 정식 출범할 1962년 말경에는 1,200여 명에 달하는 민간 엘리트들이 참여하였다.[70] 여기에는 중앙정보부의 절대적 지지와 자금 지원이 있었다. 재건동지회의 조직원리는 '개인 중심을 지양', '지도 체계의 단일화', '파벌과 계보 배제' 등으로 당의 일원화된 중앙집권적 통제 조직이 그 핵심이었다. 이는 특정인을 염두에 둔 조치라는 것을 누구라도 쉽게 눈치챌 수 있다.

1년 6개월의 준비를 거친 재건동지회는 민주공화당으로 이름을 바꿔 1963년 2월 26일 출범하였다. 민주공화당은 헌정사상 가장 오랫동안 같은 당명으로 존속한 정당이다(1963년 2월 26일~1980년 10월 27일). 대통령 선거를 8개월 앞두고 창당한 민주공화당은 민정 이양이라는 약속을 이행한 것처럼 포장하기 위해 만들어진 정당이었다.

민주공화당 창당은 쉽지 않았다. 내부의 갈등과 골이 깊어졌다. 일명 '반김(김종필)라인' 공세가 이어지면서 논쟁이 불붙었다. 유원식 전 최고회의 위원은 공화당을 "김종필 중심의 사당私黨"이라고 비난했으며, 최고위원직을 사퇴한 김동하 공화당 발기위원은 성명을 통해 "총선거가 끝날 때까지 당에서 손을 떼고 외유해야 한다"고 주장하였다. 최고회의에서도 반 김종필 진영이 가세하면서 공화당의 내분은 더욱 격화되었다. 박정희는 골머리가 아플 수밖에 없었다.

박정희는 갑자기 1963년 2·18성명을 발표하였다. 그는 "혁명의 정당성과 헌법의 권위를 인정하고 민정이 4·19 및 5·16혁명을 계승할 것을 확약하며, 유능한 예비역 군인을 우선 기용한다"는 아홉 가지 시국수습방안을 제시하였다. 그리고 이 제안이 모든 정당인과 정치지도자들에 의해서 수락된다면 민정에 참여하지 않겠다고 강조하였다.

박정희의 민정 불참 선언이다. 시국수습방안 아홉까지를 보면,[71]

一, 군은 정치적 중립을 견지할 것이며, 민의에 의하여 선출된 정부를 지지.

二, 4·19 및 5·16혁명 정신을 받들어 혁명과업을 계승.

三, 혁명주체 세력은 개인의 의사에 따라 군에 복귀하거나 민정에 참여.

四, 5·16혁명의 정당성을 인정하고 정치보복을 금지.

五, 혁명정부가 채용한 공무원의 신분 보장.

六, 유능한 예비역 군인 공로 인정과 가급적 우선 기용.

七, 모든 정당은 정쟁을 지양하고 정책대결과 국민의 신임을 받을 것.

八, 국민투표로 제정된 신헌법 권위를 보장.

九, 한일회담은 초당적 입장에서 정부방침에 협력.

그동안 민정에 참여하겠다는 의사를 밝혔던[72] 박정희가 조건부 불참하겠다고 발표하였다. 정치권은 큰 충격을 받았다. 공화당은 대통령 후보가 없는 대통령 선거를 치러야 하는 곤경에 빠졌다. 반면, 윤보선의 민정당 등 야당은 즉각 환영 성명을 발표하였다. 박정희는 왜 누구도 상상할 수 없었던 이러한 수습방안을 제시했던 것일까?

이러한 성명이 나오게 된 배경은 민주공화당의 내분이다. 내분의 핵심에는 김종필이 있었다. 박정희는 직접 김종필에게 2선 후퇴를 말할 수 없었다. 당시 최고회의 공보실장 이후락은 "그동안 혁명정부의 공功은 모두 박의장에게 돌아갔고, 잘못은 김부장에게 돌아간 게 사실이다"고[73] 하였다. 박정희가 5·16쿠데타에서부터 군사정부의 지도자로 별 탈 없이 지낸 것도 김종필의 덕이었다. 또한 김종필은 민주공화당 창당 준비까지 일 처리도 잘하고, 헌신적이었다. 그렇다고 그대로 두기에는 최고회의 및 공화당 내의 '반김' 정서가 너무 컸다. 박정희는 김종필을 견제하려는 의도와 공화당에 대한 정치적 불신을 제거하겠다는 속내로 수습방안을 제시하였다. 또한, 향후 공화당에서 박정희 자신을 대통령 후보로 추대할 수밖에 없는 상황을 미리 만들어 놓으려는 의도가 깔려 있었다.

박정희의 2·18성명은 즉각 효과를 보였다. 2월 20일 공화당창당 준비위원장 김종필은 기자회견을 열어 '일체의 공직에서 물러나 초야에 몸이 되겠다'고 밝혔다.[74] 그리고 2월 24일 박정희 의장의 '특명전권순회대사'의 자격으로 해외 외유길에 나섰다.[75] 반김라인의 승리였다. 2·18성명으로 공화당의 내분도 잠시 수그러들었다. 박정희는 기회가 있을 때마다 민정에 참여한다는 속내를 암시했다.

박정희는 또 한 번의 승부수를 던졌다. 3월 15일 미 대사관에서 열린 만찬에서 '군정을 연장하겠다'고 하였다. 다음날(3월 16일) '군정 4년 연장을 국민투표로 결정하겠다'는 성명을 발표하였다. 군정 4년 연장의 이유로는 "정치활동이 시작된 2개월 반 동안 정계 양상이 민정 이양을 할 수 있을 만한 체제가 되지 못했다"는 것이다. 정당의 난립과 그를 둘러싼 구정치인의 이합집산 등에 기인하여 정계가 혼란스럽다는 것이다. 그는 가능한 빠른 시일내에 국민투표를 실시하겠다면서 정치활동을 일시 중지하는 조치를 단행하였다.

박정희의 '군정 연장의 국민투표'에 정치인과 학생들은 강력히 반발하였다. 3월 20일 야당의 윤보선·이범석·김도연·장택상·김준연 등은 박정희와 면담하고, 3·16성명의 무조건 철회를 요구하며, 초당적 범국민운동을 전개하겠다고 밝혔다.[76] 야당 주요 인사들은 3월 22일 12시 '민주구국선언대회'를 열었다.[77] 이날 선언대회는 5·16쿠데타 이후 가장 큰 규모의 시위였다. 3월 23일 4·19혁명 9개 학생단체에서도 '3·16성명 철회와 재야 정치인 탄압 중지' 성명을 발표하였다.[78] 3월 29일에는 서울문리대 법대학생 400여 명이 동숭동 캠퍼스 4월 학생혁명 기념탑 앞에서 '자유수호궐기대회'를 열었다. 여기서 학생들은 민정 이양을 강력하게 주장하였다.[79] 재미유학생과 대구·대전·전주·인천·춘천·부산 등 지방에서도 군정을 반대하는 성명과 시위가 있었다.[80] 4·19혁명의 재현 움직임이 요동치고 있었다.

미국 또한 강력한 반대 의사를 표명하였다. 3월 16일 미 국무부 장관 러스크가 주한 미 대사관으로 보낸 전문을 보면, (a) 4년 동안 더 군사정부를 지속하는 것에 지지할 수도 없으며, 동의할 수도 없다. (b) 이것은 1961년 11월 14일 케네디Kennedy 대통령과의 공동 성명서에서 약속했던 박의장의 거듭된 맹세의 위반으로 간주한다는 등이었다.[81] 그러면서 박정희가 국민투표를 통해 난국을 해결하려는 제안을 "국민의 진정한 의미의 선택권을 제공한 것"이 아니라고 덧붙였다.

3월 21일 주한 미국대사 버거는 내각 수반 김현철과 박정희를 차례대로 방문해 미국 측의 반대 의사를 명백히 전달하였다. 이날 미국 케네디 대통령도 한국에 민주 정부가 부활하는 것을 고대한다는 성명을 발표하였다. 4월 2일에는 조속한 민정 이양을 촉구하는 케네디 대통령의 친서가 박정희에게 전달되었다. 친서에는 "한국 내 정치문제 해결은 한국 국민 전체에게 납득될 만한 민정 이양의 절차에 관한 합의의 도달을 위해서 귀국 정부와 정치지지자들이 협의하여 이뤄지리라고 믿는다"고 적혀 있었다.

결국 박정희는 4월 8일 '군정 연장 철회 성명'을 발표하였다. 성명의 내용은[82] 첫째, 군정 연장을 위한 국민투표는 9월 말까지 보류한다. 둘째, 정부는 9월 중에 각 당 대표들과 협의하여 국민투표 또는 대통령·국회의원 선거 시행을 결정한다. 셋째, 정부는 행정기능을 강화하고 민생문제 해결에 전력한다. 넷째, 정치활동을 허용한다. 아울러 비상사태 수습을 위한 임시조치법은 폐지한다. 이날 성명에서 박정희의 민정 참여(대통령 출마)를 언급하지 않았지만, 기정사실로 받아들였다.

2. 다시는 이 나라에 불운한 군인이 없도록

박정희는 2·18성명(민정 불참), 3·16성명(군정 연장), 4·8성명(군정 연장 철회)의 과정을 통해 자신의 반대 세력을 제거하였다. 한편 자신의 민정 참여도 별다른 논란없이 확정지었다. 고도의 정치적 행위의 연속이었다.

민주공화당은 다시 활기를 띠기 시작하였다. 민주공화당은 1963년 5월 27일 제2차 전당대회를 개최하였다. 조속한 선거체제로의 조속한 전환이다. 이날 민주공화당은 대통령 후보로 최고회의 의장인 박정희를 지명하였다. 그런데 이때까지 박정희는 민주공화당 당원도 아니었다. 당원도 아닌 사람을 대통령 후보로 지명한 것이다. 박정희는 대통령 후보 지명을 수락할 용의가 있는 것처럼 말했지만, 절차상 문제가 있다며 공식 태도를 밝히지 않았다.

절차상 문제는 헌법 "제64조 ③대통령후보가 되려 하는 자는 소속 정당의 추천을 받아야 한다"는 규정과 "제84조 ②군인은 현역을 면한 후가 아니면 국무총리 또는 국무위원으로 임명될 수 없다"는 규정에 저촉된다는 점이다. 즉, 공화당 당원이 아니었고, 현역 군인의 신분이었다. 민주공화당은 헌법도 살피지 않고 박정희를 대통령 후보로 지명했던 것이다.

1963년 8월 30일 육군 야전군 제5군단 비행장에서는 박정희 대장의 전역식이 열렸다. 부슬비가 내리는 전역장에는 6백여 명의 내외빈과 1개 사단 이상의 장병이 운집하였다. 이 자리에서 박정희는 그 유명한 말을 남긴다. "다시는 이 나라에 본인과 같은 불운한 군인이 없도록 합시다." 뭐가 불운했다는 것일까? 전역식을 마친 박정희가 향한 곳은 민주공화당 당사였다. 정구영 총재의 추천으로 박정희는 민주공화당에 입당하였다. 대통령 후보가 될 수 있는 절차상 문제는 모두 해결되었다.

다음날(8월 31일) 민주공화당은 제3차 전당대회를 개최하였다. 박정희는 이날 전당대회에 참석하여 대통령 후보 수락 연설문을 낭독하였다. 그는 "역사상 최초로 공명정대한 선의의 경쟁과 정책의 대결로서 우리의 뜻을 펴고 민주공화당의 기치를 드높여 국민의 공당으로서 그 진면목을 내외에 과시할 때는 바로 지금이다"면서 제3공화국의 알찬 새출발을 다짐한다고 연설하였다.[83] 아울러 전당대회 전에 정구영이 총재직을 사퇴하면서 민주공화당 총재직까지 독차지하였다. 민주공화당이 누구를 위한 정치결사체였으며, 그동안 박정희 행보는 무엇을 위한 것인지도 명확하게 드러났다.

제3공화국 헌법의 특징 중 하나는 정당관련 조항(제7조)을 두었다. 헌법에 정당 조항을 둔 것은 자유당의 전철을 밟지 않겠다는 의지의 표현이다. 헌법에 강제 규범을 두었다는 것은 과거의 잘못된 정당 구조로 인한 피해가 그만큼 컸다는 것을 의미한다. 전제주의 하의 일당 독재를 미연에 방지한다는 의미와 복수정당제를 통해 대의 민주주의를 강화하겠다는 의미가 제3공화국 헌법 제7조 담겼다.

민주공화당의 창당 과정은 이승만의 자유당과 다를 것이 없었다.

이승만 정권의 몰락에는 오로지 한 사람을 위해 탄생한 자유당이 있었다. 정치결사체가 대의민주주의 기능을 상실한 결과는 독재정치였다. 그 길을 민주공화당은 그대로 답습하였다. 민주공화당 준비에서 창당까지 박정희의 민정 참여를 염두에 뒀고, 군정을 '민정'으로 포장하기 위한 수단에 불과하였다. 수단과 과정이 비정상적인 정당의 최후는 처참하였다. 자유당과 민주공화당을 들여다보면 역사는 반복된다는 말을 다시 한번 실감하게 된다.

1962년 12월 31일 정당 및 사회단체의 정치활동을 엄금했던 군사혁명위원회 포고 제4호가 폐기되고, '집회 및 시위에 관한 법률'과 '정당법'이 제정됨으로써 5·16쿠데타 이후 만 1년 7개월 만에 정식으로 민간인이 정치활동을 할 수 있는 길이 열렸다.[84]

민간 정치인 정치활동은 1963년 1월 1일부터 다시 허용되면서 재개되었다. 정치인들은 통합 야당 결성을 서둘렀으며, 향후 대선과 총선에서 군정에 대항하자는 의견을 공유하였다. 야권의 첫 모임은 1월 3일 김병로의 집에서 김병로와 전진한, 이인, 윤보선에 의해 이루어졌다. 이 모임에서 이들은 "민정의 기본을 확고히 하기 위하여 범야 세력의 대동단결로서 꾸며지는 새 정당은 결코 기성그룹의 연합체가 아니다"라는 내용의 공동 성명을 발표하였다. 또한 곧 발족할 신당이 초파벌적인 정당이 될 것임을 시사하고 조속한 시일 내에 신당을 창당한다는 원칙에 합의하였다.[85] 그러나 선언에 그쳤다. 이합집산 속에서 새로운 정당들이 우후죽순 생겨났다. 결국 야권은 분열되었고, 야당의 대통령 후보도 난립하였다.

제5대 대통령 선거를 앞두고 창당된 정당 현황

정당명	창당일자	주요인사	대선후보	비고
민정당	63.5.14	김병로 윤보선 이인 김법린 전진한	윤보선	
자유민주당	63.9.3	송요찬 김도연 김준연 소선규	송요찬	사퇴
신흥당	63.9	장이석 조준상 한정수 조경호	장이석	
국민의당	63.9.5	허정 김병로 이범석	허정	사퇴
정민회	63.8.29	변영태 윤재근 송중곤	변영태	
추풍회	63.5.8	오재영 전용길, 임병하	오재영	
민우당	63.9.5	이범석 이윤영 안호상		국민의당 합류
신정당	63.4.	허정 이상철 이갑식 장기영 송원영		국민의당 합류
자유당	63.9.7	장택상 남송학 이재학		
민주당	63.8	박순천 김대중		
신민회	63.9.26	성보경		

제5대 대통령 선거 후보로는 민주공화당의 박정희, 민정당의 윤보선, 자유민주당의 송요찬, 국민의당의 허정, 신흥당의 장이석, 정민회의 변영태, 추풍회의 오재영 등 7명이 등록하였다. 10월 2일 국민의당 허정 후보가 '군정 종식의 목표 달성' 위해 후보직을 사퇴했으며,[86] 자유민주당의 송요찬 후보도 '야당 단일 후보 실현'을 위해 10월 7일 후보직을 사퇴하였다.[87] 두 후보가 후보직을 사퇴하면서 특정인을 지지하지 않았지만, 윤보선 후보로 단일화되는 것이나 마찬가지가 되었다. 제5대 대통령 선거 구도는 군정을 이끄는 민주공화당과 기성 정치인들이 이끄는 야권으로 재편되었다. 야권은 과거 민주당, 자유당, 신민당, 무소속 등의 정치인들이 '군부'라는 공공의 적을 만나

하나의 전선으로 묶였다. 결국 제5대 대통령 선거는 군사반란 세력의 박정희 대對 기성 정치세력의 윤보선 간의 양자 대결 구도가 되었다.

　9월 15일부터 본격적인 선거전에 돌입하였다. 군정은 이번 대통령 선거를 건국 이래 처음으로 공명선거를 이룩하겠다고 대내외적으로 표명하였다. 공명선거를 위해 내무부 소속의 '선거위원회'를 삼권三權으로부터 독립한 '중앙선거관리위원회'를 발족한 것도 그 하나였다. '중앙선거관리위원회'는 정치적 압력으로부터 벗어나 공명정대한 선거 관리 및 감독을 하겠다고 하였다. 하지만, 군정으로부터까지 자유롭지는 못하였다. 대표적인 사례가 통·리·반장이 선거운동을 할 수 있느냐는 것이었다. 이 문제는 이승만 정권에서도 문제가 되었고, 이들을 동원한 부정선거로 결국 이승만 정권과 자유당이 몰락하였다. 중앙선거관리위원회는 통·리·반장의 선거운동을 용인하였다. 관권선거를 노골적으로 인정하는 것이나 다름없는 조치였다.

　공화당은 9월 14일부터 지방 유세를 시작했고, 민정당은 9월 21일부터 지방유세에 나섰다. 민주공화당과 민정당은 분야별 공약을 제시했지만, 국민은 대통령 선거에 큰 관심을 두지 않았다. 이유인즉 첫째, 높은 물가와 식량난으로 경제 상황이 악화하여 선거에 관심을 가질 여유가 없었다. 둘째, 여당의 실정失政과 야당의 분열에 여당과 야당 어느 한쪽을 지지하기가 쉽지 않았다.

　이러한 냉랭한 선거 분위기는 조직력과 자금력이 부족한 야당에게 절대적으로 불리하였다. 뚜렷하게 반전 카드가 없는 상황에서 제5대 대통령 선거의 최대 변수가 돌출되었다. '사상논쟁'이다. 9월 23일 오전 7시 10분 박정희는 서울중앙방송의 첫 정견발표에서 "이번 선거는 개인과 개인의 대결이 아니라 민족적 이념을 망각한 가식의 자유민주주의 사상과 강력한 민족적 이념을 바탕으로 한 자유민주주의 사상과의 대결"이라고 밝혔다.[88] 윤보선을 민족적 이념을 망각한 정치인이라고 공격한 것이다.

3. 박정희의 사상논쟁

박정희는 대통령 선거에 이념을 들고나왔다. 자신은 민족적인 이념이 강한 자유민주주의자이지만, 상대방은 민족주의 이념을 망각한 가식의 자유민주주의자라는 것이다. 그런데 이날 발언의 핵심은 다른 데 있었다. 박정희는 자신이 대통령이 되면 "자주와 자립이 제3공화국의 집약적 목표이기에, 더욱 땀 흘리고 근면할 것을 국민들에게 요구"하겠다는 것이다. 민족적 이념과는 아무런 관련이 없는 이 말은 윤보선은 하루 잘 먹고 아흐레 굶어도 좋다는 식의 거짓 선동을 일삼는다고 비난하는 과정에서 생산된 말이다. 처음에 '사상논쟁'은 자극적인 제목으로 시선을 끌기 위해 언론이 만든 프레임이었다.

그런데 야당은 박정희가 불붙인 '사상논쟁'을 호기로 여겼다. 윤보선은 다음날(9월 24일) 즉각 반격에 나섰다. 그는 전주(3차 지방유세)에서 가진 기자회견에서 "여순반란사건[89] 관련자가 현 정부에 있다는 사실을 상기한다"면서 "여순반란사건은 민족주의와 민주주의 신봉자에 의하여 일어난 것이 아니었다"고 말하였다. 윤보선은 "박정희 더러 공산주의자라고 말한 것은 아니다"고 덧붙였지만, 그가 말하는 현 정부는 군정세력이다. 이 가운데 여순항쟁 관련자가 있다고 한 것이다. 이제 정말로 '사상논쟁'이 불거졌다. '사상논쟁'은 밋밋한 제5대 대통령 선거의 최대 이슈로 등극하였다.

윤보선의 전주 발언은 전날(9월 23일) 여수에서 찬조연설자로 나선 윤제술의 발언이 밑바탕이 되었다. 윤제술은 "이곳은 여순반란사건이란 핏자국이 묻은 곳이다. 그 사건을 만들어 낸 장본인들이 죽었느냐 살았느냐. 살았다면 대한민국에서 지금 무슨 일을 하고 있는가를 여러분은 아는가 모르는가. 여러분이 모른다면 종고산은 알 것이다"고 발언하였다.[90] 윤제술은 이날 발언으로 10월 7일 대통령 선거위반(후보자 비방) 혐의로 불구속 입건되었다.

최고회의는 즉각 국가 안보와 관련된 중대한 문제라면서 긴급회의를 소집하였다. 공화당도 '매카시즘'의 악랄한 수법의 인신공격이라면서 윤보선을 맹비난하며, 윤보선을 선거법 위반으로 고발한다고 밝혔다.[91] 선거전은 사상논쟁으로 후끈 달아올랐다. 공화당은 모든 당원과 군 장성 및 예비역까지 동원하여 방어에 나섰고 민정당은 더 세찬 공격에 나섰다.

9월 28일 김준연(자유민주당 대표 최고위원)은 1961년 5월 26일 자 'TIME'지를 인용하여 "박소장은 전에는 공인된 공산주의자였다. 그는 여순항쟁 때 군 반란을 조직하는데 협력하였다. 그래서 그는 이승만 씨의 장교들에 의하여 사형선고를 받고, 그러나 그분은 전향을 했어. 또 정보를 제공했어. 사형을 면제받았다"[92]고 폭로하였다.

야당에서는 박정희의 전력과 사상을 폭로하였다. 그러면서 '여순항쟁'과의 관련성을 떳떳하게 밝힐 것을 박정희에게 요구하였다. 그리고 '여순항쟁' 당시 군 수뇌부에 있었던 원용덕 장군과 송요찬 장군이 이를 증명할 것이라고 하였다. 제5대 대통령 선거에서 송요찬은 자유민주당 후보로 출마하였다. 그러나 1963년 8월 8일 박정희의 대통령 출마를 반대하는 이른바 '최고회의 박정희 의장에게 보내는 공개장'을 『동아일보』에 발표한 것이 문제가 되어 8월 11일 구속되었다. 송요찬은 옥중 출마했으나, 10월 7일 사퇴하면서 야당후보 지지를 선언하였다. 야당은 이렇게 전방위적으로 박정희를 공격하고 나섰다.

민주공화당에서도 여러 사람을 등장시켜 반박하며 방어하였다. 아울러 윤보선을 선거법 위반으로 고발하였다. 민주공화당의 반격이 시작되었다. 첫 번째 등단한 인물은 의외로 원용덕이었다. 야당에서는 원용덕이 박정희와 '여순항쟁'의 관련성을 증명할 인물이라고 이미 선포했었다. 그런데 공화당에서 원용덕을 내세웠다. 역습이었다. 1963년 10월 4일 원용덕의 발언을 정리하면,

박의장이 여순반란사건에 관련되었다고 비난하는 민정당계의 발언은 터무니없는 소리다. 박정희 씨가 남로당군 책임자였었다고 퍼뜨린 송요찬 씨와 자민당계의 공격도 사실무근이다. 박정희 장군에 관해서는 나보다 아는 바가 적을 것이다.

1948년 반란사건이 일어나자 대전 제2여단장으로 있던 나는 호남방면사령관으로 임명되어 현지로 내려갔으며 육본에서는 미고문관과 함께 백선엽(당시 중령) 씨를 참모장에 박정희(당시 소령) 씨를 작전참모에, 김점곤(당시 소령) 씨를 정보참모에 임명, 그들은 즉각 부임하여 토벌작전을 시작했다.

박정희 씨는 여순반란사건이 일어날 때 육사교관으로 근무하다가 토벌군에 파견되었으며 10월 하순부터 1개월여 걸친 주요 작전계획 수립을 맡아 왔다. 그중에서도 기억에 남은 것은 지리산 문수리에서 김지회가 지휘하는 반도를 섬멸한 것 등이다. 그해 11월 주요 작전을 끝내고 박씨는 다시 육사로 복귀했다. 그 얼마 뒤 박 씨는 좌익혐의로 군재에 회부되었는데 그 죄목은 국방경비법 몇 조인지는 불명 위반이었던 것으로 생각된다.

이때는 박씨는 김창룡 특무대장의 이른바 숙군 시기로 국방경비대 장교는 거의 전원이 수사를 받았으며 심지어 5사단장이었던 나에게까지도 영장이 내릴 정도였다. 박씨는 15년 구형을 받았으나 그 무실無實함이 밝혀져 석방

되었다. 송요찬 씨는 당시 제주도 공비토벌부대장으로 있었기 때문에 자세한 상황을 알지 못할 것이다.[93]

원용덕 예비역 중장은 '여순항쟁' 당시(1948년 11월 1일) 호남방면군사령관으로 진압작전을 총지휘했었다고 본인을 소개하였다. 원용덕이 '여순항쟁' 당시 반군토벌사령부를 설치하고 호남방면사령관으로서 진압작전을 지휘했다는 것은 사실이다. 다만 작전참모는 육군 총사령부 정보과장이었던 김점곤이 맡았다. 이때 박정희는 김점곤을 보좌하는 임무를 수행하며 토벌작전에 참여하였다.

10월 하순 지리산 문수리(구례군 토지면 문수리)에서 제3연대와 제12연대를 중심으로 김지회가 지휘하는 '반도' 섬멸전이 있었던 것도 사실이다. 다만, 이 토벌작전에 박정희가 참여했는지는 확실하지 않다. 1단계 토벌작전(1948년 10월 19일~10월 30일)이 끝난 11월 박정희는 육사로 복귀하였다. 이때부터 군대에서는 숙군작업이 시작되었다. 박정희는 남로당 군사부장이라는 혐의로 체포되어 재판을 받았다.

원용덕은 박정희가 좌익혐의로 15년을 구형받았다고 했으나, 박정희는 무기징역을 선고받았다. 그러나 백선엽, 정일권 등 만주군 출신의 구명운동으로 풀려났고, 파면과 급료몰수형을 최종적으로 선고받았다. 죄목은 국방경비법 제16조 위반(반란기도)이다. 고등군법회의 명령 제18호(1949년 4월 18일자)에는 '병력제공죄'라고 구체적으로 명시되어 있다. 파면된 박정희는 백선엽 등의 도움으로 육군 정보국 문관으로 채용되었다. 이곳에서 5·16쿠데타의 핵심세력인 육사 8기생들을 만난다.

원용덕이 변심하고 박정희를 옹호한 이유는 무엇일까? 원용덕의 신병과 관련이 있었다. 원용덕은 1952년 이승만 정권에서 영남지구 계엄사령관으로 임명되었다. 그는 1952년 정치파동(발췌개헌) 때 임시

수도 부산에서 10여 명의 국회의원을 구속하였다. 공포분위기를 조성하여 발췌개헌안을 통과시키기 위해서였다. 원용덕은 1954년 5월에 국가보안법과 살인예비 등의 혐의로 군법회의에 회부되어 7년 형을 선고받았던 김성주(유엔군 평안남도지사 대리)를 직접 총살하였다. 1956년에는 장면 부통령 암살 계획을 수립하기도 하였다. 원용덕은 영구집권을 꿈꾸는 이승만의 충실한 투사였다. 그것이 국가에 대한 충성이라고 생각했던 것이다.

1960년 3·15부정선거와 1960년 4·19혁명 당시 원용덕은 헌병총사령관 이었다. 이승만이 하야한 뒤 김성주 살해 사건으로 원용덕은 체포되어 1961년 9월 30일 육군중앙고등군법회의에서 살인죄·허위공문서행사죄·국회에서의 위증죄 등으로 징역 15년형을 선고받았다. 그리고 군에서 불명예스럽게 파면되었다. 이승만 정권의 몰락은 원용덕의 몰락을 의미하였다. 김성주 살인사건은 군 수뇌부 원용덕이 군인이라는 지위를 이용하여 정적이었던 민간인을 살해한 사건이다. 군의 정치적 중립성을 훼손한 사건으로 원용덕의 죄질은 아주 나빴다. 그러나 5·16쿠데타의 군정은 원용덕에게 은혜를 베풀었다. 원용덕은 6개월 복역 후 병보석으로 풀려났으며, 형집행정지로 사면되었다. 그가 사면된 시기는 제5대 대통령 선거를 앞둔 1963년 5월 29일 경이다.

그렇다면 원용덕과 박정희는 어떤 관계일까. 원용덕은 만주군 군의관 출신으로 박정희 선배이다. 박정희는 만주군 생도시절부터 원용덕을 따랐던 것으로 알려져 있다. 박정희는 경비사관학교 제2기생으로 임관하여 춘천 제8연대에 처음 배속되었다. 이때 연대장이 원용덕이었다. 이런 인연은 박정희의 군 생활에 적지 않은 도움이 되었다. 1958년 10월 3일, 박정희의 큰딸 재옥在玉이 결혼하였다. 재옥은 첫 부인 김호남과의 사이에서 태어난 유일한 혈육이다. 결혼 상대는 박정희의 직속 부관 한병기韓丙基 대위였다. 이날 결혼식 주례는 헌병총사령관 원용덕이 맡았다. 박정희가 가슴에 묻고 살았던 큰딸의 결혼식 주례를 원용덕이 섰다. 아마 박정희의 요청이 있었던 것으로 예측된다.

김성주 살인사건은 군 수뇌부 원용덕이 우월적 지위를 이용하여 민간인을 살해한 사건이다. 군의 정치적 중립성을 훼손하고 정치적 정적을 제거하였다. 원용덕의 죄질은 아주 나빴다. 군사재판에서 징역 15년형을 선고받았지만, 실제 복역은 6개월 정도에 불과하였다. 그리고 5·16쿠데타가 발발하였고, 군정에서 사면되었다.

김성주 유가족은 암담하였다. 원용덕 개인은 믿지 못하지만, 국가와 국군은 믿었다. 그렇지만 쿠데타 세력 최고지휘자의 상관이었던 원용덕은 소리소문없이 풀려났다. 박정희는 일신의 영달을 위해 만주군이 되고, 사리사욕을 위해 살인을 마다하지 않은 정치군인의 길을 걸었던 원용덕과 많이 닮았다.

국가재건최고회의는 군정의 반대 세력을 용인하지 않았다. 구정치인의 정치적 활동을 제약하기 위해 '정치활동정화법'을 만들었다. 최고회의는 그들만의 기준으로 정치활동의 적격자 부적격자를 심판하였다. 민주주의 국가에서 있을 수 없는 행위가 아무런 제재를 받지 않고 버젓이 벌어졌다. 최고회의는 1962년 4월 15일 사면 대상자 307명을 추가로 공고했는데, 여기에 원용덕도 포함되어 있었다.[94] 사면은 되었다고 하지만, 여러모로 원용덕은 신병에 어려움을 겪고 있었다. 이러한 상황에서 원용덕이 야당 후보 윤보선을 위해 기자회견을 한다는 것은 처음부터 상상할 수 없는 일이었다. 그런데 야당에서는 김칫국부터 마셨다.

다시 1963년 대통령 선거로 돌아가 보자. 원용덕의 증언으로 박정희와 민주공화당은 반격의 기회를 잡았다. 박정희는 1963년 10월 8일 스스로 기자회견을 자청하여 "여순반란사건에 자기가 관련된 것처럼 발설된 데 대해 당시 여순지구에 주둔 국군은 제14연대이고 자기는 육사 생도대장으로 복무 중이었으므로 동 반란과는 아무런 관련이 없다"고 직접 해명하였다. 그러나 1948년 '여순항쟁' 당시 박정희는 토벌군으로 한 차례 기자회견을 자청한다. 박정희는 '여순항쟁' 당시 반군토벌전투사령부의 일원으로 참여하였다. 따라서 박정희가 기자회견에서 '육사 생도대장으로 복무중'이었다고 한 말은 거짓이다.

야당에서도 가만 지켜만 보고 당할 수는 없었다. 윤보선도 직접 기자회견에 나섰다. 윤보선은 『한국관계 해외 논조 연감총회』(공보부 발행)의 1961년 5월 16일부터 1962년 5월 16일까지 군정 1년 동안 내용 중에서 박정희 프로필을 공개하였다. 내용을 살펴보면,

> 박정희 씨가 제1군참모 당시 남로당의 군사부장으로 복무했으며, 1948년 북조선정부 지지한 여순반란사건으로 인해 사형을 선고받았으나 우인 장교들에 의한 감형운동의 도움을 받아 군에 다시 복무케 되었다.

윤보선이 밝힌 내용은 현재 박정희의 남로당 관련 연구 결과와 상당 부분 일치한다. 민주공화당은 박정희의 기자회견으로 논란이 일단락되었으며 잠잠해질 것으로 예측하였다. 그런데 야당에서 더 확실한 근거를 들고나온 것이다. 민주공화당도 다음 카드를 내놨다. 숙군과정에서 수사 지휘를 맡았던 빈철현 대위였다. 빈철현은 박정희와 같이 경비사관학교(훗날 육군사관학교) 제2기 동기생이었다. '여순항쟁'이 발발하고 3일 후(10월 24일) 육군본부는 SIS(CIC전신)에 빈철현 대위를 파견대장으로 광주로 내려보냈다. 빈철현은 기자회견에서 "광주에 내려가 약

1개월간 1천 명의 부대 내 사건 관련자와 170명의 부대 외 사건 관련자의 명단을 작성, 당시 정보국장 백선엽씨를 통해 육군본부에 제출하였다. 박정희씨의 이름은 이 명단에 절대 없었다는 사실을 확언한다"고 증언하였다. 그러면서 "여순사건 진압 후에 박정희씨가 다른 혐의로 숙군 대상에 올랐는지는 잘 모르겠다"고 말하였다.[95]

빈철현의 증언은 거짓말이 아니다. 단, 빈철현이 조사한 것은 숙군 대상자라기보다는 '여순항쟁' 관련 제14연대 사병과 그 외 민간인들이었다. 빈철현이 마지막에 밝혔듯이 박정희는 '여순항쟁' 진압 이후 숙군 대상에 포함되었다. 그렇다고 숙군 대상에 올랐는지 모르겠다는 것은 사실이 아니다. 이후에도 빈철현은 숙군에 관여했기 때문이다. 이후에도 장호진(예비역 준장) 등 군 장성들의 박정희와 남로당은 무관하다는 기자회견이 줄을 이었다.

일진일퇴의 공박이었다. 야당인 민정당과 윤보선이 발을 뺄 수 없을 만큼 상황은 복잡해졌다. 박정희의 사상논쟁으로 서로가 돌아올 수 없는 다리를 건넌 것이다. 한 사람이 죽어야 다른 한 사람이 살 수 있는 사생결단이었다. 선거를 이틀 앞두고 야당인 민정당은 마지막 승부수를 던졌다.

민정당의 마지막 승부를 『동아일보』는 호외(10월 13일)까지 발행하여 보도하였다. 민정당이 공개한 자료는 '박정희가 김학림, 조병건, 배명종 등과 같이 무기징역 언도를 받았다'는 1949년 2월 17일 『경향신문』의 기사와 2월 18일 자 서울신문 기사였다. '박정희'라고 이름이 선명하게 찍힌 신문을 통해 남로당과 관련되었다는 최종 일격을 가하였다. 박정희와 공화당측은 선거를 이틀 앞두고 시간 여유도 주지 않는 인신공격이며 조작 전술이라고 반박하였다.

박정희는 민정당의 '여순항쟁' 관련된 집요한 공격에도 불구하고 제5대 대통령으로 당선되었다. 10월 17일 『경향신문』은 공화당의 승리 요인을 "윤 씨의 보루인 호남표가 예상외로 박 씨에게 압도적으로 기울어진 것은 윤 씨가 박 씨를 '빨갱이'로 몰아친 데 기인한 것 같다"면서, "과거 수많은 사람이 아무런 이유 없이 '빨갱이'로 몰려 희생당했던 기억이 생생하게 살아난 것으로 보인다"고 분석하였다.[96]

'여순항쟁'은 호남사람에게 너무 큰 상처였다. 국가는 단 한

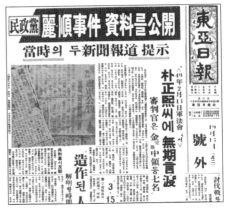

민정당 여순사건 자료를 공개
당시의 두 신문보다 제시. 49년 2월 13일 군법회의에서 박정희 씨에 무기언도. 심판관은 김완룡 중령 등 7명
출처 : 『동아일보』 1963년 10월 13일 호외

번도 상처를 보듬어 주지 않았다. 위로한 적도 없다. 4·19혁명으로 야당인 윤보선이 정권(민주당 정권)을 잡았을 때도 마찬가지였다. 호남사람에게 '여순항쟁'은 박정희의 사상 문제가 아니었다. '여순항쟁'을 들먹일 때마다 일방적으로 '빨갱이'로 매도당하고 수많은 사람이 국가권력에 의해 학살되었지만, 그 누구에게도 하소연할 수 없었던 끔찍한 과거를 떠올리게 하는 현재였다. 사상논쟁이 격화될수록 호남사람들의 반감은 커졌고, 결국 박정희를 동정하게 되었다. 이러한 심경의 이면에는 빨갱이로 몰리고 있는 박정희가 빨갱이로 몰렸던 호남사람을 구제하여 주기를 바라는 심정도 있었을 것이다. 하지만 그것은 호남사람의 착각에 불과하였다.

빨갱이로 몰렸던 박정희가 '빨갱이'로 손가락질당했던 사람들에 의해 살아났다. 그렇지만 박정희는 새로운 '빨갱이의 시대'를 열었다. 박

정희 정권 18년 동안 호남사람은 또다시 빨갱이로 몰리며 조작과 왜곡의 역사 속에서 고통받았다. 당시 전라도는 빨갱이였다. 그러나 전라도 빨갱이 설은 보수우익과 박정희 찬양 세력의 주장 속에서 지금도 유효하다. 정말 빨갱이는 박정희였음에도……

윤보선은 선거 패배 이후(11월 11일) 여수에 직접 내려와 기자회견을 자청하였다.[97] 그는 박정희의 '여순항쟁' 재판 기록을 공개하면서 사실을 밝히라고 주장하였다. 아울러 박정희는 국민을 기만했으므로 사퇴하라고 요구하였다. 박정희는 한 잡지(1963년 11월 19일, 12월호)와의 인터뷰에서 "나의 형이(박상희 지칭) 횡사한 사건을 좋은 구실로 삼아 나를 그럴듯한 연극(숙군)에 강제로 출연시켰다"고 말하였다. 그리고 그는 일절 반응을 보이지 않았다.

숙군 과정에서 살아남은 박정희는 15년 만에 대통령 선거에 출마하여 '여순항쟁'을 두고 여론의 혹독한 검열을 받았다. 이후 박정희의 남로당 연루설이나 '여순항쟁' 연루설은 입 밖으로 낼 수 없게 되었다. 남로당 가입으로 체포되어 무기징역을 받은 군인이 대한민국의 대통령이 되었다. 새로운 빨갱이의 시대가 도래되었다. 군사정부에 의해 총과 칼로 위협당하는 국가폭력의 시대 제2막이 열린 것이다.

4. 망국적인 지역주의 태동

제5대 대통령 선거가 치러지고 난 뒤 약 한 달 후인 1963년 11월 26일에 제6대 국회의원 총선거가 시행되었다. 대한민국 헌정사상 최초로 전국구 비례대표제가 도입되었으며, 정당정치를 내세워 무소속의 출마를 금지하고 정당공천제를 의무화한 선거였다. 의석수는 총 175석으로 지역구는 131석, 전국구 비례대표 의석수는 44석이었다. 전체의석 25%를 비례대표로 선출하였다. 이후 비례대표제가 정착되었다. 지금도 지역구는 소선거구제이다.

사실 처음에는 전국구 비례대표제 도입 여부를 두고 논란이 있었다. 야당이 비례대표제 도입에 반대했기 때문이다. 야당은 군인(군사반란으로 정권을 장악한 최고위원)들이 쉽게 국회의원에 당선되기 위해 비례대표제를 추진한다는 의혹을 제기하였다. 그러나 박정희의 말 한마디로 정리되었다. 박정희는 1962년 8월 23일 남원에서 "선거제도에 '비례대표제의 장점'을 많이 취하는 것이 좋겠다"고 하면서 "정당난립과 '반국가활동방지'를 도모하는 정당법을 마련"98)해야 한다고 밝혔다. 결과 제6대 선거는 여당인 민주공화당이 전국의 모든 지역구에 후보를 공천했으며, 야당 후보는 여전히 난립하였다. 선거 결과는 다음 표와 같다.

선거 결과는 민주공화당의 압승이다. 지역구 131석 중 민주공화당은 88석을 획득했고, 전국구에서 22석을 얻었다. 그런데 전체 득표율을 보면 33.5%에 불과한데 전국구 의석의 절반인 22석을 차지하였다. 왜 이런 어처구니없는 일이 벌어진 것일까? 당시 전국구의 의석 배분 방식이 제1당에 유리하게 규정되어 있었기 때문이다.

제6대 국회의원 총선거의 정당별 당선인 현황

정당	득표수	득표율	지역구	전국구	총당선인
민주공화당	3,112,985	33.5	88	22	110
민정당	1,870,976	20.1	26	14	40

민주당	1,252,827	13.5	9	5	14
국민의당	822,000	8.8	2	-	2
자유민주당	752,026	8.1	6	3	9
보수당	278,477	3.0	-	-	-
자유당	271,820	2.9	-	-	-
정민회	259,960	2.8	-	-	-
신흥당	189,077	2.0	-	-	-
추풍회	183,938	2.0	-	-	-
신민회	165,124	1.8	-	-	-
한국독립당	128,162	1.4	-	-	-
총합	9,298,830	100.0	131	44	175

제1당이 50% 이상 득표했을 때는 득표율만큼 의석을 배분하지만, 만약 제1당의 득표율이 50% 미만이면 전국구 의석 절반을 제1당에 우선 배분하게 되어 있었다. 또한, 지역구에서 3석 이하로 당선인을 배출하면 전국구 의석을 배분하지 않았다. 국민의당이 이 경우이다. 국민의당 경우 전체 득표율은 8.8%였으나 지역구에서 2석을 차지하면서 전국구 의석을 확보하지 못하였다. 반면 자유민주당은 전체 득표율이 8.1%로 국민의당보다 낮았지만, 지역구에서 6석을 획득하면서 전국구 3석을 확보할 수 있었다.

민주공화당이 지역구 131석 중 88석을 차지했지만, 지역별로 살펴보면 다른 이야기를 할 수 있다. 서울의 경우 14석 중 민주공화당이 2석, 민정당 7석, 민주당 5석, 자유민주당 1석 등을 차지하였다. 경북의 경우 20석 중 민주공화당이 19석을 차지하였다. 망국적 지역주의의 탄생이다.[99] 당선자를 영·호남으로 분류하여 보면, 영남(부산·경북·경남)은 42명의 국회의원 중 민주공화당 출신이 37명으로 무려 88.1%이다. 반면 호남(전북·전남)은 30명의 국회의원 중 민주공화당에서 19명, 야당에서 11명이 당선되었다.

제6대 국회의원 총선거의 지역별 당선인 현황

구분	의석수	민주공화당		야당	
		당선자	당선비율	당선자	당선비율
합계	131	88	66.4	43	33.6
서울	14	2	14.3	12	85.7
부산	7	6	85.7	1	14.3
경기도	13	7	53.8	6	46.2
강원도	9	7	77.8	2	22.2
충북	8	6	75.0	2	25.0
충남	13	8	61.5	5	38.5
전북	11	7	63.6	4	36.4
전남	19	12	63.2	7	36.8
경북	20	19	95.0	1	5.0
경남	15	12	80.0	3	20.0
제주	2	2	100.0	0	0.0

제6대 국회의원 총선거에는 대한민국 현대사에 중요한 인물 세 명이 동시에 당선되었다. 이른바 3김으로 일컫는 김영삼, 김대중, 김종필이다. 제6대 국회의원 총선거는 3김 시대의 서막이었다. 김대중은 민주당 공천으로 전남 목포에서 출마하여 당선되었으며, 김영삼은 민정당 공천으로 부산 서구에서 당선되었다. 김종필은 민주공화당 공천으로 충남 부여에 출마하여 당선되었다.

제6대 국회의원 총선거에 당선된 3김의 비교

정당	이름	생년월일 (나이)	직업	최종학력 주요경력	득표수 (득표율)
민주당	김대중	1925.12.03 (37세)100	무	건국대학정경과수료 제5대민의원	22,513 (56.10)
민정당	김영삼	1927.12.20 (35세)	무	서울대학 철학과졸 제3,5대 민의원	39,797 (41.70)
민주공화당	김종필	1926.01.07 (37세)	무	육사졸 초대 중앙정보부장	45,999 (68.20)

대한민국 정치사에 큰 영향을 끼친 세 사람의 정치 이력을 간략히 살펴보면 다음과 같다. 김영삼은 1954년 5월 20일 치러진 제3대 국회의원(민의원) 선거에 자유당 공천을 받아 고향 거제에서 출마하여 당선되면서 정계 진출하였다. 당시 나이 25살로, 현재까지 최연소 국회의원 당선자이다. 그는 제6대 국회의원 총선거에 당선되면서 35살에 3선의 중진 국회의원이 되었다. 김영삼은 국회의원 선거 10번, 대통령 선거에 2번 출마하였다. 그는 총 10번의 국회의원 선거 중 제4대 국회의원 선거만 낙선하고 9번 당선된 기염을 토하였다.

김대중은 김영삼이 처음으로 정계에 진출한 제3대 국회의원 총선거에 전남 목포에서 무소속으로 출마했으나 낙선하였다. 그는 제4대 국회의원 재보궐선거(1959년 6월 5일)와 1960년 7월 29일 치러진 제5대 국회의원 총선거에 강원도 인제군에서 민주당 후보로 출마했지만 이때도 낙선하였다. 이후 제5대 국회의원 보궐선거(1961년 5월 13일)에 인제군에서 재출마하여 당선되면서 천신만고 끝에 의원 배지를 달았다. 그러나 5월 16일 군사반란이 발생하면서 국회가 해산되어 국회 등원도 하지 못하였다. 김대중은 국회의원 선거와 대통령 선거를 합하여

14번 출마하였다. 그러나 한 번도 기호 1번을 달아본 적이 없는 기록을 남겼다.

　김종필은 5·16쿠데타의 실세 중에서도 실세였다. 초대 중앙정보부장을 역임하였으며, 민정 이양을 대비하여 민주공화당 창당에 앞장섰다. 그는 1960년 이른바 '정군운동'으로 강제 전역되었으나, 5·16쿠데타 이후 현역으로 복귀하여 육군 준장으로 진급한 후 예편하였다. 육군 중령에서 육군 준장까지 1년이면 충분하였다. 김종필은 제6대 국회의원 총선거(1963년 11월 26일)에 당선된 이후 무려 9선 국회의원을 지냈다. 그는 10번의 국회의원 선거(지역구와 비례대표)와 2번의 대통령 선거에 출마하였다.

　3김이 같은 선거에 출마한 것은 제13대 대통령 선거(1987년 12월 16일)이다. 1987년 6월민주항쟁으로 쟁취한 대통령 직선제로 치러진 제13대 대통령 선거에 김영삼은 통일민주당 후보로, 김대중은 평화민주당 후보로, 김종필은 신민주공화당 후보로 출마하였다. 선거 결과는 민주정의당으로 출마한 노태우 후보의 승리였다. 노태우는 36.64%로 당선되었으며, 김영삼은 28.03%, 김대중은 27.04%, 김종필은 8.06%를 각각 득표하였다. 박정희로 시작된 망국적인 지역주의는 이후 3김 정치에서도 그대로 드러난다. 그 시작이 제3공화국의 서막을 연 제6대 국회의원 총선거이다.

4장
제3공화국의 민낯

1. 가자, 북으로! 오라, 남으로! 만나자, 판문점!

4·19혁명으로 새로운 바람이 불었다. '통일운동'이다. 통일운동은 이론적 논의의 범주를 뛰어넘어 민족통일 그 자체를 추진하기 위하여 학생들이 역량을 결집했던 운동이다. 통일운동은 시기적 문제와 타당성 여부를 떠나 학생운동의 새로운 동력이 되었으며 정국 동향에 커다란 영향을 미쳤다.

1960년 11월 1일, 서울대학교 3백여 명의 학생들은 '서울대학교 민족통일연맹'(이하 민통련) 발기인 대회를 열었다.[101] 학생들은 발기문, 강령, 대정부 및 사회 건의문을 채택하였다.[102] 서울대의 민통령 발기대회는 전국 주요 대학에 영향을 미쳐, 비슷한 조직들이 결성되기에 이르렀다. 이들 학생조직은 경제적 빈곤, 정치적 압제, 사회와 도덕의 타락 등 당면한 사회의 제반 문제가 남북 분단에 그 궁극적인 원인이 있다고 분석하였다.

통일문제에 관한 학생들의 에너지는 시일이 지날수록 파급력이 증폭되었다. 서울대학교 법과대학의 극동문제연구회는 기성세대와 학생세대의 '통일방안 대토론회'를 열었다.[103] 이날 기성세대들은 "우리가 당면하고 있는 남북분열의 고초를 최소한 조속히 제거해야 되는데 그렇다고 공산주의자들의 꾀에 넘어가서는 안 되니 신중을 기해야 한다"면서 "공산화가 되지 않는 확고한 보장이 실질적으로 이루어져야 한다"고 강조하였다. 반면 학생들은 "통일은 이 땅에서 외세를 제거하는 데 있다"고 주장하면서 "통일은 우리의 주체성을 발견하는 데 있으며 우리의 현실은 식민지적(정신적인 면에서)인 조건이 너무 많다"고 지적하였다.

당시 총리였던 장면은 "한국통일방안은 유엔 결의대로 국제연합 감시하에 남북한 총선거를 실시하되 평화적 방법에 의한 자유민주통일"이라고[104] 밝혔다. 이승만 자유당 정권은 줄기차게 '북진통일'을 주장하였다. 북진통일을 할 수 있는 유일한 방법은 무력 전쟁이다. 자유당 정권은 1950년 한국전쟁을 겪고도 '북진통일'을 주장한다는 게 아이러니하다. 반면 1960년 4·19혁명으로 집권한 민주당은 '유엔감시하의 남북한 총선거'를 통한 통일방안을 주장하고 있다. 1948년 5·10 총선거를 통해 대한민국 정부를 수립하였다. 다시 말하면 미군정에서 대한민국 정부로 주권이 이양되었다. 그런데도 철 지난 '유엔감시하의 남북총선거'가 통일방안이라고 주장한다. 차라리 아직 통일방안에 대한 정책을 수립하지 못하였다, '통일방안기구'를 설치해서 국민의 여론과 전문가의 의견을 수렴하여 통일방안을 마련하겠다고 하는 게 훨씬 나았을 것이다.

장면 총리의 통일방안은 민의원(국회)에서 만장일치로 통과되었다. 장면 내각은 빠르게 통일방안을 제시했지만, 반발도 컸다. 야당 국회의원들은 '유엔감시하의 총선거실시'를 반대하였다. 이미 남한은 유엔감시하의 총선거(1948년 5·10총선거)를 통해 정부가 수립되었으므로 통일은 대한민국 헌법 절차에 따라야 한다고 주장하였다.[105] 또한 장면 총리의 통일방안은 "이승만의 자유당 정권의 무력통일보다도 후퇴한 통일방안"이라고 반박하였다. 그런데도 통일방안을 제시한 것은 학생들의 중립통일론이나 연방제통일론을 조기에 잠재우기 위함이었다. 반면 사회대중당은 학생들의 평화적 남북 통일방안을 환영한다고 밝혔다.[106]

장면 총리는 서신교환과 남북교류에 관한 국회 대정부 질문에서 "북한동포들이 남한으로부터 서신을 받게 되면 더 고통을 받는다"면서 서신교환을 반대하였다. 아울러 "남북한 경제교류도 정치적으로 공산당에게 이용될 염려가 있고, 이득보다는 손해가 많다"면서 할 수 없다고 하였다.[107] 정리하면 장면 정부는 북한과 어떠한 대화도 교류도 원치 않았다. 그러면서 줄기차게 실현 불가능한 '유엔감시하의 총선거'만 주장하였다. 장면 정부는 통일 자체를 반대했고 남북한 화해도 원하지 않았다. 4·19혁명으로 분출된 학생과 시민의 여론에 눈감고 귀 막은 정권이었다.

장면 정부는 11월 24일~11월 30일까지 국정 전반에 거쳐 여론조사를 실시하였다. 주요 조사 결과를 살펴보면,[108]

최근의 학생동향?
    ①좀 지나친 것 같다 28.2%   ②잘들하는 것 같다 27.0%
    ③모르겠다 44.7%   ④미상 0.1%

대일본 외교?
    ①국교반대 17.7%   ②시기상조 24.6%
    ③즉각 국교실시 18.5%   ④모르겠다 36.9% ⑤미상 0.3%

통일방안?

①북진통일 6.0%   ②중립국화 5.3%
③남북총선거(유엔감시하) 19.0%   ④중립국감시남북총선거 3.0%
⑤유엔감시하 북한선거 4.4%   ⑥연방제 0.3%
⑦기타 0.8%   ⑧모르겠다 61.1%

통일방안에 관한 질문에 '유엔감시하의 남북총선거'를 19.0%로 가장 높게 응답하였다. 이는 언론에 가장 많이 언급되었던 것에 기인한다. 그러나 '모르겠다'는 응답이 61.1%를 차지하였다. 국민은 통일방안까지 생각할 여력이 없었다.

12월 26일 김창숙, 장건상 등 혁신계 재야인사를 중심으로 '민족자주통일협의회'(이하 민자통)가 창립준비위원회를 개최하고, 이듬해(1961년) 2월 25일 결성식을 가졌다. 이들은 통일에 앞서 민족 친화의 정신을 수행하기 위해 정부와 국회에 ① 완충지대에 우편국을 설치하여 남북간 서신왕래, ② 남북간 경제교류 추진, ③ 신문기자 및 민간인 사찰단의 파견 등을 제시하였다.[109]

통일을 바라는 에너지는 시일이 지날수록 그 파급력이 증폭되었다. 1961년 5월 3일 서울대학교 민통련은 남북 학생회담을 북한에 제의하였다. 그리고 지프차에 스피커를 달고 서울 시내 거리를 누볐다. 그들은 남북교류와 중립통일론을 외쳤다. 이때 그 유명한 구호가 등장한다. "가자, 북으로! 오라, 남으로! 만나자, 판문점!", "이 땅이 뉘 땅인데 오도가도 못하는가!"란 구호이다. 그들의 주장은 상당수 학생의 호응을 얻었다.

서울대학교 민통련의 제의에 북한도 즉각 답하였다. 북한 내무성, 북조선학생위원회, 민청중앙위원회 등은 "남한 학생들의 제의를 열렬히 환영한다"고 성명을 발표하였다. 5월 5일 북한의 제의 수락에 따라 '민족통일 전국학생연맹결성준비위원회'는 남북 학생회담을 지지한다고 결의하였다. 그리고 5개 항의 결의문을 채택하였다.[110]

① 북한학생 및 당국의 적극적인 호응을 환영한다.
② 남북 학생회담 장소는 판문점으로 한다.
③ 회담 시일은 5일 이내로 하며 정확한 일자는 추후에 발표한다.
④ 정부는 우리의 학생회담에 임하는 모든 편의를 제공한다.
⑤ 민족통일전국학생연맹은 지역별로 대표를 선정하여 회담 준비를 위한 만반의 태세를 갖춘다.

5월 12일 오후 2시 '남북학생회담환영 및 통일촉진대회'가 민자통의 주최로 서울운동장에서 열렸다. 민족자주통일중앙협의회 주최로 열린 대회에서 "남북통일만이 민족의 살 길이다", "지금까지 위정자들이 쌓아 놓은 남북 민족간의 적개심을 풀기 위해서는 정치적으로 순진한 학생들로 하여금 한 피 받은 한겨레의 감회를 풀수 있도록 정부는 판문점 회담을 알선하라"고 주장하였다. 그러면서 민주당 정부가 민통련의 남북회담을 반대하는 것에 대해서 비난하였다.[111]

반면, 정부는 월남한 사람을 중심으로 관제 데모에 열중하였다. 5월 10일 '통일촉성 이북인대회'가 서울시공관에서 열렸다. 이날 대회에는 윤보선 대통령과 장면 총리가 참석하였다. 이날 대회에서 5백만 명 월남동포의 통일 열망의 결의문을 보면, ①북한 괴뢰의 유엔 참석 반대 ②유엔 한국통일부흥위원단 입북을 단행하라 ③국제적십자는 월남동포들의 이북잔류가족 및 납치인사의 신변안전을 보장하고 그들의 현황을 조사공개하라 ④정부와 국회는 통일기구를 설치하라 등이다.[112] 이들은 북한을 인정하지 않고 있다. 그러면서 민족의 문제이며, 자국의 문제를 전적으로 '유엔'에 의지하고 있다. 장면 정부가 내세운 '유엔감시하의 총선거'를 통한 통일방안에 월남동포들은 동조하였다. 아울러 이승만의 관제데모로 일컬어지는 선동정치를 장면 정부에서도 그대로 답습하였다.

"가자, 북으로! 오라, 남으로! 만나자, 판문점!", "이 땅이 뉘 땅인데 오도가도 못하는가!"라는 학생들의 통일운동은 오래가지 못하였다. 1961년 5월 16일 박정희의 군사반란이 발발하였다. '반공을 국시'로 삼은 군사정부에서 '통일운동'은 군사정부의 전유물로 전락하였다. 박정희 이외에 통일을 논하는 것은 반국가, 반체제 활동으로 인식되어 곧바로 처벌되었다. 이러한 배경으로 조작된 사건이 1964년 8월 인혁당사건이다.

2. 한일회담, 김종필-오히라 메모

한일 국교정상을 위한 교섭이 처음 시작된 것은 1951년 10월 20일이다.[113] 동경에서 열린 제1차 회담은 6개월 만에 '대일 청구권'과 '일본인의 재산권'을 주장이 서로 대립하여 6개월 만에 결렬되었다. 1952년 1월 18일 이승만은 '인접 해양의 주권에 관한 대통령 선언'(일명 평화선)을 선포하였다. 평화선을 어긴 일본 어선을 우리 정부는 닥치는 대로 나포하였다. 일본이 국제사회에 비난의 목소리를 높이고 있을 때 미국이 다시 중재에 나섰다. 그 결과 1953년 4월 15일 제2차 회담이 성사되었다. 그러나 청구권 문제와 평화선에 대한 문제로 입씨름만 되풀이하다가 "더 이상 계속은 무용"하다는 우리 측의 발표로 결렬되었다.

이 동안에도 바다에서는 평화선을 침범한 일본 어선을 우리나라 경비정은 계속 나포하였다. 우리나라 근해에서 안전 조업이 어렵게 된 일본 측의 제의로 1953년 10월 6일부터 제3차 회담이 열렸다. 일본 수석대표로 참석한 구보다 간이찌로久保田實一部는 "① 대일강화조약 체결 전에 독립된 한국을 수립한 것은 국제법 위반이다 ② 일본이 한국에서 취득한 재산을 미국 군정법령 33호로서 처리한 것은 국제법 위반이다 ③ 36년간의 일본의 한국 강제점령은 한국민에게 유익하였다"는[114] 등의 망언을 늘어놓았다. 당연히 회담은 결렬될 수밖에 없었다.

3·15부정선거로 온 나라가 혼란스러운 시기인 1960년 4월 15일 한일회담이 재개되었다. 제4차 한일회담이다. 이승만이 마음을 돌렸던 데는 첫째, 미국의 줄기찬 압력이 작용하였다. 둘째, 일본 외무성이 제3차 회담 때의 구보다 간이찌로의 망언을 취소하는 '구상서'를 제출하였다. 셋째, 친한파로 알려진 기부 노부스께岸信介 일본 총리가 '초심불가망初心不可忘'이란 휘호를 써 이승만에게 보내고, 개인특사자격으로 우파의 야쓰기 가즈오失次一夫를 경무대로 보내 이승만에게 90도 절을 하도록 하였다. 제4차 회담은 급물살을 타면서 청구권, 문화재, 평화선 등 현안 의제가 원칙적인 합의에 이르렀고, 양국간에 합의각서가 교환되기까지 하였다. 9년 6개월을 끌었던 한일회담의 타결 전망이 확실히 되어갔다. 그럴 때, 4·19혁명이 일어났다. 이승만 정부는 최종 서명을 남기고 회담을 중단할 수밖에 없게 되었다.

민주당 장면 정권이 탄생하였다. 장면 정권은 '경제제일주의'를 표방하였다. 그러기 위해서는 자금이 필요하였다. 장면 정권은 경제개발을 위한 자금원으로써 한일국교를 전제로 한 대일 청구권 자금 및 일본 자본의 도입이 절실하였다. 미국의 원조는 1956년 3억2천4백만 달러를 정점으로 하여 매년 감소하였다. 1960년도 원조 규모는 처음으로 2억 달러를 밑돌았다. 1960년 10월 25일 제5차 한일회담이 재개되었다. 장면 정권이 출범한 지 2개월도 되지 않았다. 장면 정권이 표방한 '경제제일주의'에 한일회담은 너무 중요하였다.

기존 이승만 정권과 달리 민주당 정권은 철저한 준비를 하고 회담에 나섰다. 회담 대표단은 총리공관에서 합숙하였다. 세미나 형식으로 토론을 벌이는가 하면, 한일 양쪽으로 편을 갈라 모의 공방전을 벌이는 이른바 도상회의를 연습할 만큼 신중함과 철저함을 드러냈다.[115] 민주당 정권은 부질없는 법이론 시비를 지양하고 의제별로 실질적인 토의에 들어갔다. 단시일 안에 재일교포의 법적 지위에 관해서 상당한 진전을 이루었다. 청구권에 관해서도 8개 항목별 내용에 따라 실질적인 조정작업에 들어갔다. 당시 정일형 외무부장관은 국회에서 "일본이 청구권으로 6억 달러의 경제협력 안을 제시해 왔다"고 밝혔다. 이승만 정권에서 청구권으로 천만 달러 선에서 운운하던 것에 비해 일본이 6억 달러를 제의했다는 것은 놀라운 사실이며, 엄청난 진전이었다. 이때 제시된 6억 달러는 훗날(1964년) '김종필－오히라' 메모에서 경협금액의 윤곽으로 자리한다. 그러나 민주당 장면 정권에서 타결 일보 직전의 제5차 한일회담은 5·16쿠데타로 산산조각이 되었다.

1961년 5·16쿠데타로 다시 회담은 결렬되고 긴 침묵의 시간으로 들어갔다. 군사정부는 혁명공약에서 "절망과 기아선상에서 허덕이는 민생고를 시급히 해결하고 국가 자주 경제 재건에 총력을 경주할 것"이라고 하였다. 경제 재건을 위해서는 자금과 기술이 필요하였다. 일본은 자금과 기술을 모두 갖추고 있었다. 따라서 군사정권은 한일회담을 통한 대일 국교정상화에 적극적인 태도를 취할 수밖에 없었다. 그리고 이미 이승만 정권에 이어 장면 정권에서 일정 정도 물꼬를 텄다.

박정희는 5·16쿠데타 직후인 1961년 7월 19일에 기자회견을 통해 "한일관계가 지금까지 부자연스러운 상태로 계속되어 온 것은 두 나라에 다 불행한 일이 아닐 수 없다. 따라서 혁명정부는 한일회담을 연내에 일괄 해결할 방침으로 모든 노력을 다하고 있다"고[116] 밝혔다.

5·16쿠데타 이후 군사정부는 경제건설과 자립경제를 달성함으로써 쿠데타에 대한 정당성을 확보하고자 하였다. 이에 군사정부는 1차적으로 금융동결, 농어촌고리채정리법령, 농산물가격유지법 등을 제정하였다. 아울러 1961년 7월 22일에 경제기획원을 신설하고, 1962년부터 1966년까지 시행하는 제1차 경제개발 5개년 계획을 수립하였다.

1961년 8월 중순 박정희의 미국 방문이 거론되면서 한일 국교 정상화는 공식적인 쟁점으로 떠올랐다. 박정희는 한일 간의 과거사에 중심을 두었던 이승만 정권과는 달리, 경제적 이점에 중심을 두고 한일회담을 조기 타결하고자 하였다. 민주당 장면 정권이 표방했던 목표와 동일하게 설정하였다. 1961년 10월 20일 드디어 제6차 한일회담이 열렸다. 이 회담을 지원하고 나선 사람이 박정희이다.

박정희는 쿠데타 이후 처음으로 1961년 11월 11일 미국 방문길에 올랐다. 미국 케네디 대통령의 초청이었다. 이때 박정희는 일본 도쿄를 방문하여 이케다 하야토池田勇人 총리와 정상회담을 가졌다. 박정희는 일본 도착 성명서에서 "극동에 위치한 자유진영국가 중에서 한일 양국은 중요한 역할을 담당하고 있다"면서 "따라서 우리들은 사소한 문제를 가지고 서로 대립하고 고집하지 말고 이해의 정신으로써 서로

가 문제해결에 임해야 할것"이라고[117] 한일 국교정상화의 의지를 천명하면서 협조를 요구하였다.

당시 군정은 1961년 11월 박정희·이케다 정상회담에서 정치협상을 통해 한일회담의 난제를 일거에 타결할 수 있다고 보았다. 군정은 1962년 3월 초에 정치회담을 열어 한 달 이내에 현안 문제 타결을 장담하였다. 그러나 군정의 열의와 자신감은 일본의 소극적인 태도로 말미암아 찬물을 끼얹은 듯 식어버렸다. 군정의 '자신 있는 전망'은 국제 관계와 외교에 대한 무지에서 오는 계산 착오였다. 그들은 군정의 실세인 박정희의 눈치에만 급급한 채 국제관계 및 외교에 대한 기본도 갖추지 않고 회담에 임하였다. 다시 교착과 담보상태로 시간만 흘러갔다.

이때 구원투수가 등장하였다. 중앙정보부장 김종필이다. 1962년 10월 20일 김종필이 일본을 방문하였다. 김종필은 이케다 총리에게 박정희의 친서를 전달한 다음, 새롭게 협상 파트너로 등장한 오히라 마사요시大平正芳 외상을 만났다. 두 사람은 2시반 가량의 비밀회담을 가졌다. 그리고 김종필이 다시 일본에 나타난 것은 11월 11일이다. 오후 3시경부터 다시 제2차 김종필-오히라 회담이 시작되었다. 대체로 제1차 회담에서 마무리가 되었기에 남은 것은 청구권에 대한 최종 액수였다.

이때 오히라 외상이 독도문제를 거론하고 나왔다. 김종필은 "독도가 한일국교를 지배하는 큰 요인이라면 차라리 이 조그마한 섬을 폭파해 버렸으면 좋겠다"고 말하였다.[118] 두 사람은 서로가 생각하는 청구권 금액을 적어 동시에 교환하자고 하였다. 이것이 이른바 '김종필-오히라 메모'이다.

■ **김종필 메모**

　① 청구권은 3억 달러(무상공여 포함)로 하되 6년 분할 지불한다.

　② 장기 저리 차관도 3억 달러로 한다.

　③ 한국의 대일무역 청산계정 4천6백만 달러는 청구권 3억 달러에
　　　포함하지 않는다.

■ **오히라 메모**

　① 청구권은 3억 달러까지 양보하되 지불 기한은 12년으로 한다.

　② 무역 계정 4천6백만 달러는 3억 달러 속에 포함한다.

　③ 차관은 청구권과 별도로 추진한다.

서로 제시된 두 개의 메모는 곧 그 자리에서 조정되었다. 그 합의
내용은

　① 무상공여로 3억 달러를 10년 나누어 제공하되, 그 기간은 단축 시킬
　　　수 있다. 내용은 용역과 물품, 한일 청산계정에 대일 부채로 남은 4천5
　　　백73만 달러는 3억 달러 중에서 상쇄한다.

　② 해외경제기금 차관으로 2억 달러를 10년 나누어 제공하되, 그 기간은
　　　단축 시킬 수 있다. 7년 거치에 20년 분할 상환, 연리는 3푼 5리.(정부차
　　　관)

　③ 수출입은행 조건차관으로 1억 달러 이상을 제공한다. 조건은 경우에 따
　　　라 달리함. 이것은 국교 정상화 전이라도 실시할 수 있다.(민간차관)

이 합의 내용은 박정희 의장과 이케다 수장에 의해 추인된 다음
12월 말 대표간의 예비회담에서 외교문서로 확인되었다. 10여 년을
끌어왔던 한일교섭에서 최대의 난관이었던 청구권 문제는 이렇게 해
서 타결되었다. 김종필은 일본 측으로부터 청구권의 액수를 양보받아

냈다는 만족감을 표시하였다. 그렇지만 민주당 정권에서 청구권과 차관으로 총액 6억 달러는 사실상 일본 측에서 제시했던 금액이다. 그런데도 일본은 6억 달러의 액수를 크게 양보한 것처럼 생색을 냈고, 김종필은 대단한 성과를 이루었다고 떠벌렸다.

주목할 점은 김종필-오히라 간의 조정된 합의 내용에는 '청구권'이란 표현이 사라졌다. 청구권 대신 무상공여, 차관이라는 표현으로 대체되었다. 결국 36년의 일제 식민지배에 대한 배상적인 권리로서 이승만 정권 이래 줄기차게 우리가 주장했던 '청구권'은 좋게 표현해서 경제협력, 나쁘게 말하자면 동정받는 꼴로 끝장나고 말았다. 더욱 문제되는 것은 '김종필-오히라' 간의 협상이 거의 2년 가까이 일체 비밀에 부쳐졌다는 것이다.

이미 김종필과 오히라의 기본적 합의가 이루어진 상태에서 1963년 7월 김용식 외무장관과 오히라 일본외상 간의 회담에서 어업문제도 조속 타결을 봤다. 1963년 말에 이르러서는 거의 모든 현안이 타결되면서 국교 정상화는 시간 문제로 남았다. 경제개발을 신앙으로 삼은 박정희에게 재원 조달은 시급하였다. 비밀리에 추진한 한일 국교정상회담은 1964년 봄에 이르러 본격적인 추진을 서둘렀다. 그러나 정부와 김종필이 대단한 성과라고 자부한 것과 달리 민심은 다른 방향으로 흘렀다. 군정은 한일 국교정상화를 빨리 매듭짓기 위해 지나칠 정도의 저자세로 임하였다. 이는 국민의 감정을 건드렸다.

정부의 비밀·저자세 외교라고 비난한 야당의 민정당과 삼민회[119]는 '대일 저자세 외교 반대 범국민투쟁위원회'를 1964년 3월 6일 결성하고 원내외 투쟁을 전개하였다. 국회에서 김준연 의원은 3월 26일 국회에서 "박정권은 일본으로부터 1억3천만불(169억원)을 미리 받아 썼다"고 폭로하면서 박정희의 하야를 주장하였다. 그리고 박정희와 김

종필을 외환죄로 고발하였다. 김준연의 고발장에는[120]

> 박정희 씨와 김종필 씨는 혁명정부의 최고지위에 있음을 이용하여 일본으로부터 미화 1억3천만불(한화 169억 원) 이상을 받아서 그것을 가지고 공화당을 조직하고 대통령선거와 국회의원선거에 승리를 획득하여 민정 이양시에 집권을 꾀하였으며 그리하여 한일회담에 있어서 굴욕 저자세로 나와 평화선을 포기하고 청구권을 유약무의 소액으로 타협하려 하였다.

이에 맞서 공화당에서는 김준연을 무고죄로 고발하였다. 서울지검은 4월 27일 김준연 의원을 허위사실유포, 출판물에 의한 명예훼손, 무고죄 등 3대 죄명으로 긴급 구속하였다. 공화당의 고발은 무고죄였는데, 검찰이 알아서 두 개의 범죄까지 추가하여 구속하였다.

이러한 정치적 배경에서 3월 24일 대규모의 한일회담 반대 학생 데모가 서울에서 처음 일어났다. 이날 오후 1시 30분경 서울대학교 문리대생은 '제국주의 및 민족반역자 화형 집행식'을 거행하였다. 학생들은 화형식에서 제국주의자 상징으로 이께다池田 일본 수상과 김종필 중앙정보부장을 은유하는 이완용의 우상에 불을 질렀다. 화형식을 마친 학생들은 '사수하자 평화선', '일본제국주의를 말살하자'란 현수막을 들고 교문을 박차고 시내로 진출하였다.[121]

같은 날 오후 3시 고려대학교 학생들도 '주체성을 잃은 굴욕적 대일외교 반대 선언문'을 채택한 다음 '매국적 한일회담을 즉시 중지하라'는 등의 구호를 외치며 시내로 진입하여 국회의사당 앞까지 진출하였다. 연세대 학생들도 가두 시위에 나섰고, 일부는 고려대 시위에 합류하여 국회 앞까지 진출하였다. 이날 학생시위는 4·19혁명 이후 최대 규모로 약 5천 명이 참가하였다. 이 가운데 1백 50명이 연행되고 34명이 구속되었으며 40여 명이 중경상을 입었다.

다음날인 3월 25일 서울의 각 대학생 및 중고생 약 3만 명이 대일굴욕외교를 규탄하며 시내를 휩쓸었다. 일부는 청와대에서 수도경비사령부 무장병력과 맞서 실랑이를 벌이기도 하였다. 학생시위는 서울에 그치지 않았다. 부산, 전주, 대구 등 7개 대학으로 번졌다. 그다음 날(26일)에는 전국 15개 도시(서울·부산·전주·대구·광주·대전·이리·군산·여수·충무·수원·원주·평택·청주·온양)로 확대되었다.[122] 그동안 학생시위가 대부분 자연발생적이고 즉흥적이었던 데 비해 비교적 치밀한 계획과 각 대학 간의 사전 연락이 이루어진 게 특징이다.[123]

굴욕외교를 규탄하는 시위는 학생들뿐만 아니라 정치인들도 합세하였다. 야당 위원들은 '매국하는 김종필을 즉시 추방하라', '굴욕적인 한일회담을 죽음으로 반대한다'는 구호를 외치며 거리 시위에 나섰다. 당시 김종필은 민주공화당의 의장이었다. 민주공화당 내에서도 김종필 퇴진론을 주장하였다, 김종필은 시국 수습을 위해 어쩔 수 없이 의장직 사표를 제출했으나, 총재 박정희가 반려하면서 의장직을 유지하였다.

6월로 들어서면서 학생시위는 굴욕외교 규탄을 넘어 박정희 하야 투쟁으로 변모하였다. 6월 2일 고려대학교 구국투쟁위원회는 '주관적인 애국충정을 객관적인 망국행위임을 직시하고 박정권은 하야하라'는 현수막을 들고 '박정권 하야하라', '공포정치 중단하라'는 구호를 외치며 시가행진에 나섰다. 서울대 법대생과 상대생들이 합세하고, 경찰과 학생 사이에 최루탄과 투석전이 난무하였다. 6월 3일 정오를 전후하여 서울시내 1만2천여 명의 대학생들은 곳곳에서 경찰과 유혈충돌하면서 도심으로 진출하였다. 수원·대전 등지에서도 '박정권 물러나라'는 시위에 시민들이 호응하기 시작하였다.[124]

6월 3일 오후 8시를 기해 서울에 비상계엄령을 선포하였다. 오전까지만 해도 박정희는 시국수습을 위해 계엄령은 전혀 고려하지 않는다고 밝혔다. 그런데 서울특별시 전역에 계엄령을 선포하였다. 계엄령 선포 이유는 계엄법 제4조에 지적된 "교란된 질서를 유지하고 공공의 안녕질서를 유지하기 위한 것"이라고 밝혔다. 계엄사령관에는 육군참모총장 민기식 대장이 임명되었다. 4일 자정부터 계엄부대인 수도경비사령부 예하 4개 사단 병력이 완전무장으로 서울 시내에 진주하여 주요 시설의 경비를 개시하였다. 계엄령 선포와 함께 포고 제1호가 발동되었다. 계엄령의 포고 제1호는 언제나 비슷하였다. ① 옥내외 집회 및 시위를 금한다. 단 관혼상제와 극장 상영은 제외한다. ② 언론출판 보도는 사전검열을 받아야 한다 등 7개 조항이다. 박정희는 4일 오전에 열린 임시국무회의에서 "지방에서 학생 시위가 계속되면 계엄령을 지방으로 부득이 확대하겠다"고 밝혔다.125)

＜朴政權 下野하라는 「플래카드」 물들고 교문을 나서는 高大구국투위 학생들＞

박정권 하야하라는 '플래카드'를 들고 교문을 나서는 고대 구국투위 학생들
출처 : 『동아일보』 1964년 6월 2일

학생들의 한일회담 반대 시위는 박정희 하야까지 주장하게 이르렀다. 이를 타개하고자 박정희는 또다시 계엄령을 선택하였다. 일련의 사건을 6·3항쟁이라고 통칭 일컫는다. 3월 24일부터 시작된 굴욕적 대일외교를 반대하는 학생시위(운동)는 6월 3일 계엄령 선포로 하루아침 봉쇄되고 말았다. 6월 3일 선포된 계엄령은 7월 28일 국회에서 계엄 해제안이 통과되어 7월 29일 자정을 기해 계엄령 해제를 공포하였다.

1965년 6월 22일 대한민국 정부의 수석전권 대표 이동원 외무부 장관과 일본 정부의 수석전권 대표 시나椎名悅三郞 외상 사이에 '한일기본조약'이 조인되었다. 1965년 12월 18일부터 조약은 발효되었다.

3. 인혁당사건

1964년 8월 14일, 중앙정보부 김형욱 부장이 기자들 앞에 섰다. 그는 "북괴의 지령을 받고 대규모적인 지하조직으로 국가를 변란하려던 '인민혁명당사건'을 적발"했다면서 "일당 57명 중 41명을 구속하고 나머지 16명은 전국에 수배 중에 있다"고 밝혔다.[126] 이날 중앙정보부가 밝힌 인민혁명당을 살펴보면, 북괴노동당 강령을 토대로 1962년 1월에 발족했으며, 여기에는 전 혁신계 인사, 일부 현직 언론인, 대학교수, 학생 등이 주동하여 조직을 확대하였다. 동년 3월 24일 한일굴욕외교를 반대하는 순수한 학생데모가 일어나자 이를 절호의 기회로 삼아 데모 주도 학생을 포섭하였다. 이들에게 데모의 방향과 구호를 통일하도록 전국 학생조직에 지령하는 동시에 현 정권이 타도될 때까지 학생데모를 계속 조종하였다. 그리고 북괴가 주장하는 노선에 따라 남북평화통일을 성취할 것을 목표로 암약했다고 말하였다. 그리고 구속자 명단을 공개하였다. 김형욱이 발표한 인혁당사건은 5·16 쿠데타 이후 첫 번째 공안사건이다.

중앙정보부는 이날 인혁당 관련자를 57명이라고 하였다. 이 중에 41명을 구속하고 16명을 전국에 수배하였다. 하지만, 검찰의 기소를 보면 인혁당 관련된 사람은 47명이었다. 간첩사건을 과장하기 위하여 인혁당과 관련되지 않은 사람까지 끼워 넣어 발표하였다.

중앙정보부가 발표한 인혁당사건의 관련자는 도예종을 비롯한 47명이다. 사건 관련자를 살펴보면 지역적으로는 영남권(대구, 부산, 경남)과 서울권으로 분류되고, 직업은 학생, 교사, 강사, 연구원 등으로 구성되어 있다. 이들은 1960년 4·19혁명 시기부터 1961년 5·16 쿠데타 전까지 통일운동 경력을 가지고 있다.[127]

인혁당사건의 주요 인물인 도예종은 중앙정보부 5국에서 조사를 받고 1964년 8월 16일 검찰로 이송되었다. 중앙정보부 대공활동 국장이 「국가보안법위반자 결과보고」를 작성한 후 서울지방검찰청 검사장 앞으로 보낸 송장의 죄명은 ① 반국가단체구성 ② 불고지 ③ 반국가단체구성예비음모 ④ 범인은닉 등이다.[128]

그러나 이 사건을 배당받은 검사 3명(공안부의 이용훈 부장검사, 장원찬, 김병리검사)은 18일간 수사했으나 "혐의가 없어 사건이 되지 않는다"고 여러 차례 서주연 검사장에게 보고하였다. 그런데도 "계속 밝혀보라"는 맹목적인 지시에 구속 만기 하루 전인 9월 4일 "법률가로서의 양심상 도저히 못하겠다"고 사표를 제출하였다. 담당 검사들은 "그 사건이 검찰고위층이 말하듯이 범죄는 성립되나 기소가치가 없었던 것이 아니라 혐의가 전혀 없어 기소가 불가능했던 것"이라고 기소하는

데 서명을 거부한 경위를 설명하였다.[129] 이를 두고 당시 언론은 "인민혁명당사건 자체보다도 담당 검사들이 검찰의 지휘계통을 문란시켰다는 점을 더욱 중시한다"는 장관의 강경한 발언은 이 사건 뒤에 모종압력설(?)을 뒷받침하는 듯한 인상을 주고 있다고 보도하였다.

배후조정 인물로 처음 수배가 내려진 사람은 도예종과 김정강이다. 1964년 7월 6일, 박태원 치안국장은 '학생데모'를 공산세력이 배후에서 조종하고 있다며 주범으로 도예종과 김정강을 지목하였다. 도예종(전민족자주통일협의회 조사위원장)과 서울대학교 문리대의 '신진회' 간부 김정강은 한일회담을 반대한 3·24데모와 6·3데모의 주모자 김중태와 현승일 등을 배후 조종 사주한 혐의를 받았다. 이들에게 적용된 혐의는 국가보안법 및 내란소요 등이었으며, 이들은 현상금 10만 원씩 내걸고 수배되었다.

1964년 9월 5일 서울지검 공안부는 인혁당 관련자 47명 중 도예종을 비롯한 26명을 국가보안법 제1조 위반으로 구속하였다. 한편 나머지 21명은 기소중지 또는 불기소 결정을 내렸다.[130] 하지만 인혁당사건을 재조사한 서울고검은 구속한 26명 중 오병철 등 14명을 "사안이 가볍고 개과천선의 기회를 준다"는 이유로 공소 취하하였다.[131]

서울고검의 14명 구속기소 취하에는 9월 12일 인혁당사건 피고인들이 고문을 폭로한 것이 작용했을 것이다. 한국인권옹호협회 박한상 변호사는 "인혁당사건 피고인들이 발가벗긴 채 전기·물 고문을 당했다"고 폭로하였다. 사건의 주모자로 구속된 도예종은 7월 30일 중앙정보부에 검거되자마자 수사를 시작하기도 전에 옷이 강제로 벗겨진 채 물고문을 받기 시작하였다. 또 수건으로 코, 입, 얼굴을 씌워 막고 물을 부어 엄지발가락에 끼운 전선에 전기를 통하게 전기고문도 받았다고 한다.[132]

구속된 13명은 1964년 11월 24일 오전 10시 서울지방법원에서 첫 재판을 받았다.[133] 이들에게 적용된 건 반공법 위반이었다. 제2공화국 시기 장면 정권이 국가보안법 개정안으로 '반공임시특례법'과 '데모규제법'을 만들고자 하였으나 국민의 강력한 저항에 직면하여 제정하지 못하였다. 이후 1961년 7월 3일 군부세력에 의해 반공법(법률 제643호)으로 탈바꿈하여 제정하였다. 국가보안법이 일반적인 반국가행위에 대한 처벌법이라면, 반공법은 혁명공약 제1호('반공을 국시')를 위한 공산주의 활동에 관한 처벌법이다.

　　박한상 변호사는 구속영장 내용이 '보안법 위반혐의'이기 때문에 반공법으로 기소된 마당에는 영장이 효력이 없다며 피고인들의 즉시 석방을 주장했으나, 재판부는 이를 기각하였다. 이날 피고인들은 한결같이 인혁당의 요직은 갖지 않고 있다고 주장하였다.[134]

　　신문조서와 재판기록 등을 볼 때 인혁당사건 관련자, 특히 서울대와 관련이 있는 인물들이 학생들과 교류한 것으로 보인다. 그러나 중앙정보부가 발표한 북한 노동당의 지령을 받은 증거는 찾을 수 없다. 선후배가 모여 시국과 학생데모에 관해 대화를 나눈 사실만으로 배후조종이 있었다고 몰고 간 것이다.[135] 1965년 1월 7일 제5회 공판에 증인으로 출석한 조만호의 증언을 보면,

> 인민혁명당이라는 당명조차도 신문지상을 통해 처음 알았으며, 내가 지명수배되어 수사기관에 구속된 후에야 인민혁명당 경북 조직책이라는 직책을 받게되었다는 사실을 알았다. 경찰에서 석방시켜준다기에 그들이 일방적으로 작성한 진술조서 내용을 그대로 시인했을 뿐 자기는 비실 서클에 가입한 사실이 전혀없다.[136]

조만호는 "지난 1963년 2월 도예종 피고로부터 인혁당 경북도당을 조직하라는 지시를 받았느냐"는 검찰 심문에 "인혁당에 가입하지도 않은 내가 무슨 조직을 했겠느냐"고 반문하였다. 빨갱이라서 죽은 것이 아니라 죽고 나니 빨갱이가 되었다는 것과 다르지 않은 요상한 일이 벌어지고 있다. 피고인들은 들어 본 적도 없고 지령을 받은 적도 없는데, 검찰은 조직이 존재하고 거기에 가입하여 활동했다고 주장하고 있다. 그런데 검찰은 자신들의 주장을 입증할 만한 어떠한 근거도 내놓지 못하고, 피고인들만 다그쳤다.

1965년 1월 20일 인혁당에 대한 1심 선고공판이 서울형사지법 대법정에서 열렸다. 피고인 13명 중 도예종·양춘우 2명을 제외한 나머지 11명 전원에게 무죄를 선고하였다. 도예종은 반공법 제4조 적용하여 징역 3년(구형 10년), 양춘우에게는 징역 2년(구형 7년)을 선고하였다.137) 무죄를 선고한 이유는 "북괴의 활동을 찬양하거나 고무 동조한 일이 없고, 북괴를 이롭게 하려는 단체

인혁당사건 피고인들
무죄판결을 듣고 피고인들이 좋아서 서로 악수한다
출처 : 『경향신문』, 1965년 1월 20일

를 구성하거나 이러한 단체에 가입한 증거가 없을뿐더러 편의를 제공한 증거조차도 없다"고 판시하였다. 검찰은 "이 같은 판결이 계속될 경우 용공세력이 날뛸 우려가 있다"면서 즉각 항소하겠다고 밝혔다.

1965년 5월 29일 항소심 선고 공판이 열렸다. 항소재판부는 원심을 파기하고 사건 관련자 13명 전원에게 반공법을 적용하여 유죄판결

을 내렸다. 2심 재판부는 "1962년 10월, 민정 이양 이후부터 64년 6월까지 수차례 걸쳐 밀회, 불법단체를 참칭하고 북괴의 위장적 평화통일정책과 남북협상, 외세배격, 문화교류 등을 내세워 대한민국을 전복하려는 북괴의 노선에 동조하는 불법단체 결성을 예비음모한 점이 충분하다"면서 원심을 파기한 이유를 밝혔다.[138] 2심 재판부의 원심 파기로 도예종 징역 3년, 양찬우·박현채·정도영·김영광·김한덕·박중기 각각 징역 1년, 박중기·김금수·이재문·임창순·김병태·김경희·김무배 각 각 징역 1년에 집행유예 3년을 선고하였다. 1심에서 무죄를 선고받은 박현채·정도영·김영광·김한덕·박중기는 그날로 구치소에 수감되었다. 9월 21일 대법원 형사부는 상고심 선고공판에서 피고에 대해 전원 상고를 기각하고 원심을 확정하였다.[139]

인혁당의 관련자들 모임 성격을 '전위조직으로서의 위상'이라고 보는 견해가 있다.[140] 전위조직이 되기 위해서는 '지도당' 또는 '지도당에 준하는 조직'이 존재해야 한다. 그러나 인혁당사건은 중앙정보부 조사와 재판과정을 통해 '당', '조직' 자체가 없는 것으로 밝혀졌다.[141] 2심 재판부의 유죄판결 이유를 보면, '불법단체 결성을 예비음모한 점이 충분하다'고 하였다. 본 조직이 결성된 것이 아니라 단체를 결성하기 위한 예비모임이었다는 것이다. 이러한 조직을 '전위조직으로서 위상'이라고 할 수 있는지 의문이다.

군사정부는 대공관계 사건을 계속해서 발표하여 학생진영으로 하여금 스스로 위축케 만들었다. 대표적인 사건이 인혁당사건, 동백림사건이다. 이들 사건과 관련하여 상당수의 핵심적인 학생운동 리더들과 일부 대학 교수들이 구속되었다. 이들 가운데는 유신체제에서 유정회 국회의원 등 박정희 군사정권에 참여한 사람도 있다는 사실은 재미있는 일이다. 이것은 학생운동을 다루는 데 있어 정부는 탄압과 함께

매수공작도 병행하였음을 보여주는 한 가지 사례이다.[142]

4. 삼성 사카린밀수사건

또 재벌 밀수
사카린 2천부대를 건설자재로 가장해.
삼성재벌계 한국비료서
출처 : 『경향신문』 1966년 9월 15일

　1966년에 발생한 '사카린밀수사건'이란 삼성그룹의 계열사인 한국
비료공업주식회사(대표 이병철)가 울산에 한국비료 공장을 짓는 과정에서
사카린을 건설자재로 위장하여 대량 밀수입한 사건을 말한다. 이 사
건은 그냥 묻힐 사건이었다. 1966년 9월 15일 『경향신문』에서 '또 재
벌밀수'라는 제목 아래 "판본방적(방림방적)의 밀수사건을 매듭도 짓기
전에 또다시 삼성재벌의 방계회사인 한국비료에서의 밀수입 사건이
드러나 크게 주목된다"고 보도하였다. 사카린밀수사건은 1966년 하반

기 최대의 정치 쟁점이 되었다.

사카린을 밀수한 한국비료주식회사에 대해서 살펴볼 필요가 있다. 현재의 산업구조에서 '비료'는 중요한 생산 물품이 아니다. 하지만 1960년대 대한민국 국민 60% 이상이 농민이었다. 전형적인 농업국가였다. 농업생산에 불가결한 다량의 비료가 소요됨에도 불구하고 1960년대까지 그 생산시설이 미흡하여 소요 비료의 공급 문제가 현안의 주요 과제였다.

해방 이후 일제에 의해서 소규모로 운영된 비료공장은 한국전쟁으로 시설 대부분이 파괴되어 공장이라고는 전무한 상태나 마찬가지였다. 정부에서는 많은 외화를 비료 수입에 투입하지 않을 수 없는 구조였다. 1955년 9월 이승만 정부는 미국의 AID차관[143]으로 요소비료를 연간 8만5천톤 규모를 생산할 수 있는 충주비료공장을 착공하여, 1961년 1월에 준공하였다. 아울러 대한민국 정부 자력으로 1958년 6월에 호남비료주식회사 나주공장을 착공하여 1962년 12월 준공되었다. 나주공장도 충주비료공장과 같은 규모로 요소비료를 생산하였다.

하지만 연간 60만 톤 정도가 소요되는 비료의 양에 비해 두 공장에서 생산하는 비료 규모는 16만 톤에 불과하였다. 당시 대한민국 최대 규모 재벌 삼성이 비료 사업에 뛰어들었다. 농업국가였던 당시 대한민국에서 '비료산업'은 시쳇말로 황금알 낳은 거위였다. 군부정권과 삼성의 이해타산이 맞아떨어지면서 일본의 상업차관에 의하여 동양 최대 규모, 연간 33만 톤을 생산하는 비료공장 건설에 나선다. 부지는 울산산업단지로 결정되었고, 한국비료는 연간 33만 톤을 생산하는 동양 최대를 넘어 세계 최대 수준의 비료공장 건설에 나섰다. 1964년 말 논의된 한국비료 공장 설립은 1965년 12월부터 실제 공사를 시작하여 1967년 1월 6일부터 시운전에 들어갔다. 1967년 4월 29일 준공하기까지 한국비료는 여전히 삼성 계열이었지만 이병철의 주식 1주도 헌납된 것이 없다.

　다시 사카린밀수사건으로 돌아와서, 9월 16일 박정희 대통령은 이 사건과 관련하여 철저히 규명하여 엄벌하라고 지시하였다. 재무부 명동근 세관국장은 '사카린원료밀수사건'의 진상을 발표하였다.[144] 그 내용을 요약하면,

　주모자 한비 상무 이일섭이 이창식(주소 부정)과 공모하여 사카린 원료인 OTSA 2천4백 부대를 지난 5월 5일 울산에 입항한 일본선박 '신주환'으로 한국비료를 하수인으로 하는 건설자재와 같이 밀수입하였다. 이일섭은 5월 16일 시가 1백만 원에 해당하는 121부대를 시중해 매각했으며 뒤이어 1천4백3대를 부산시 동래구 소재 금복화학공업회사에 정상 수입품인 것 처럼하여 매각하려다가 5월 19일 부산세관 감시과에 적발되었다. 세관은 나머지 856부대와 금복화학에 매각한 1403 부대를 등 2259 부대를 압류하였다. 부산세관은 사카린 원료의 감정가격을 5백만 원으로 감정하고 그이 4배가 되는 2천2백30만 원을 벌과금으로 추징했는데, 이 벌과금을 이일섭 개인명의로 납부하였다.

　사카린밀수사건을 개인의 비위로 종결하고, 벌과금을 2천2백30만 원을 부과하였다. 이 벌과금을 이일섭이란 개인이 납부하였다. 이일섭은 누구이고, 1966년 2천2백30만 원을 지금으로 환산하면 얼마나 될까? 당시 유행했던 국민 영양제 중 서울약품에 만든 '원기소' 300정이 100원, 1000정이 200원이었다. 박카스D 100cc가 40원, 까스명수 5cc 20원, 월간잡지 『신동아』 150원, 삼양라면 10원이었다. 2023년 현재 박카스D 한 병이 1,000원이고(25배), 까스명수 700원(35배), 신동아 월 구매가격이 14,000원(40배)이다. 1996년 당시 2천2백30만 원

을 현재로 환산한 금액은 독자 몫으로 남긴다. 상상할 수 없는 거액을 이일섭 개인이 납부했다는 게 가능한가?

재무부는 이 사건을 한국비료 상무 이일섭의 개인 비리로 간주하였다. 이는 재무부 장관 김정렴도 마찬가지로 기자회견을 하였다. 정부가 개인 비리로 간주하자, 삼성도 발 빠르게 한 직원의 이탈로 발생한 문제라면서 ”회사와는 관계없는 일이다“고 하였다.145) 삼성그룹 회장 이병철도 회사와 무관하다고 밝혔다.

한국비료는 개인의 이탈이라고 했지만, 국민 여론은 그 해명을 믿지 않았다. 언론은 연일 대서특필하였다. 주모자로 알려진 이일섭 상무에 대한 일거수일투족을 취재했으며, 공모자로 알려진 이창식을 추적하였다. 그러면서 이일섭이 벌과금 2천2백여만 원을 일시금으로 낼 정도의 재력이 없으며, 이창식은 서울에도 부산에도 포항에도 없는 소재불명 가공의 사나이라고146) 보도하였다. 사카린밀수사건은 경제문제로만 끝나지 않았다. 정치문제로 비화 되면서 일본에 머무르고 있던 한국비료 대표 이병철이 급히 귀국하였다. 그는 “사카린밀수사건을 어떻게 생각하느냐”는 기자 질문에 “여행하고 돌아오는 사람이 그런 걸 어떻게 아느냐”고 반문하면서 자신은 모른다고 하였다.147) 한편 박정희 대통령은 9월 19일 “대검이 직접 나서서 전면 수사하라”고 다시 지시하였다.

“똥이나 처먹어 이 새끼들아!”

연일 언론에서 대서특필되고 야당이 장외투쟁을 선언하면서 국회 본회의에서 이 문제를 다루었다. 국회의원들은 “밀수사건의 책임을 삼성재벌 대표인 이병철씨가 져야한다”고 주장하였다. 아울러 가공인물인 '이창식'에 대해 이병철의 둘째 아들 이창희(한국비료 자재담당 상무)라는 주장이 나왔다. 이날 대정부 질의에 나선 민중당 김대중 의원은 "2차 5개년 계획은 재벌독재국가를 만들기 위한 계획이라면서, 이 사건에 책임을 지고 내각이 총사퇴할 용의가 없는지"를 물었다.[148]

이날 대정부 질의 하이라이트는 마지막 질의자로 나선 무소속의 김두한 의원이었다. 그 유명한 '국회 오물(똥물) 투척사건'이 이날 국회에서 발생하였다. 김두한 의원의 발언 마지막 부분을 그대로 옮겨보면,[149]

> 나는 대통령이 여기에 나왔으면 호되게 한번 따지고 싶지만, 국무총리가 여기 대통령을 대리하고 여기 장관이 나와 있으니까 나는 이 사람을 내각으로 보지 않고 오늘날 3년 몇 개월 동안 부정과 불의를 하는 것을 합리화를 시켜 버린 하나의 피고로서 오늘 이 시간서부터 다루겠습니다.
> (소성)
> 이것이 도적질해 먹는 국민의 모든 재산을 도적질해서 합리화하고 합리화 시키는 이 내각을 규탄하는 국민의…… 국민의 사카린이올시다.
> 그러니까 이 내각은 고루고루 맛을 보여야 알지……
> 똥이나 처먹어 이 새끼들아!

"똥이나 처먹어 이 새끼들아!" 김두한은 정일권 총리 등 관계 장관들을 부정부패를 합리한 피고로 규정하고, '똥' 맛을 봐야 한다고 외쳤다. 그리고 미리 준비한 똥물을 투척하였다. 정일권 국무총리 등 관계 장관은 순식간에 똥물을 뒤집어썼다. 국무위원의 비명과 진동하는 냄새에 당시 사회를 보던 이상철 부의장은 산회를 선포하였다. 여당 의원들은 김두한에 대한 징계를 논의했고, 김두한은 국회의원직을 자진사퇴 하였다. 그리고 이틀 만에 전격 구속되었다. 그는 구속된

지 3개월 후(1966년 12월 21일) 병보석으로 풀려났다. 그는 출감 소감을 묻는 기자에게 "정치하는 사람으로 으레 있는 일인데 뭐…"하며 깔깔 웃었다고 한다.[150]

당시 야당인 민중당도 야외로 나섰다. 10월 9일 서울효창운동장에서 '특정재벌밀수사건 폭로 및 규탄국민대회'를 열었다. 이 자리에서 민중당은 "특정재벌 밀수는 공화당 정부 부정부패 중 빙산의 일각이 드러난 것이다"고 주장하였다.[151] 15일 대구 수성천변에서 열린 규탄대회에서 장준하는 "밀수의 왕초는 바로 박정희 씨다. 조무래기 소매치를 잡아봐야 헛일인 것과 마찬가지로 밀수를 근절하려면 바로 왕초를 잡아야 한다"고 말하였다. 장준하는 이 발언으로 대통령 명예훼손 혐의로 구속되는 고초를 겪었다.[152] 장준하는 1심 재판이 진행 중 보석으로 풀려났다. 그는 1심 재판에서 징역 6개월을 선고받았다.[153]

당시 여론은 사카린밀수사건을 단순히 재벌기업의 문제로만 보지 않았기에 박정희에게도 매우 부담스러웠고 난처하였다. 이에 박정희 정권은 국회를 난장판으로 만든 김두한 오물투척사건으로 여론의 화살을 바꾸려 시도하였다. 하지만, "김두한이 깡패는 깡패지만, 이번 일만큼은 정말 잘했다"는 여론이 지배적으로 나타나면서 박정희 정권의 속셈은 무위로 돌아갔다. 정국 돌파를 위해 당시 정일권 총리 등 내각 전원이 사표를 제출하였다. 그러나 실제 해임된 것은 김정렴 당시 재무부 장관과 민복기 법무부 장관 두 사람뿐이었다.

이병철은 '자신은 모르는 일'이라고 했지만, 수사의 초점은 점점 그를 향하였다. 9월 22일 이병철은 기자회견을 자청하였다. 그는 미리 준비한 성명에서 밀수사건을 사과하며, 한국비료를 국가에 바치는 동시에 자신이 대표로 있는 모든 회사의 경영에서 손을 떼겠다고 발표하였다. 그는 별도 기자회견에서 "일선기업 활동에서 은퇴하겠다"면서 그가 가진 주식도 청산하겠다고 말하였다.[154] 1966년 당시 한국경제 여건을 고려한다면 비료공장은 단순한 공장 하나가 아니었다. 이병철은 "내 생전에 큰 비료공장만 하나 지으면 경제계를 물러나서 아무런 일을 하지 않아도 내 인생에는 후회가 없을 것 같다"고[155] 하였다. 그러한 한국비료를 국가에 내놓고 모든 직을 내려놓겠다고 할 수밖에 없었던 것은 검찰 출두를 막아보고자 했던 술책이 아니었을까 한다. 아니, 군사정부의 마수를 피할 수 없다고 판단했던 것일까?

이병철은 검찰의 수사에서 "밀수사건은 세관에 적발 후 알았으며, 벌과금 납부에 관한 모든 문제는 성상영 한국비료 부사장이 책임지고 했고, 밀수에 사용된 차관자금이 나간 것은 사고 후 조사해서 알았으며, 자금 결제는 한 일이 없다"고 진술하였다.[156] 그동안 재벌 회장들이 보여준 꼬리 자르기가 이때부터 시작되었음을 알 수 있다.

이병철은 검찰에서 자신은 아무것도 모른다고 되풀이하였다. 그런데 이병철은 한국비료를 국가에 헌납하고, 대구대학 재단 이사장과 중앙매스컴 대표에서도 물러났다고 밝혔다.[157] 그리고 농원이나 경영하며 살겠다고 발표하였다. 그러면서 대대적인 '사과 광고'를 각 신문사에 냈다. 이병철은 왜 이런 선택을 해야 했을까?

이병철은 5·16쿠데타 이후 이미 한 차례 모든 재산을 국가에 바치겠다고 하였다. 무슨 일이 있었던 것일까? 5·16쿠데타 이후 국가재건최고회의는 명령 제20호로 '부정축재처리기본요강'을 발표하였다. 기본요강에 따라 공무원 김태선(전 서울시장)을 포함 12명, 군인 백선엽(전 6군단장) 포함 5명, 일반인 이병철(제일제당)을 포함 12명 등 총 29명을 발표하였다. 부정축재자는 대부분 체포되었으나, 일반인 중 이병철과 백남일(태창방직)은 미체포되었다.[158] 이병철은 신병 치료차 일본의 병원에 입원 중이었다.

이병철 은퇴 광고
출처 : 『동아일보』 1966년 9월 22일

이병철의 부정축재 금액을 보면, 귀속재산불하불법이득액 53,957,827환, 정치자금제공액 475,000,000환, 조세포탈액 3,414,185,350환, 외자·외환부정이득액 290,829,440환, 기타 75,000,000환 총계 4,308,972,617환이다.[159] 일반인 중 최고 금액이다. 이병철은 "국가가 당면한 빈곤을 근절하는데 전 재산을 흔연欣然히 희사하겠다"는 내용의 각서를 국가재건최고회의에 밝혔다. 부정축재자 중에는 대한국민항공사(KNA) 신용욱이 있다. 그는 부정축재자로 체포·수감되었다가 출소한 후 자살하였다.[160] 최고회의가 밝힌 부정축재 최종결정액을 보면,[161]

부정축재자 현황(단위 : 환)

이름	기업명	최종결정액	이름	기업명	최종결정액
김용완	경성방직	88,238,400	김영남	전남방직	139,817,000
김철호	기아산업	50,000	정재호	삼호방직	4,902,204,617
박흥식	화신산업	589,724,748	김연규	대한중기공업	60,000,000
조성철	중앙산업	831,765,776	김영주		863,665,506
서정익	동양방직	674,999,865	이용범	대동공업	1,417,348,776
김상홍	삼양사	368,977,572	이광우	한국강업	50,000,000
홍석우	한국교과서	50,000,000	이정재		513,394,503
임화수		292,993,519	설경동	대한산업	1,484,856,783
최태섭	한국유리공업	218,620549	김지태	조선견직	920,276,160
구인회	낙희화학	959,441,091	이한원	동아상사	2,120,573,379
홍재선	금성방직	1,905,558,224	이정림	대한양회	2,879,502,286
남궁련	극동해운	400,000,000	이양구	동양시멘트	834,219,999
이병철	삼성물산	10,304,860,694			

　　최종결정액 중에는 백남일(태창방직)과 함창희(동림산업)가 있다. 이들은 달러(弗)로 표기되어 앞선 표(부정축재자 현황)에서 제외하였다. 백남일은 6,913,531달러, 함창희는 586,525달러이다. 앞서 부정축재자로 일반인은 12명이었다. 그런데 그 숫자가 27명으로 확연히 늘었다. 일반인 대부분은 기업인이었지만, 김영주·이정재·임화수는 정치깡패이다. 이렇게 몰수한 막대한 부정축재 금액을 군부세력은 어디에 사용했을까? 그 사용처는 아무도 모른다.

　　최고회의가 밝힌 부정축재 최종결정액을 보면, 부정축재 금액 중 이병철이 월등히 많다. 당시 대한민국 최고 기업가다운 면모이다. 이병철은 6월 26일 귀국하여 29일 기자회견을 자청하여 모든 재산을 국가에 바치겠다는 것을 거듭 밝힌다. 이병철은 귀국했지만, 체포되지 않았다. 이병철의 장남 이맹희 기록을 보면 이병철이 박정희를 만난 날은 5월 27일이다. 이병철은 박정희에게 "경제인들을 죄인시하여 구속하는 것은 장차 국가의 경제 발전을 위해서도 도움이 되지 않는다"는 것을 강조했다고 한다. 그러면서 이병철은 박정희에게

> 작년에 우리 삼성이 낸 세금이 국가 전체 세금의 3%쯤 된다. 바꿔서 말하면 이런 삼성 같은 회사 30개만 있으면 국가가 세금 걱정은 안해도 될 정도다. 지금 부정축재로 몰아서 경제인들을 전부 다 잡아 넣는데, 그러면 누가 경제 활동을 할 것인가? 내 생각에는 이 사람들을 전부 다 풀어주고 대신 이 사람들이 낼 벌금 대신 그 돈으로 국가와 국민을 위한 사업을 하도록 하는 것이 좋겠다.[162]

실제로 부정축재로 몰려 체포되었던 경제인들은 6월 5일부터 석방되기 시작하여 7월 1일이면 대부분 풀려난다. 이병철은 구속되지 않았고, 군정이 주최한 경제회의에 참석했으며, 미국에서 열린 국제산업개발회의에도 참석하였다. 그리고 1961년 10월 25일 대기업을 모아 한국경제인협회를 창립하였다. 지금 전국경제인연합회의 전신이다. 오히려 이병철의 활동은 더욱 왕성하였다.

이병철은 기업은 소유 형태를 떠나 당연히 사회 전체의 이익으로 귀속되어야 한다는 게 신념이라고 밝히고 있다. 대대적으로 광고를 통해 보도된 이병철의 사과문은 정말 이병철의 진심이었을까? 이후에도 이병철의 사업은 건재하였다. 한국비료주식회사도 국가에 헌납한다고 했지만, 준공까지 이병철이 도맡아 추진하였다. 경영도 삼성의 계열사 인물들이 맡았다. 1967년 2월 인사를 보면 한국비료 전무에

삼성계열의 새한제지 정수창 전무가 선임되었다. 언론에서도 한국비료를 삼성계열로 분류하였다.[163]

1967년 3월 7일『동아일보』사설은 이 문제를 꼬집는다. 사설은 "정부당국의 태도가 너무나 소극적이고 모호할 뿐만 아니라 쌍방이 모두 한비의 소유관계를 현상대로 유지하려는 방향으로 기울어지고 있음이 감지되기 때문이다"고 논평하였다. 한국비료 문제는 이병철과 박정희 담판이 아직도 끝나지 않았다. 한국비료는 1967년 4월 20일 정식 준공식을 진행하였다. 한국비료 준공식이 다가올수록 한국비료의 국가 헌납의 문제를 여러 언론에서 다루었다. 여기에 장기영 경제기획원 장관은 이병철씨가 답할 때라고 했지만, 이병철은 묵묵부답으로 일관하였다.

이병철은 4월 20일 한국비료 준공식에서 "한비의 완공을 보게 된 이 마당에서 저는 작년 9월 당시에 천명한 바와 같이 소유주를 국가에 헌납하겠다는 결심에 변함이 없으며 그 실천 방안을 현재 검토 중임을 밝혀둔다"고 하였다.[164] 당시 취재 기자들은 이병철로부터 헌납과 관련한 구체적인 이야기가 나올 것으로 기대하였다. 그러나 말의 성찬으로 끝났다. 이병철은 왜 이렇게 어정쩡한 행보를 보였을까? 제6대 대통령 선거가 1967년 5월 3일이었다. 당시 선거 분위기를 보면 꼭 박정희가 당선된다는 보장이 없었다. 다시 말하면, 사카린밀수사건에서부터 한국비료 헌납까지는 군부정권의 압력이 작용하였다. 만약 정권이 바뀐다면 상황은 달라질 수 있었다. 이러한 점을 고려하여 이병철은 헌납과 관련하여 말을 아낀 것으로 보인다.

경제기획원장관 장기영은 1967년 9월 30일까지 헌납에 관한 해답을 촉구하는 공문을 이병철에게 보냈다. 이병철은 9월 30일 정부에 회신하였다. 이병철은 한국비료 주식 51%인 5만1천 주를 헌납하기로 애초에 약속한 적이 없다는 것이다. 그는 자기주 15%만 바친다는 것이었는데, 언제부터 51%를 헌납한 것으로 와전되었다는 것이다. 그리고 건설을 포기하는 것은 정부에 대한 반발이며 제2의 범죄라면서, 기일내 자력으로 완공을 강권하면서부터 헌납 문제는 혼선이 빚어졌다고 이병철은 밝혔다. 이날 이병철의 회신에는 주식 26.2% 헌납하는 것으로 되어 있었고, 정부는 이를 거부하였다.165)

정부도 강경하게 나왔다. 특히 제6대 대통령 선거에서 박정희가 재선하면서 이병철은 다시 눈치를 볼 수밖에 없는 상황으로 변하였다. 이병철은 10월 11일 "주식 51%를 정부에 바치기로 심정했음을 알린다. 국가가 운영주체가 되어야 한다는 판단 아래 전기 주식과 더불어 그 운영권을 정부에 바친다"고 항복 선언하였다. 17일 이병철은 주식 19만4천4백42주 중 9만9천1백66주를 경제기획원 장관에게 제출하였다.166)

한국비료는 이후 정부 소유의 기업으로 전환되었다가 1994년 삼성그룹이 다시 2,300억 원을 주고 인수해서 '삼성정밀화학'으로 이름을 바꿨다. 그 뒤 2015년 롯데그룹에 매각되어 현재 롯데정밀화학이다.

이병철은 한국비료 이외에 대구대학의 재단 이사장도 물러나면서 국가 헌납을 약속하였다. 대구대학은 청구대학과 1967년 12월 통합하여 학교법인 영남학원의 영남대학교로 교명을 정하고 종합대학으로 정부 승인을 얻었다. 이사는 이동녕, 이효상, 이후락, 김성곤, 백남억, 신현확, 서정귀, 성상영, 김인, 최준, 한석동, 여상원, 신기석 등 13명이 맡았으며 초대 이사장은 이동녕이다. 박정희 가신들이 영남대학교 이사로 전진 배치되었다.

당시 영남대의 학교법인 영남학원 정관 1장 1조에 "이 법인은 대한민국의 교육이념과 교주 박정희 선생의 창학정신에 입각하여 교육을 실시함을 목적으로 한다"고 규정되었다. 박정희의 사후에도 이 조항은 변경되지 않다가 2011년 5월에 '교주 박정희 선생'을 '설립자 박정희 선생'으로 변경하였다. 영남대학교가 박씨 일가의 소유가 되기까지는 삼성의 사카린밀수사건이 있었다.

삼성 사카린밀수사건이 대서특필되고 사회가 혼란에 빠졌지만, 그 와중에도 이득 본 사람이 있었다. 박정희와 그 일가이다. 이병철의 장남 이맹희는 처음 밀수를 제안한 사람을 박정희라고 밝혔다. 그는 "사카린밀수사건은 박정희와 이병철 공모로 정부기관의 비호 아래 엄청난 규모의 조직적인 밀수사건"이라고 정의하였다. 그러면서 "박정희가 밀수를 하게끔 모든 여건을 만들어 놓고, 어느날 갑자기 태도를 바꾸었다"면서 "정치인의 입장에서 그렇게 태도를 바꿀 수밖에 없었던 사정은 이해할 수 있지만, 당시 박대통령의 태도는 너무나 냉혹했다"고 기록하였다.[167]

세상을 떠들썩하게 했던 삼성의 사카린밀수사건은 이창희(이병철의 2남, 한국비료 상무)에게 특정범죄가중처벌법 위반, 이일섭(한국비료 상무)에게 업무상 배임과 문서손괴죄를 적용하여 구속하면서 마무리되었다.[168] 당연히 이병철은 무혐의를 받았다. 이창희는 1심에서 징역 5년 벌금 1천7백만 원, 이일섭은 징역 2년 6개월이 선고되었다. 이미 이창희가 병보석으로 풀려난 상태의 2심 재판에서는 이창희에게 징역 3년에 집행유예 5년 벌금 1천7백만 원, 이일섭에게는 징역 2년에 집행유예 4년을 선고하였다.[169] 재벌그룹의 병보석과 집행유예는 이후 단골 메뉴가 되었다.

사카린밀수사건은 학생들에게로 옮겨 갔다. 9월 22일 고려대 상과 대학 4학년을 중심으로 "삼성재벌의 밀수를 규탄한다"는 성토대회를 갖고 삼성재벌의 산하 기업에 대한 입사 시험을 거부한다고 결의하였다. 다음날 9월 23일 서울대 상대 학생들은 이에 동참하였다.[170] 10월 8일 서울대 법과대학생은 '밀수재벌규탄대회'를 갖고 ① 밀수 매판재벌의 본영인 이병철을 즉각 구속하라 ② 정부는 밀수재벌을 옹호하는 일체의 행위를 철회하고 그 책임을 구체화하라 ③ 국민경제를 파탄시키는 삼성 산하의 전 기업체를 몰수하는 입법조치를 강구하라 ④ 삼정(일본의 미쓰비시) 등 일본 재벌을 추방하라 등의 결의문을 채택하였다. 이후 연세대에서도 규탄대회를 열고 삼성제품 불매운동을 결의하였다.

학생들의 밀수사건에 대한 성토대회는 비교적 온건하게 전개되었다. 그러나 학교 당국은 달랐다. 서울대 법대 교수회의는 법대생 안상수와 조영래를 학내질서를 문란케 했다고 1개월 정학처분을 내렸다. 아울러 제적학생 구제 서명운동을 전개한 학생회장 정형근에게 무기정학을 내렸다.[171] 서울대 법대의 학생 징계는 여타 학과와 학교에도 영향을 미쳤다. 서울대 문리대 교수회의는 정치학과 손학규를 무기정학, 사회학과 정진일은 3개월 근신처분을 내렸다. 연세대에서도 총학생회에 대해 '기능 정지 처분'을 내리는 등 학교 당국의 태도가 강경해졌다. 대학이 정권의 나팔수 역할을 알아서 하는 형국이다.

이 무렵 언론의 관심거리로 등장한 한 가지 촌극이 발생하였다. 서울대학교 총장이었던 유기천의 쌍권총 소동이다. 학교당국의 강경한 조치에 학생들은 "비판의 자유를 억압하고 학생의 자치활동을 말살해 버리려는 고압적 처사"라고 분개하면서,[172] 이러한 학교당국의 조치는 '외부 압력'에 의한 것이라고 단정하였다.

10월 22일 서울대 해양과학연구소 부지선정을 위해 경남 충무(현

경남 통영시)에 내려갔던 서울대 유기천 총장은 통영 군수실에서 기자회견을 가졌다. 이 자리에서 "삼성밀수 성토대회를 벌이다 정학된 학생 문제를 어떻게 생각하느냐"는 기자의 질문에 유 총장은 "이왕 말이 나왔으니 자세히 말하겠다"면서 "요즘 서울대학생들에게 표면에 나타나 있지 않지만, 좌익계에서까지 선동을 꾀한다"고 대답하였다.[173] 문흥주 문교부 장관은 "서울대학교에는 좌익계 침투가 없다"면서 조기진화에 나섰다.

이 발언이 전해지자 학생들은 크게 반발하였다. 10월 27일 서울대 문리대생들은 '학원 자유수호 투쟁위원회'를 구성하고 "정권유지의 시녀로 타락한 학장, 교수들은 물러가라"고 요구하였다. 학생들의 요구가 삼성 성토대회에서 총장 사퇴로 변모하였다. 이에 유기천 총장은 10월 26일 이영호로부터 '벨기에제 부르닝 6연발(구경2.5)' 권총을 양도받아 11월 3일 서울 동대문경찰서에 허가신청을 냈다고 한다. 신청서에는 "본인은 서울대학교 총장으로서 호신용으로 권총을 휴대하여도 공안상 유해는 없을 것으로 사료되므로 허가하심이 가하다"고 되어 있다.[174] 서울시경은 서류 미비로 신청서를 반송했다고 한다.

이때부터 학생들 사이에는 유 총장이 양쪽 허리에 쌍권총을 차고 다닌다는 소문이 돌았다. 어떤 학생은 서부영화에 나오는 듯한 그런 모습의 유 총장을 보았다고 하였다.[175] 유기천은 국회 국정감사장에서 민중당 김상현 의원의 "도대체 권총을 차고 누구를 쏘겠다는 거냐?"는 질문에 "여러 차례 협박장을 받은데다 관사는 크고 집엔 나 혼자만 있어 신변 위협때문이었다"면서 "그렇다고 내가 직접 권총 대여를 요청한 것은 아니고 비서실장이 나도 모르게 한 짓"이라고 발뺌하였다.[176] 그가 쌍권총을 차고 학교에 나타났다는 소문은 과장되었을 가능성이 높다. 하지만, 호신용으로 권총을 입수한 것은 확실하였다. 대한민국 최고 대학의 총장이란 사람의 처세로 보면 쓴웃음 밖에 나오지 않는다.

11월 8일 서울대 문리대학생들은 제3차 학원자유수호궐기대회를 열고 3일간 단식투쟁에 들어갔다. 학생들은 유 총장에게 보내는 메시지에서 "이성을 상실하고 쌍권총을 휘두르며 무책임한 언사와 사랑하는 제자에 대해 퇴학·정학·근신 등 비인간적인 처사를 감행한 총장을 스승으로 모실 수 없다"고 주장하였다. 이날 유 총장은 사표를 냈고, 이튿날 문교부는 사표를 수리하였다.

사카린밀수사건이 이토록 국가적으로 거대한 파문이 일어난 것은 크게 두 가지 이유가 있다. 첫 번째는 박정희 정부가 내건 국정 구호가 구악 일소, 부패척결 이었다. 그런데 이번 사카린밀수사건으로 정권의 모순이 드러났다. 두 번째는 당시 삼성에서 중앙일보를 세우고 언론계에 진출할 시기와 맞물렸다. 재벌이 언론을 소유한 것에 대한 반감을 의미한다. 이러한 복합적인 작용으로 인하여 사카린밀수사건은 전국민적, 전국가적으로 큰 파장이 일었다. 아울러 삼성의 후계 구도에도 커다란 변화가 일어났다.

당시 삼성은 사카린만 밀수한 게 아니다. 전화기, 에어컨, 냉장고, 양변기, 밥솥 등 생활용품 중 고가의 물건을 밀수하여 공급하였다. 삼성은 밀수기업이었다. 이런 것을 공급받을 수 있는 사람은 가진 자들이었고, 삼성은 쉽게 현금화를 할 수 있었다. 정부에서도 알고 있었고, 눈 감고 있었기에 가능하였다. 언론의 특종이 터지면서 세상에 알려졌다. '돈이면 뭐든 다 된다'는 삼성의 밀수는 재벌경제와 관치경제가 낳은 폐단이다. 그렇지만 더 나쁜 사람이 있었다.

사카린밀수사건이 국가적으로 거대한 파문을 일으켰고 이병철은 재산권 헌납은 물론 경영에서 손을 떼겠다는 발표까지 하게 이르렀다. 이러한 와중에도 이득을 본 사람이 생겨났다. 박정희 일가이다. 이병철의 장남 이맹희는 사카린밀수사건을 박정희와 이병철의 공모였다고 주장하였다. 국가가 산업 기틀을 마련한다는 명목으로 밀수를 눈감아 주었고, 여기에 정치자금이 오고 갔을 것이다. 언론의 특종과 연일 대서특필로 이병철은 어떠한 조치를 할 수밖에 없는 상황으로 몰렸다. 여론은 삼성과 이병철에게 책임을 물었고, 숨겨진 공모자 박정희는 엄청난 이득을 챙겼다.

이병철은 두 번에 걸쳐 재산 헌납과 경영에서 손을 떼겠다고 하였다. 첫 번째가 5·16쿠데타 직후 부정축재자로 몰린 것을 모면하기 위해, 두 번째가 사카린밀수사건으로 인한 궁지를 탈피하기 위해서이다. 두 차례 모두 거짓말이었다. 그 이유는 무엇일까? 이병철의 재산 헌납과 경영 사퇴는 자발적인 행위가 아니었다. 군부정권의 올가미에서 벗어나기 위해 어쩔 수 없는 강요된 선택이었다. 구악을 일소하겠다는 군부정권은 자기들만의 세상을 만들기 위해 가진 수법을 동원하였다. '돈'이 필요하였다. 돈을 만드는 방법은 자기들이 쥐고 있는 총과 칼이라는 권력을 이용한 강요와 협박이었다.

삼성 사카린밀수사건에서 우리가 생각해봐야 할 것은 삼성의 행위만이 아니다. 대체로 삼성의 행위만을 비판하는 데 머문다. 당연히 비판해야 한다. 그렇지만 더욱 눈여겨보고 심판해야 할 대상은 박정희를 비롯한 군부세력이다. 박정희가 이때 취득한 영남대학교는 여전히 박정희를 교주校主로 삼고 있다. 정수장학회는 또 어떠한가?

5장
박정희, 또다시 3선 개헌

1. 권력의 욕망은 어디까지

권력의 욕망은 한계가 없다. 이승만의 몰락을 지켜봤던 박정희는 권력의 욕망에 취해 이승만이 걸었던 독재의 길을 택하였다. 박정희는 욕망을 채우기 위해 또다시 헌법을 개정하였다. 6차 개헌이다. 이를 일반적으로 3선 개헌이라고 한다.

제3공화국의 권력구조는 4년 중임의 대통령제이다. 1963년 제5대 대통령 선거에서 당선된 박정희는 1967년 5월 3일 제6대 대통령 선거에서 신민당의 윤보선 후보와 다시 맞붙었다. 선거 결과는 박정희의 압도적 승리였다.[177] 그렇지만, 헌법에 따라서 마지막 임기라는 것은 변함이 없었다.

1968년 말부터 민주공화당을 중심으로 3선 개헌에 대해 서서히 불을 지피기 시작하였다. 그렇지만 박정희는 1969년 신년 기자회견에서 개헌과 관련하여 현행 헌법 중 일부 대목의 모순성은 시인하면서 "특별한 사유가 없는 한 내 임기 중 고치지 말았으면 하는 것이 나의

솔직한 심정이다"라고 밝혔다. 기자의 질의응답을 옮겨보면,

> **문** : 현행 헌법을 그동안 운용해 본 결과 모순되고 시정해야 할 점은 없다고 보는가? 요즘 항간에 떠돌고 있는 개헌론에 대해서는 어떻게 생각하는가?
>
> **답** : 제3공화국 헌법은 1962년 가을 국민투표로 제정되어 5, 6년간 운용하였다. 내가 느낀 바로는 과거의 어느 헌법보다는 잘 되어 있는 헌법이라고 믿는다. 우리 실정에 맞지 않거나 국가를 발전시켜가고 여건이 달라짐으로써 모순이 드러난 것이 있는 것도 사실이다. 그러나 법은 사람이 만든 것이고 사람이 운용한다. 운용의 묘를 어떻게 기하느냐가 생명이다. 현행 헌법은 나와 혁명 주체가 제정한 것이기 때문에 특별한 사유가 없는 한 내 임기 중에는 고치지 않았으면 하는 것이 솔직한 심정이다. 금년은 싸우면서 건설하는 해인데 연초부터 개헌여부로 왈가왈부하는 것은 옳지 않다. 금년은 5개년 경제개발계획 달성에 힘써야 한다. 따라서 국민이 합심하여 북괴공산당과 대결하고 2차 5개년 계획을 앞당겨 달성하자는 것이 나의 희망이다. 헌법을 꼭 개정해야 한다는 필요성이 있다 하더라도 금년은 왈가왈부하지 말고 금년 말이나 내년 초에 가서 논의해야지 지금은 너무 시기적으로 빠르다.[178]

민주공화당 의원들이 '개헌'이란 군불을 지폈지만, 박정희는 한 발을 뺐다. 그렇다고 개헌하지 않겠다고 단언한 것도 아니다. 이러한 애매모호한 기자회견은 오히려 3선 개헌을 사실로 받아들였다. 일본의 신문과 방송은 "3선 개헌 추진을 분명히 한 것이다"고 평가하면서 보도하였다. 일본 신문방송은 3선 개헌에 대해서 반정부세력이 상당히 반발하면서 정국이 혼란스럽지만, "박정희의 '젊음', '업적', '중요한 시국' 등이 원인이 크게 작용하여 3선 개헌이 성취될 것"이라고 보도

하였다.[179)

미국의 『뉴욕타임즈』도 '한국의 개헌론'에 대해서 "여당 간부들은 박 대통령의 그와 같은 발언(기자회견-인용자)을 그들의 개헌 활동에 대한 실질적인 승인으로 간주하고서 그들의 계획. 즉, 가능한 한 개헌안을 9월 말까지 국회를 통과시킬 계획들을 밀고 나가고 있는 것으로 보인다"고 말하였다. 그러면서 "여당은 최단시일내에 개헌 문제를 해결한다면 1971년 총선때까지 냉각기를 가질 수 있는 충분한 시간적 여유를 가질 수 있기 때문"이라고 보도하였다.[180) 개헌의 문제가 언급될 때마다 야당에서는 강력한 투쟁을 예고하였다.

3선 개헌은 기정사실화되었지만, 박정희가 애매모호한 태도를 보였다. 그 이유는 무엇일까? 박정희는 너무 일찍부터 개헌 논의가 이루진 것이 정치적으로 이로운 게 없다고 판단한 것이다. 개헌 논의의 시작은 야당의 반발에서부터 시작된다. 야당이 거세게 반발할수록 국민은 개헌에 관심을 끌게 될 수밖에 없다. 특히 개헌의 핵심은 3선 개헌이다. 3선 개헌은 국민이 이승만의 야욕을 이미 경험했기에 매우 신중하고 농밀해야 할 문제였다.

또한, 3선 개헌은 박정희 자신의 문제였다. 대통령 자신이 직접 개입하여 만든 헌법에 대해 "현행 헌법은 나와 혁명 주체가 제정한 것이기 때문에 특별한 사유가 없는 한 내 임기 중에는 고치지 않았으면 한다"고 누누이 밝혔다. 하지만 박정희는 권력을 벌써 내려놓고 싶지 않았다. 이 때문에 개헌이 절대적으로 필요하였다. 자신의 문제를 자신이 직접 언급하는 게 도움이 되지 않을 것으로 판단한 박정희는 개헌 문제를 민주공화당에 떠넘기고 일절 대응하지 않았다.[181) 개헌이 국회에서 논의된 것처럼 모양새를 취하기 위해 애매모호한 태도로 일관하였다.

박정희는 개헌의 시기를 1969년 말이나 1970년 초로 언급하였다. 그렇지만 1969년 5월 들어서면서부터 여당인 민주공화당은 개헌을 추진하기 위한 조직 정비에 나섰다. 앞서 설명했지만, 개헌을 국회에 떠넘기다 보니 민주공화당이 앞장설 수밖에 없는 상황이 연출되었다. 공화당은 ① 지방에서 개헌 여론 조성 ② 국민투표법 등 미비된 법률의 보완 ③ 야당공세의 저지 작업 등 개헌을 위한 정지작업에 나섰다. 야당인 신민당은 당의 총력을 개헌 저지에 집약시키면서 재야의 반개헌 세력을 규합한 단일기구 구성에 나섰다.[182)]

박정희는 1969년 7월 7일 개헌과 관련하여 "개헌이 헌법절차에 따라 합법적으로 발의될 때는 그것이 국회 발의거나 국민 발의거나 간에 합법적인 절차와 공정한 관리로써 국민의 자유로운 의사가 충분히 반영되는 최종적인 결정이 이루어질 수 있게 적법조치를 취하는 것이 정부의 의무"라고 밝혔다.[183)] 우회적으로 개헌 발의 찬성을 드러냈다. 야당은 즉각 '영구집권을 위한 공작'이라고 비난하면서 개헌반대범국투쟁위원회의 활동을 전개하겠다고 밝혔다. 여당은 개헌을 발의하기 위한 조기 추진에 나서면서 당내의 찬성의원 서명 작업에 돌입하였다.

7월 25일 박정희 대통령은 특별담화를 발표하였다. 박정희는 담화에서 '7개 항목을 제의'하였다. 주요 내용을 보면,[184)]

① 기왕에 거론되고 있는 개헌문제를 통해서 나와 이 정부에 대한 신임을 묻는다.
② 개헌안이 국민투표에서 통과될 때에는 그것이 곧 나와 이 정부에 대한 국민의 신임으로 간주한다.
③ 개헌안이 국민투표에서 부결될 때에는 나와 이 정부는 야당이 주장하듯

이 국민으로부터 불신임을 받고 있는 것으로 간주하고 나와 정부는 즉각 물러선다.

④ 이에 따라 여당은 빠른 시일 안에 개헌안을 발의해 줄 것을 바라며

⑤ 야당은 합법적으로 개헌반대운동을 전개하여 지금까지 정부를 공격해온 사실이 정녕 민의에 근거를 두었다는 것을 국민투표 결과에서 입증토록 노력해야 할 것이다.

⑥ 개헌에 대한 찬반은 반드시 합법적 방법으로 표현하여야 할 것이며 폭력과 불법은 배제되어야 한다.

⑦ 정부는 중립을 지켜 공정한 국민투표의 관리를 할 것이다.

1969년 말이나 70년 초로 개헌 시기를 언급했던 박정희는 7·25담화를 통해 신속하게 개헌과 관련한 논란을 끝내고자 하였다. 문제는 개헌을 위한 국민투표를 대통령과 정부의 신임투표까지 연계하겠다는 것이다. 여당인 공화당은 "남은 임기 2년을 희생한 결단에 감탄한다"면서 "전폭적으로 지지한다"고 밝혔다. 반면 야당인 신민당은 "3선 개헌을 빨리 해치우려는 의사 표시"라면서 "헌법에도 없는 신임투표를 운운할 것이 아니라 개헌을 포기하고 잔여 임기를 채운 후 물러나는 것이 마땅하다"고 주장하였다.

2. 3선 개헌(6차개헌) 그리고 부정선거

1969년 8월 7일 민주공화당은 개헌안을 국회에 정식 제출하였다. 민주공화당 108명, 정우회 11명, 신민당 3명 등 총 121명 의원이 발의하였다.[185] 여당인 민주공화당이 3분지 2 이상을 차지하고 있기에

개헌안의 국회 통과는 문제가 없을 것으로 보였다. 헌법개정안은 1969년 9월 9일 제72회 정기국회 본회의에 상정되었다. 헌법개정안의 내용은[186)

제36조②항

현행 _국회의원의 수는 150인 이상 200인 이하의 범위 안에서 법률로 정한다.

개정 _국회의원 수는 150인 이상 250인 이하의 범위 안에서 법률로 정한다.

제39조

현행 _국회의원은 대통령·국무총리·국무위원·지방의회의원 기타 법률이 정하는 공사의 직을 겸할 수 없다.

개정 _국회의원은 법률이 정하는 공사의 직을 겸할 수 없다.

제69조③항

현행 _대통령은 1차에 한하여 중임할 수 있다.

개정 _대통령의 계속 재임은 3기에 한한다.

헌법개정안의 핵심은 제69조 ③항이다. 제3공화국 헌법은 대통령 1차 중임으로 최대 8년이 가능하였다. 그런데 이를 3기. 3번 연임으로 개정하면서 최대 12년까지 재임할 수 있도록 헌법을 개정하려는 것이다.

9월 9일 이날 회의에서 공화당과 신민당은 9월 10일부터 4일간 헌법 제안설명과 질의와 토론을 시행하고, 곧바로 표결하는 것으로 의사일정을 합의하였다. 제안설명에 나선 민주공화당 정책위원회의장 백남억 의원은 제36조②항의 국회의원 정수 확대와 관련하여, 인구 20만 단위를 기준으로 지역구 의원을 선출하고 있는데, 인구가 40만 명에 육박한 선거구가 있고, 인구 2.2% 증가로 인한 국회의원 정수 확대가 필요하다고 설명하였다. 제39조 국회의원 겸직과 관련하여 대통령책임제에서 시비가 있을 수 있으나, 거국내각 등을 대비하여 국회의원 겸직의 길을 터놓는 것이 바람직하다고 설명하였다. 대통령의 탄핵은 국무총리나 국무위원 및 법관과 달리 국가원수에 대한 중대성을 고려하여 의결정족수를 높여야 한다고 하였다. 제69조③항 대통령 중임금지조항과 관련하여 "대통령이 유능하거나 무능하거나를 막론하고 8년으로 제한하는 것은 우리의 상황과 여건에서 지나치다는 측면이 있기에 3선으로 정하여 12년 동안 집권할 수 있도록 해야 한다"고 취지를 설명하였다.

야당의원들은[187] 헌법 제1조 '대한민국은 민주공화국이다'를 강조하며 박정희 집권 시기의 정치·대북·경제·부정부패 등의 문제점을 조목조목 설명하며 반대하였다. 아울러 이번 헌법 개헌은 국가와 민족을 위한 개헌이 아니라, 박정희 개인의 종신집권을 위한 개헌이라면서 박정희를 독재정치의 소산이라고 공격하였다. 9월 10일 신민당의 김대중 의원은 '헌법이여! 너를 안고 통곡한다'는 제목으로 헌법개정을 반대하는 연설과 함께 박정희 대통령에게 '개헌 강행의 문제점 열 가지를 정리'하여 질문서(1969년 8월 29일)를 보냈다. 정부는 9월 13일 답변서를 국회 제출하였다.

사흘 동안 야당 국회의원 23명이 개헌 반대토론에 나섰다. 반면 여당에서는 정책위원회 의장 백남억 의원이 답변하는 모양새를 취하였다. 122명이 개헌에 찬성한다고 서명했지만, 전전긍긍하거나 자리를 피하기 일쑤였다. 9월 13일 저녁 10시 53분 헌법개정안 표결이 선포되었다. 수적으로 불리한 야당은 단상을 점거하고 12시까지 버티기 전략을 폈다. 그렇게 자정이 넘어서면서 국회가 자연적으로 산회된 것처럼 보였다. 야당은 개헌 저지를 성공했다고 자축하였다. 그러나 그렇게 당할 여당이 아니었다. 군사작전과 비견될만한 기습 국회가 열렸다.

9월 14일 새벽 2시 28분 당시 개헌을 지지하던 공화당 의원들은 반도호텔 등 태평로 호텔 곳곳에 숨어 있다가 별도의 신호를 받고 태평로 국회 제3별관으로 모여들었다. 이효상 국회의장의 사회로 '헌법개정안'을 상정하였다. '헌법개정안'은 재적의원 122명이 참석하여 찬성 122표, 반대 0표로 6분 만에 날치기 통과되었다. 이때 유명한 장면으로 이효상 국회의장이 개헌안 가결을 선언하려던 순간 의사봉이 없자 주전자 뚜껑으로 책상을 3번 두드렸다는 기이한 기록을 남겼다.

국회를 통과한 헌법개정안은 10월 17일 국민투표에 부쳐졌다. 당시 국민투표 분위기를 『동아일보』 호외를 통해 확인할 수 있다. 3선개헌을 위한 국민투표는 1960년 3·15부정선거와 다를 바 없었다. 사전투표, 무더기투표, 대리투표가 성행했으며, 야당 참관인을 형사가 폭행하거나 입장을 막았으며, 지역구 선관위원장이 투표지를 빼내려도 들키고, 투표용지가 콩밭에 버려지기도 했다. 어떤 지역은 투표인보다 투표용지가 더 많았다. 이와 같은 부정선거가 박정희 정권 들어와서 처음 있었던 게 아니다.

제7대 국회의원 총선거(1967년 6월 8일)에서 민주공화당이 개헌선을 넘는 129석을 확보하였다. 여당도 예상하지 못한 선거 결과는 유권자에 대한 향응과 금품제공, 공무원의 선거 관여, 야당에 대한 노골적인 탄압 등으로 이루어졌다. 야당은 자유당 시절의 3·15부정선거 이상의 "사상 유례없는 타락선거, 부정선거였다"면서 국회 개원부터 대정부

공세를 펼쳤다. 박정희는 6월
16일 시국수습에 관한 특별담화
에서 "일부 후보자들과 선거종
사원들의 부분적 부정행위는
6·8총선거를 전체적으로 불명예
스러운 인상을 주고 말았다"면
서 부정사실이 드러난 당선자를
제명하도록 지시하였다.[188]

1960년 3·15부정선거와 다를
바 없었던 3선 개헌(6차 개헌)을
위한 국민투표 결과, 총유권자의
77.1%가 투표에 참여하여
65.1% 찬성으로 헌법개정안이
확정되었다. 6차 개헌으로 확정
된 헌법은 다음과 같다.

사전투표…무더기표…대리투표…
출처 : 『동아일보』 1969년 10월 18일

대한민국헌법 제6호(3공화국 헌법)과 대한민국헌법 제7호(3선 개헌) 비교

헌법 제6호 전문개정 1962.12.26	헌법 제7호 전문개정 1969.10.21
제36조 ②국회의원의 수는 150인이상 200인 이하의 범위안에서 법률로 정한다.	제36조 ②국회의원의 수는 150인이상 250인 이하의 범위안에서 법률로 정한다.
제39조 국회의원은 대통령·국무총리·국무위원· 지방의회의원 기타 법률이 정하는 공 사의 직을 겸할 수 없다.	제39조 국회의원은 법률이 정하는 공사의 직 을 겸할 수 없다.

제61조 ②전항의 탄핵소추는 국회의원 30인이상의 발의가 있어야 하며, 그 의결은 재적의원 과반수의 찬성이 있어야 한다.	제61조 ②전항의 탄핵소추는 국회의원 30인이상의 발의가 있어야 하며, 그 의결은 재적의원 과반수의 찬성이 있어야 한다. 다만, 대통령에 대한 탄핵소추는 국회의원 50인이상의 발의와 재적의원 3분의 2이상의 찬성이 있어야 한다.
제69조 ①대통령의 임기는 4년으로 한다. ②대통령이 궐위된 경우의 후임자는 전임자의 잔임기간 중 재임한다. ③대통령은 1차에 한하여 중임할 수 있다.	제69조 ①대통령의 임기는 4년으로 한다. ②대통령이 궐위된 경우의 후임자는 전임자의 잔임기간중 재임한다. ③대통령의 계속 재임은 3기에 한한다.

   3선 개헌(6차 개헌)으로 박정희는 3선까지 할 수 있는 길이 열렸다. 이미 현직 대통령의 3선을 위한 개헌이 가져온 민주주의 파괴와 독재 정치를 경험했음에도 불구하고 국민들은 그 위험성을 깨닫지 못하고 3선 개헌에 찬성표를 던졌다. 악순환의 반복이었다. 반면 3선 개헌을 통해 박정희는 1971년 4월 27일 제7대 대통령 선거에 출마할 수 있었다. 그는 "다시는 국민에게 표를 달라고 하지 않겠습니다"고 말하였다. 박정희는 국민에게 표를 구걸하는 방식이 아닌 다른 방식을 통해 영구집권을 꿈꿨다. '민주공화국'은 그렇게 유린당하고 망가졌다.

소결
이승만의 길을 걷는 박정희

제3공화국의 시작은 5·16쿠데타이다. 5·16쿠데타는 시민혁명으로 탄생한 민주 정부를 총칼을 앞세워 비정상적인 정부로 만들어버린 반역행위였다. 이러한 행위 헌법질서를 파괴라고 일컫는다. 쿠데타 세력은 민주당의 장면 정권의 무능, 부패가 쿠데타의 이유였다고 한다. 그들은 민주당 정부의 "① 정치적 부패와 파쟁 ② 경제적 혼란과 부정 ③ 행정면의 무능과 부정 ④ 사회적 혼란과 부패"를 척결하고 새로운 시대를 열기 위해 구국의 결단을 했다고 한다. 군부쿠데타 첫 모의는 1960년 5월 8일이다. 장면 정권이 들어서기 전부터 시작되었다. 정치 군인들이 내세운 민주당 정부의 정치적 부패와 파쟁은 그들의 쿠데타 명분에 불과하였다.

박정희는 5월 23일 국가재건최고회의 부의장 자격으로 외신기자들과 기자회견에서 "혁명이 비민주적인 방법이긴 하나 민정으로 환원시키는 것이 우리의 희원이며 우리는 민주적인 방식에 의거하여 민정으로 복구시킬 것을 원한다"면서 5년간 군정에 대해서 "군인이 장기간을 두고 집권한다면 역효과가 나타날 것이다"[189]면서 불가피한 혁명을 빨리 끝내고 다시 군대로 복귀하겠다고 밝혔다. 그들은 혁명을 불가피하다고 했고, 민정으로 빨리 이양하고 군대로 복귀한다고 하였다. 그렇게 했는가? 아니다. 박정희는 전역장에서 "다시는 이 나라에 본인과 같은 불운한 군인이 없도록 합시다"라고 말하였다. 박정희 통치 18년은 박정희가 불운한 것이 아니라 국민이 불운하였다.

제3공화국의 헌법개정 초안이 1962년 11월 5일(대통령공고 제3호) 공고되었다. 헌법개정 이유로 "진정한 민주국가인 제3공화국의 기반을 마련하기 위함"이라고 밝혔다. 12월 6일 국가재건최고회의는 개정헌법안을 의결하여 통과시키고, 12월 17일 국민투표를 시행한다고 공고하였다. 국민투표 결과 78.8%의 찬성으로 개정헌법안이 통과되었다. 제3공화국 헌법은 전문을 비롯하여 제1장 총강부터 제5장 헌법개정까지 총 121조와 부칙으로 구성되었다. 10월 26일 제3공화국 헌법 선포식이 거행되었다.

제3공화국의 헌법 전문에는 '4·19의거와 5·16혁명의 이념'을 새헌법의 정신적 기반으로 삼았다. 새헌법은 국민의 기본권을 상당 부분 제약했으며, 권력구조는 임기 4년의 중임제 대통령제로 전환하였다. 국회는 양원제에서 단원제로 환원되었고 국회의원 후보는 정당의 추천을 받도록 하였다. 제2공화국 헌법의 주요한 특징이었던 헌법재판소를 폐지하였으며, 대법원장과 대법원 판사를 법관추천회의 추천으로 대통령이 임명하였다. 헌법개정에 있어서 필수적으로 국민투표제를 시행하였다.

제3공화국 헌법에 따라 1963년 10월 15일 제5대 대통령 선거가 시행되었다. 민주공화당의 박정희 후보가 민정당의 윤보선 후보를 누르고 당선되었다. 박정희는 군사반란 직후 '혁명공약'을 통해 "우리의 과업이 성취되면 참신하고도 양심적인 정치인들에게 언제든지 정권을 이양하고 우리들은 본연의 임무에 복귀할 준비를 갖추겠다"고 하였으나, 끝내 민정 이양은 이루어지지 않았다.

5·16쿠데타 그리고 제3공화국의 대통령 박정희. 그들은 혁명의 명분으로 구악舊惡을 일소하겠다고 하였다. 박정희는 구악을 일소하겠다고 부정축재자에게서 엄청난 돈을 거두어들였다. 돈의 사용처는 오리무중이다. 기업인에게 강권으로 재산을 헌납시켰다. 정치활동정화법을 만들어 귀에 걸면 귀걸이 코에 걸면 코걸이었다. 국민의 기본권은 심대하게 침해되었고, 중앙정보부가 만들어낸 인혁당과 같은 간첩단 조작사건이 줄줄이 발표되었다. 여전히 박정희를 흠모하는 사람이 많다. 일부는 민주당 장면 정권을 무능하고 부패했기에 군사반란은 당연하다고 한다. 하지만 민주당 장면 정권의 9개월과 박정희 쿠데타 이후 9개월을 비교해보라. 경제, 사회, 외교 모든 부분 어느 것 하나 군부가 나은 것이 있는지.

삼성 이병철은 두 번씩이나 재산을 헌납하고 경영에서 손을 뗀다고 하였다. 군부 권력과 재벌의 밀실 야합의 경제정책. 일명 정경유착이란 신조어를 만들어냈다. 박정희 정권의 탄생은 이 땅에 망국적인 지역주의를 만들었다. 한일 국교정상화는 어떻게 이루어졌는가. 정상적인 외교가 아닌 비정상적인 밀실 외교의 표본을 제시한 것이 아닌가. 자신의 주도하에 만든 헌법도 개정하였다. 이승만과 똑같은 3선 개헌이다. 그뿐인가. 1인 독재체제도 마찬가지이다. 정치결사체인 정당도 오로지 자신만을 위한 정당이었다. 박정희는 이승만의 걸었던 몰락의 길을 그대로 따랐다.

박정희의 5·16쿠데타부터 그가 이끌었던 제3공화국의 8년 동안 민주공화국은 존재하지 않았다. 이승만이 걸었던 몰락의 길을 박정희는 그대로 답습하였다. 1969년 10월 박정희 3선을 위한 헌법개정이 이루어졌다. 그리고 1971년 4월 제7대 대통령 선거에서 박정희는 "다시는 국민에게 표를 달라고 하지 않겠습니다"고 말하였다. 대통령에 당선된 박정희는 그가 말한 대로 국민에게 표를 구걸하지 않았다. 영구집권을 위해 다른 조치를 시행하였다. '민주공화국'의 유린이며, 헌법질서의 파괴였다.

1) 한국군사혁명사편찬위원회, 『한국군사혁명사』상, 1963, 236쪽

2) 『동아일보』, 1961년 5월 17일 석간

3) 이상우, 『제3공화국:5·16에서 10월유신까지』①, 중원문화, 1993, 13쪽

4) 이상우, 앞의 책, 10쪽

5) 『조선일보』, 1961년 5월 16일

6) 김윤근은 회고록인 『해병대와 5·16』와 『5·16 군사혁명과 오늘의 한국』을 집필하였다.

7) 주한미군사령관으로 표기하기도 하지만, 당시 정확한 명칭은 유엔군 사령관이다.

8) 이상우, 앞의 책, 34쪽

9) 1948년 대한민국 정부수립 이후 이승만은 총독 관저를 경무대로 명명하여 대통령 관저로 사용
   했다. 1960년 4·19 혁명 이후 대통령이 된 윤보선이 1960년 12월 경무대에서 명칭을 청와대로
   변경하였다. 당시 경무대란 명칭이 독재 정권과 부정부패의 이미지가 강하게 느껴지기 때문이다.

10) 쿠데타 계획 관련하여 한국군사혁명사편찬위원회, 『한국군사혁명사』상권, 1963, 196~227쪽
    참조

11) 『조선일보』, 1958년 2월 13일

12) 『조선일보』, 1958년 12월 18일 ; 『동아일보』 1958년 8월 6일

13) 『동아일보』, 1958년 6월 21일

14) 국방부 전사편찬위원회, 『국방사3:1961.5~1971.12』, 1990, 330쪽

15) 『동아일보』, 1960년 8월 1일

16) 『경향신문』, 1960년 10월 7일

17) 강영훈, 『나라를 사랑한 벽창우』, 『동아일보』사, 2008, 252~253쪽

18) www.ehistory.go.kr/page/view/movie.jsp?srcgbn=KV&mediaid=10517&mediadtl=22572

19) 『경향신문』, 1961년 5월 18일

20) 이상우, 『제3공화국:외교비사』③, 중원문화, 11~64쪽 참조

21) 「장면 편」, 『사실은 전부를 기술한다』, 희망출판사, 1966, 379쪽

22) 이한림, 『이한림 회상록 : 세기의 격랑』, 팔복원, 1994, 364쪽

23) 박명림, 「4월혁명과 5·16쿠데타에서 미국의 역할」, 『역사비평사』113, 2015, 357쪽

24) 박정희, 유원식 대령, 현석호 국방장관, 3군 참모총장, 해병대 사령관 등이 함께 윤보선을 만났
    다.

25) 「윤보선 편」, 『사실의 전부를 기술한다』, 희망출판사, 1966, 314~315쪽

26) 행정자치부·국가기록원, 『1960년대 초반 한미관계:1961~1963』상, 2006, 109쪽

27) 쿠데타군의 서약은 4가지였다. ① 반공산주의 ② 국제연합 헌장의 준수와 모든 국제조약과 협
    약의 충실한 이행 ③ 부패와 사회악의 일소 ④ 기아선상에 있는 국민들의 생활고의 신속한 해결
    ⑤ 공산주의와 싸울 힘과 효율성의 강화, 그리고 마지막으로 우리의 임무가 완료되는 시점에 우
    리는 정부의 통제권을 깨끗하고 양심적인 민간인들에게 넘겨주고 군대로 돌아가 우리의 적절한

임무를 수행(행정자치부·국가기록원, 앞의 책, 62쪽)

28) 김종환, 「맥도널드 현대사 증언」, 『월간조선』1992년 9월호, 358쪽

29) 『동아일보』, 1961년 8월 13일

30) 『國家再建最高會議本會議會議錄』, 제1차(1961년 5월 19일)

31) 국가재건최고회의록에는 문교부장관에 김광옥(해군대령)이 선임되었다고 기록됨.(제2차, 1961년 5월 20일)

32) 1961년 8월 16일 박춘식 소장으로 교체(『경향신문』, 1961년 8월 17일)

33) 이성우, 앞의 책, 3쪽

34) 최고회의회의록, 제11차(1961년 5월 30일)

35) 1961년 6월 10일 법률 제618호로 공포됨.

36) 한태연, 「국가재건비상조치법 해설」, 『최고회의보』1호, 1961, 124~126쪽

37) 박일경, 「국가재건최고회의법」, 『최고회의보』1호, 1961, 127~132쪽

38) 이상우, 『제3공화국:박정희시대를 움직인 사람들』②, 중원문화, 1993, 120쪽

39) 『경향신문』, 1961년 6월 1일

40) 『조선일보』, 1961년 6월 22일

41) 육군 중장 함병선 등 30명, 해군 김장훈 소장 등 5명, 공군 신유협 준장 등 3명, 해병대 중장 신현준 2명 등이다.

42) 『동아일보』, 1961년 7월 27일

43) 『조선일보』, 1961년 8월 11일

44) 이상우, 앞의 책, 15쪽

45) 『경향신문』, 1962년 3월 22일

46) 『경향신문』, 1962년 3월 16일

47) 『조선일보』. 1962년 7월 11일

48) 『동아일보』, 1962년 7월 17일

49) 이종극, 「제3공화국 헌법개정당시의 회고·잡감」, 『국회보』46, 1965, 79쪽

50) 이상우, 앞의 책, 11쪽

51) 제6공화국 헌법의 제12조 ③체포·구속·압수 또는 수색을 할 때에는 적법한 절차에 따라 검사의 신청에 의하여 법관이 발부한 영장을 제시하여야 한다. 다만, 현행범인인 경우와 장기 3년 이상의 형에 해당하는 죄를 범하고 도피 또는 증거인멸의 염려가 있을 때에는 사후에 영장을 청구할 수 있다.

52) 원혜욱, 「개정 형사소송법상 '검찰의 직접수사권'에 대한 고찰」, 『인권과 정의』491, 2020, 9쪽

53) 제18조 ②언론·출판에 대한 허가나 검열과 집회·결사에 대한 허가는 인정되지 아니한다. 다만, 공중도덕과 사회윤리를 위하여는 영화나 연예에 대한 검열을 할 수 있다.

54) 제18조 ③신문이나 통신의 발행시설기준은 법률로 정할 수 있다.
④옥외집회에 대하여는 그 시간과 장소에 관한 규제를 법률로 정할 수 있다.

55) 제29조 ②공무원인 근로자는 법률로 인정된 자를 제외하고는 단결권·단체교섭권 및 단체행동권을 가질 수 없다.

56) 제83조 ①국무회의는 정부의 권한에 속하는 중요한 정책을 심의한다.
　　　②국무회의는 대통령·국무총리와 10인 이상 20인 이하의 국무위원으로 구성한다.

57) 이종극, 앞의 글, 80쪽

58)「장택상 편」,『사실의 전부를 기술한다』, 희망출판사, 1966, 127쪽

59) 현행 상훈법에는 "무궁화대훈장은 우리나라의 최고 훈장으로서 대통령에게 수여하며, 대통령의 배우자, 우방원수 및 그 배우자 또는 우리나라의 발전과 안전보장에 이바지한 공적이 뚜렷한 전직(前職) 우방원수 및 그 배우자에게도 수여할 수 있다."

60)『조선일보』, 1949년 8월 16일

61)『조선일보』, 1949년 8월 14일

62)『동아일보』, 1949년 8월 16일

63)『동아일보』, 1963년 12월 6일

64)『경향신문』, 1952년 11월 28일

65)『조선일보』, 1960년 6월 13일

66)『경향신문』, 1962년 2월 24일

67) 중앙선거관리위원회, 사이버선거역사관

68)『동아일보』, 1961년 5월 25일

69)『조선일보』, 1961년 6월 17일

70) 김용호,『한국정당정치의 이해』, 나남출판사 2001, 118쪽

71)『조선일보』, 1963년 2월 19일

72) 1961년 6월 4일 이후락 공보실장은 국민여론이 박정희가 대통령 선거에 출마하기를 원한다면 출마할 수도 있다고 얘기하였다.(『조선일보』, 1962년 6월 4일). 1962년 9월 19일에는 김현철 내각 수반이 민정에는 강력한 지도자가 필요하므로 박정희 의장이 대통령에 출마하는 것은 당연하다는 뜻을 밝혔다.(『조선일보』, 1962년 9월 20일). 1962년 12월 27일 박정희는 최고회의 전원이 민정에 참여하기로 했고, 자신도 최고위원의 한 사람으로서 민정에 참여하기로 결정했다고 발표하였다. 또한 대통령 출마 여부는 당 결정에 따르겠다고 발표하였다(『조선일보』, 1962년 12월 27일).

73)『동아일보』, 1963년 2월 25일

74)『경향신문』, 1963년 2월 21일

75)『동아일보』, 1963년 2월 25일

76)『조선일보』, 1963년 3월 21일

77)『조선일보』, 1963년 3월 23일

78)『경향신문』, 1963년 3월 23일

79)『조선일보』, 1963년 3월 30일

80)『경향신문』, 1963년 3월 25일 ;『조선일보』, 1963년 3월 23일;『경향신문』, 1963년 3월

28일

81) 행정자치부·국가기록원, 『1960년대 초반 한미관계:1961~1963』하, 2006, 158~159쪽

82) 『조선일보』, 1948년 4월 9일

83) 『동아일보』, 1963년 8월 31일

84) 『조선일보』, 1963년 1월 1일

85) 『동아일보』, 1963년 1월 4일

86) 『경향신문』, 1963년 10월 2일

87) 『동아일보』, 1963년 10월 7일

88) 『조선일보』, 1963년 9월 24일

89) '여순반란사건'이란 용어는 당시 대통령 선거에서 사용된 용어이다. '여순반란사건'이란 용어는 온당치 않으며, 역사적 성격으로 보면 '여순항쟁'이란 용어로 일컫는 것이 옳다. 이글에서 당시 대통령 선거의 상황을 전달하기 위해 '여순반란사건'이란 용어를 그대로 쓴다.

90) 『경향신문』, 1963년 9월 24일

91) 『동아일보』, 1963년 9월 24일 ; 『조선일보』, 1963년 9월 25일

92) 『동아일보』, 1963년 9월 29일

93) 『동아일보』, 1963년 10월 5일

94) 『경향신문』, 1962년 4월 15일

95) 주철희, 『불량국민들』, 북랩, 2013 참조

96) 『경향신문』, 1963년 10월 17일

97) 『동아일보』, 1963년 11월 12일

98) 『동아일보』, 1962년 8월 23일

99) 제7대 국회의원 총선거에서 20석 중 민주공화당 18석 당선, 제8대 국회의원 총선거 24석 중 15석 당선, 제9대 국회의원 총선거는 중선거구로 전환되면서 11개 선거구에서 민주공화당 12석을 차지하였다.

100) 김대중의 출생일자는 약간씩 차이가 있다. 현재 공식적 출생연도는 1926년 1월 6일로 기록하고 있다.

101) 『조선일보』, 1960년 11월 2일

102) 서울대 민통련은 1960년 11월 18일 정식 출범하였다.

103) 기성세대측에서는 변영태(전 국무총리), 신상초(『경향신문』 논설위원), 한태연(서울법대교수), 주요한(상공부장관), 김기철(사회대중당조직위원장) 학생측에서는 박인식(서울법대), 박한수(서울문리대), 이성근(연세대), 윤덕진(고려대), 최학녀(이화여대), 민병채(육군사관학교) (『동아일보』, 1960년 11월 3일)

104) 『경향신문』, 1960년 11월 2일

105) 『동아일보』, 1960년 11월 3일

106) 『경향신문』, 1960년 11월 4일

107) 『경향신문』, 1960년 12월 4일

108) 『동아일보』, 1960년 12월 29일
109) 『동아일보』, 1961년 2월 25일 ; 『조선일보』, 1961년 2월 25일
110) 『조선일보』, 1961년 5월 6일
111) 『조선일보』, 1961년 5월 14일
112) 『조선일보』, 1961년 5월 11일
113) 『동아일보』, 1951년 10월 21일
114) 『동아일보』, 1953년 10월 23일
115) 이상우, 앞의 책, 99쪽
116) 『동아일보』, 1961년 7월 20일
117) 『경향신문』, 1961년 11월 12일
118) 1965년 2월 2일 당시 민주당 김대중 국회의원은 국회 본회의에서 "독도를 해면상의 부분만 폭파시키기로 김종필-오히라 간에 비밀리에 합의봤다는 설이 있다"고 폭로하였다. 김대중은 김종필-오히라 간에 비밀 부대각서가 교환되었으며, 이 각서에서 "독도는 한일 양국 해공군의 연습장으로 하고 결구 해면상의 부분을 폭쇄해서 없애 버리기로 했다"고 발언하였다.
119) 민주당·자민당·국민의당을 일컬음
120) 『경향신문』, 1964년 4월 8일
121) 『동아일보』, 1964년 3월 24일 ; 『경향신문』, 1964년 3월 24일
122) 『경향신문』, 1964년 3월 26일 ; 『조선일보』, 1964년 3월 27일
123) 이상우, 『제3공화국:박정희시대를 움직인 사람들』, 중원문화, 1993, 15쪽
124) 『동아일보』, 1964년 6월 2일 ; 『경향신문』, 1964년 6월 3일
125) 『동아일보』, 1964년 6월 4일 ; 『조선일보』, 1964년 6월 5일
126) 『동아일보』, 1964년 8월 14일
127) 윤정원, 「1960-1970년 '대구인혁그룹'연구」, 경북대학교 박사과정, 2020, 134쪽
128) 중앙정보부 제5국 5과, 「피의자 조사 의견서」(1964.8.16.).(윤정원, 앞의 논문, 142쪽. 재인용)
129) 『동아일보』, 1964년 9월 11일
130) 『경향신문』, 1964년 9월 5일
131) 『동아일보』, 1964년 10월 16일
132) 『경향신문』, 1964년 9월 12일
133) 『경향신문』, 1964년 11월 24일
134) 『동아일보』, 1964년 11월 24일
135) 윤정원, 앞의 논문, 134쪽
136) 『경향신문』, 1965년 1월 7일 ; 『동아일보』, 1965년 1월 7일
137) 『경향신문』, 1965년 1월 20일
138) 『동아일보』, 1965년 5월 29일

139) 『경향신문』, 1965년 9월 21일

140) 전명혁, 「1960년대 '1차 인혁당' 연구」, 『역사비평』95, 2011 ; 조희연, 『현대 한국 사회운동과 조직』, 한울, 1993 참조

141) 윤정원, 앞의 논문, 142쪽

142) 이상우, 앞의 책, 24쪽

143) 공공차관은 용도에 따라 AID개발차관(development loan)·프로그램차관(program loan) 등이 있다. AID차관과 프로그램차관은 모두 원조의 형식을 취하나 AID차관이 시설재에 한하는 반면, 프로그램차관은 일반 원자재에 한한다. AID차관은 개발도상국의 경제개발을 목적으로 미국이 제공하는 장기 융자의 하나였다.

144) 『동아일보』, 1966년 9월 16일

145) 『경향신문』, 1966년 9월 16일

146) 『경향신문』, 1966년 9월 17일 ;『동아일보』, 1966년 9월 17일

147) 『동아일보』, 1966년 9월 17일 ;『조선일보』, 1966년 9월 18일

148) 『동아일보』, 1966년 9월 22일 ;『경향신문』 1966년 9월 22일

149) 국회회의록, 제58회 제14차(1966년 9월 22일)

150) 『동아일보』, 1966년 12월 22일

151) 『조선일보』, 1966년 10월 11일

152) 『동아일보』, 1966년 10월 26일

153) 『동아일보』, 1967년 2월 28일

154) 『동아일보』, 1966년 9월 22일

155) 이맹희, 『묻어둔 이야기 : 이맹희회상록』, 청산, 1993, 110쪽

156) 『조선일보』, 1966년 9월 30일

157) 대구대학 재단이사장은 물러난다고는 밝혔으나, 계속 유지하였다. 1967년 12월 16일 대구대학과 청구대학이 통합할 당시 대구대학 이사장으로 이병철이 명기되었다.

158) 『조선일보』, 1961년 5월 28일

159) 『경향신문』, 1961년 6월 16일

160) 『경향신문』, 1961년 8월 28일

161) 『경향신문』, 1961년 8월 13일 ;『조선일보』 1961년 8월 13일

162) 이맹희, 앞의 책, 124쪽

163) 『매일경제』, 1967년 2월 15일

164) 『동아일보』, 1967년 4월 22일

165) 『매일경제』, 1967년 10월 3일 ;『조선일보』, 1967년 10월 3일

166) 『동아일보』, 1967년 10월 17일

167) 이맹희, 앞의 책, 165쪽

168) 『동아일보』, 1966년 10월 7일

169) 『조선일보』, 1968년 1월 17일

170) 『경향신문』, 1966년 9월 22일 ; 『동아일보』, 1966년 9월 23일

171) 『동아일보』, 1966년 10월 20일

172) 『경향신문』, 1966년 10월 26일

173) 『동아일보』, 1966년 10월 27일

174) 『조선일보』, 1966년, 11월 5일

175) 이상우, 앞의 책, 26쪽

176) 대한민국국회사무처, 「1966년 국정감사:문교공보위원회 회의록」, 1966년 11월 1일

177) 민주공화당 박정희 5,688,666표(51.44%), 신민당 윤보선 4,526,541표(40.93%), 통한당 오재영 264,533표(2.39%) 등이었다.

178) 『경향신문』, 1969년 1월 10일

179) 『동아일보』, 1969년 1월 10일

180) 『경향신문』, 1969년 2월 3일

181) 유진오 신민당 총재가 "박 대통령이 개헌에 뜻이 없다면 3선 개헌을 막을 있다"면서 박정희의 결심을 밝혀라고 했지만, 박정희는 묵묵부답으로 응하였다.(『경향신문』, 1969년 5월 8일)

182) 『경향신문』, 1969년 5월 12일

183) 『동아일보』, 1969년 7월 8일

184) 『경향신문』, 1969년 7월 25일

185) 제7대 국회의원 총선거의 정당별 의석 분포는 민주공화당이 129석, 신민당 45석, 대중당 1석 등으로 구성되었다.

186) 국회회의록, 제72회 제1차(1969년 9월 9일)

187) 개헌 반대 토론에 나선 야당의원은 조한백, 김대중, 김재광, 박기출, 송원영, 김수한, 김형일, 박한상, 박병배, 김원만, 이민우, 김영삼, 박영록, 이중재, 정운갑, 김응주, 정해영, 김옥선, 서민호(무), 서범석, 정일형, 류진산, 이재형(헌법개정안 철회에 관한 건) 등 23명이었다.

188) 이윤용, 이원장, 원용석, 차형근, 신용남, 기세풍, 이원우, 양달승, 권오석 등의 당선자가 제명되었다. 그러나 이들은 별도의 교섭단체로 활동하다가 공화당에 재입당했으며, 3선 개헌에 찬성표를 던져 박정희의 장기집권 길을 열어줬다.

189) 『동아일보』, 1961년 5월 25일